依据2012年党政机关公文处理工作条例和最新公文格式编写

最新应用文写作一点通

ZUIXIN YINGYONGWEN XIEZUO YIDIANTONG

中国写作学会公文写作专业委员会◎组织编写
岳海翔◎编著

中国文史出版社

图书在版编目（CIP）数据

最新应用文写作一点通/岳海翔编著．—北京：中国文史出版社，2017.1

ISBN 978－7－5034－8970－9

Ⅰ．①最…　Ⅱ．①岳…　Ⅲ．①汉语—应用文—写作　Ⅳ．①H152.3

中国版本图书馆CIP数据核字（2017）第025819号

责任编辑： 詹红旗　戴小璇

出版发行：**中国文史出版社**

网　　址：www.wenshipress.com

社　　址：北京市西城区太平桥大街23号　　邮编：100811

电　　话：010－66173572　66168268　66192736（发行部）

传　　真：010－66192703

印　　装：廊坊市海涛印刷有限公司

经　　销：全国新华书店

开　　本：1/16

印　　张：20.5

字　　数：402千字

版　　次：2017年3月北京第1版

印　　次：2017年3月第1次印刷

定　　价：38.00元

出版说明

公文既包括党和国家公文法规中所明确规定的15种法定公文，也包括机关常用应用文种。党政机关公文是党政机关实施领导、履行职能、处理公务的具有特定效力和规范体式的文书，是传达贯彻党和国家方针政策，公布法规和规章，指导、布置和商洽工作，请示和答复问题，报告、通报和交流情况等的重要工具；应用文是各级党政机关、人民团体、企事业单位以及公民个人在处理和解决各种公私事务过程中形成并使用的具有广泛实用价值和惯用体式的文书。随着中国特色社会主义事业的不断发展和深入，公文的应用范围越来越广泛，认真学习公文写作基本知识，掌握公文写作方法和技巧，对于我们做好本职工作，更好地服务于经济社会发展，具有十分重要的意义。

全书分为上下两编，其中上编为应用文写作基本知识，包括应用文的概念、起源与演变、写作特点和基本要求等内容；下编为应用文写作技法与范例，重点介绍法定公文和常用事务文书、法律文书、仲裁文书、律师文书等的写作模式和写作要领。每个文种均精选了新近发布的典型例文。

本书全面体现党和国家公文新条例、新格式的精神和要求，紧密结合机关，企、事业单位工作实际，反映当前公文学研究的最新成果，准确性、权威性和实用性相统一。是广大公文工作者、机关公务人员和广大文秘人员学习公文写作的好帮手。

中国文史出版社

2017 年 3 月

目　录

上　编　应用文写作基本知识

第一章　应用文的概念 ………………………………………………（3）

第二章　应用文的起源与演变 ……………………………………（6）

一、原始社会可以视为是应用文的孕育时期 ……………………（7）

二、从奴隶社会到秦统一中国以前的战国时期为应用文的发端时期 …（7）

三、秦汉时期是公文的发展时期 ……………………………………（8）

四、魏晋南北朝时期是应用文的成熟时期 ……………………………（8）

五、隋唐宋时期是公文发展的高峰时期 ……………………………（9）

六、元明清时期是应用文的稳定时期 ………………………………（9）

七、辛亥革命、五四运动和新民主主义革命时期是公文的重大变革时期 ……………………………………………………（9）

八、新中国成立后是应用文发展不断完善、应用文理论研究不断深入时期 ……………………………………………………（10）

第三章　应用文写作的特点和基本要求 …………………………（11）

一、范围广泛，注重实效 ……………………………………………（11）

二、内容真实，最忌虚妄 ……………………………………………（12）

三、态度鲜明，时代感强 ……………………………………………（13）

四、准确简练，朴实通俗 ……………………………………………（13）

五、体式严整，讲求规范 ……………………………………………（15）

第四章　怎样培养和提高应用文写作的能力 ……………………（16）

一、要坚持理论与实际相结合的原则 ………………………………（16）

二、要尽可能地接触各类应用文实例，从阅读中提高 ……………（16）

三、要认真练好“内功”，自觉地做到多写、多练、多积累 ……（17）

下编 应用文种写作技法与范例

第五章 报请体文书的写作 ……………………………………………………（21）
第一节 报 告 ……………………………………………………………（21）
【功能特性】 ……………………………………………………………（21）
【结构模式】 ……………………………………………………………（21）
【写作要求】 ……………………………………………………………（22）
【典范文例】 ……………………………………………………………（23）
云南省人民政府关于云南省2015年法治政府建设情况的报告 …………（23）
第二节 请 示 ……………………………………………………………（28）
【功能特性】 ……………………………………………………………（28）
【结构模式】 ……………………………………………………………（28）
【写作要求】 ……………………………………………………………（29）
【典范文例】 ……………………………………………………………（30）
关于警察协会车辆使用问题的请示 ………………………………………（30）
第三节 意 见（上行） ………………………………………………（31）
【功能特性】 ……………………………………………………………（31）
【结构模式】 ……………………………………………………………（31）
【写作要求】 ……………………………………………………………（32）
【典范文例】 ……………………………………………………………（33）
国家发展改革委关于2016年深化经济体制改革重点工作的意见 ………（33）
第六章 告知体文书的写作 ……………………………………………………（44）
第一节 通 知 ……………………………………………………………（44）
【功能特性】 ……………………………………………………………（44）
【结构模式】 ……………………………………………………………（44）
【写作要求】 ……………………………………………………………（45）
【典范文例】 ……………………………………………………………（45）
例文1 国务院关于做好全面推开营改增试点工作的通知 ……………（46）
例文2 国务院批转国家发展改革委关于2016年深化经济体制改革重点工作意见的通知 ……………………………………………（47）
例文3 国务院办公厅转发国家发展改革委关于“十三五”期间实施新一轮农村电网改造升级工程意见的通知 ………………………（47）
第二节 通 报 ……………………………………………………………（48）
【功能特性】 ……………………………………………………………（48）

【结构模式】 …………………………………………………………… (48)
【写作要求】 …………………………………………………………… (49)
【典范文例】 …………………………………………………………… (50)
例文 1　国务院办公厅关于对全国第二次大督查发现的典型经验做法给予表扬的通报 …………………………………………………… (50)
例文 2　山东省人民政府关于表扬临沂滨州两市重点流域治污工作的通报 ………………………………………………………………… (51)
例文 3　国家安全监管总局　国家煤矿安监局关于陕西省铜川市耀州区照金矿业有限公司“4·25”重大透水事故的通报 ………………… (51)
例文 4　江西省人民政府办公厅关于 2015 年度全省国土资源执法监察目标考核结果的通报 ………………………………………………… (53)
第三节　函 ……………………………………………………………… (54)
【功能特性】 …………………………………………………………… (54)
【结构模式】 …………………………………………………………… (54)
【写作要求】 …………………………………………………………… (55)
【典范文例】 …………………………………………………………… (56)
例文 1　国务院办公厅关于宁波港口博物馆冠名问题的函 ………… (56)
例文 2　国务院办公厅关于同意在上海等 9 个城市开展国内贸易流通体制改革发展综合试点的复函 ………………………………… (56)
例文 3　福建省经济和信息化委员会关于报送 2016 年开展绩效自评项目及项目整体情况说明的函 ………………………………………… (57)
第七章　计划体文书的写作 ………………………………………… (60)
第一节　方　案 ………………………………………………………… (60)
【功能特性】 …………………………………………………………… (60)
【结构模式】 …………………………………………………………… (60)
【写作要求】 …………………………………………………………… (61)
【典范文例】 …………………………………………………………… (61)
例文 1　中共中央关于在全体党员中开展“学党章党规、学系列讲话，做合格党员”学习教育方案 ………………………………………… (61)
例文 2　黑龙江省加快农村电子商务发展工作方案 ………………… (66)
第二节　要　点 ………………………………………………………… (71)
【功能特性】 …………………………………………………………… (71)
【结构模式】 …………………………………………………………… (71)
【写作要求】 …………………………………………………………… (72)
【典范文例】 …………………………………………………………… (72)

例文1　2016年全国打击侵犯知识产权和制售假冒伪劣商品工作要点 ……（72）
例文2　江西省工信委2014年推进依法行政工作要点 ……（79）
第三节　计　划 ……（82）
【功能特性】 ……（82）
【结构模式】 ……（82）
【写作要求】 ……（83）
【典范文例】 ……（84）
福建省2016年节能监察工作计划 ……（84）
第八章　总结体文书的写作 ……（90）
第一节　总　结 ……（90）
【功能特性】 ……（90）
【结构模式】 ……（90）
【写作要求】 ……（91）
【典范文例】 ……（93）
例文1．单位总结
分公司2015年工作总结 ……（93）
例文2．个人总结
环保局干部个人年度工作总结 ……（95）
第二节　述职报告 ……（97）
【功能特性】 ……（97）
【结构模式】 ……（98）
【写作要求】 ……（99）
【典范文例】 ……（99）
2015年度述职报告××市警察协会副会长兼秘书长岳×× ……（99）
第九章　会议体文书的写作 ……（102）
第一节　开幕词 ……（102）
【功能特性】 ……（102）
【写作模式】 ……（102）
【写作要求】 ……（103）
【典范文例】 ……（104）
医院工会委员会开幕词 ……（104）
第二节　闭幕词 ……（105）
【功能特性】 ……（105）
【结构模式】 ……（105）
【写作要求】 ……（106）

【典范文例】 …………………………………………………………… (107)
中共××公司第一次代表大会闭幕词 ……………………………………… (107)
第三节 演讲词…………………………………………………………… (108)
【功能特性】 …………………………………………………………… (108)
【结构模式】 …………………………………………………………… (108)
【写作要求】 …………………………………………………………… (109)
【典范文例】 …………………………………………………………… (110)
例文 1 习近平在党的十八大常委见面会上的演讲词 ………………… (110)
例文 2 讲故事的人
——莫言获诺贝尔奖演讲词 ……………………………………… (112)
例文 3 屠呦呦获诺贝尔奖演讲词 ………………………………………… (114)
第四节 纪 要…………………………………………………………… (117)
【功能特性】 …………………………………………………………… (117)
【结构模式】 …………………………………………………………… (118)
【写作要求】 …………………………………………………………… (119)
【典范文例】 …………………………………………………………… (120)
推进全省危险废物处置能力建设会议纪要 ……………………………… (120)
第十章 法规体文书的写作………………………………………………… (122)
第一节 条 例…………………………………………………………… (122)
【功能特性】 …………………………………………………………… (122)
【结构模式】 …………………………………………………………… (122)
【写作要求】 …………………………………………………………… (123)
【典范文例】 …………………………………………………………… (124)
例文 1 地图管理条例 ……………………………………………………… (124)
例文 2 不动产登记暂行条例………………………………………………… (131)
例文 3 居住证暂行条例 …………………………………………………… (136)
第二节 规 定…………………………………………………………… (139)
【功能特性】 …………………………………………………………… (139)
【结构模式】 …………………………………………………………… (140)
【写作要求】 …………………………………………………………… (140)
【典范文例】 …………………………………………………………… (141)
例文 1 中共中央政治局关于改进工作作风、密切联系群众的八项规定 … (141)
例文 2 国家测绘地理信息局法规制定程序规定 ………………………… (141)
第三节 办 法…………………………………………………………… (146)
【功能特性】 …………………………………………………………… (146)

【结构模式】 …………………………………………………………………………（146）
【写作要求】 …………………………………………………………………………（147）
【典范文例】 …………………………………………………………………………（148）
例文1 党政机关公务用车配备使用管理办法…………………………………（148）
例文2 江西省石油天然气管道建设和保护办法 ……………………………（151）
第四节 细 则…………………………………………………………………………（157）
【功能特性】 …………………………………………………………………………（157）
【结构模式】 …………………………………………………………………………（158）
【写作要求】 …………………………………………………………………………（158）
【典范文例】 …………………………………………………………………………（159）
例文1 贯彻落实八项规定实施细则 …………………………………………（159）
例文2 湖北省环境保护厅公文处理实施细则…………………………………（162）
第十一章 书信体文书的写作…………………………………………………………（174）
第一节 慰问信…………………………………………………………………………（174）
【功能特性】 …………………………………………………………………………（174）
【结构模式】 …………………………………………………………………………（174）
【写作要求】 …………………………………………………………………………（174）
【典范文例】 …………………………………………………………………………（175）
例文1 习近平向全国广大教师致慰问信 ……………………………………（175）
例文2 致广大官兵和优抚对象的慰问信 ……………………………………（176）
第二节 感谢信…………………………………………………………………………（177）
【功能特性】 …………………………………………………………………………（177）
【结构模式】 …………………………………………………………………………（177）
【写作要求】 …………………………………………………………………………（177）
【典范文例】 …………………………………………………………………………（178）
例文1 中国航空工业集团公司致全国各新闻媒体的感谢信 ………………（178）
例文2 公司领导新春感谢信……………………………………………………（179）
例文3 写给医生的感谢信 ………………………………………………………（180）
第三节 贺 信…………………………………………………………………………（181）
【功能特性】 …………………………………………………………………………（181）
【结构模式】 …………………………………………………………………………（181）
【写作要求】 …………………………………………………………………………（181）
【典范文例】 …………………………………………………………………………（182）
例文1 习近平致清华大学建校105周年贺信…………………………………（182）
例文2 习近平致洪秀柱当选中国国民党中央委员会主席的贺电 …………（182）

例文3 催开群芳春满园
——2016年元旦贺词 …………………………………………………（183）
第四节 求职信…………………………………………………………（184）
【功能特性】 …………………………………………………………（184）
【结构模式】 …………………………………………………………（184）
【写作要求】 …………………………………………………………（185）
【典范文例】 …………………………………………………………（185）
例文1 求职信 …………………………………………………………（185）
例文2 在职人员求职信 ………………………………………………（187）
第十二章 协议体文书的写作…………………………………………（188）
第一节 合 同…………………………………………………………（188）
【功能特性】 …………………………………………………………（188）
【结构模式】 …………………………………………………………（188）
【写作要求】 …………………………………………………………（191）
【典范文例】 …………………………………………………………（191）
例文1 环岛豪庭房屋预订合同…………………………………………（191）
例文2 户外广告发布合同 ……………………………………………（193）
例文3 房屋租赁合同 …………………………………………………（195）
例文4 绣品买卖合同 …………………………………………………（197）
例文5 供用电合同 ……………………………………………………（198）
例文6 计算机显示终端承揽合同………………………………………（200）
例文7 建设工程勘察合同 ……………………………………………（202）
例文8 企业借款合同 …………………………………………………（204）
例文9 居间合同 ………………………………………………………（205）
例文10 钢桶生产线技术开发合同 ……………………………………（207）
例文11 非专利技术转让合同 …………………………………………（209）
例文12 技术服务合同…………………………………………………（210）
例文13 房屋委托销售合同 ……………………………………………（211）
例文14 煤炭仓储合同…………………………………………………（212）
例文15 融资租赁合同…………………………………………………（214）
例文16 合伙合同 ……………………………………………………（215）
第二节 协议书…………………………………………………………（217）
【功能特性】 …………………………………………………………（217）
【结构模式】 …………………………………………………………（217）
【写作要求】 …………………………………………………………（218）

【典范文例】 …………………………………………………… (218)
例文1 公路运输合作协议 ……………………………………… (218)
例文2 自愿离婚协议书 ………………………………………… (222)
第三节 意向书……………………………………………………… (223)
【功能特性】 …………………………………………………… (223)
【结构模式】 …………………………………………………… (224)
【写作要求】 …………………………………………………… (225)
【典范文例】 …………………………………………………… (225)
例文1 开展多方技术经济合作意向书 ………………………… (225)
例文2 初步合作意向书 ………………………………………… (227)
第十三章 诉讼文书的写作………………………………………… (228)
第一节 刑事自诉状………………………………………………… (228)
【功能特性】 …………………………………………………… (228)
【结构模式】 …………………………………………………… (228)
【写作要求】 …………………………………………………… (230)
【典范文例】 …………………………………………………… (230)
刑事自诉状 ……………………………………………………… (230)
第二节 刑事附带民事诉状………………………………………… (231)
【功能特性】 …………………………………………………… (231)
【结构模式】 …………………………………………………… (231)
【写作要求】 …………………………………………………… (232)
【典范文例】 …………………………………………………… (233)
刑事附带民事起诉状 …………………………………………… (233)
第三节 民事起诉状………………………………………………… (234)
【功能特性】 …………………………………………………… (234)
【结构模式】 …………………………………………………… (234)
【写作要求】 …………………………………………………… (236)
【典范文例】 …………………………………………………… (236)
民事起诉状 ……………………………………………………… (236)
第四节 行政起诉状………………………………………………… (237)
【功能特性】 …………………………………………………… (237)
【结构模式】 …………………………………………………… (238)
【写作要求】 …………………………………………………… (240)
【典范文例】 …………………………………………………… (241)
行政起诉状 ……………………………………………………… (241)

第五节 民事答辩状……(242)
【功能特性】……(242)
【结构模式】……(242)
【写作要求】……(243)
【典范文例】……(243)
民事答辩状……(243)
第六节 行政答辩状……(244)
【功能特性】……(244)
【结构模式】……(245)
【写作要求】……(246)
【典范文例】……(247)
行政答辩状……(247)
第七节 刑事上诉状……(250)
【功能特性】……(250)
【结构模式】……(251)
【写作要求】……(252)
【典范文例】……(252)
刑事上诉状……(252)
第八节 民事上诉状……(253)
【功能特性】……(253)
【结构模式】……(253)
【写作要求】……(254)
【典范文例】……(255)
民事上诉状……(255)
第九节 行政上诉状……(256)
【功能特性】……(256)
【结构模式】……(256)
【写作要求】……(259)
【典范文例】……(259)
例文1 行政上诉状……(259)
例文2 行政上诉状……(260)
第十四章 仲裁文书的写作……(263)
第一节 仲裁协议书……(263)
【功能特性】……(263)
【结构模式】……(263)

【写作要求】 …………………………………………………………………… (264)
【典范文例】 …………………………………………………………………… (265)
例文1 仲裁协议书 ………………………………………………………… (265)
例文2 ××国进出口公司与××公司仲裁协议书 ……………………… (265)
第二节 仲裁申请书………………………………………………………… (266)
【功能特性】 …………………………………………………………………… (266)
【结构模式】 …………………………………………………………………… (266)
【写作要求】 …………………………………………………………………… (268)
【典范文例】 …………………………………………………………………… (269)
例文1 仲裁申请书 ………………………………………………………… (269)
例文2 仲裁申请书 ………………………………………………………… (270)
例文3 仲裁申请书 ………………………………………………………… (271)
第三节 仲裁答辩书………………………………………………………… (272)
【功能特性】 …………………………………………………………………… (272)
【结构模式】 …………………………………………………………………… (272)
【写作要求】 …………………………………………………………………… (274)
【典范文例】 …………………………………………………………………… (275)
例文1 仲裁答辩书 ………………………………………………………… (275)
例文2 仲裁答辩书 ………………………………………………………… (277)
例文3 仲裁答辩书 ………………………………………………………… (278)
第四节 仲裁调解书………………………………………………………… (279)
【功能特性】 …………………………………………………………………… (279)
【结构模式】 …………………………………………………………………… (280)
【写作要求】 …………………………………………………………………… (282)
【典范文例】 …………………………………………………………………… (282)
例文1 中华人民共和国海事仲裁委员会调解书………………………… (282)
例文2 ××仲裁委员会仲裁调解书 ……………………………………… (284)
第五节 仲裁裁决书………………………………………………………… (285)
【功能特性】 …………………………………………………………………… (285)
【结构模式】 …………………………………………………………………… (285)
【写作要求】 …………………………………………………………………… (288)
【典范文例】 …………………………………………………………………… (289)
例文1 中国国际经济贸易仲裁委员会裁决书…………………………… (289)
例文2 ××仲裁委员会裁决书 …………………………………………… (292)

第十五章　新闻体文书的写作 ……（294）
第一节　通　稿 ……（294）
【功能特性】 ……（294）
【结构模式】 ……（294）
【写作要求】 ……（294）
【典范文例】 ……（295）
全国第十四届公文学术年会在成都召开 ……（295）
第二节　通　讯 ……（296）
【功能特性】 ……（296）
【结构模式】 ……（297）
【写作要求】 ……（297）
【典范文例】 ……（298）
全面建小康　扬帆再起航
——《中共中央关于制定国民经济和社会发展第十三个五年规划的建议》诞生记 ……（298）
第十六章　涉外文书的写作 ……（308）
第一节　国　书 ……（308）
【功能特性】 ……（308）
【结构模式】 ……（308）
【写作要求】 ……（308）
【典范文例】 ……（309）
来自尼罗河畔的问候 ……（309）
第二节　照　会 ……（309）
【功能特性】 ……（309）
【结构模式】 ……（309）
【写作要求】 ……（310）
【典范文例】 ……（311）
美利坚合众国驻华大使馆 ……（311）
第三节　备忘录 ……（311）
【功能特性】 ……（311）
【结构模式】 ……（311）
【写作要求】 ……（312）
【典范文例】 ……（312）
备忘录例一：对外表态 ……（312）
备忘录例二：陈述意见 ……（312）

上　编

应用文写作基本知识

第一章　应用文的概念

随着社会政治经济建设的不断发展，各种公私事务交往活动的逐步深入和日趋频繁，应用文越来越凸显出异乎寻常的重要地位，具有其他文体难以企及的社会功用。因此，我们每一位机关单位的工作人员特别是文秘工作者必须充分认识应用文这种特殊文体的重要性，认真了解和掌握各类应用文的写作规律、特征和要领，能够撰写出符合规范要求的应用文，以适应当今社会飞速发展形势的需要。

了解和掌握应用文写作的基本知识，具备相应的应用文写作能力，不断提高应用文写作的质量和水平，是每一位机关单位的工作人员特别是文秘工作者必备的一项基本功，它与我们的职业选择和定位密切相关，是我们做好工作的重要基础和必备条件之一。从古至今，凡是那些有作为的当权者及志士仁人，都非常重视文章写作特别是应用文写作。三国时期的魏文帝曹丕在他的名著《典论·论文》中将文章体裁分为四科八类，即奏议、书论、铭诔、诗赋，并且高度概括了各类文体的写作规律和基本特征，指出“夫文本通而末异。盖奏议宜雅，书论宜理，铭诔尚实，诗赋欲丽。此四科不同，故能之者偏也，唯通才能备其体”，更为重要的是，他把文章写作特别是应用写作上升到治理国家的高度来认识，指出“盖文章，经国之大业，不朽之盛事。年寿有时而尽，荣乐止乎其身，二者必至之常期，未若文章之无穷”。晋代著名学者陆机在他的《文赋》中也说：“章表奏议，经国之机枢。”北宋大儒张横渠更加明确地指出，我们的写作要“为天地立心，为生民立命，为往圣继绝学，为万世开太平”。前新华社社长、中国著名新闻工作者郭超人也说我们的写作人员“笔下有人命关天，笔下有财产万千；笔下有是非曲直，笔下有毁誉忠奸”。这些论述，都应该成为我们每一位从事应用写作特别是公文写作人员的座右铭。可以说，面对当今已经进入信息化和网络时代的全新社会，人们的一切政治、经济、文化、生产活动和科学研究等都离不开应用文写作，不具备相应的应用文写作能力，就算不上一名合格的人才，也难以胜任本职工作。毛泽东同志早在延安时期就曾经讲过：“一个革命干部，必须能看能写，又有丰富的自然常识和社会常识，以此作为从事工作的基础和学习理论的基础，工作才有做好的希望，理论也才有学好的希望。”（《文化课本序》）他在这里提出了要具备阅读能力和写作能力的要求，并指出这两种能力是做好工作和学好理论的前提条件。美国著名的社会预测学家约翰·奈斯比特教授在《大趋势——改变我们生活的十个新方向》一书中指出："在这个文字密集的社会里，我们比以往更需要具备基本的读写技巧。"可以说，科学技术、文化教育越发达，越应重视应用文写作。反过来，应用文写作的发达，会更为有效地传播知识信息，提高全社会的生产和工作效率，促进科学技术和文化教育的繁荣发展。在这种情况下，如若不具备相应的应用文写作能力，是很难适应实际需要的，甚至会被时代所淘汰。有鉴于此，每一位有志于在当今广袤纷繁的社会舞台上展露身手的人，一定要站在时代的高度，用战略的眼光，以求真务实的态度、顽强拼搏的毅力和持之以恒的精神，重视应用文，熟悉应用文，写好应用文。

究竟什么是应用文？这是我们学习和掌握应用文写作知识必须首先弄清楚的一个问题，也是研究应用文写作规律和技巧的逻辑起点。这一问题不解决，有关应用文其他方面知识的学习就无由开始或者继续，它是解决全部问题的总纽结。

关于应用文的概念问题，在以往所出版的众多应用写作专著、教材和辞书中均有所涉猎，但表述却不尽一致。从总体上讲，应用文是传统文章学所划分的四大重要文体之一，即记叙文、议论文、说明文和应用文。这四类文体各具特点，各具不同的使用功能。早在90年代末期，就有学者指出应当将这四类文体合并，采取"两分法"的主张，其主要原因就在于前三类经过几十年的发展，业已逐渐向应用文靠拢，亦即应用文存在着明显的扩张趋势。例如，说明文中的产品说明书、简介等，就都属于应用文；议论文中很多文种诸如学术论文等，也已经被应用文所同化；至于新闻等文体，在我国新闻的源头是文学，然而早在100年以前新闻就已经被划归应用文的名下。有鉴于此，有人主张将文体划分为怡情文和应用文两大类就足够了。其中应用文是现实的世界，怡情文则是理想的世界；应用文是理性的再现，怡情文则是情感的表现；应用文是实在的人生，怡情文则是希望的人生；应用文更多地连接着人们的物质世界，怡情文则更多地连接着人们的精神世界。但无论如何，我们可以看出，无论采取四分法还是两分法，应用文都是不可或缺的必备的重要文体，具有不可替代的社会功用。

那么，应用文的概念应当如何表述呢？我们认为，应用文是各级党政机关、人民团体、企事业单位以及公民个人在处理和解决各种公私事务过程中形成并使用的具有广泛实用价值和惯用体式的文书。就其性质而言，应用文是党和国家机关从事各种组织管理活动以及人们交流思想、办理事情、沟通情况、传递信息、交流经验、解决问题不可缺少的重要文字工具，亦即工具性是应用文的本质属性；就其适用范围讲，应用文是所有文章体裁中与人民群众联系最为直接、最为密切，使用频率最高的一种文体，随着中国特色社会主义事业的不断发展和深入，应用文的适用范围越来越广泛。因此，认真学习应用文写作方面的基本知识，掌握各类应用文写作的方法和技巧，对于我们做好工作，更好地服务于经济社会发展，具有十分重要的意义。

应用文从属于文书，它是文书这个大概念下的一个属概念。而文书又是什么呢？应该说，文书是一个极其宽泛的概念，外延很广，它囊括各级党政机关、人民团体、企事业单位以及公民个人在处理和解决各种公私事务过程中形成并使用的所有文字材料，既有成文的，例如决定、决议、报告、计划、总结、贺电、感谢信、协议书等，也有不成文的，例如录音、录像、餐馆菜谱、晚会节目单等，层级很高，范围甚广；相比之下，应用文的外延则相对要窄，只涉猎文书中的成文部分，而且应用文包括公文和私文，并且公文又可以进一步细分，划分为法定公文、事务文书以及各类专业文书等，私文则通常只适用于个人或者宗族为了处理个人私务。本书所列之应用文，即全面充分地考虑到了这一点，以适用各个层面、各个范围的人们之需。

从总体上讲，应用文具体包括两大类：一类是各种社会组织在推动和处理国家、集体公共事务过程中所形成并使用的公务文书，即通常所称的公文；另一类是个人、家庭和宗族在处理自身内部事务过程中形成并使用的私务文书，简称私文。而其中的公文又可做进一步划分，由党和国家以法规形式加以明确的部分公文文种，称为法定公文，也即狭义的公文。除此之外在各级各类党政机关、企事业单位及社会团体的公务活动中运行的用以处理日常事务性工作所使用的公文文种，称为事务文书，属于广义的公文。私人文书根据实际使用情况又可以分为多种类别。如图所示：

- 应用文
  - 公文
    - 法定公文
    - 事务文书
    - 专业文书
  - 私文

第二章　应用文的起源与演变

在我们国家，应用文的产生与发展具有极其悠久的历史，它与文字的出现和国家的产生同步。文字的产生是人类文明与野蛮的分界。任何一个国家和民族，从文字产生开始随之产生了应用文写作。斯大林在《马克思主义与语言学问题》一书中明确指出："生产的继续发展，阶级的出现，国家的产生，国家进行管理工作需要比较有条理的文书。"由此可见，应用文写作是以文字出现、阶级的出现和国家的产生为基本条件，起于治理国家的需要。

应用文写作，起源于人类的社会劳动，是社会生产、社会分工、社会管理、社会发展的产物。历史文献告诉我们，公文的使用在我国是"古已有之"。根据《尚书·序》中记载："古者伏羲氏之王天下也，始画八卦，造书契（指文字），以代结绳之政，由是文籍生焉。"这里的"文籍生焉""代结绳之政"，可认为是指应用文的产生。

关于"结绳记事"，《老子》中有"使民结绳而用之"的记载。《庄子·胠箧》中有"昔者……祝融氏、伏羲氏、神农氏，当是时也，民结绳而用之"。《说文解字·序》中有"神农氏结绳而治，而统其事"。从这些古典文献中可以发现，统治者借助结绳来进行管理，而且结绳的大小能够标示记载不同的内容，用这种简单的方法帮助记忆，达到管理与应用的目的，具有备忘、信守、凭证的作用。

客观而言，"结绳记事"是公文的"原始形态"。因为它是一种典型的象征性记事的方式。但从历史上讲，应用文作为一种文字载体，应该是与文字结伴而生的，并随着生产与管理活动的发展而不断发展。自从人类发明了文字之后，就产生了应用文，这是人类走向文明的重要标志之一。正如《周易·系辞》中说："上古结绳而治，后世圣人易之以书契。百官以治，万民以察。"最早提出"应用文"这一名称的，应当是宋代的张侃，他在《拙轩集·跋·陈后山再任教官谢启》中说："骈四俪六，特应用文耳，前辈直谓世间一种苛礼，过为谨细。"正式提出应用文这一概念的，是清代学者刘熙载。刘熙载在他的《艺概》一书中更加具体地指出："辞命体，推之即可为一切应用之文。应用文有上行，有平行，有下行。重其辞乃所以重其实也。"如果说，在中国文学史上，"神话"是中国文学"祖先"的话，那么在中国应用文发展史上，"甲骨文"则当之无愧为应用文的"祖先"了。只是在名称上，历代说法不同而已。

我国应用文写作的历史极为悠久，可以说源远流长。据考证，早在5000多年以前我国就有了国家雏形的原始文明活动，诸如征讨、民主选举、征询商议、祭祀，等等。这些公务活动的进行需要形成相应的文字材料。如前所述，随着阶级的出现和国家的产生，统治阶级为了实行自己的统治，越来越需要通过相应的书面载体来发布政策、施行政令，人们之间也需要通过相应的文字材料加强沟通与交流。因此，应用文写作作为一种特殊的行为活动应运而生，出现了大量的应用文书。

一、原始社会可以视为是应用文的孕育时期

这一时期人们由于生产、生活的各种实际需要，创造了原始形态的"应用文"，除典型的"结绳记事"之外，还有甲骨文。2000年11月10日《人民日报》公布200多名考古学者经过五年研究的最新成果《夏商周年表》，把我国的历史纪年由西周的共和元年——公元前841年向前推移了1200年，证明范文澜在《中国通史》中推断夏朝已有原始文字是有据可查的。而在西安市斗门乡花园村发掘出的甲骨文，比殷墟甲骨文要早1200年。也就是说，早在5000年前我国就产生了应用文。

二、从奴隶社会到秦统一中国以前的战国时期为应用文的发端时期

这一时期随着文字的产生，开始出现了最早的书面语言公文，而且形成了众多体裁，首开秦汉以后应用文发展、演进的先河。比如，从作为古代应用文"信史"开始的殷墟甲骨刻辞到钟鼎彝器铭文以及春秋战国时期的各种书（如策书、上书、玺书、盟书、书等）、檄、祝、颂、箴、诔、吊、赋和司法文书、经济契券等，都初具应用文的实用性与严肃性。在甲骨卜辞之后出现的商周时期的钟鼎铭文，不仅证实了文字与应用文的关系，而且以实物向我们提供了那个时代应用文的具体模式。商周以青铜器作为礼器和乐器，是奴隶主贵族的传家之宝。礼器和乐器上铸造的铭文称为"钟鼎文"或"金文"，其中有很多是歌功颂德的文字，也有不少已经具备了公文的性质和功用。《周易》中的卦、爻辞，大约也产生于商末周初，卦、爻辞中的记事，虽然也很简短，但比起甲骨卜辞而言更趋完善，并且有某些生动的记述，有的还用简洁洗练的语句表达了某种生活经验乃至哲理，是我国古代应用文萌芽发展中的一个重要阶段。由此可见，甲骨卜辞、钟鼎铭文以及《周易》中的卦、爻辞等，与前述"结绳记事"一样，均是应用文的原始形态。特别是春秋战国时期，应用文的写作业已逐渐走向成熟。《论语·宪问》中记载了孔子的一段话，谈及当时文件起草加工的情形："子曰：为命，

裨谌草创之，世叔讨论之，行人子羽修饰之，东里子产润色之。”可见，一篇应用文的产生需要经过几道程序，充分体现出当时对应用文写作的重视和严肃认真的态度。这一时期出现了我国最早的公文集《尚书》（又称《书经》），是一部国家文书汇编。其中收录了虞、夏、商、周四个朝代的公文，并将文体划分为典、谟、训、告、誓、命6种，总计100篇。

三、秦汉时期是公文的发展时期

秦统一中国后，封建专制主义中央集权国家的建立，进入了应用文发展的成熟时期。秦王朝进行了政治、经济、文化上的一系列改革，如“书同文”“车同轨”等，应用文受此影响，日趋规范化。秦初兼并天下，首改政令，确定“命”为“制”，“令”为“诏”，陈事曰“表”，勤俭政事曰“奏”，推覆平论曰“驳”，天子自称为“朕”，首开应用文体裁规范化之先河。汉承秦制，并有了进一步发展，具体表现在体裁上，如东汉蔡邕在《独断》中说：“其命令，一曰策书，二曰制书，三曰诏书，四曰戒书。”又云：“凡群臣上书天子者有四名：一曰章，二曰奏，三曰表，四曰驳议。”正如刘师培在《中国中古文文学史》中指出：“文章各体，至东汉而大备。”不难看出，应用文特别是公文发展到这一时期显然已经定型化了，并涌现出了大量的应用文佳作，如东方朔的《上书自荐》、贾谊的《陈政事疏》、晁错的《论贵粟疏》、赵充国的《上屯田便宜十二事奏》等都对后代产生了深远影响。

四、魏晋南北朝时期是应用文的成熟时期

这一时期各种应用文的体裁特点明显形成，而且文体也略有增加，如三国之后，增加了一种平行文“移”。应用文的体裁在汉代趋于规范的基础上，在实际使用中发展得更加切实可行，出现了不少脍炙人口的名篇，如曹操的《述志令》、陈后主的《咨询诏》，这些诏令典雅凝重、温润深厚。又如孔融的《荐祢衡表》、诸葛亮的《出师表》，此二表被刘勰在《文心雕龙》中并称为“表之英也”。最为著名的首推诸葛亮的《出师表》，陆游在《书愤》中称“出师一表真名世，千载谁堪伯仲间”。品读这篇《出师表》，可以说写得有理、有力、有节、有情，在反复叮咛中责己、谏君，确实堪称表中精英，文中楷模。特别值得一提的是，这一时期古代公文写作理论基本形成，尤其是南朝齐、梁时期文学理论批评家刘勰的《文心雕龙》，对历代各种应用文体裁的功用、特点、写作规律进行了全面、深入、系统的分析研究，对今天的应用文研究具有重要价值。

五、隋唐宋时期是公文发展的高峰时期

这一时期出现了一些新的文体，如唐代皇帝将下行的应用文称作册、制、敕。册、制、敕用法各有不同，“册”用于封立皇后、太子以及王公；“制”用于颁发国家重大制度；“敕”又分为发敕、敕旨、论事敕、敕牒等。这一时期应用文受唐宋诗词文的影响，各种体裁的名篇云集，如韩愈的《答立翊书》、王安石的《答司马谏议书》，柳宗元的《段太尉逸事状》，骆宾王的《讨武曌檄》等，不胜枚举，并建立了一文一事制、修改公文须加印章制、机要公文实封编号制和催办制。各种应用文文体之完备，从《唐六典》《宋史》中可见一斑。

六、元明清时期是应用文的稳定时期

这一时期突出的特点是，应用文文体的分类更加详细，如明代的上行文就有题、奏、启、表、笺、讲章、书状、文册、揭帖、制对、露布、泽等，而经常使用的也只有题、奏、启、揭帖等几种；下行文种类很多。总的看来，文体的类别越分越细。至明清时期，已经十分烦琐，直到清末才有所改观。明清时期应用文的体裁也有所变化，但在明代没有出现类似唐宋八大家那样杰出的作家，应用文也无崛起之势；在清代，文体虽有发展，如“照会”“申陈”“滚单”等，但公文也不如唐宋时期那样“丰盛”。

七、辛亥革命、五四运动和新民主主义革命时期是公文的重大变革时期

这一变革突出表现在五个方面：一是应用文在表达上发生了重大变革，白话文逐步替代文言文成为应用文表达的手段和特征。二是辛亥革命推翻清王朝后，南京临时政府于 1912 年颁发了中华民国第一个《公文程式条例》，规定“令”“咨”“呈”“示”“状”五种，废止了封建时代所使用的“制、诏、诰、敕、戒、策、册、表、章、奏、议、疏”等文种，还明确规定公文中不准使用“老爷”“大人”一类词语。三是北洋军阀政府连续三次公布《公文程式条例》，从第一次公布的“令、布告、状、咨、公函、呈、批”七种，到第二次袁世凯为称帝需要而颁发的“大总统公文程式”“大总统政事堂公文程式”“官署公文程式”共 17 个文种，到黎元洪继任总统公布的第三个《公文程式条例》共 13 个文种：“大总统令、国务院令、各部院令、任命状、委任令、训令、指令、布告、咨、咨呈、呈、公函、批”。四是国民党执政后，先后三次颁发《公文程式条

例》，规定了9种常用公文：令、训令、指令、布告、任命状、呈、咨、公函、批。除上述9种公文外，这一时期还沿袭使用了“手谕”“告书”“通告”“宣言”“笺函”等杂体公文。但是，这些改革都是不完全、不彻底的，只有在中国共产党诞生、新中国成立以后，应用文的发展才趋于统一和完善。

八、新中国成立后是应用文发展不断完善、应用文理论研究不断深入时期

新中国成立以后，随着时代发展和社会进步，特别是在改革开放和中国特色社会主义建设大潮中，面对瞬息万变的社会和激烈竞争的商品市场，应用文也以其极高的频率性、极大的普遍性和极强的实效性充分发挥了固有的功能，实现了自身的应有价值。同时，应用文在内容、形式、语言等各个方面也都发生了巨大变化和进步。一是内容上破旧立新，体现出鲜明的时代特色，反映出社会主义物质文明、政治文明和精神文明建设的新内容；二是在形式上删繁就简，易呆板为灵活，化虚位为求实，摒弃反映旧社会统治下的形式主义的僵化模式，消除散发旧社会腐臭的避讳、抬头、移行、套语等陈规陋习，代之以简便、灵活、晓畅、实用的文书体式；三是在语言上推陈出新，随着时代的发展变化而出现了大量的具有鲜明时代特色的一些新的提法和新的语句，大力提倡“短”“实”“新”的优良文风，倡导语言的规范、严谨、简明、得体。尤其是在公文方面，我们党和国家权力机关还先后颁布了一系列法规文件，从而使我们党和国家的公文体系不断得到丰富和发展。特别是2012年4月16日，中共中央办公厅和国务院办公厅联合印发了《党政机关公文处理工作条例》，将党政两大系统的公文处理法规合二为一，是我国当代公文法规建设进程中一次具有划时代意义的重大变革，是党政机关公文处理工作发展的客观需要，对于进一步推动各级党政机关公文处理工作的统一化、制度化和科学化，规范公文运转程序，提高公文处理的质量和效率，具有极其重要的现实意义和深远的历史意义。

需要指出的是，进入新时期以来，我国的应用写作理论研究十分活跃，不仅出版了大量的研究应用写作特别是公文写作的著作，还成立了专门的中国公文写作研究会；不仅应用文写作被列入各类高校必修、选修课程，而且还出版发行专门的《应用写作》刊物，尤其是各行业每年不定期举办应用文写作培训班，使得应用文写作知识的普及获得了空前发展。

纵观我国的应用文发展历史，历经数千年而经久不衰，不断得以发展和完善，究其实质，一个最关键的原因就在于它适应了社会发展的客观需要，具有恒久和巨大的生命力。在治国安邦、办理各种公私事务过程中发挥着不可替代的重要作用。

第三章　应用文写作的特点和基本要求

要想写好各类应用文，在准确把握其内在含义、爬梳其发展演进脉络的基础上，还要弄清其基本的写作特点和相关要求，特别是要注意把握共性，分清个性，重点是要切实领会应用文与一般文章及文学文写作相比所体现出来的特殊性，使所写出来的应用文合乎规范，发挥其应有的功用。

应用文作为文章的重要种类，在长期的历史发展和写作实践中，已经逐步形成了区别于其他文体的独特性，突出表现为如下几个方面：

一、范围广泛，注重实效

与其他文体相比，应用文具有极其广泛的适用范围，这是应用文的最显著特征之一。它广泛运用于机关、团体、企事业单位的公务活动以及个人和宗族自身的内部事务之中。就公文而言，作为党和国家机关传递策令、沟通情况、交流经验、推动公务活动开展的重要工具，广泛应用于党和国家管理工作的方方面面，是沟通、联络整个社会公务活动的桥梁和纽带。特别是在当今已经进入信息社会和网络时代的新形势下，党和国家各项管理活动的开展就更加离不开公文。试想，不制发各种指令性、指导性和规范性的公文，庞大而复杂的国家机关靠什么来启动；数以千百万计的各种机构，不请示报告工作，上级靠什么进行决策指挥；从天南到地北，从政治到经济，从内政到外交，都被信息网络联结在一起；信息的收集、传递、整理、加工、使用以及循环反馈，无不需要人们去写作，形成相应的各种各样的公文，以有效地推动公务活动的正常开展。可以说，公文是各种社会组织机构特别是党政机关公务活动协调运转不可须臾离开的书面文字工具。个人和宗族之间在日常学习、生活和工作过程中需要商洽事情、互相交往、彼此沟通、增进合作，都离不开应用文。离开应用文，党和国家的方针政策、法律法规等就不能得以宣传贯彻，情况就无法沟通，经验就无法交流，意见也不能统一，步调就不能一致，这样各种公务活动也就无法正常开展。与此同时，应用文还具有特别重要的实用价值，非常注重现实的效用性。我们党和国家要经常通过公文这一物质载体来发布和传达有关的政策、规定、法律、法令等，来推动整个社会组织机构正常有序地运行，有关单位和人员必须认真遵循、执行和办理，不能漠视不管甚或违反，否则就要承担相应的责任，受到应有的处罚。各级机关、单位内部，为了维护工作的正常开展以及生产的正常运行，也需要制定和发布相应的规章制度等法规性公文；不相隶属的机关单位之间也要通过公文来商洽工作，加强沟通与交流。就连守则、公约、合同、意向书之类的应用文对工作和行动也具有严格的制约作用，其实效性特征也非常明显。

二、内容真实，最忌虚妄

真实性是应用文写作的最基本要求之一，也是应用文写作的一条根本原则。具体是指应用文所反映的内容必须实事求是，绝不能肆意歪曲事实或者文过饰非。要如实反映客观存在的实际情况，有一说一，有二说二，既不夸大也不缩小。特别是公文，作为党政机关办理公务的实实在在的工具，担负着传递策令、沟通信息，指导、布置和商洽工作，报告情况、交流经验的重要职能，因此其所表达和反映的内容和情况决不允许有假大空，有浮华失实，而必须是绝对真实地在现实生活中具体存在的事实，它保证了公文的权威性和有效性。

可见，应用文中所讲的真实，是以客观事物存在为基础的绝对真实，这与文学作品的写作有所区别。文学作品为了反映生活本质，可以对所写的人和事进行艺术改造和加工，甚至可以虚构。而应用文反映的则是社会实践活动中的客观事实，所涉及的时间、地点、人物、事件等必须绝对准确，任何一个细节都不允许失真，尤其是一些向上级机关所写的汇报材料，如果弄虚作假，隐瞒真实情况，其结果必然会影响上级对某事项的决策，影响党和政府的形象和公信力，甚至会导致严重后果。因此，应用文的写作必须严肃认真，深入实际进行调查研究，使所写内容符合客观情况，做到准确无误，完全真实。

需要注意的是真实和准确之间的关系。真实和准确本是一脉相承、一本所系，在真实的前提下还要做到能够准确地加以反映。例如，有一篇反映某位县委书记廉洁奉公事迹的报告，其中谈到这位县委书记“无论何时何地，从来未接受过任何人的任何礼物”。这种表述就不尽妥当，因为如果说这位县委书记拒绝任何贿赂是真实可信的，但所涉及的拒绝任何礼尚往来的程度就显得不够准确，因为我们总不能不近人情。1987 年，浙江省青田县鬃村干部为解决拉电线经费问题，在乡干部的指点和默许下，把原本牢固的小学校舍卖掉，让学生到濒临倒塌的危房上课。而在同年 11 月，省、地两级教育“双验收”的汇报材料中却写道：“乡党委发动群众干部自力更生、集资建校舍，在上级没有拨款的情况下，一个穷乡三个村建校。鬃村建教室两间，建筑面积 166 平方米……”但出乎意料的是仅仅 7 个月之后，这个被汇报为“新建教室”的破旧危房在一场大雨中轰然倒塌，造成 6 个小学生死亡，16 人受伤的惨剧。由此可见，上报材料弄虚作假造成的后果有多严重。

三、态度鲜明，时代感强

应用文的性质和特点决定了它的写作必须做到旗帜鲜明、与时俱进。或赞成或反对，或颂扬或暴露，或讴歌或鞭挞，必须直截了当，毫不隐晦。要把行文的目的、依据、内容等明白无疑地传输给受文对象，不使之产生理解和执行上的偏差。要以马克思列宁主义、毛指导思想、邓小平理论、“三个代表”重要思想、科学发展观以及习近平总书记一系列重要讲话精神为指导，以党和国家的方针政策为依据，使所提的观点、见解、意见、办法、措施和所做的结论科学合理，能够充分体现最广大人民群众的根本利益。而要做到这一点，看似简单实则不易。

作为各级党政机关和企事业单位以及个人、宗族处理各种公私事务的文书，应用文对社会生活的发展变化反映最为直接和迅速，具有鲜明的时代特性。在漫长的封建社会所盛行的那些祈祷鬼神的祭文具有浓厚的迷信色彩，而那些令人生厌的、废话连篇的烦琐公文程式和辞令，充满着浮夸失实、虚伪欺诈、媚上压下、拼凑堆砌的腐朽之风；孙中山先生领导的辛亥革命及其所形成的公文，荡涤了延续几千年皇家公文的污泥浊水，体现出了鲜明的时代特色。在“文化大革命”期间，许多脱离实际的极左口号和提法以及宣传个人崇拜的言辞，在当时的应用文和各种公文中大量使用，反映了这一特定历史时期“左”的思想恶性膨胀的特点。直到进入新时期以后，随着中国特色社会主义建设的飞速发展以及对外政治经济交往的客观需要，应用文越来越受到社会的重视，使用频率越来越高，在社会生活的各个领域发挥了越来越重要的作用，充分反映出我国社会政治经济繁荣发展的良好局面。应当说，这种渐进性的变化，既体现在行文的目的和内容上，也体现在行文程式及诸多的行文方法上，其中都镌刻着时代发展的烙印。由此可见，应用文的写作一定要与时代同步，要符合时代要求，反映时代特点，体现当今时代的精神风貌，只有如此，才能真正发挥应用文的应有功用。

四、准确简练，朴实通俗

应用写作以实用为目的，这就决定了其在语言材料、表现方法的选择上有自己特有的要求，并形成独特的语言风格。其中很重要的一条就是要做到准确简练、朴实无华、通俗易懂，这是由应用文本身的性质和特点所决定的，也是应用文写作的一条基本要求。俗话说：“一字入公文，九牛拔不出。”极其形象地说明了应用写作特别是公文写作准确性的特点。这种准确应当包括策见的准确、事实的准确、文法的准确和逻辑的准确，特别是在遣词造句方面，一定要字斟句酌，做到准确恰当，“意少一字则义阙，句长一言则辞妨”，力避令人费解甚至误解。凡属反映事物的性质、特征，表示事物的程度、范围、优劣等，用语一定要恰如其分，给读者以肯定、明晰、确切的认识，不能使用诸如“大概”“估计”“可能”“也许”等模糊度较高的词语。要用极省减的文字表达尽可能丰富的内容，做到言简意赅。注意培养一种“精雕细琢”的写作作风，在写作过程中认真推敲、反复修改，竭力删掉那些可有可无的字词句段，毫不可惜，以期达到“句中无余字，篇内无赘语”的境界。还要讲求“扬质朴，弃靡丽”，像马克思那样“用无产阶级的平凡的、质朴的、实在的、日常的问题提法”，像鲁迅先生所说的那样，“有真意，去粉饰，少做作，勿卖弄”，语义要鲜明，用语要得体，不能装腔作势、哗众取宠、浮华藻饰、刻意雕琢，而应当是追求在朴实之中见神奇，看似平常却奇崛，这是应用文直接应用性的要求。因为应用文不是文艺作品，不必也不允许追求想象的瑰丽、情节的奇特、辞藻的华美，它是实实在在的办事工具，不需要粉饰做作、废话连篇和故作高深，而要实事求是地反映情况，准确无误地传递信息，让受文者感觉浅显易懂，一目了然地理解其内容。因此，就要求在用词上规范地使用书面语言，不用口语和方言土语；使用含义明确、范围限定的词语，避免使人产生歧义；不能随意使用外来词和时髦新词语；采用消极修辞手法，不能滥用文学语言。不需要文学性的细腻刻画、着意烘托，也不要求学术性的探幽索微、艰深爬抉。为了便于理解和应用，需要以朴实无华的语言直述不曲，使读者获得准确无误、简洁明快的阅读效果。据史书记载，清朝政府曾经向德国借款修筑胶济铁路，条约中有一款的表述为：“沿铁路线左右30里内煤铁等矿，德国有权开采。”原意是指沿线左右加起来总共为30里，因为文字表达不确切，又可解释为左右各30里，行文产生歧义，致使腐败的清政府竟然让德国比原来获得了多出一倍的土地开采权。

由于客观事物往往是纷繁复杂的，能以直白平实的语言将事情表述清楚并不容易。但也只有朴实无华的语言才能为广大读者所接受和认可，便于应用文内容的理解和执行。试想，如果文字艰深晦涩、生僻难认，再加上“官腔十足”，怎么能达到行文的目的呢？由此可见，应用文语言的威力不在于华丽辞藻的堆砌，而在于朴实无华。著名教育家叶圣陶先生在《公文写得含糊草率的现象应当改变》一文中曾经说过：“公文不一定要好文章，可是必须写得一清二楚，十分明确，句稳词妥，通体通顺，让人家不折不扣地了解你说的是什么。”这就非常明确地告诉我们，应用文重在实用，工具性是它的本质属性，在写作过程中只要着眼于把问题讲清楚，把事情说明白，把道理讲透彻，是应用文写作的根基所在，也是其能否发挥应有效用的关键。离开实用性而奢谈应用文，进而把应用文写得极富文学色彩，就等于舍本逐末，误入歧途。诚然，有些应用文，特别是演说类、讲话类、悼词类应用文等，还是要讲究一些积极修辞表达手法的，但这并不能从总体上排斥甚至否定应用文的准确简练、朴实通畅的总体特征和基本要求，否则就是以偏概全，有失应用文的本质特性。

五、体式严整，讲求规范

在长期的使用和写作实践中，应用文特别是公文已经形成了一整套较为稳定的惯用格式，包括每一文种的基本结构模式和写作要领，甚至某些习惯用语都是固定的。这是应用文与一般文章特别是文学文相比在形式上最明显的区别。一般文章和文学作品的写作，讲究“大体须有，定体则无”“文无定体”，而应用文写作讲求的是“文有定体”。特别是法定公文，党和国家的公文法规中设有专章就格式问题做出明确具体的规定，并专门制定发布公文格式国家标准；其他的事务文书也都有各自的惯用格式，任何单位和个人在撰写时都必须遵从，而不能标新立异，各搞一套。讲求体式的严整和规范，不是人们任意强加给应用文的，而是应用文本身的一种客观需要，是其写作结构的一种规律性表现。按照规定的惯用格式所写的应用文，其主要目的和作用在于能够确保各类应用文撰写和处理的准确、迅速、规范、及时和有效，不但结构完整、层次分明、布局得当，而且能够为人们所熟悉和认可，便于理解和接受，从而提高应用文写作的质量和效率，顺利实现行文的目的。

值得注意的是，体式严整、讲求规范并不是要将应用文引向僵死的套路，回归“八股”式的文章中去。“八股”式的应用文，向来被人们反对，也是不良文风的具体表现。实际上，在遵循特定的体式规范前提下，完全可以体现作者“自由发挥”的空间，承载和传递各种各样的公私活动信息，体现不同的文章风格。对此，我们可以通过认真研读大量的古今中外的应用文经典之作，就可以从更加深广的层面来体会和领悟。

在2005年中央电视台春节联欢晚会上，由许晓明、魏真柏、朱丹萍表演的小品《汇报咏叹调》：某公司办公室叶主任没有按领导的要求去参加饲料质量会议，而是私自去观赏音乐会。第二天经理要当面听取汇报，并将会议内容向董事长汇报。同时还要参加一个重要的电话会议。由于根本不知会议情况，情急之下这位办公室主任佯装找出笔记本，随口编出了“高度概括”的五条“会议精神”：提高认识，强化意识；主要领导要亲自挂帅，是第一责任人；发动群众，做好宣传；持之以恒，环环紧扣；各项工作要落到实处。出人意料的是，经理当场向参加会议的另外一个单位的经理核实，其所告知的内容竟然是出奇的一致。更令人啼笑皆非的是，此时电话会议的时间到了，经理与办公室主任当场听会，是一场关于彻底打赢消灭蟑螂的歼灭战专项会议，结果所传达的内容竟然也是同样的“五条”。实属惊人的相似！

第四章 怎样培养和提高应用文写作的能力

应用文写作作为一门科学，其所涉猎的内容非常广泛，既有对应用文的静态研究，也有对应用写作的动态把握；既有从宏观上探讨应用文写作的原理，又有从微观上研究应用写作的技法；既有对中国古代应用文写作的历史借鉴，又有对当代应用文写作的跟踪研究。有鉴于此，要想全面、深入、系统地了解和把握这门学科的相关知识，以期求得学以致用之目的，必须注意讲究正确的学习方法。从大体上讲，主要有如下几个方面：

一、要坚持理论与实际相结合的原则

应用文写作是一门实践性很强的学科，要学好应用文写作，真正掌握它的写作技巧与规律，除了必要的理论储备作为基础以外，最关键的是要深入实际，到丰富多彩的应用文工作实践中去锻炼、去体会、去提高。如果仅仅停留在了解应用文写作的一般知识，甚至死背条文上，那将是于事无补的。因此，正确而有效的方法是将所学到的理论与应用文写作实践有机地结合起来，以增强其针对性和实用性。对于尚处于学习阶段的高职高专类院校学生来讲，应当通过社会调查、实习等多种形式，尽可能多地接触当前的应用文工作实践，了解和把握应用文写作方面的实际情况和问题，并以之来印证、消化在课堂上所学到的理论知识；对于在机关单位工作多年的人员来讲，应用文理论的储备自然是必要的，同时也必须深入实际中去，不但要了解本地区、本部门的工作实际，而且要了解全省乃至全国范围内的有关情况；不但要了解事物的现状，还要了解事物的历史和未来；不但要知其然，而且还要知其所以然。只有将理论与实际结合起来加以学习，才能够收到实效。

二、要尽可能地接触各类应用文实例，从阅读中提高

实践证明，广泛阅读应用文实例（包括范例和病例），从中汲取经验或引以为戒，是提高应用文写作能力的有效方法。应用文写作应当先从模仿开始，模仿是应用文写作的必由之路，而模仿的参照物就是古今中外各类经典的应用文。我国晋代著名学者陈寿在《三国志》中说得好："读书百遍，其义自见。"我国唐

代大诗人杜甫也说："读书破万卷，下笔如有神。"清代著名学者孙洙在《唐诗三百首序》中也说："熟读唐诗三百首，不会作诗也会吟。"我国现代大文豪鲁迅先生更加明确地指出："文章应该怎样做，我说不出来，因为自己做的文章，是由于多看和练习，此外并无心得和方法的。"还有，英国著名科学家牛顿把书比喻成"巨人的肩膀"，并且说自己的许多成就就是"站在巨人的肩膀上"得到的。这些论述都十分深刻地告诉我们，阅读对于写作是何等的重要。大量的应用文实例，总能给人们提供有益的借鉴，通过阅读，我们不但会了解到应用文这一特殊文体在思想内容表达方面的规律与要求，而且能从中品味、揣摩出应用文写作的有关特性、技法和要领，从而有效地提高写作水平。这里，要注意对各种例文的选择，应当尽量摄取那些在时间上比较切近而又比较有代表性的范例或病例，以确保学习的针对性和适用性；同时，要注意在阅读的过程中对例文中进行一番"评析"，不能单纯地为阅读而阅读。要在明确行文目的与意图的前提下，依据应用文的基本构成，特别是从内容、体式、表达等几个方面对例文加以深入考察，弄清其规范或病误的道理。这样，才会充分发挥阅读的作用，收到应有的效果。

三、要认真练好"内功"，自觉地做到多写、多练、多积累

应用文写作是作者综合能力的反映，它需要作者既具有较为深厚的语言文字功底，同时还要具有比较高超的运局谋篇艺术。因此，要想提高应用文写作能力，使所写出的应用文符合规范化的要求，就必须以持之以恒的精神和坚韧不拔的毅力，努力练好"内功"，尽可能地从多方面去充实自己。这里的"内功"包括诸多要素，其中最主要的无外乎是指政治素质的提升以及思想政策水平和理论水平的锤炼，本系统、本单位业务知识的积累，语法、逻辑和修辞方面知识的掌握和运用，等等。而要做到这一点，决非易事，要求我们在日常的学习和工作中，一定要努力学习和掌握马列主义、毛泽东思想、邓小平理论、"三个代表"重要思想、科学发展观以及习近平总书记一系列重要讲话精神，认真学习领会党和国家的有关方针、政策，使自己懂得运用正确的立场、观点和方法来观察、分析实际工作中遇到的问题；同时还要努力钻研业务，做学习和工作中的有心人。要通过写日记、记笔记、做摘录、建卡片等多种形式，广泛地积累与应用文写作相关的各种材料，凡属党和国家某一历史时期的某项方针政策以及相关情况等，都要加以留心并及时摄取存贮起来，以备不时之需。在此基础上，最重要也是最有效的是要做到"多动笔"，应用文写作标准高、要求严，要达到这一目的，没有捷径可走，只有靠自己亲身实践，多写多练。开始写得不好没有关系，但只要坚持不懈，以锲而不舍的精神和顽强的毅力去反复实践，不断耕耘，久而久之，

驾驭应用文的能力就会逐步提升，真正成为应用文写作领域的行家里手。应用文写作的反复性很强，我们既不能奢望一蹴而就，也不能期盼一次成功就能够次次成功。我国清代著名学者唐彪说得好："多读乃籍人之功夫，多做乃切实求己之功夫，其益相去远也。"意思是说多读当然也很好，但只是借鉴别人的经验，只有多写多练，才能够日有所进，不断提高。由此可见，没有认真的培养和训练，没有刻苦的学习和实践，没有丰富的知识和经验，是不会写出好的应用文的。而在此过程中，要想获得理想的效果，还要求我们把功夫下在平时，多积累，多实践，"长期积累，偶然得之"，事实终将会告诉你，事事留心，日积月累，多写多练，就会给你写作技能的提高插上腾飞的翅膀。

下　编

应用文种写作技法与范例

第五章　报请体文书的写作

第一节　报　告

【功能特性】

根据《党政机关公文处理工作条例》的规定，报告“适用于向上级机关汇报工作，反映情况，回复上级机关的询问”。它是下情上达、沟通和反馈信息的主要方式，是维护上下级之间工作关系的重要手段。报告属于常用的公文文种，功能较广，既可以就某一阶段的工作打算、工作进程或工作中的主要问题主动地向上级机关报告，也可以就某专项工作说明情况，或进行解释性、说明性汇报，还可以向上级机关或主管部门提出本单位工作的一些新想法，旨在得到上级机关的认可和支持。报告本身不一定很长，但有时在文字难以表述清楚的情况下，可以采取数字、表格、图表等形式作为报告的附件列示出来。

根据报告的功能，可以将其分为例行的工作报告、临时的突发事件报告、专题的表达意见的报告、专门回复上级机关询问的报告以及为了报送其他文件而写的报告，等等。

【结构模式】

报告的写作模式通常由标题、主送机关、正文和生效标志等几个部分构成。

一、标题。要完整载明发文机关名称、事由和文种3个要素，例如，《××县人民政府关于撤除消雹降雨地点的报告》。即使文件的版头部分已经标注有发文机关名称，此处也不可省略。其他文种也均应如此，后文不再赘述。

二、主送机关。即报告的致送对象，应是报告机关的直接上级机关或单位，无极特殊情况，不可越级行文。

三、正文。此部分应当载明3项内容：

（一）引据

应简明扼要地交代行文的背景、缘由或者依据，它是全文的提要，即“立片言而居要，乃一篇之警策”，便于读者率先有一个总的概念，了解报告的核心内容。然后通常使用“现将有关情况报告如下”“为此，特提出如下意见”之类的结尾语，提领下文。

（二）主体

即报告的事项部分，是全文的主体和核心，它要叙述报告的具体内容，在撰写时应当根据不同情况有所侧重。如果内容较多，篇幅较长，则可采用分题式、分条式或者两者结合式进行叙述。就工作报告而言，应当写明做了哪些工作，取得了哪些成果，然后概括基本情况，再写明存在的主要问题以及下一步的工作打算。对于反映情况的报告，则应侧重写明问题状况及其来龙去脉，同时分析问题产生的原因，说明其后果，并在此基础上提出解决问题的办法和措施。对于回复上级机关询问的报告，则应强调针对性，要紧紧围绕上级机关的询问和要求进行叙写，厘清问题，辨明态度，提出倾向性的意见。

（三）结语

正文部分写完后，一般用"以上报告，请审阅""特此报告""专此报告"等，应视具体情况灵活选用，不可千篇一律。有时为了简练起见，也可省略结语。主体部分结束后，行文即告终止，给人以言简意赅、干净利落之感。

四、生效标志

报告的生效标志由 3 个要素构成（以下凡属于公文法规中所规定的 15 种公文，除特定格式的公文以及个别公布性公文外，其生效标志均如此操作，不再一一赘述），即成文日期、发文机关署名和印章。在具体操作过程中，应当注意分 3 步进行：首先是确定成文日期的位置。成文日期位于正文之下若干行（至于具体是几行，是由机关和单位印章大小决定的，由于机关和单位的印章大小不会改变，我们在实际操作时只要反复试几次就会掌握究竟空出几行位置）右空 4 字标识，使用阿拉伯数字，要用公元全称；其次在成文日期上一行居中位置标识发文机关署名，使用 3 号仿宋体字，要用发文机关全称或者规范化简称。如果使用规范化简称仍然较长，则可考虑排成两行；再次就是加盖印章，用印一律采用下套的方式，做到上不压正文，印章的下弧要与成文日期的下边缘相切。

【写作要求】

报告的写作要求主要包括以下几点：

一、主旨要明确，思路要清晰。在一般情况下，撰写报告应当依循为什么要写报告、报告什么内容的思维路径，在充分占有材料的基础上，根据主旨表达的需要以及观点与材料相统一的原则，精心构思，合理布局，然后动笔，力求一气呵成。

二、重点要突出，文字要精练。报告全篇要做到重点突出，主次分明，每一部分也要围绕全篇突出重点。所谓重点就是向上级机关报告的主要内容，而各部分的重点则是围绕说明主要内容并需要引起上级机关注意的关键之处。在突出重点的同时也要兼顾一般，既要有点，也要有面，点面结合，相得益彰。在文字表达上要力求简练，不讲空话、套话以及正确的"废话"。

三、观点要鲜明，材料要真实。向上级机关汇报工作，反映情况，一定要做到实事求是，客观真实，要坚决克服报喜不报忧，只宣扬成绩掩饰问题的不良倾向，要在深入实际进行调查研究的基础上，提出鲜明有力的观点以及实事求是、有充分说服力的材料。

四、不要夹带请示事项。在公文处理实践中，受文单位对于报告没有答复的责任，如果把请示事项夹在报告里，往往容易误事。因此，如果有需要上级机关予以答复的事项，应以“请示”行文。

【典范文例】

云南省人民政府
关于云南省2015年法治政府建设情况的报告

云政报〔2016〕31号

国务院：

根据《中共中央、国务院关于印发〈法治政府建设实施纲要（2015—2020年）〉的通知》（中发〔2015〕36号）要求，现将云南省2015年法治政府建设情况报告如下：

一、2015年主要工作情况

2015年，在党中央、国务院的坚强领导下，云南省人民政府紧紧围绕建设法治政府这一目标，坚持把法治政府建设作为助推云南跨越式发展的重要战略任务来抓，在全面推进依法行政、加快建设法治政府的工作中取得了显著成效。

（一）围绕全省经济社会发展大局，加强顶层制度设计，着力实现法治政府建设目标。党中央做出全面推进依法治国战略部署后，省人民政府坚持把法治政府建设与转变经济发展方式相结合，与创建服务型政府相结合，持续推进政府自身建设“四项制度”，全面开展法治政府建设各项工作。2015年，省人民政府1号文件出台了《云南省人民政府关于深入推进依法行政加快建设法治政府的实施意见》（云政发〔2015〕1号）。作为省委全面深化改革重点任务的《中共云南省委办公厅、云南省人民政府办公厅关于健全法律顾问制度的意见》（云办发〔2015〕33号）、《云南省人民政府办公厅关于进一步加强行政机关规范性文件合法性审查工作的意见》（云政办发〔2015〕53号）等文件相继出台。将《云南省法治政府建设规划》列入“十三五”省级专项发展规划，这是云南法治史和发展规划史上的第一次。

（二）依法行政意识、能力不断提升，法治培训、考核、评价成为新常态。行政机关工作人员，特别是领导干部尊法、学法、守法、用法意识不断提高，依法决策、依法办事的自觉性明显增强，依法行政已经成为行政机关工作的基本准则。各地各部门成立了由主要负责人为组长的依法行政领导小组，制定和完善政府工作规则，及时部署法治政府建设目标和任务。省人民政府将领导班子集体学法写入政府工作规则，坚持每年邀请国内知名专家对省人民政府和政府部门领导进行1~2次法治专题讲座。各地各部门采取多种形式加强对领导干部法律知识培训，领导干部集体学法已成为常态。2015年，依法行政工作情况首次纳入省委、省政府年度综合考评并具体实施，通过综合考评检验依法行政成效的制度已经在全省范围内逐步建立并取得成效。

（三）以提高行政效率为重点，以服务群众为目的，政府职能转变成效显著。2015年，云南省扎实推进简政放权、放管结合转变政府职能工作，从分头分层级推进向纵横联动、协同并进转变，从减少审批向放权、监管、服务并重转变，统筹推进行政审批、投资审批、职业资格、收费管理、商事制度、教科文卫体等领域改革，着力解决跨领域、跨部门、跨层级的重大问题。2015年以来，云南省已全面取消了省、州市、县非行政许可审批项目，并取消了省级行政审批项目12项，承接国家下放项目12项子项。下发了《云南省人民政府关于规范全省各级政府部门行政审批行为改进行政审批有关工作的通知》（云政发　〔2015〕34号），从健全和完善行政许可项目常态化监管机制、探索相对集中审批权改革试点等8个方面提出了24项具体措施。持续推进"一个办法、三个标准"。全面清理涉及中介服务的行政审批事项，对111项省级行政审批项目中涉及的108项中介服务事项进行了规范。下发了《云南省人民政府办公厅关于印发精简审批事项规范中介服务实行企业投资项目网上并联核准的意见》（云政办发　〔2015〕38号）等规范审批行为、创新投资管理方式、加强网上并联核准的文件。推行权责清单管理，审查并公布了60个省直部门的6321项行政权责，全省各地各部门权责清单基本编制完毕并向社会公布。推进商事制度改革，进一步落实"先照后证"，完成"三证合一、一照一码"改革，通过不断推进工商注册便利化，改善了营商环境，激发了投资创业新活力，新登记市场主体继续保持快速增长，2015年，云南省新登记企业数量同比增速排名全国第一。加快构建以信用为核心的新型市场监管机制，着力加强市场主体信用体系建设。2015年，先后3次以随机摇号方式对全省16751户企业的即时信息、出资信息、年报信息情况开展了抽查，随机抽查了全省62486户个体工商户和农民专业合作社的年报信息，完成了失信被执行人共享交换应用系统上线运行，全省共有107个失信被执行人在登记环节受到限制。加大政府信息公开力度，将政府信息公开工作纳入全省年度综合考评指标体系。推行政策文件与解读方案同步起草、同步审批、同步发布的"三同步"制度，行政权力运行、财政资金使用、公共资源配置、公共服务、公共监管、重大建设项目等方面信息不断公开。政府新闻发言人制度得到完善，通过网站、微博、活动日、与媒体合作等多种方式回应社会关切的热点问题，全年累计主动公开政府信息2858537条，受理政府信息公开申请11351件，同比增长13%。加大网站普查力度，“睡眠”网站、“僵尸”网站得到治理，政府门户网站得到优化。通过摆放各类服务指南、办事流程、查询机、LED显示屏等，方便群众查询政府信息。

（四）特色立法助推云南发展，文件制定更加合法规范。在政府立法方面，立足云南特色，以创新社会治理体制、深化社会管理体制改革、保障和改善民生、推进生态文明建设为重点，按照“突出重点、体现特色、控制数量、提高质量”的要求开展政府立法，科学编制并组织实施《云南省人民政府2015年立法工作计划》，将《云南省抚仙湖保护条例修正案（草案）》《云南省教育督导规定》等8件地方性法规、省政府规章列入2015年省人民政府立法工作计划一档项目并按时完成。其中，《云南省国家公园管理条例》已获通过，并于2016年1月1日起施行，该条例被云南省人大常委会称为“立法引领改革的杰出代表”。加大清理力度、维护法制统一，对现行的地方性法规、省政府规章和规范性文件进行了全面清理，形成了《云南省人民政府关于废止和修改部分规章规范性文件的决定》（云南省人民政府令第197号），以《云南省人民政府关于提请审议废止和修改部分地方性法规的议案》（云政函〔2015〕91号）提请省人大常委会审议，经9月25日云南省第十二届人民代表大会常务委员会第二十次会议审议通过，正式公布实施。创新立法工作机制，坚持公开征集立法项目制度，扩大立法征求意见范围，立法草案全部公开向社会征求意见。积极开展立法协商，就部分立法草案与省政协进行协商，立法协商机制已形成常态。对《云南省机关事务管理办法》等3件省政府规章进行译审，继续推动政府规章英文正式译本的审定工作。加强立法指导，按照立法法要求，为设区的市和自治州行使政府立法权提供指导。在规范性文件审查方面，2015年，国务院法制办确定由云南省承办全国规范性文件合法性审查机制座谈会并作为先进工作单位在会上交流发言。省法制办对拟以省人民政府或者省政府办公厅名义印发的134件文件提出了合法性审查意见，对各地各部门报送登记的90件规范性文件逐件进行了备案审查，对公民、法人或其他组织提出的3件规范性文件审查申请依法进行了处理，将21件省人民政府规范性文件报送省人大常委会备案，还对截至2014年现行的215件省人民政府规范性文件进行了全面清理。各州、市不断健全规范性文件合法性审查和备案审查机制，红河州实行规范性文件统一登记、统一编号、统一发布“三统一”制度，文山州加强对涉及商业贿赂内容的文件审查，保山市把市、县两级政府制定并具备“三性”（外部性、普遍适用性、反复适用性）的规范性文件作为审查重点。省住房城乡建设厅明确要求每两年对规范性文件进行一次清理并向社会公示。

（五）科学民主决策机制得到巩固，政府法律顾问制度不断健全。省政府规章《云南省重大行政决策程序规定》已进入立法的最后阶段，公众参与、专家论证、风险评估、合法性审查、集体讨论即将成为云南省重大行政决策的五大必经程序。作为“阳光政府”四项制度的重点，云南省坚持推行重大行政决策听证制度，2015 年，全省共举行重大决策听证 728 次。德宏州将《合法性审查意见书》作为重大行政决策的依据，该做法在全省尚属首例。充分发挥政府法律顾问的作用，组织省政府法律顾问对 134 件涉及省人民政府重大决策、重要协议等事项研究提出法律意见，参与 55 件法律、行政法规、地方性法规、政府规章、规范性文件草案及课题成果的研究论证，对 10 件省人民政府行政复议、行政应诉案件进行了研究咨询。此外，政府法律顾问在第 3 届南博会暨第 23 届昆交会中发挥了现场法律服务的重要作用。玉溪市率先在全省出台了加强政府法律顾问工作的意见，红河、丽江、曲靖、昭通等地也相继出台了有关制度。昆明市 12 个县、市、区和 50 个市直部门聘请了政府法律顾问。

（六）加强对行政执法行为的监管力度，树立执法为民的良好形象。深入推进行政执法体制改革，不断完善行政执法程序。行政执法队伍建设得到切实加强，行政执法人员素质全面提高。更加注重行政执法方式的探索和创新，有效提高行政执法效率。规范行政执法行为，积极推进综合行政执法工作，完成了剑川县旅游管理、丽江市古城区城市管理等 4 个综合行政执法工作方案的编制和报批。全省 129 个县、市、区全部完成了工商、质监、食品药品监管等机构和职责的整合，实现了市场监管县、乡全覆盖。审查、确认、公告了昆瑞高速公路路政管理支队等 6 个单位的行政执法主体资格，加大行政执法人员的取证、换证培训力度，审核、办理新版行政执法证件 24331 套。对 16 个州、市报送的 800 卷行政执法案卷进行逐案评查，评查意见向州、市反馈，并向社会公告评查结果。对 30 余件行政执法案件进行了个案监督；组织省级行政执法部门认真梳理行政执法职权职责，并邀请专家对各部门的清理结果进行了审查。与此同时，各地各部门也在规范行政执法行为工作中不断取得新的成果。德宏州持续开展招商引资行政执法检查和土地行政执法检查，成为全州行政执法监督工作的一个重要品牌并形成常态工作，省招商合作局已向全省进行推广；丽江市率先在全省探索行政机关网上行政执法；红河州指导州级 49 个行政执法部门建立健全了行政裁量权基准制度；西双版纳州制定了《西双版纳州行政执法评议考核办法》等系列行政执法考评配套制度；怒江州所属 4 个县相对集中行政处罚权工作均已正式开展。从省直部门来看，省公安厅、农业厅等部门采取集中培训、案例点评、网上培训、技能竞赛等形式开展行政执法培训；省工业和信息化委制定了《云南省工业和信息化系统行政执法证件管理规定》，严格执法人员持证上岗和资格管理制度；省交通运输厅被交通运输部确定为全国交通运输综合执法信息系统建设试点单位并开展了大量工作，为全省综合执法信息系统建设积累了宝贵经验。

（七）畅通救济渠道，行政复议、行政应诉、行政调解逐渐成为化解行政争议和社会矛盾的重要途径。新形势下，行政复议和行政应诉案件大幅增加。2015年，省人民政府共收到行政复议申请86件。其中，立案受理34件，同比增加25%；审结23件，维持5件，撤销6件，责令履行2件，驳回3件，调解和解5件，终止2件，直接间接纠错率为57%。办结2014年结转的行政复议案件8件。办理行政应诉案件11件，办结7件，行政应诉案件增长率为120%。此外，还办结向国务院申请裁决申诉案4件，办理申请执行行政复议决定案2件，对部分州、市报送的24件重大行政复议案件备案审查。为提高行政复议能力，加大了对各地各部门行政复议规范化建设的指导、督促、检查力度，抓好行政复议制度、案件审理、保障条件等规范化建设。2015年，部分州、市在完善行政复议机制方面做了有益尝试。丽江市推行行政复议委员会试点工作，形成了“五统一”（统一受理、统一审理、统一决定、统一执行、统一应诉）的工作模式；迪庆州推进网格化行政复议委员会建设；曲靖市加强行政执法与刑事司法信息共享平台建设；昆明市以3:3:4的比例为基准（行政机关法定代表人出庭应诉率占30%，其他领导出庭应诉率占30%，其他人员出庭应诉率占40%），逐年提高行政诉讼案件法定代表人出庭应诉率。省人力资源社会保障厅专门制发了加强人力资源社会保障行政调解工作的意见。总结2015年推进依法行政、建设法治政府的实践，有以下体会：一是必须坚持把党的领导贯彻到法治政府建设的全过程和各方面；二是必须把维护最广大人民的根本利益作为出发点和落脚点；三是必须坚持科学立法、民主立法、依法立法，不断提高政府立法质量和规范性文件制定、审查水平；四是必须着力提高行政执法能力和水平；五是必须始终坚持以人为本、复议为民的行政复议工作理念。但目前也存在以下问题：建设法治政府的意识和氛围不够浓，尊法、学法、守法、用法的良好社会氛围尚未完全形成；行政执法不够严格规范，公正文明的执法环境还有待强化；化解行政争议的能力不够强，行政复议、行政调解、行政诉讼、信访等有机衔接、相互协调的多元化纠纷解决机制还不够健全；政府法制机构力量薄弱，县级法制机构存在机构规格低、人员编制少、经费保障不足、与所承担任务不相适应等问题。

二、2016年工作打算

2016年，云南省将按照党中央、国务院的决策部署，以深入贯彻落实中共中央、国务院印发的《法治政府建设实施纲要（2015—2020年）》（以下简称实施纲要）为主线，全面推进法治政府建设各项工作。

（一）抓好实施纲要的贯彻落实。深入贯彻落实实施纲要，科学制定云南省实施方案暨规划，稳步推进依法行政工作。

（二）依法全面履行政府职能。继续深化行政审批制度改革，制定负面清单，优化政府职能，推进商事制度改革，推进教科文卫等重点领域改革。

（三）完善依法行政制度体系。紧扣中心工作开展立法，完善政府立法体制机制，加强对设区的市和自治州政府立法的指导；加大规范性文件审查力度，完善规范性文件备案审查机制，试行新制发文件有效期制度。

（四）推进行政决策科学化、民主化、法治化。制定出台并严格贯彻落实《云南省重大行政决策程序规定》；不断健全政府法律顾问制度，确保2017年实现县级以上政府及其部门法律顾问全覆盖，2020年实现乡级政府法律顾问全覆盖。

（五）推进严格规范公正文明执法。加强行政执法体制机制建设，继续推进综合执法，全面清理行政执法职权职责，开展行政执法信息平台和网上执法办案及信息查询系统试点工作。

（六）强化对行政权力的监督和制约。健全行政权力运行制约和监督体系，自觉接受党内监督、人大监督、民主监督、司法监督，加强行政监督和审计监督，完善社会监督和舆论监督机制，全面推进政务公开，完善纠错问责和行政赔偿机制。

（七）依法化解社会矛盾纠纷。在总结行政复议委员会试点基础上，进一步完善行政复议机制改革方案，继续推动行政复议规范化建设，不断提高行政复议和行政应诉能力，完善行政调解、行政裁决、仲裁制度，加强人民调解工作，改革信访工作制度。

（八）全面提高政府工作人员法治思维和依法行政能力。树立重视法治素养和法治能力的用人导向，加强对政府工作人员的法治教育培训，完善政府工作人员法治能力考查测试制度，注重通过法治实践提高政府工作人员法治思维和依法行政能力。

第二节　请　示

【功能特性】

根据《党政机关公文处理工作条例》规定，请示“适用于向上级机关请求指示、批准”。从性质上讲，请示属于期复性的上行文，在实践中的使用频率非常高，范围也很广，诸如涉及有关财政支出、资产购置、人员定编、机构设置、出国出境等事项，以及下级机关在本机关、本单位的职权范围内不能决定或者解决不了的问题，或者在一些重大原则问题上出现分歧无法取得一致意见，需要上级机关做出裁决等，均需行文请示，获准后方可执行或者办理。

【结构模式】

一篇完整规范的请示，应当由以下几个部分组成：

一、标题

请示标题必须完整载明发文机关名称、事由、文种3个要素，不可或缺，例如，《民政部关于增加选举工作干部编制名额的请示》。要注意在使用介词“关于”时，不要在其后加入“申请”“请求”等词语，因为请示文种本身已经包含了“申请”之意，再在其前加上这些词语就属于用词重赘，叠床架屋。例如，《××关于请求批准购买××××的请示》就是如此。

二、主送机关名称

位于标题之下，靠左顶格标识。值得注意的是，请示的致送对象必须而且只能是一个，要坚决避免多头主送的现象。同时，主送机关必须是机关或单位名称，而不能是领导者个人。

三、正文

请示的正文，一般由请示缘由、请示事项和请示要求（结语）3个层次构成。

请示缘由是行文的导语，亦即“为什么要请示”。要根据请示的内容灵活安排表达方式，可以叙议结合，先叙后议、先议后叙或者夹叙夹议均可，要用简明扼要的语言将有关的历史或现实情况逐一交代清楚，切不可缺少实施情况的交代，也不可堆砌材料，写得烦琐冗长。总之，一定要做到事实清楚，理据充分，它直接关系到行文目的能否得以顺利实现。这就要求写作者必须对请示的事项具有全面的了解和深入的研究，明确问题的性质、起因和有关的政策、事实依据。还要注意做到“一文一事”，否则就会因为数事之中有一件事被卡住而使整个请示事项搁浅，事与愿违。

请示事项是全文的重点所在。任何一篇请示，在向上级机关说明缘由之后，都必须提出自己对解决问题的态度或意见。在具体写作时，要特别注意所提出的意见既要符合国家的法律、法规规定，符合党和政府的方针政策，又要合乎实际，切实可行。

请示要求是请示写作的结语，一般应另起一行使用一些惯用的结语诸如“妥否，请批示”“特此请示，请批复”“以上意见当否，请批复”等，要切记不能出现“以上报告当否”之类的字样，偏离请示文种的正确行文轨迹。

【写作要求】

要写好请示，必须遵循以下几点要求：

一、要与报告分开。请示属于期复性公文，报告属于陈述性公文，二者无论在行文目的、性质要求、行文时限和内容含量等方面均有显著区别，因此，在实际使用过程中必须严加区别，分开使用，而不能用报告代替请示，或者合二为一，写成“请示报告”，等等。

（二）要一文一事。任何机关都有一定的职权范围，在请示写作中如果不是一文一事，就有可能出现有些事项属于职权范围、而有些事项超出职权范围的情况，致使上级机关难于批复，进而影响请示目的的顺利实现。

（三）要逐级请示。请示的致送对象应当是自己的直接上级机关，一般不得越级行文。如因特殊情况必须越级请示时，要同时抄送被越过的上级机关。

（四）要主送一个上级机关。即不得多头请示，以免因责任不清、互相推诿扯皮而延误工作，同时也可避免因上级机关答复意见不一致而使请示主体无所适从的现象。

（五）要以组织为行文对象，而不能针对个人。但领导人授权交办的特别事项除外。

（六）要注意特定格式项目的完整性。请示行文应当标注签发人或会签人姓名，以明确责任；同时还要在附注处注明联系人的姓名及电话号码。

【典范文例】

关于警察协会车辆使用问题的请示

市局领导：

警察协会是经××市民政局批准成立的民间性的社会团体，社团登记证号为××民社登字0110号。现有会长1人，副会长3人，秘书长1人（由一名副会长兼任），主任科员2人，编辑4人，内勤1人，会计1人，司机1人，打字员1人；业务范围为理论研讨、学术交流和咨询服务，主要承担全市公安理论研究、为公安民警维权、协调警民关系以及丰富警营文化生活的职能，由于工作性质比较特殊，业务范围相对较广，需要经常深入各理事单位以及相关企业进行调研采访、收取会费等工作，并与省警察协会和相关地市警察协会之间保持经常性的业务交流和往来，因此对车辆的使用比较频繁，需要有专门的服务用车保障。几年来，因协会车辆较少，协会主要领导一直使用个人车辆从事公务活动。同时，由于警察协会不属党政机关序列，不在公务用车参改范围之内，属于自筹自支的财务独立核算单位，所属车辆的购置、保养、维修等各项费用一直均由协会自己担负。协会原用1辆老式本田轿车因户头为“××市公安局”，业已按照规定上缴市局。现尚有1辆2013款帕萨特，户头为“××市警察协会”，系2012年年底用协会会费购买，不属市财政划拨，按照公务用车改革相关规定并向上级业务主管部门市民政局民间组织管理处咨询，同时参照市内其他协会类民间组织的做法，我们建议将此辆车由警察协会留用，在车辆明显处喷涂“服务用车”标志，作为与各理事单位沟通联系的专门服务用车，严格按照车辆管理使用规定执行，以利于协会工作的顺利开展。倘若从市局党委高度通盘考虑不宜保留此辆服务用车，则我们的意见是按照合法程序将其予以拍卖，所得款项归入警察协会会费账目，并核销此项固定资产。

妥否，请批示。

××市警察协会

2016 年 3 月 31 日

第三节　意　见（上行）

【功能特性】

根据《党政机关公文处理工作条例》的规定表述，“意见”适用于对重要问题提出见解和处理办法。从行文方向的角度看，它既可上行，又可下行，还可平行。用于上行的意见一般只有建议性质，这样的“意见”是一经上级批转或批准，即从建议性转化为指导性和约束性。“意见”所涉及的内容必须是“重要问题”。所谓“重要问题”，应当是当前工作中所遇到的涉及全局性、方针政策性的重大事项和主要问题，特别是新问题。“重大”是就“一般”而言，“主要”是就“次要”而言，“新”是就“常规”而言。

“意见”的写作形式，对“重要问题”不仅要有所“见解”，而且要有“处理的办法”。“见解”就是对问题要做出全面中肯的分析，提出自己的看法和观点。然后，在分析认识的基础上，拿出切实可行的解决办法和措施。只提出问题，而对问题的分析轻描淡写，对问题的解决含糊不清，一切全凭上级去拿主意、想办法，是“意见”的写作所忌讳的。

【结构模式】

上行的“意见”，一般要载明如下几项内容要素：

一、标题

由发文机关、事由和文种三个要素组成，例如，《四川省农业厅关于加强农村统一灭鼠的意见》。

二、正文

这部分是意见的主体。“意见”的执笔人必须全面深刻地领会和掌握党和国家的方针政策，必须全面了解和掌握有关情况，以作为提出意见的指导思想，这是写好意见的基础。因此，在动笔之前，要认真查阅有关文件资料，做到心中有数。在行文的内在逻辑结构上，意见的写作必须体现出“提出问题—分析问题—解决问题”的模式，首先提出问题之所在，紧接着对所提出的问题进行切中肯綮的分析，在分析问题的基础上最后给出解决问题的办法和措施，也就是说，意见正文部分的写作，必须是三个“问题”的珠联璧合，缺少任何一项，都不符合意见文种的写作规律与规范要求。在外在表现形态上，多采用“撮要分条”的结构写法，以四川省农业厅写给四川省人民政府的《关于加强农村统一灭鼠的意见》一文为例，例文开头先用两段文字，交代了加强农村统一灭鼠的缘由、背景与必要性："近几年，我省农村害鼠正处于繁殖高峰期，农田害鼠密度回升较快，鼠害猖獗，部分地区危害程度超过历史水平。……加强农村灭鼠是发展农村经济的一项重要工作。……"这就是提出与分析问题，此谓"撮要"。然后通过一个过渡句"为了长期控制鼠害……保障农业生产安全，现就加强农村统一灭鼠提出以下意见"进入主体部分。主体部分采用"分条"的方法，并列讲了"加强领导，坚持农村统一灭鼠""明确职责，落实任务""加强督促检查，保证灭鼠效果"三点意见，这属于解决问题。最后以"以上意见，如无不妥，请批转各地贯彻执行"结束全文。这种结构是上行"意见"正文部分的基本形式，它的特点是主旨显露、要求清楚、一目了然。

【写作要求】

（一）要注意意见行文方向的多角度性。如前所述，"意见"这一文种，既可以是下级写给上级，类似一种建议；又可以是上级发给下级，似同指示；还可以发给平级，所提意见供对方参考。显然它是上、平、下三种行文方向兼而有之，其行文方向具有明显的多角度特性。

（二）要注意把握意见的内在结构形式。在结构布局上，如前所述，"意见"与相近文种包括"请示""情况报告"等有所不同，它们并不要求必须首先"提出问题"，随即"分析问题"，然后"解决问题"。有的"请示"基本上是"提出问题—解决问题"的单一内在结构形式；而一些"情况报告"，往往是"提出与分析问题"，而不存在"解决问题"的内容。但"意见"则不同，它不仅要"提出问题"，而且要对问题做出分析，并在分析的基础上，有针对性地提出解决问题的办法。

（三）要注意把握上行的意见在用语上的特性。由于"意见"的行文方向不同，其用语也截然不同。其中上行的"意见"，要使用下级对上级汇报见解、陈述办法的语气，诸如"我们考虑""我们认为""我们建议""我们要求""我们的意见"以及"请""敬""望""应××""可××"等期请和建议性词语，用语比较婉转，结尾常用"以上意见供参考""以上意见如无不妥，请批转……贯彻执行"等，意在以体现对上级机关的尊重。

【典范文例】

国家发展改革委关于2016年深化经济体制改革重点工作的意见

国务院：

2016年是全面建成小康社会决胜阶段的开局之年，也是推进结构性改革的攻坚之年。根据《中央全面深化改革领导小组2016年工作要点》和《政府工作报告》部署，现就2016年深化经济体制改革重点工作提出以下意见。

一、总体要求

全面贯彻落实党的十八大和十八届三中、四中、五中全会精神，按照"五位一体"总体布局和"四个全面"战略布局，牢固树立并贯彻落实创新、协调、绿色、开放、共享的新发展理念，引领经济发展新常态，坚持改革开放，坚持稳中求进工作总基调，坚持稳增长、调结构、惠民生、防风险，大力推进结构性改革，着力加强供给侧结构性改革，抓紧推动有利于创造新供给、释放新需求的体制创新，推出一批具有重大牵引作用的改革举措，着力抓好已出台改革方案的落地实施，推动形成有利于引领经济发展新常态的体制机制和发展方式，努力实现"十三五"时期经济社会发展良好开局。

更加突出供给侧结构性改革。围绕提高供给体系质量和效率深化改革，使市场在资源配置中起决定性作用和更好发挥政府作用，矫正要素配置扭曲，降低制度性交易成本，激发企业家精神，提高全要素生产率，实现由低水平供需平衡向高水平供需平衡的跃升。

更加突出问题导向和目标导向。针对突出问题、抓住关键点，围绕当前经济下行压力大、结构性矛盾凸显、风险隐患增多等突出困难和问题加大改革力度，促进去产能、去库存、去杠杆、降成本、补短板，使改革更加精准对接发展所需、基层所盼、民心所向。

更加突出基层实践和创新。将顶层设计和基层探索创新有机结合，合理安排改革试点，鼓励地方结合实际进行探索创新，发挥基层首创精神，及时总结基层改革创新中发现的问题、解决的方法、蕴含的规律，推动面上制度创新。

更加突出抓改革措施落地。坚持改革政策要实，建立全过程、高效率、可核实的改革落实机制，加强对方案落实、工作落实、责任落实情况的督促检查，以钉钉子精神抓好改革落实，推动改革举措早落地、见实效，使人民群众有更多获得感。

二、大力推进国有企业改革，着力增强市场微观主体活力

（一）全面落实国企改革指导意见。健全国有资本合理流动机制，制定推动中央企业结构调整与重组指导意见，优化国有企业结构布局。推进股权多元化改革，健全企业治理结构，转换经营机制，开展落实企业董事会职权、市场化选聘经营管理者、职业经理人制度试点。深化国有企业内部人事、劳动、分配制度改革，探索建立与市场化选任方式相适应的高层次人才和企业经营管理者薪酬制度。加快剥离国有企业办社会职能和解决历史遗留问题。

（二）改革完善国有资产管理体制。加快改组组建国有资本投资、运营公司，搭建国有资本市场化运作专业平台。以管资本为主推进国有资产监管机构职能转变。出台进一步加强和改进外派监事会工作的意见。研究制定推进中央党政机关、事业单位经营性国有资产集中统一监管方案。出台加强国有企业国有资本和境外国有资产审计监督的意见。

（三）推进国有企业混合所有制改革。在电力、石油、天然气、铁路、民航、电信等重点领域，选择一批国有企业开展混合所有制改革试点示范，推动集团公司整体上市，支持具备条件的上市企业引入合格战略投资者，进一步放大国有资本功能，提高国有资本配置和运行效率。研究提出公有制经济之间股权多元化改革方案。开展混合所有制企业实行企业员工持股试点。支持地方国有企业因地制宜开展混合所有制改革试点。

（四）加快推进重点行业改革。深化电力体制改革，全面开展可再生能源就近消纳、售电侧改革、交易机构组建及电力市场建设等专项试点和综合试点。出台深化石油天然气体制改革的若干意见及配套政策。出台盐业体制改革方案，推进食盐生产批发管理体制、食盐政府定价机制、食盐储备体系等改革。出台深化建筑业改革促进行业发展的若干意见。

（五）激发非公有制经济活力和创造力。进一步放宽非公有制经济市场准入，废除制约非公有制经济发展的不合理规定，消除各种隐性壁垒，改善和优化服务。鼓励民营企业参与国有企业改革，鼓励发展非公有资本控股的混合所有制企业。从典型案例入手，总结保护产权好的做法和经验，纠正破坏产权的行为，出台进一步完善产权保护制度推进产权保护法治化的意见，让各种所有制经济权益、企业家财产权和创新收益等依法得到保护。

三、完善创新驱动发展体制机制，加快新动能成长和传统动能提升

（六）系统推进全面创新改革试验。聚焦实施创新驱动发展战略面临的突出问题，着力从处理好政府与市场关系、促进科技与经济融合、激发创新者动力和活力、深化开放创新等方面进行改革探索，在知识产权、科研院所、人才流动等方面取得试点突破，形成一批可复制、可推广的改革经验。加快将国家自主创新示范区试点政策推广到全国，再建设一批国家自主创新示范区、高新区。

（七）深化科技管理体制改革。加快推进技术创新引导专项（基金）、基地和人才专项的优化布局及分类整合，健全科技计划（专项、基金等）体系及其管理制度，改革和规范项目管理流程，建立专业机构管理项目机制、统一的评估和监督机制、动态调整机制。打破行政主导和部门分割，建立主要由市场决定技术创新项目和经费分配、评价成果的机制。完善国家科技决策咨询制度。深化国家科技奖励改革。

（八）完善创新人才激励机制。实施支持科技成果转移转化的政策措施，启动促进科技成果转移转化行动。落实国有科技型企业股权激励和分红激励实施办法，深入开展科技人才分类评价试点。推动高校和科研院所去行政化改革，出台科研事业单位领导人员管理办法，研究制定科研机构创新绩效评价办法。扩大高校和科研院所自主权，赋予创新领军人才更大的人财物支配权和技术路线决策权。实行以增加知识价值为导向的分配政策，提高科研人员成果转化收益分享比例。建立统一的外国人才管理体制。

（九）营造保障大众创业万众创新的制度环境。构建对企业和个人创新创业活动的普惠性政策支撑体系，落实研发费用加计扣除、高新技术企业税收优惠政策，完善科技企业孵化器税收优惠政策，统筹研究对包括天使投资在内的投资种子期、初创期企业的税收优惠政策，研究建立新材料、关键零部件首批次应用保险保费补偿机制。借助互联网等新技术，构建新型的创新创业支撑平台，创新监管方式，为新兴领域创新创业营造宽松环境。创新通用航空新兴业态运行监管模式，出台促进通用航空发展相关政策。

（十）完善服务业发展体制。进一步放宽服务业领域市场准入，营造公平竞争的环境。落实和完善支持政策，推动生产性服务业向专业化转变、向价值链高端延伸，推动生活性服务业加快向精细化和高品质提升。启动新一轮国家服务业综合改革试点，及时推广可复制的经验和做法。大力发展服务贸易和服务外包，开展服务贸易创新发展试点，增加服务外包示范城市。深化养老服务业综合改革试点，全面放开养老服务市场，鼓励民间资本、外商投资进入养老健康领域，提高养老服务质量，推进多种形式的医养结合，增加有效供给。

（十一）健全保护企业家精神的体制机制。研究制定进一步激发和保护企业家精神的指导意见，健全相关体制机制和政策体系，充分发挥企业家精神在创新驱动和产业转型升级等方面的重要作用。

四、持续推进政府职能转变，改革完善“三去一降一补”的体制机制

（十二）深入推进简政放权、放管结合、优化服务改革。继续取消和下放一批行政审批事项，进一步简化审批程序，开展“证照分离”试点，改进和规范审批行为，清理规范中介服务，推广网上并联审批等新模式。制定国务院部门行政审批基本流程、标准指引及规范办法。全面公布地方政府权力和责任清单，开展国务院部门权责清单编制试点。对行政事业性收费、政府定价或指导价经营服务性收费、政府性基金和国家职业资格，实行目录清单管理。做好已取消和下放管理层级行政审批事项的落实和衔接，加强事中事后监管。建立健全纵横联动协同监管机制，全面推行“双随机、一公开”监管方式。研究制定创新政府配置资源方式的指导意见。进一步精简投资审批，创新投资管理方式和投融资机制。修改和废止有碍发展的行政法规和规范性文件。

（十三）健全有利于去产能、去库存、去杠杆的体制机制。制定并实施推动产业重组、处置“僵尸企业”的方案，优化存量、引导增量、主动减量，完善企业退出机制。推进以满足新市民住房需求为主要出发点的住房制度改革，建立购租并举的住房制度，把符合条件的外来人口逐步纳入公租房供给范围，住房保障实行实物保障与货币补贴并举，有条件的地区逐步转向以租赁补贴为主，发展住房租赁市场，研究鼓励住房租赁经营企业发展的配套政策，促进房地产去库存。完善地方政府债务限额管理、预算管理、风险预警和监督考核制度，在全国人大批准的限额内适当增加财政实力强、债务风险较低的地方政府债务限额，改进地方政府债券发行办法，推动融资平台市场化转型改制。支持开展基础设施资产证券化试点。

（十四）强化降成本、补短板的制度保障。进一步正税清费，清理各种不合理收费，将18项行政事业性收费免征范围扩大到所有企业和个人。推进流通体制改革，提高流通效率，降低物流成本。健全质量安全标准和追溯体系，建立商品质量惩罚性赔偿制度，健全统一权威的食品药品安全监管体制，加快推进食品、工业消费品等品质提升和供给创新。创新补短板投入机制，保持政府投入力度，完善政银企社合作对接机制，推广政府和社会资本合作模式，创新政府和社会资本合作项目收益和分配机制，制定政府和社会资本合作项目财政管理办法，激发市场主体投资活力，推进社会资本参与重大工程建设运营，形成多元化、市场化、可持续的基础设施和公共服务投入机制和运营机制。

（十五）深入推进价格改革。推进电价市场化改革，完善煤电价格联动机制，完善环保电价、可再生能源电价政策，扩大输配电价改革试点。完善成品油价格市场化形成机制。择机理顺居民用天然气门站价格，完善天然气管道运输价格机制。稳步推进农业水价综合改革。积极稳妥推进医疗服务价格改革，逐步建立分类管理、动态调整、多方参与的价格形成机制。推进铁路运价形成机制改革，扩大铁路运输企业自主定价范围。扩大民航国内航线客运经营者自主定价范围。建立健全政府定价制度和市场价格行为规则。

（十六）深化商事制度改革。深入推进“三证合一、一照一码”，持续推进工商登记注册制度便利化，推进全程电子化登记和电子营业执照试点。推进企业名称登记管理改革，进一步放宽住所登记条件限制。深化未开业企业和无债权债务企业、个体工商户简易注销试点，建立完善便捷的市场退出机制。推进国家企业信用信息公示系统建设，与全国信用信息共享平台实现有机对接和信息共享，完善经营异常名录等信用监管制度。加强事中事后监管，履行“双告知”职责，探索综合执法模式。

（十七）健全市场公平竞争保障机制。在上海、广东、天津、福建开展市场准入负面清单制度试点。研究制定公平竞争审查制度，完善产业政策与竞争政策的协调机制，打破地域分割和行业垄断。建立健全中央储备与地方储备、政府储备与商业储备互为补充的储备制度。

（十八）加快社会信用体系建设。制定出台重点领域（政务、个人、电子商务等）诚信建设实施方案。完善全国信用信息共享平台，逐步实现各地区、各有关部门信用信息归集共享和整合。运用大数据加强对市场主体服务和事中事后监管，强化守信联合激励和失信联合惩戒机制。积极发展信用服务业，开展社会信用体系建设示范城市创建和信用大数据应用示范工程。全面推进统一社会信用代码制度改革，建立健全国家人口基础信息库、国家法人单位基础信息库。

五、加快财税体制改革，为结构性改革营造适宜的财税环境

（十九）完善事权和支出责任相适应的制度。推进中央与地方事权和支出责任划分改革，适度加强中央事权和支出责任，在条件成熟的领域率先启动。完善并择机出台调整中央和地方收入划分过渡方案，深入研究收入划分改革整体方案，合理确定增值税中央和地方分享比例，把适合作为地方收入的税种下划给地方，在税政管理权限方面给地方适当放权，调动中央和地方两个积极性。改革和完善中央对地方转移支付制度。

（二十）深化预算制度改革。对政府性基金预算中未列入政府性基金目录清单的收入项目，除国务院批准的个别事项外，逐步调整转列为一般公共预算并统筹使用。完善国有资本经营预算支出管理制度，进一步提高中央国有资本经营预算调入一般公共预算的比例。实施跨年度预算平衡机制和中期财政规划管理，扩大预算绩效管理范围，积极推进预决算公开。研究制定政府会计具体准则，研究建立政府综合财务报告分析指标体系，组织开展政府财务报告编制试点。研究建立涵盖各类国有资产的政府资产报告制度。完善国库现金流量预测体系，建立财政库底目标余额管理制度。清理规范重点支出同财政收支增幅或生产总值挂钩事项，一般不采取挂钩方式。制定重要公共资源有偿出让和使用经营收益管理办法，开展相关试点。

（二十一）推进税收制度改革。全面推开营改增，将建筑业、房地产业、金融业和生活服务业纳入营改增范围。全面实施资源税从价计征改革，开展水资源费改税试点。继续推进消费税改革。逐步推进综合与分类相结合的个人所得税改革。研究降低部分消费品进口环节税税率。

六、深化金融体制改革，提高金融服务实体经济效率

（二十二）深化金融机构改革。深化国有商业银行和开发性、政策性金融机构改革，完善公司治理。进一步扩大民间资本进入银行业，发展民营银行。推进农村信用社省联社改革。大力发展普惠金融和绿色金融，规范发展互联网金融。

选取部分符合条件的银行业金融机构和地区开展科创企业投贷联动试点。创新小微企业信贷风险分担模式，建立政府、银行和担保机构、保险机构合作机制，设立国家融资担保基金，建立全国农业信贷担保体系。推进不良资产证券化试点。建立银行卡清算服务市场化机制。将消费金融公司试点推广至全国。

（二十三）深化利率汇率市场化改革。加快建设市场化利率形成和调控机制。在公布关键期限和短端国债收益率曲线基础上，进一步健全长端国债收益率曲线。完善人民币汇率市场化形成机制，推动汇率风险管理工具创新。稳慎推进人民币资本项目可兑换，推动金融市场双向有序开放，择机稳妥开展限额可兑换试点。研究将境内企业人民币境外借款业务推广到全国。

（二十四）深化资本市场改革。推进股票、债券市场改革和法治化建设，促进多层次资本市场健康发展，提高直接融资比重。适时启动“深港通”。研究制定房地产投资信托基金规则，积极推进试点。严厉打击证券期货领域的违法犯罪活动，坚决守住不发生系统性区域性风险的底线。

（二十五）完善保险制度体系。研究推出城乡居民住宅地震巨灾保险制度，制定环境污染责任保险制度方案。研究建立保险资产交易机制。推进个人税收递延型商业养老保险试点、住房反向抵押养老保险试点，出台加快发展现代商业养老保险的若干意见。

（二十六）改革完善现代金融监管体制。完善宏观审慎政策框架，制定金融监管体制改革方案，实现金融风险监管全覆盖。完善国有金融资本管理制度。完善外汇储备管理制度，建立健全外债和资本流动管理体系。

七、推进新型城镇化和农业农村等体制创新，促进城乡区域协调发展

（二十七）完善新型城镇化体制机制。推动户籍制度改革落地，建立健全“人地钱”挂钩机制，制定实施1亿左右农业转移人口和其他常住人口在城镇落户方案，促进有能力在城镇稳定就业和生活的农业转移人口举家进城落户。推动居住证制度尽快覆盖未落户的城镇常住人口，使其依法享有居住地基本公共服务。扩大新型城镇化综合试点范围，抓好中小城市综合改革试点。制定经济发达镇行政体制改革意见，支持符合条件的地区开展特大镇综合功能设置改革试点，将一些具备条件的特大镇尽快发展成为中小城市。制定市辖区设置标准，进一步优化市辖区规模和结构。深化城市公共交通管理体制改革，完善城市交通拥堵综合治理机制，健全城乡和跨区域公共交通衔接机制。推进综合交通运输管理体制改革。

（二十八）深化土地管理制度改革。形成扩大国有土地有偿使用范围的意见。完善和拓展城乡建设用地增减挂钩试点。完善城镇低效用地再开发政策。深入推进工业用地市场化配置改革试点，促进工业用地优化配置和高效利用。制定土地二级市场改革试点方案，制定土地流转市场运行规范。深入推进农村土地征收、集体经营性建设用地入市、宅基地制度改革试点，出台土地增值收益调节金征收使用管理暂行办法。完善耕地质量等级评定与质量保护监测办法。制定加强和改进耕地保护与耕地占补平衡的意见。

（二十九）深化农业农村改革。将农村土地承包经营权确权登记颁证整省试点扩大到22个省（区、市），完善农村土地所有权、承包权、经营权分置办法。制定稳步推进农村集体产权制度改革的意见。制定完善集体林权制度的意见。维护进城落户农民在农村的合法权益，探索土地承包权、宅基地使用权、集体收益分配权依法自愿有偿退出机制。创新金融支农服务机制，慎重稳妥开展农村承包土地经营权和农民住房财产权抵押贷款试点，完善农业保险基层服务体系。探索建立粮食生产功能区和重要农产品生产保护区，完善粮食主产区利益补偿机制。改革完善粮食等重要农产品价格形成机制，积极稳妥推进玉米收储制度改革。改革完善中央储备粮管理体制，完善吞吐调节机制。制定以绿色生态为导向的农业补贴制度方案。落实农垦改革发展意见。

（三十）完善扶贫机制。对在贫困地区开发水电、矿产资源占用集体土地的，试行给原住居民集体股权方式进行补偿，探索对贫困人口实行资产收益扶持制度。建立贫困退出机制。指导推动有关省（区、市）研究制定改进贫困县经济社会发展考核评价具体办法。

（三十一）强化区域协调发展体制保障。抓紧完善京津冀协同发展规划纲要的配套政策，启动一批北京非首都功能疏解示范项目，协调推进体制改革、创新驱动和试点示范。落实依托黄金水道推动长江经济带发展的指导意见和规划纲要。把改革开放作为新一轮东北地区等老工业基地振兴战略的关键举措，支持国企国资改革举措在东北地区先行先试，制定开展东北地区民营经济发展改革试点工作的意见，研究提出东北老工业基地进一步扩大对外开放的政策措施。

八、　加快构建对外开放新体制，推进高水平双向开放

（三十二）进一步完善外贸体制。促进加工贸易创新发展，动态调整加工贸易禁止类、限制类商品目录，着力培育以技术、标准、品牌、质量、服务为核心的综合竞争优势。扩大跨境电子商务试点和市场采购贸易试点。实施自由贸易区战略，加快环境保护、投资保护、政府采购、电子商务、竞争政策等议题谈判。

（三十三）深化外商投资体制改革。推进外商投资负面清单管理模式改革，扩大金融、文化、电信、互联网、商贸物流等服务领域开放，进一步开放制造业。简化外商投资企业设立程序。深入推进自贸试验区建设，总结评估试验区经验，选择符合条件的地区扩大试验范围。创新开发区体制机制。

（三十四）完善“一带一路”和国际产能合作体制。深入贯彻实施“一带一路”战略规划及三年滚动计划，务实推进中蒙俄等六大国际经济合作走廊建设，加强与相关国家发展战略对接。完善上下联动、统一归口、高效运转的对内对外合作机制，形成推进国际产能和装备制造合作的合力。持续深化境外投资管理制度改革，健全风险评估、预警和应急处置机制，研究探索有效的事中事后监管和服务手段。设立人民币海外合作基金。落实外债登记制改革，为企业开展国际产能合作提供低成本融资渠道。

（三十五）推进通关便利化改革。推进电子口岸建设，制定“单一窗口”工作方案和相关制度。推动全国通关一体化，深入推进检验检疫一体化改革，强化互联互通、协同协作，提升通关便利化水平。统筹推进海关特殊监管区域整合优化，推动符合条件的各类海关特殊监管区域整合为综合保税区。

九、加快生态文明体制改革，推动形成绿色生产和消费方式

（三十六）建立国土空间开发保护制度。完善主体功能区政策，发布全国主体功能区规划图和农产品主产区、重点生态功能区目录。重点生态功能区实行产业准入负面清单。以主体功能区规划为基础统筹各类空间性规划，推进“多规合一”。编制京津冀空间规划。制定省级空间规划试点方案。编制实施全国国土规划纲要。研究编制全国城镇体系规划。建立资源环境承载能力监测预警长效机制，形成资源环境承载能力监测预警报告。制定划定并严守生态保护红线的若干意见。抓紧推进三江源等9个国家公园体制试点。制定自然生态空间用途管制办法，将用途管制扩大到所有自然生态空间。制定耕地、草原、河湖休养生息规划，开展退田还湖还湿、耕地轮作休耕制度试点，开展山水林田湖系统保护与修复试点。开展科学确定和维持河流生态流量试点。将确需退耕还林还草的陡坡地中的基本农田调整为非基本农田，扩大新一轮退耕还林还草规模。制定矿山地质环境保护和土地复垦制度方案。创建农业可持续发展试验示范区。

（三十七）完善资源总量管理和节约制度。实施能源消费总量和强度双控制度，制定全国能源消费总量和强度目标及分解方案，建立目标责任制。深入实施能效领跑者制度，健全节能标准体系。实行最严格的水资源管理制度，建设节水型社会，实施水资源消耗总量和强度双控行动，出台水效领跑者引领行动实施方案，推行合同节水管理，推动建立国家水资源督察制度。制定建设用地总量和强度双控方案。研究建立矿产资源开发利用水平调查评估制度。制定围填海总量、自然岸线保有率控制制度方案，健全海洋督察制度。研究制定海洋渔业资源总量管理制度方案。制定沙化土地封禁保护制度方案、草原保护制度方案。制定湿地保护修复制度方案，在甘肃、宁夏等地开展湿地产权确权试点。制定生产者责任延伸制度方案。

（三十八）建立健全市场化环境治理和生态保护机制。制定用能权有偿使用和交易制度方案。深入开展排污权有偿使用和交易试点。制定全国碳排放权交易总量设定与配额分配方案，推动碳市场建设。出台培育环境治理和生态保护市场主体的意见。实施环保领跑者制度。

（三十九）完善环境治理保护制度。改革和完善主要污染物总量控制制度，制定污染物排放许可制实施方案，建立覆盖所有固定污染源的企业排放许可制。深入实施大气、水、土壤污染防治三大行动计划。制定重点区域大气污染防治联防联控协作机制方案。培育发展各种形式的农业面源污染治理、农村污水垃圾处理市场主体。推进水环境监测系统共建和信息共享。制定按流域开展环境监管和行政执法试点方案。开展省以下环保机构监测监察执法垂直管理试点。

（四十）加快推进国有林场林区改革。完成国有林场改革试点验收和经验总结，完善林场林区基础设施、化解金融债务、深山远山职工搬迁、富余职工安置、职工社会保障、森林资源保护和培育等配套支持政策，积极稳妥推进国有林区改革。

（四十一）推进生态文明基础制度建设。设立统一规范的国家生态文明试验区。制定出台生态文明目标评价考核办法，建立绿色发展指标体系。出台自然资源统一确权登记办法，制定水流产权确权试点方案。制定全民所有自然资源资产有偿出让制度方案，制定矿业权出让制度方案和矿产资源国家权益金制度实施方案，开展国有森林资源有偿使用试点。出台建立流域上下游横向生态补偿机制的指导意见。开展生态环境损害赔偿制度改革试点。制定国家自然资源资产管理体制改革试点方案。深入开展领导干部自然资源资产离任审计试点。

十、深化社会事业相关改革，守住民生底线和社会稳定底线

（四十二）深化社会保障制度改革。加强顶层设计研究，完善个人账户制度，研究城镇职工基础养老金全国统筹方案，制定渐进式延迟退休年龄方案。继续推进机关事业单位养老保险制度改革。研究建立基本养老金合理调整机制。制定划转部分国有资本充实社保基金实施方案。研究适当降低社会保险费。

（四十三）深化收入分配制度改革。建立改革协调联动机制，统筹推进各类群体的增收措施。建立反映劳动力市场供求关系、与企业经济效益和劳动生产率挂钩的工资决定和正常增长机制。完善最低工资制度，合理确定最低工资标准调整幅度。

（四十四）深化教育体制改革。深入推进教育领域综合改革和考试招生制度改革。鼓励和督促各地制定推进教育管办评分离改革方案，开展相关改革试点。推动学前教育管理体制改革，鼓励普惠性幼儿园发展。出台统筹城乡义务教育一体化发展的意见。统一城乡义务教育学校生均公用经费基准定额。支持和规范民办教育发展。

（四十五）协调推动医疗、医保、医药联动改革。巩固完善县级公立医院综合改革，将公立医院综合改革试点城市增加到200个，扩大综合医改试点省份范围，加快建立现代医院管理制度。在部分综合医改试点省推广福建省三明市医改做法和经验。推进公立医院医务人员薪酬制度改革，建立维护公益性、调动积极性、保障可持续的运行新机制。深化基层医疗卫生机构综合改革，加快推进分级诊疗制度建设，在70%左右的地市开展试点。完善基本医疗保险制度，整合城乡居民基本医保制度和经办管理机构，加快医保支付方式改革，推进基本医保全国联网和异地就医结算。实现大病保险全覆盖。研究制定医疗保险和生育保险合并实施试点方案。健全药品供应保障机制，推进药品流通改革，降低药品虚高价格。全面推进药品医疗器械审评审批制度改革，建立以临床疗效为主导的审评制度，推进仿制药质量和疗效一致性评价，开展药品上市许可持有人制度试点。落实促进社会办医加快发展的若干政策措施。指导各地制定调整完善生育政策的配套政策。

（四十六）深化文化、体育改革。加快构建现代公共文化服务体系，推进基本公共文化服务标准化均等化。推动中央各部门各单位已转企改制的出版社、非时政类报刊社重组整合，组建若干出版传媒集团。落实足球改革发展总体方案。

（四十七）完善社会组织管理体制。开展行业协会商会与行政机关脱钩改革试点。加大政府向社会组织购买服务力度，推进有条件的事业单位转为社会组织。

十一、加强改革试点和改革督查评估

（四十八）深入推进国家综合配套改革试验。充分发挥试验区的综合改革试验平台作用，鼓励和支持各部门将需要试点的重要改革举措优先放在国家综合配套改革试验区先行先试。做好对不同主题综合配套改革试验区试点经验的总结，将统筹城乡、“两型社会”建设、创新发展、社会治理等相关改革经验在更大范围进行推广。对需要一定前提条件才能推广的经验，在具备条件的地区和改革试验区定向推广。

（四十九）有序开展各类专项改革试点。加强相关部门间的沟通、协调和合作，使各类专项改革试点目的明确、主题突出、内容相互衔接。合理确定试点任务、试点数量、试点范围和时限要求，有效防控风险，及时梳理总结可复制可推广的经验。鼓励不同区域进行差别化的试点探索，有针对性开展既符合本地区特点又对解决面上共性难题有探索示范意义的改革试点。

（五十）加强改革督查评估和宣传引导。对已出台实施的重要改革方案，要加强对落实情况的督促检查，发现问题的要列出清单、明确责任、限定时间、挂账整改。采取第三方评估等方式，对改革举措执行情况、实施效果、群众感受等进行综合评估。根据评估情况进一步改进和完善改革政策，不断提高改革质量，使改革不断见到实效。加强改革宣传，正确引导社会预期，及时回应社会关切，为改革创造良好的舆论环境和社会氛围。

积极推进国家高端智库建设试点。遵循智库发展规律和决策咨询规律，创新组织形式和管理方式，建立成果质量导向的激励机制，不断提高政策研究、政策评估、政策解读和国际交流合作水平，为党和政府决策提供高质量的智力支持。

各地区、各部门要增强推进改革的思想自觉和行动自觉，加强组织领导，明确责任主体，提高方案质量，狠抓贯彻落实。牵头部门要切实负起主体责任，抓紧抓实改革方案制定、评估、督查、落实等工作；配合部门要加强协作，形成合力。国家发展改革委要加强对年度重点改革工作的综合协调、督促推进和检查评估，及时将改革进展情况和重大问题报告国务院。

第六章　告知体文书的写作

第一节　通　知

【功能特性】

根据《党政机关公文处理工作条例》的规定表述，通知“适用于发布、传达要求下级机关执行和需要有关单位周知或者执行的事项，批转、转发公文”。由此可见，通知文种的适用范围非常广泛，在机关单位所制发的公文中，通知可以说是发文数量最多、使用频率最高的一个文种。在实际使用过程中，通知主要是用于下行文，但在不相隶属机关之间也可以使用，诸如告知成立或者撤销某一机构、启用新的印章等，是一种比较灵活的文种，具有沟通上下、联系左右、传达知照的功用。

【结构模式】

实践中，通知的表现形式多种多样，诸如指示性通知、印发性通知、发布性通知、会议通知以及批转、转发性通知等，无论哪一种通知，都要注意把握其基本的结构形态，在内容表达上有所侧重，以彰显通知文种的特性。一般而言，应当分为如下几个部分：

一、标题。是通知的“眉目”，应当完整地载明发文机关、事由、文种 3 个要素，例如，《中共中央办公厅　国务院办公厅关于印发〈党政机关公文处理工作条例〉的通知》。有时一些内容简单的会议通知，其标题写为《会议通知》即可。

二、主送机关。即通知的致送对象，一般以采用泛称最为多见，例如“各省、自治区、直辖市人民政府，国务院各部委，各直属机构”。

三、正文。这部分是通知的核心，一般应载明 3 层内容：一是引据。首先陈述制发通知的起因缘由，写明通知的背景依据，抑或标明制发通知的目的等，然后使用承启用语，提领下文。二是主体。即通知事项，在内容的繁简上根据不同类别的通知而有所变化。一般性通知，只要交代清楚什么事项、有何要求即可；涉及有关人事任免事项，则交代清楚任免人员的姓名及具体职务即可。比较复杂的通知例如指示性通知和批转、转发性通知等，基本上可以概括为两种写法：一种是一气呵成的贯通式写法，直接交代通知的内容以及在贯彻执行过程中应当注意的问题；另一种是分条列项式的写法，分出层次，划清段落，便于领会、理解和执行。此种通知的写作，一定要注意各条项之间的逻辑顺序，做到详略得当，主次分明，重点突出，切忌语无伦次，令人难得要领。

四、结语。无论哪种类型的通知，其结尾部分往往都要使用较为固定的习惯性用语，诸如“请遵照执行”“请认真贯彻执行”“请参照执行”“请认真贯彻落实”“请研究试行”，等等。撰写时要注意根据不同的行文目的和内容，选择使用恰当的结尾用语。一般而言，如果通知的内容涉及全局性的重大方针政策、规定或准则等，必须令行禁止、照章办事，结尾用语一般写为“请认真贯彻执行”“请依照执行”“请遵照办理”“请立即贯彻执行”等；通知内容虽然提出了政策性的要求，但又允许下级机关结合本地区、本单位的实际情况办理的，结尾用语一般写为“请研究试行”；如果通知中的内容属于探索性的，或是一些政策性的问题，其法律手续尚不完备，需要下级机关边执行边修改的，结尾用语一般写为“请研究试行”；如果通知中的要求只是根据一定地区的特点，或是批转下级机关的报告，具有参考价值的意见、建议等，结尾用语一般写为“请参照执行”。

五、生效标志。

【写作要求】

一、要讲求实效，切忌滥发通知。由于发布通知是要求所属机关单位贯彻执行或周知的，其目的在于指导和推动工作的深入开展，因此，要特别注意发布的必要性，讲求实效，严禁随意滥发。要严格控制发文的数量，做到量度适中。实践中，有些机关不分巨细，逢事必发“通知”，以致过多过滥，有损通知的严肃性，必须加以纠正。

二、要把握内涵，切忌越俎代庖。由于通知具有多功能的特性，因而在实践中往往备受“偏爱”。有些公文，按其内容性质及发文的目的要求本来应当用“函”“意见”或“通告”，却往往被“通知”代替。甚至有些本来应用“启事”“声明”之类的日常应用文也随意用“通知”行文，既失严肃，又有悖法规规定，应当引起高度注意。

三、要明确无疑，切忌阻滞含混。发布通知是为了解决实际问题并且需要贯彻执行的，因此，在写作时必须做到主旨明确，结构严谨，用语通畅，令人一目了然。同时，在内容上必须符合党和国家的方针政策以及上级机关的文件指示精神，还要合乎本地区、本部门的实际情况。否则，就会从根本上损害通知的质量和效用。

四、文字表达要准确。首先对受文单位的名称必须写清写全，或采用规范化的简称；其次为了使受文单位便于操作，凡属应该说明的有关情况，应该执行的具体事项，以及有关的时间、地点、条件等，都要做到周密、确切，以免贻误工作，有损通知的应有效用。

【典范文例】

例文 1

国务院关于做好全面推开营改增试点工作的通知

国发明电〔2016〕1号

各省、自治区、直辖市人民政府，国务院各部委、各直属机构：

全面推开营改增试点将于2016年5月1日实施，为切实做好试点各项工作，现就有关事项通知如下：

一、高度重视全面推开营改增试点工作，切实加强组织领导。全面推开营改增试点是当前推动结构性改革尤其是供给侧结构性改革的重要内容，是实施积极财政政策的重大减税措施，政策性强、涉及面广，时间紧、任务重。各地区、各部门要充分认识全面推开营改增试点的重大意义，高度重视，统一思想，进一步加强对试点工作的组织领导。全面推开营改增试点部际联席会议要按照国务院赋予的职责，主动做好综合协调，统筹推进相关工作。各省（自治区、直辖市）人民政府要对本行政区域全面推开营改增试点工作负总责，政府主要负责同志要切实担负起第一责任人的责任。要精心组织，周密部署，抓紧建立工作协同推进机制，明确任务分工，细化措施方案，层层落实责任。

二、密切跟踪试点运行情况，做好政策解读和舆论引导。各地区、各部门要密切跟踪掌握全面推开营改增试点工作的进展情况，充分利用互联网、大数据等技术手段，针对不同行业和企业特点，梳理试点过程中的新情况，不断总结试点经验，优化流程，改进方法，加强监测预警，完善应对预案，强化风险防控，出现问题迅速处置。要进一步加强试点工作宣传，深入进行政策解读，对不实消息和人为炒作要予以及时澄清，积极回应社会关切，避免政策误读，有效引导社会舆论，为改革营造良好氛围。

三、严肃财经纪律，强化责任追究。地方各级政府都要讲政治、顾大局，算政治账、经济账、长远账，严格遵守有关法律法规和财经纪律，绝不允许为了短期利益和局部利益，搞回溯性清税，甚至弄虚作假收过头税。此类问题一经发现要依法依规严肃处理，对不应征收的税收必须立即退付给纳税人，超出合理增幅部分的税收要相应扣回。有关部门要强化监督约谈，禁止个别企业等假借营改增之名刻意曲解政策、趁机涨价谋取不当利益。同时，要确保全面推开营改增试点后顺利实施调整中央与地方增值税收入划分过渡方案。要坚决避免违背市场规律的不合理行政干预，不得限制企业跨区域生产经营、操纵企业增加值地区分布，严禁以各种不当手段争夺税源，防止形成地方保护和市场分割，破坏全国统一大市场建设。要确保试点工作平稳、有序进行，确保各项减税措施落到实处、见到实效，确保各行业税负只减不增，使广大企业充分享受到全面推开营改增试点的改革红利。重大事项要及时向国务院报告。

国务院

2016 年 4 月 29 日

例文 2

国务院批转国家发展改革委关于 2016 年深化经济体制改革重点工作意见的通知

国发〔2016〕21 号

各省、自治区、直辖市人民政府，国务院各部委、各直属机构：

国务院同意国家发展改革委《关于 2016 年深化经济体制改革重点工作的意见》，现转发给你们，请认真贯彻执行。

国务院

2016 年 3 月 25 日

例文 3

国务院办公厅转发国家发展改革委关于“十三五”期间实施新一轮农村电网改造升级工程意见的通知

国办发〔2016〕9 号

各省、自治区、直辖市人民政府，国务院各部委、各直属机构：

国家发展改革委《关于“十三五”期间实施新一轮农村电网改造升级工程的意见》已经国务院同意，现转发给你们，请认真贯彻执行。

实施新一轮农村电网改造升级工程，是加强农村基础设施建设，加快城乡基本公共服务均等化进程的重要举措，对促进农村消费升级、带动相关产业发展和拉动有效投资具有积极意义。各地区、各有关部门和相关企业要进一步提高思想认识，加强组织、规范管理，落实责任、密切配合，切实完成好新一轮农村电网改造升级各项任务。

国务院办公厅

2016 年 2 月 16 日

第二节　通　报

【功能特性】

根据《党政机关公文处理工作条例》的规定，通报“适用于表彰先进，批评错误，传达重要精神和告知重要情况。”可见，通报文种肩负着特殊的使命，具有其他文种不可替代的功用。首先是提倡和褒奖作用，即通过表彰先进，弘扬正气，树立典型，使有关单位和广大干部职工见贤思齐，从而尽心竭力地做好本职工作；其次是告诫和教育作用，即通过批评错误行为或告知典型事故，使有关单位和人员汲取教训，引以为戒，从而尽力避免类似问题的再次发生；再次是梯形和启示作用，即通过传达重要精神和告知重要情况，使有关单位和组织把握工作进程、工作重点以及必须予以关注的问题，从而树立整体观念和全局思想，增强大局意识、责任意识、靠前意识和看齐意识，妥善周密安排布置自己的工作。

【结构模式】

通报的结构形态一般由以下几个部分组成：

一、标题

应当载明发文机关、事由、文种 3 个要素，不能随意省略，例如，《人力资源和社会保障部办公厅关于首届“人事好新闻”评选表彰的通报》。

二、正文

一般应当载明 3 个层次：

（一）缘由或依据

这是全文的导语部分，要用高度概括的语言简明扼要地交代全文的核心内容，做到开门见山，落笔入题，勾勒出一个总体轮廓和基本事实概况，继而表明发文机关肯定或者否定的态度，然后用“现将有关情况通报如下”之类的过渡语引出下文。

（二）主体

应当载明部分内容，一是事实与评析。这是通报全文的重点和核心，在具体写法上，可以采取虚实结合，先实后虚，即行文首先概述有关事实包括先进事迹、错误事实、重要精神或情况等，交代清楚事情的来龙去脉，通常包括有关事实发生的时间、地点、人员、主要情节、结果及影响等要素，事实一定要真实可靠，用语一定要准确精当，能够使阅文者掌握全貌，并能从中分清是非曲直，以便认同发文机关所做的决定。需要注意的是，对于事实的叙述，虽然要将上述有关要素交代完整清楚，但一定要注意用语必须高度概括，竭力避免过于详细，不能像文学作品那样使用描写、铺陈、渲染、藻饰等艺术表达手法，这是通报写作的大忌。在叙述事实的基础上，从中提炼出经验和教训，具有示范性的还要做出恰切的评价，概括出典型的意义和主要经验；属于警戒性的，则要分析问题产生的主客观原因以及所带来的教训，以便从中汲取教训。二是结论。对于通报实践所做的处理决定，也是通报写作的又一个重心之所在，是前因之果，体现行文的直接目的。文字表达要力求简洁，对被通报的内容做出评价或提出处理意见，属于表彰奖励的要写明授予什么荣誉，给予什么奖励；属于批评错误的则要写明对责任者予以惩戒的意见。

三、结语

这是上述两部分的落脚点，是行文的归宿，具体表现为提出有关的希望或者要求，因为通报的目的就是为了号召大家学习先进典型或是告诫人们防止发生类似错误，或是要求大家重视某一情况、倡导某一精神。要在上述内容的基础上自然而然地引出，给人以水到渠成之感。

四、生效标志

【写作要求】

（一）要注意通报的客观性。必须做到从实际出发，实事求是。无论对被表彰者先进事迹的叙写，还是对被批评者错误事实的记述，或是对有关精神和情况的传达，都要这样做。要如实反映客观事物发生的本来面目和基本过程，有一说一，有二说二，既不能夸大缩小，也不能揣度猜测，更不准无中生有，凭空编造。即使是细节问题，也不要轻易放过，否则就会有损通报内容的真实性，失去其应有的价值和效用。

（二）要注意通报的公正性。即对于所通报表彰或被批评实践及其行为性质的认定，对于先进事迹行为不搞“笔下生花”；对于错误事实，也不故意掩饰或者夸大其词，否则都将直接影响通报的质量和效用。

（三）要注意通报的典型性。写入通报中的内容，必须具有典型性和普遍意义，要有价值，以确保其对工作的指导作用和对干部群众的教育引导作用。

（四）要注意通报的及时性。无论那种类型的通报，其时限性都比较强，一定要抓住时机，及时拟制并发出。否则，时过境迁，就会失去通报的应有效用。

【典范文例】

例文 1

国务院办公厅关于对全国第二次大督查发现的典型经验做法给予表扬的通报

国办发〔2015〕54号

各省、自治区、直辖市人民政府，国务院各部委、各直属机构：

为推动党中央、国务院重大决策部署进一步落实并取得成效，2015年5月下旬至6月中旬，国务院部署开展了对重大政策措施落实情况的第二次大督查。从督查情况看，各地区、各部门认真贯彻落实党中央、国务院重大决策部署，胸怀全局、主动作为、改革创新、不畏困难、讲求实效，围绕稳增长、促改革、调结构、惠民生出新招、出实招、出硬招，不断推动各项重点工作取得积极进展，在工作实践中创造出一些好经验、好做法。

为进一步调动各方面的积极性、主动性和创造性，总结经验，宣传典型，扎实推进各项重大政策措施落地生效，经国务院同意，对天津市推动重大项目开工建设等20项地方工作典型经验做法和发展改革委加强宏观政策统筹协调等16项部门工作典型经验做法予以通报表扬，供各省（区、市）和国务院各部门学习借鉴。希望受到表扬的地区和部门珍惜荣誉，再接再厉。

各地区、各部门要按照党中央、国务院的总体部署，主动适应和引领经济发展新常态，坚持稳中求进工作总基调，振奋精神，奋发有为，勇于担当，攻坚克难，学习借鉴典型经验做法，创造性开展工作，进一步推动重大稳增长工程尽快实施、重大改革政策尽快落地、重大民生举措尽快见效，确保完成全年经济社会发展主要目标任务。

附件：1. 地方工作典型经验做法（共20项）
　　　2. 部门工作典型经验做法（共16项）

国务院办公厅
2015年7月20日

例文2

山东省人民政府
关于表扬临沂滨州两市重点流域
治污工作的通报

鲁政字〔2015〕257号

各市人民政府，省政府有关部门：

国家重点流域治污考核，是国务院评估省级政府水污染防治工作的重要举措。2014年，省政府确定由临沂、滨州两市代表我省迎接国家重点流域治污考核。

2015年3月29日至4月15日，环境保护部会同国家发展改革委、财政部、水利部、三峡办、南水北调办等部门，对全国九大重点流域、25个省（自治区、直辖市）政府2014年度实施《重点流域水污染防治规划（2011—2015年）》情况进行了考核。我省淮河、海河流域均获得流域内第一名的好成绩，并分别位列全国九大流域25个省（自治区、直辖市）第一名和第四名。至此，我省已分别连续八次和六次获得国家淮河、海河流域治污考核第一名。

为表扬先进，省政府决定，对临沂市和滨州市予以通报表扬。希望两市珍惜荣誉，再接再厉，争取更大成绩。全省各级、各部门要认真学习临沂、滨州市的经验和做法，锐意进取，开拓创新，努力促进全省水环境质量持续改善，为建设生态山东、美丽山东做出新的更大贡献。

山东省人民政府

2015年12月2日

例文3

国家安全监管总局　国家煤矿安监局
关于陕西省铜川市耀州区照金矿业有限公司
"4·25"重大透水事故的通报

安监总明电〔2016〕6号

各产煤省、自治区、直辖市及新疆生产建设兵团煤矿安全监管部门、煤炭行业管理部门，各省级煤矿安全监察局，有关中央企业：

2016年4月25日8时05分，陕西省铜川市耀州区照金矿业有限公司202综采放顶煤工作面发生一起透水事故，淹没工作面及部分运输和回风巷道，造成2人遇难、9人被困，目前事故抢险救援正在紧张进行。照金矿业公司为民营股份制企业，属于证照齐全的生产矿井，核定生产能力180万吨/年。经初步分析，该公司202综采放顶煤工作面回采过程中，煤层顶板上覆洛河组砂岩含水层随直接顶冒落形成离层水体，因顶板周期来压形成导水通道，离层水溃入工作面，造成作业人员被困。事故原因有待进一步调查认定。这起事故暴露出的主要问题有：一是对水害防治不重视。2013年该公司采煤工作面曾发生一次涌水量约50000立方米的透水事故，2015年12月、今年3月又相继发生两次小型透水，均未引起足够重视，没有把水害防治摆在重要位置，煤矿重大灾害专项整治工作流于形式。二是防治水责任体系不健全。该公司防治水制度不完善，机构不健全，责任不明确。三是探放水措施不落实。202综采放顶煤工作面出水点区段位于向斜轴部，岩层裂隙相对发育、易于充水，在工作面煤壁出现淋水征兆情况下，未采取探放水措施。四是矿井水文地质基础工作薄弱。202综采放顶煤工作面回采前，未进行安全评估，没有工作面顶板“三带”（冒落带、裂隙带、弯曲下沉带）发育资料，没有矿井主要含水层水质分析等水文地质资料。

为深刻吸取这起事故教训，杜绝同类事故发生，特提出如下要求：

一、严格落实煤矿防治水各项措施。各煤矿企业要高度重视水害防治工作。一是严格按照《煤矿防治水规定》（国家安全监管总局令第28号）等要求，扎实开展煤矿防治水工作，切实做到“预测预报、有疑必探，先探后掘、先治后采”。二是严格按照“物探先行、钻探补充”原则开展探放水工作，开采受顶板水威胁的煤层，要采取综合技术手段加强对隐伏构造的探查工作。同时，加强受顶板离层水、老空水威胁，提高回采上限以及水文地质条件复杂区域采掘工作面的防治水工作。三是加强矿井水文地质基础工作。建立完善煤矿防治水安全责任体系，配备专业技术人员、专用探放水设备、专门探放水作业队伍，加强对工作面顶板“三带”发育的观测，加强煤矿防治水安全培训和警示教育，提高职工防治水工作技能，增强防范水害事故的能力。四是提高水害应急处置能力。井下发现透水征兆，必须停止作业、撤出人员，采取针对性措施，隐患未消除不得恢复作业。五是加强汛期煤矿安全生产工作。加强雨季“三防”工作，采取有效措施，严防暴雨、雷电、高温、台风等极端恶劣天气对煤矿安全生产工作的影响，制定暴雨洪水期间煤矿停产撤人的预防措施。

二、认真组织开展煤矿水害专项监察。各级煤矿安全监察机构要结合辖区煤矿实际，坚持问题导向，严格落实《关于印发2016年7项专项监察方案的通知》（煤安监监察〔2016〕7号）有关要求，认真组织开展好煤矿水害防治专项监察。一是把水文地质类型复杂、极复杂矿井，资源整合矿井和近3年来发生过水害事故的矿井作为监察重点，对不落实防治水规定、不落实安全技术措施的矿井，依法进行严厉查处；对存在重大事故隐患的矿井，要坚决责令停产整顿。二是对存在水文地质条件不清、矿井及周边老空水不明、无专门防治水机构、专业技术人员和探放水装备等问题的煤矿，要坚决依法依规严肃处理。三是专项监察结束后，要及时总结分析，并向有关地方人民政府提出监察建议。

三、严肃查处煤矿生产安全事故。认真组织开展煤矿生产安全事故的调查处理工作，依法严肃追究生产安全事故责任。重点追查非法、违法生产建设造成事故的责任；重点追查借复产复工验收问题整改之名进行生产造成事故的责任。煤矿主要负责人未依法履行安全生产管理职责，发生死亡1人及以上责任事故的，依据《安全生产法》有关规定，要给予撤职处分。对违章作业造成死亡1人及以上或者重伤3人以上，又或者造成直接经济损失100万元以上事故的直接责任人，要移送司法机关，依据《中华人民共和国刑法》的有关规定追究刑事责任。各煤矿企业要加大对重伤事故和违章作业行为的查处力度，对重伤事故及违章作业人员依法依规严肃处理，切实用事故教训推动煤矿安全生产工作。

请各产煤省（区、市）及新疆生产建设兵团煤矿安全监管部门迅速将本通报精神传达至辖区内所有煤矿企业，并督促抓好贯彻落实。

国家安全监管总局
国家煤矿安监局
2016年4月29日

例文4

江西省人民政府办公厅
关于2015年度全省国土资源执法监察目标考核结果的通报

各市、县（区）人民政府，省政府各部门：

2015年，在省委、省政府的正确领导下，各地深入贯彻落实党的十八届四中、五中全会精神，依法依规管理和使用国土资源意识进一步增强，以保障发展为目标、依法行政为准则、目标考核为抓手、开拓创新为动力，扎实开展各项国土资源执法监察工作，认真查处国土资源违法违规行为，各设区市违法用地总量持续下降。根据《江西省人民政府办公厅关于转发省国土资源厅江西省国土资源执法监察目标考核暂行办法的通知》（赣府厅发〔2014〕60号，以下简称《办法》）精神，省里组织开展了考核，经省政府同意，现将2015年度全省国土资源执法监察目标考核结果通报如下：

一、2015年度全省国土资源执法监察目标考核成绩位列前三名的设区市依次是上饶市、赣州市和吉安市，按照《办法》有关规定奖励新增建设用地计划指标和国土资源执法监察工作专项经费。

二、鉴于2015年全省国土资源执法监察形势总体较好，各地国土资源开发利用秩序明显好转，2015年度全省国土资源执法监察目标考核不评后两名设区市。

希望各地认真总结经验和不足，在2016年进一步强化依法依规管好用好国土资源的意识，不断改进和创新工作方法，切实提高资源配置效率和国土资源管理水平，为推进“法治江西”建设，实现“五年决战同步全面小康”战略目标做出新的贡献。

第三节　函

【功能特性】

根据《党政机关公文处理工作条例》的规定，函“适用于不相隶属机关之间商洽工作、询问和答复问题。请求批准和答复审批事项”。由此可见，函这一文种的使用范围非常明显，即它只适用于“不相隶属”机关之间，具体包括两层含义：一是同一系统内部的平级机关；二是不同系统之间不具有统属关系的任何机关。前者诸如县公安局和县财政局、县水务局和县农业局、县林业局和县国土资源局、县财政局和乡镇人民政府等；后者如中央驻地单位向当地建委申报用地、向当地税务局申请减免税金、向当地工商局申请办理营业执照、向当地教育局申请办学、向当地卫生局申请开设医疗门诊等，因为中央驻地单位与地方这些业务主管部门之间不存在任何隶属关系，根据公文法规的规定，显然要用函。还有，如河北省广播电视局与山东省卫生厅、安徽省滁州市畜牧水产局与新疆克拉玛依石油管理局等，它们之间也不存在任何隶属关系，无论对方级别比自己高还是低，均应使用函来行文。这也是区别“函”与“请示”文种的重要特征，亦即请示适用于具有直接隶属关系的上下级机关之间，而函则适用于没有隶属关系的机关单位之间。由此可见，在公文处理实践中，函这一文种的使用频率应当是很高的，是仅次于通知的一个文种，但令人遗憾的是，事实上我们并没有赋予函文种相应的法律地位，本来应当使用函的，仍然被大量的“请示”“意见”等文种所取代，这是一种极不正常和极不规范的现象，亟待加以扭转。要正式恢复函的应有地位，充分发挥它的职能作用，是公务活动发展的客观需要，也是公文法规建设趋于规范化的前提，必须引起我们的高度重视。

【结构模式】

实践中，由于函的功能的复杂性，决定了它具有多种多样的表现形态，有告知函、商洽函、申请函、答复函和询问函等。无论是属于哪种函，其在结构模式上都应当由以下几个部分组成：

一、标题

应当载明发文机关名称、事由、文种3个要素，例如，《人力资源和社会保障部关于最高人民法院“全国法院模范”享受省部级劳动模范和先进工作者待遇的函》。

二、正文

（一）引据。这部分是函写作的“前言”，是行文的“先锋”。要简明扼要地交代发函的缘由、背景和依据。说明为什么要发函，围绕所要商洽、询问、答复或者请求批准的事项，实事求是地提出最有说服力的理由和论据，或者说明根据上级机关的有关指示精神，或者简要叙述本地区、本单位的实际需要和困难，或者引用对方来文事由及字号等，将行文的因由讲清楚。用语要精练，切忌失之繁冗。

（二）主体。这部分是致函的事项，是行文的核心部分。要直陈其事，明确无疑地将文体、要求或者答复意见告知对方，要一语中的，令人一目了然。行文要直述，言简意赅，直白显露，切忌委婉含蓄；要突出务实办事，以解决问题为中心目的，不用过多的文字阐述，充分体现函这一文种的简洁、灵活的特色。

（三）结语。与前述通知文种相同，函的结语也较为多样化。属于去函告知对方的，多用“特此函告”“特此函达”；属于去函要求对方回复的，则多使用“请研究函复”“以上意见你，请予函复”“即请函复”“盼复”“希见复为盼”“特此函达，请复”“此复”，等等。

（四）生效标志。

【写作要求】

一、要注意区分函与信函格式。实践中，经常出现有人将函与信函格式混为一谈的现象。实际上两者是有严格区别的，其中函是党和国家公文法规中所明确规定的15个文种之一，按规定可以单独行文，而且应当采用国家标准的公文格式；而信函格式则是相对于公文标准格式而言的一种特定格式，与命令（令）格式和纪要格式共同构成公文的特定格式。采用信函格式制发的公文，其文种不一定就是“函”，还可以是意见、通知、批复等文种。因此，必须准确区分，做到规范使用。

二、坚持一事一函。函的内容要求集中单一，不可漫无中心，多事罗列，更不可旁骛其他，纠缠细枝末节，以免影响受文机关对所联系公务的及时处理和解决。

三、文字表达要简练。函文种的篇幅一般不长，所以在用语方面一定要做到言必其中，简短明快，直截了当地将自己的要求、意见等告知对方，避免重复烦琐，旁征博引，抑或谦恭有余，表态不足。

四、遣词用句要恰如其分。从行文方向的角度来讲，函多数属于平级机关单位之间的往来行文，也有级别不同的机关之间的往来行文，无论如何，在用语上都要注意使用征询、商讨、谦恭、尊重、诚恳、友好的语气，使对方乐于接受，绝不能盛气凌人，颐指气使，当然也不必逢迎恭维，卑躬屈膝。致函一方要将自己的意见要求等告知对方，不能强加于人，不能过于苛求；复函一方也要秉持和气共事的态度，即使对方的要求不尽合理，也不能拒绝回复抑或使用诋毁贬损的语言。

【典范文例】

例文 1

国务院办公厅关于宁波港口博物馆
冠名问题的函

国办函〔2016〕41 号

浙江省人民政府：

你省《关于冠名宁波中国港口博物馆的请示》（浙政〔2014〕59 号）收悉。经国务院领导同志同意，现函复如下：

宁波港口博物馆馆名可定为“宁波中国港口博物馆”。

国务院办公厅
2016 年 4 月 8 日

例文 2

国务院办公厅关于同意
在上海等 9 个城市开展国内贸易
流通体制改革发展综合试点的复函

国办函〔2015〕88 号

上海市、江苏省、浙江省、福建省、山东省、河南省、湖北省、广东省、四川省人民政府，商务部：

你们关于请求批准在上海等 9 个城市开展国内贸易流通体制改革发展综合试点的请示收悉。经国务院批准，现函复如下：

一、国务院同意在上海市、南京市、郑州市、广州市、成都市、厦门市、青岛市、黄石市和义乌市 9 个城市开展国内贸易流通体制改革发展综合试点。

二、试点工作要坚持市场化改革方向，以建设法治化营商环境为主线，以新的流通创新为引领，通过深化改革，推动政府转变职能、简政放权，打破地区封锁和行业垄断，充分发挥市场配置资源的决定性作用，优化内贸流通发展的体制机制，完善流通法规、规则和诚信体系，逐步形成政府依法行政、企业守法经营、中介组织规范自律、社会公众有效监督的法治化营商环境和分工明确、协调高效的内贸流通管理体制，增强内贸流通服务经济社会发展全局的能力。

三、试点城市人民政府要根据《国内贸易流通体制改革发展综合试点方案》，围绕探索建立创新驱动的流通发展机制、建设法治化营商环境、建立流通基础设施发展模式、健全统一高效的流通管理体制等主要任务，结合实际，突出特色，制订本市试点工作方案，报商务部备案。

四、试点城市人民政府要加强对试点工作的组织领导，搞好综合协调，强化政策保障，认真落实各项试点任务，及时总结报送试点工作进展及取得的经验。试点城市所在省级人民政府要高度重视，加强对试点工作的指导和政策支持。

五、商务部要会同发展改革委、工业和信息化部、财政部、交通运输部、工商总局、质检总局、邮政局和供销合作总社做好宏观指导和督查落实，适时开展考核评估，并将考核结果报国务院。

附件：国内贸易流通体制改革发展综合试点方案

国务院办公厅

2015 年 7 月 29 日

例文 3

福建省经济和信息化委员会
关于报送 2016 年开展绩效自评项目及项目整体情况说明的函

省财政厅：

根据贵厅《关于做好省直预算单位 2016 年财政支出绩效自评工作的通知》（闽财绩〔2016〕1 号）的要求，经研究确定我委 2016 年财政支出绩效自评工作计划，现将有关情况报送说明如下：

一、财政支出绩效自评项目情况

将以下 3 大项共 18 个专项确定为我委 2016 年财政支出绩效自评项目：

（一）省级企业技术改造专项

1. 项目名称：省级企业技术改造专项；

2. 项目内容：对我省工业企业技术改造、机器换工、进口设备的增值税进行补贴，对投资新建标准厂房或将原有厂房改造升级并新增货梯给予补贴，对新建高技术船舶给予补贴，对模具材料专业供应商奖励，对医药企业的GMP进行奖励，对企业技术创新，发展战略性新兴产业和企业兼并重组进行奖励等10个项目；

3. 项目金额：项目资金总额为48001.51万元；

4. 执行情况：2015年我委切块下达10个设区市及平潭综合实验区项目资金40350.16万元（其中智能装备4000万元、龙头企业技术改造专项25000万元、战略性新兴产业专项2650万元、企业技术创新专项2700万元、发展县域产业4000.16万元、南平武夷新区专项2000万元），我委安排下达项目资金7651.35万元（其中智能装备1000万元、企业技术改造专项3407万元、企业技术创新专项2270万元、企业兼并重组专项974.35万元）。

（二）节能改造专项

1. 项目名称：节能技术改造和合同能源管理专项；

2. 项目内容：对项目年节能量应达500吨标准煤以上（有关设区市项目节能量在2000吨标准煤以上）的节能改造项目和合同能源管理项目给予财政补贴2个项目；

3. 项目金额：8412.07万元；

4. 执行情况：2015年我委切块下达10个设区市及平潭综合实验区项目资金3500万元，我委安排下达节能专项资金4912.07万元［其中：节能技术改造财政奖励省属项目1009万元、节能能力建设省属项目资金519.07万元、市县节能技术改造1724万元、省级合同能源管理1469万元、第三方审核126万元、第三批节能（省级合同能源）65万元］。

（三）中小微企业发展专项

1. 项目名称：中小微企业发展专项；

2. 项目内容：中小微企业发展专项资金支持中小企业融资担保机构风险补偿、省级代偿补偿、小微企业挂牌交易补助、企业开拓市场、中小企业公共服务示范平台、小微企业创业基地、中小微企业融资租赁风险补偿、工业设计发展8个项目；

3. 项目金额：11875万元；

4. 执行情况：2015年我委安排下达10个设区市及平潭综合实验区中小企业融资担保机构风险补偿项目资金4588元、用于中小企业公共服务示范平台和小微企业创业基地810万元、福建省中小企业公共服务平台网络（省属）项目1979万元、中小企业公共服务平台网络（设区市）项目4498万元。

以上自评项目资金总额为68288.58万元，已超过省财政厅2015年预算批复数135514万元的50%。

二、 财政支出绩效自评工作方法

根据要求，我委今年绩效自评工作采取从“省财政厅绩效评价库”中抽取专家参与评价和中介机构现场核实相结合的方法。具体做法是：

（一）专家设定指标。绩效目标、绩效评价指标体系的设定由专家配合我委设定，并由专家审核中介机构核实评价材料及各设区市上报的切块资金的评价材料；

（二）中介现场评价。负责根据项目资金评价指标体系的要求，到项目现场开展评价、取证及撰写各专项评价报告；

（三）统一评价体系。对切块资金按各专项资金管理办法设定全省统一的指标体系及考核办法，由各设区市参照我委的绩效评价指标做相应的评价。

三、 财政支出绩效监控工作情况

将省级企业技术改造专项和企业技术创新专项列入我委2016年绩效监控项目，其中：2016年拟安排重点企业技术改造专项资金总额为20250万元，企业技术创新专项资金总额为5500万元。

四、 财政支出绩效自评工作联系办公室及联系人

省经信委计财处：李鸣心 0591－87833242

福建省经济和信息化委员会

2016年4月6日

第七章　计划体文书的写作

第一节　方　案

【功能特性】

方案属于计划体公文的一种。它是按有关管理目标，对未来要做的某一重要的专门事项，从总体筹划上所做的最佳选择与安排。

方案是计划的一种具体表现形式，侧重于对某一专项工作从目的、要求到方式、方法再到具体进度做出详尽的安排，内容单一，专业性强，在实践中具有较高的使用频率。

【结构模式】

方案的内容结构一般由标题、正文和落款三部分构成。

一、标题

方案的标题一般由制定方案的机关或单位名称、事由、文种三个要素组成。例如，《国务院机构改革方案》；也可只写出事由和文种，发文机关或单位名称写在落款之处，例如，《关于深入开展社会主义荣辱观教育活动的方案》。

二、正文

正文部分一般由前言、主体构成。

（1）前言

这部分应该写明制定方案的缘由、背景情况以及行文的根据、总体目标、意义和要求等，要写得准确、简练、概括。例如，《黑龙江省加快农村电子商务发展工作方案》的前言："为贯彻落实《国务院办公厅关于促进农村电子商务加快发展的指导意见》（国办发〔2015〕78 号），发挥农村电子商务在推进农村市场现代化、释放农村消费潜力、推动农村经济转型升级等方面的积极作用，推动农村电子商务健康快速发展，特制定本工作方案。"用扼要语言概括了制定方案的目的及意义，给人以洗练明快之感。

（2）主体

这部分应针对某项工作或某项活动的总体要求、指导思想或基本原则，具体阐述方案的基本内容。要重点载明具体的工作任务、目标、步骤安排、实施办法，以及各个方面应达到的标准或效果。在写法上，可以采取分条列项的形式，将有关内容明确具体地表述出来。要注意讲求内容表达的逻辑性，按照主次、性质及相应关系分项写出，以使条理清楚，主次分明，重点突出，便于理解和执行。

三、落款

包括制定方案的单位名称和成文日期两个要素。

【写作要求】

（一）要体现创意。在实践中，机关单位所开展的各种专项活动往往很多，进而需要形成相应的实施方案。由于这一计划文种使用频率较高，故而时常出现因循陈规，“旧瓶装新酒”，将新的工作、新的活动内容套用老的方案，既不符合这一文种的写作要求，也不利于工作的顺利开展。因此，撰写方案应讲求开创性，要在具体的步骤安排、实施办法等方面不断提出新的思路，体现出新的创意，最大限度地推动工作的深入开展。

（二）要体现科学性和可行性。即方案中所提出的有关任务目标、步骤安排、落实办法、措施和要求等，一定要符合客观的实际情况，要着眼于工作的发展趋势，本着务实的态度及科学合理的原则加以制定，以利于取得预期的效果。

（三）要注意协调性。即注意所提出的方案一定要与上级的指示精神相协调，防止出现抵触的现象，同时还要注意方案本身的综合平衡，防止出现计划与执行的矛盾。

【典范文例】

例文1

中共中央关于在全体党员中开展
“学党章党规、学系列讲话，做合格党员”学习教育方案

为深入学习贯彻习近平总书记系列重要讲话精神，推动全面从严治党向基层延伸，巩固拓展党的群众路线教育实践活动和“三严三实”专题教育成果，进一步解决党员队伍在思想、组织、作风、纪律等方面存在的问题，保持发展党的先进性和纯洁性，党中央决定，2016年在全体党员中开展“学党章党规、学系列讲话，做合格党员”学习教育（以下简称“两学一做”学习教育）。现提出如下方案。

一、总体要求

开展“两学一做”学习教育，是落实党章关于加强党员教育管理要求、面向全体党员深化党内教育的重要实践，是推动党内教育从“关键少数”向广大党员拓展、从集中性教育向经常性教育延伸的重要举措，是加强党的思想政治建

设的重要部署。“两学一做”学习教育不是一次活动，要突出正常教育，区分层次，有针对性地解决问题，用心用力，抓细抓实，真正把党的思想政治建设抓在日常、严在经常。

开展“两学一做”学习教育，基础在学，关键在做。要把党的思想建设放在首位，以尊崇党章、遵守党规为基本要求，以用习近平总书记系列重要讲话精神武装全党为根本任务，教育引导党员自觉按照党员标准规范言行，进一步坚定理想信念，提高党性觉悟；进一步增强政治意识、大局意识、核心意识、看齐意识，坚定正确政治方向；进一步树立清风正气，严守政治纪律政治规矩；进一步强化宗旨观念，勇于担当作为，在生产、工作、学习和社会生活中起先锋模范作用，为党在思想上政治上行动上的团结统一夯实基础，为协调推进“四个全面”战略布局、贯彻落实五大发展理念提供坚强组织保证。

开展“两学一做”学习教育，要增强针对性，“学”要带着问题学，“做”要针对问题改。着力解决一些党员理想信念模糊动摇的问题，主要是对共产主义缺乏信仰，对中国特色社会主义缺乏信心，精神空虚，推崇西方价值观念，热衷于组织、参加封建迷信活动等；着力解决一些党员党的意识淡化的问题，主要是看齐意识不强，不守政治纪律政治规矩，在党不言党、不爱党、不护党、不为党，组织纪律散漫，不按规定参加党的组织生活，不按时交纳党费，不完成党组织分配的任务，不按党的组织原则办事等；着力解决一些党员宗旨观念淡薄的问题，主要是利己主义严重，漠视群众疾苦、与民争利、执法不公、吃拿卡要、假公济私、损害群众利益，在人民群众生命财产安全受到威胁时临危退缩等；着力解决一些党员精神不振的问题，主要是工作消极懈怠，不作为、不会为、不善为，逃避责任，不起先锋模范作用等；着力解决一些党员道德行为不端的问题，主要是违反社会公德、职业道德、家庭美德，不注意个人品德，贪图享受、奢侈浪费等。要持之以恒纠正“四风”，抓好不严不实突出问题整改，推动党的作风不断好转。

开展“两学一做”学习教育，要坚持正面教育为主，用科学理论武装头脑；坚持学用结合，知行合一；坚持问题导向，注重实效；坚持领导带头，以上率下；坚持从实际出发，分类指导。要以党支部为基本单位，以“三会一课”等党的组织生活为基本形式，以落实党员教育管理制度为基本依托，针对领导机关、领导班子和党员干部、普通党员的不同情况作出安排。要给基层党组织结合实际开展学习教育留出空间，发挥党支部自我净化、自我提高的主动性，防止大而化之，力戒形式主义。

二、 学习教育内容

1. 学党章党规。着眼明确基本标准、树立行为规范，逐条逐句通读党章，全面理解党的纲领，牢记入党誓词，牢记党的宗旨，牢记党员义务和权利，引导党员尊崇党章、遵守党章、维护党章，坚定理想信念，对党绝对忠诚。认真学习《中国共产党廉洁自律准则》、《中国共产党纪律处分条例》等党内法规，学习党的历史，学习革命先辈和先进典型，从周永康、薄熙来、徐才厚、郭伯雄、令计划等违纪违法案件中汲取教训，肃清恶劣影响，发挥正面典型的激励作用和反面典型的警示作用，引导党员牢记党规党纪，牢记党的优良传统和作风，树立崇高道德追求，养成纪律自觉，守住为人、做事的基准和底线。

2. 学系列讲话。着眼加强理论武装、统一思想行动，认真学习习近平总书记关于改革发展稳定、内政外交国防、治党治国治军的重要思想，认真学习以习近平同志为总书记的党中央治国理政新理念新思想新战略，引导党员深入领会系列重要讲话的丰富内涵和核心要义，深入领会贯穿其中的马克思主义立场观点方法。学习习近平总书记系列重要讲话要同学习马克思列宁主义、毛泽东思想、邓小平理论、“三个代表”重要思想、科学发展观结合起来，深刻理解党的科学理论既一脉相承又与时俱进的内在联系，坚定中国特色社会主义道路自信、理论自信、制度自信。要区别普通党员和党员领导干部，确定学习的重点内容。

3. 做合格党员。着眼党和国家事业的新发展对党员的新要求，坚持以知促行，做讲政治、有信念，讲规矩、有纪律，讲道德、有品行，讲奉献、有作为的合格党员。引导党员强化政治意识，保持政治本色，把理想信念时时处处体现为行动的力量；坚定自觉地在思想上政治上行动上同以习近平同志为总书记的党中央保持高度一致，经常主动向党中央看齐，向党的理论和路线方针政策看齐，做政治上的明白人；践行党的宗旨，保持公仆情怀，牢记共产党员永远是劳动人民的普通一员，密切联系群众，全心全意为人民服务；加强党性锻炼和道德修养，心存敬畏、手握戒尺，廉洁从政、从严治家，筑牢拒腐防变的防线；始终保持干事创业、开拓进取的精气神，平常时候看得出来，关键时刻冲得上去，在“十三五”规划开局起步、决胜全面建成小康社会、实现第一个百年奋斗目标中奋发有为、建功立业。

三、主要措施

1. 围绕专题学习讨论。把个人自学与集中学习结合起来，明确自学要求，引导党员搞好自学。按照“三会一课”制度，党小组要定期组织党员集中学习；不设党小组的，以党支部为单位集中学习。党支部每季度召开一次全体党员会议，每次围绕一个专题组织讨论。学习讨论要紧密结合现实，联系个人思想工作生活实际，看自己在新任务新考验面前，能否坚守共产党人信仰信念宗旨，能否正确处理公与私、义与利、个人与组织、个人与群众的关系，能否努力追求高尚道德、带头践行社会主义核心价值观、保持积极健康生活方式，能否自觉做到党规党纪面前知敬畏守规矩，能否保持良好精神状态、积极为党的事业担当作为。通过学习讨论，真正提高认识，找到差距，明确努力方向。

2. 创新方式讲党课。讲党课一般在党支部范围内进行。党支部要结合专题学习讨论，对党课内容、时间和方式等作出安排。党员领导干部要在所在党支部讲党课，到农村、社区、企业、学校等基层单位党支部讲党课。组织党校教师、讲师团成员、先进模范到基层一线党支部讲党课。要鼓励和指导基层党组织书记、普通党员联系实际讲党课。注重运用身边事例、现身说法，强化互动交流、答疑释惑，增强党课的吸引力和感染力。“七一”前后，党支部要结合开展纪念建党95周年活动，集中安排一次党课。

3. 召开党支部专题组织生活会。年底前，党支部召开专题组织生活会。支部班子及其成员对照职能职责，进行党性分析，查摆在思想、组织、作风、纪律等方面存在的问题。要面向党员和群众广泛征求意见，严肃认真开展批评和自我批评，针对突出问题和薄弱环节提出整改措施。组织全体党员对支部班子的工作、作风等进行评议。党小组可参照党支部要求，召开专题组织生活会。

4. 开展民主评议党员。以党支部为单位召开全体党员会议，组织党员开展民主评议。对照党员标准，按照个人自评、党员互评、民主测评、组织评定的程序，对党员进行评议。党员人数较多的党支部，个人自评和党员互评可分党小组进行。结合民主评议，支部班子成员要与每名党员谈心谈话。党支部综合民主评议情况和党员日常表现，确定评议等次，对优秀党员予以表扬；对有不合格表现的党员，按照党章和党内有关规定，区别不同情况，稳妥慎重给予组织处置。

5. 立足岗位作贡献。针对不同群体党员实际情况，提出党员发挥作用的具体要求，教育引导党员在任何岗位、任何地方、任何时候、任何情况下都铭记党员身份，积极为党工作。结合不同领域不同行业实际，组织引导党员立足岗位、履职尽责。在农村、社区，重点落实党员设岗定责和承诺践诺制度；在国有企业和非公有制企业、社会组织，重点落实党员示范岗和党员责任区制度；在窗口单位和服务行业，重点落实党员挂牌上岗、亮明身份制度；在机关事业单位，促进党员模范履行岗位职责，落实党员到社区报到、直接联系服务群众制度；在学校，重点要求党员增强党的意识，自觉爱党护党为党，敬业修德，奉献社会。在纪念建党95周年活动中，评选表彰优秀共产党员、优秀党务工作者、先进基层党组织。

6. 领导机关领导干部作表率。党员领导干部要在“两学一做”学习教育中走在前面、深学一层，严格执行双重组织生活制度，以普通党员身份参加所在支部的组织生活，与党员一起学习讨论、一起查摆解决问题、一起接受教育、一起参加党员民主评议。要召开党委（党组）会，专题学习党章党规和习近平总书记系列重要讲话；要以党委（党组）中心组等形式组织集中研讨，深化学习效果。年度民主生活会要以“两学一做”为主题，领导班子和领导干部把自己摆进去，查找存在的问题。

四、组织领导

“两学一做”学习教育在中央政治局常委会领导下进行，由中央组织部牵头组织实施，中央纪委机关、中央宣传部、中央党校配合做好相关工作。

1. 层层落实责任。各级党委（党组）要把开展“两学一做”学习教育作为一项重大政治任务，尽好责、抓到位、见实效。省（自治区、直辖市）和部门（系统）党委（党组）要结合实际作出部署安排，加强具体指导。县级党委要发挥关键作用，制定具体实施方案，保障工作力量，加强督促指导把关。基层党委要对所辖党支部进行全覆盖、全过程的现场指导，帮助党支部制定学习教育计划，派员参加党支部各项活动。各级党组织书记要承担起主体责任，不仅要管好干部、带好班子，还要管好党员、带好队伍，层层传导压力，从严从实抓好学习教育。

2. 强化组织保障。加大整顿软弱涣散基层党组织工作力度，配齐配强班子特别是带头人，健全工作制度，确保“两学一做”学习教育有人抓、有人管。开展党员组织关系集中排查，摸清“口袋”党员、长期与党组织失去联系党员情况，理顺党员组织关系，努力使每名党员都纳入党组织有效管理，参加学习教育。要对基层党组织书记、组织委员、组织员等党务骨干普遍进行培训，帮助他们掌握工作方法，明确工作要求。

3. 注重分类指导。县（市、区）党委和企业、学校等基层党委要根据不同领域、不同行业、不同单位特点，对学习教育的内容安排、组织方式等提出具体要求。对非公有制企业和社会组织，可因企制宜、因岗制宜，灵活安排；对党员人数少、党员流动性强的党组织，可依托区域化党员服务中心，利用开放式组织生活等方式，组织党员参加学习教育。对流动党员，流入地、流出地党组织要加强协调配合，按照流入地为主的原则，把流动党员编入一个支部，就近就便参加学习教育。对离退休干部职工党员及年老体弱党员，既要体现从严要求，又要考虑实际情况，以适当方式组织他们参加学习教育。

4. 发挥媒体作用。针对党员多样化学习需求，充分利用共产党员网、手机报、电视栏目、微信易信和远程教育平台等，开发制作形象直观、丰富多样的学习资源，及时推送学习内容。引导党员利用网络自主学习、互动交流，扩大学习教育覆盖面。注重运用各类媒体，宣传“两学一做”学习教育的做法和成效，加强舆论引导，营造良好氛围。

例文2

黑龙江省加快农村电子商务发展工作方案

为贯彻落实《国务院办公厅关于促进农村电子商务加快发展的指导意见》(国办发〔2015〕78号)，发挥农村电子商务在推进农村市场现代化、释放农村消费潜力、推动农村经济转型升级等方面的积极作用，推动农村电子商务健康快速发展，特制订本工作方案。

一、 总体要求

贯彻落实国务院和省政府有关部署，深化农村流通体制改革，创新农村商业模式，培育壮大农村电子商务市场主体，完善农村电子商务政策环境，构建线上线下融合、覆盖全程、综合配套、安全高效、便捷实惠的现代农村商品流通和服务网络，扩大农产品、农业生产资料和农村日用消费品线上线下交易，实现农产品由种得好向卖得好转变，再靠卖得好带动倒逼种得更好，形成农产品生产销售良性循环。

二、 发展目标

到2020年，初步建成统一开放、竞争有序、诚信守法、安全可靠、绿色环保的农村电子商务市场体系。农村电子商务与农村一、二、三产业深度融合，电子商务服务网络覆盖全省农村范围，农村电子商务应用广泛开展，农村流通现代化水平显著提高，农村电子商务在降低农村流通成本、提高农产品商品化率和农民收入、解决农产品难卖问题、带动农民创业就业、促进精准扶贫和精准脱贫等方面取得明显成效。力争创建20个国家“电子商务进农村”综合示范县（市），国家“电子商务进农村”综合示范县（市）电子商务交易额年均增长达到30%以上。

三、 主要任务

（一）大力培育农村电子商务市场主体。

1. 培育、引入涉农电子商务交易平台。推动省内第三方电子商务平台开展特色农产品和农业生产资料、农村日用消费品销售服务，引导各类涉农信息发布平台转型开展在线交易服务，支持有条件的农业企业、农产品批发市场建设网上商城和网上市场，逐步构建多层次、宽领域的涉农电子商务交易平台体系，搞活农产品、农业生产资料和农村日用消费品流通。引入国内知名电子商务平台入驻我省并开展农村电子商务业务。引导物流快递企业参与涉农电子商务平台建设，构建农产品快递网络，服务产地直销、订单生产等农业生产新模式。[省商务厅牵头，省发改委、工信委、农委和各市（地）政府（行署）配合]

2. 发展壮大农村电子商务服务企业。培育一批扎根农村的本省电子商务服务企业，引导电子商务服务企业进军农村电子商务市场，开展农村电子商务业务，提供网店建设、市场推广、代理运营、仓储物流、品牌培育、品质控制、人员培训、技术支持等专业化服务，完善、拓展、创新农村电子商务发展模式。[省商务厅牵头，省发改委、农委和各市（地）政府（行署）配合]

3. 构建多元化农村电子商务应用群体。加快推进农村电子商务应用群体多元化，支持种养大户、家庭农场、农民专业合作社、农业产业化龙头企业等新型农业经营主体和供销合作社、农业经纪人、返乡大学毕业生、大学生村官、农村青年致富带头人、个体经营户运用电子商务创业，营造“大众创业、万众创新”的农村电子商务发展氛围，全面带动农村电子商务应用。支持电子商务、物流、商贸、金融、邮政、快递等各类社会资本加强合作，实现优势资源的对接与整合，参与农村电子商务发展。[省农委牵头，省发改委、商务厅和各市（地）政府（行署）配合]

（二）推动农业农村电子商务应用。

1. 构建多层次农产品网络批发零售渠道。加强对互联网和大数据的应用，建立多层次农产品网络批发渠道，培育农产品品牌，提高商品化率。推动在淘宝“特色中国”、1号店“特产中国”等国内知名电子商务平台地方特产版块开设地方馆、特色馆。引导农业龙头企业、品牌农产品经营企业、新型农业经营主体在第三方电子商务平台开设旗舰店、专卖店并开展网络直销、网上订货等批发零售业务，实现线上线下交易融合发展。在省内主要电子商务平台设立市、县专区和品种专区，组织具有地方特色的“三品一标”农产品集中入驻，重点培育我省农产品网络销售品牌，带动农产品网上销售。引导农产品经营者在国内知名的涉农商品信息平台发布农产品供求信息，开展农产品产销对接。引导农业企业、农产品批发市场、新型农业经营主体等运用微营销、移动电子商务等方式拓展销售渠道。[省商务厅牵头，省发改委、农委和各市（地）政府（行署）配合]

2. 发展农产品定制和网上直销模式。鼓励农业企业、农产品批发市场、新型农业经营主体等开展有机农产品私人和集团定制，发展“网上农产品直销”“时令农产品预订”等销售模式。引导新型农业经营主体建立与社区便利店、连锁超市等的合作，通过社区便利店和连锁超市自建的电子商务平台及线下实体店，面向城市社区居民开展生鲜农产品“基地+直供”和“网订店取”业务，提高生鲜农产品网上销售的客户体验度和服务水平。各市（地）要建立与第三方网络团购促销平台的密切合作，创新“网络购物节”等促销机制，开展季节性特色农产品团购促销活动，缓解季节性、区域性农产品滞销问题。[省商务厅牵头，省发改委、农委、供销社和各市（地）政府（行署）配合]

3. 建设新型农村日用消费品流通网络。整合大型商贸流通企业、“万村千乡”市场工程、供销合作社、邮政网点等渠道资源，建立完善覆盖县、乡、村的新型农村日用消费品流通网络。加强县级电子商务运营中心、乡镇商贸中心和配送中心建设，鼓励将具备条件的供销合作社基层网点、信息进村入户村级信息站、农村邮政局所、村邮站、快递网点、农家店等改造为农村电子商务服务点。下沉电子商务企业渠道，鼓励企业向农村电子商务服务点提供 B2B 网上商品批发和配送服务，发挥农村电子商务服务点临近农村的距离优势，开展“网上订购、网点取货”，缩小城乡居民网购服务差距。[省商务厅牵头，省发改委、农委、供销社、邮政管理局、省邮政公司和各市（地）政府（行署）配合]

4. 加快发展农业生产资料电子商务。各市（地）要组织相关企业、合作社依托电子商务平台和“万村千乡”农资店、供销合作社农资连锁店、农村邮政局所、信息进村入户村级信息站、村邮站、快递网点等，开展化肥、种子、农药等生产资料电子商务和测土配方施肥服务，推动放心农资进农家，为农民提供优质、实惠、可追溯的农业生产资料。发挥农资企业和研究机构的技术优势，将农资研发、生产、销售与指导农业生产相结合，通过网络、手机等提供及时、专业、贴心的农业专家服务，加强使用技术指导服务，宣传、应用和推广农业最新科研成果。[省供销社牵头，省发改委、农委、商务厅、邮政管理局、省邮政公司和各市（地）政府（行署）配合]

5. 提高电子商务扶贫开发水平。创新扶贫开发机制，积极开展电子商务扶贫工作，提升贫困地区交通物流、网络通信等发展水平，鼓励免费面向贫困地区贫困户开展网店应用培训，提高贫困地区利用电子商务创业、就业能力。鼓励电子商务服务企业面向贫困地区开展电子商务服务，支持电子商务平台带动贫困地区特色农产品、旅游产品销售，引导省内电子商务平台开辟贫困地区特色农产品版块，建立与贫困地区合作社、农业经营主体的直采直供关系，增加贫困户收入。在有条件的建档立卡贫困村实现电子商务扶贫全覆盖。[省扶贫办牵头，省发改委、农委、商务厅和各市（地）政府（行署）配合]

（三）营造农村电子商务发展环境。

1. 完善宽带、公路设施和农村信息、统计服务。完善电信普遍服务补偿机制，加快农村信息基础设施建设和宽带普及，促进宽带网络提速降费。结合农村电子商务发展，持续提高农村宽带普及率，推动 4G 和移动互联网技术应用［省通信管理局牵头，各市（地）政府（行署）配合］。以建制村通硬化路为重点加快农村公路建设，推进城乡客运一体化，推动有条件的地区实施农村客运线路公交化改造［省交通运输厅牵头，各市（地）政府（行署）配合］。推动信息进村入户，提升信息进村入户村级信息站数量和信息服务能力，扩大农村信息服务覆盖面，应用移动终端普及信息服务。整合各类农业信息资源，逐步建立农村电子商务统计体系，规范统计口径，建立统计数据库，加强农村电子商务市场监测、统计和分析，为企业经营和政府决策提供依据。［省农委牵头，省商务厅、统计

局和各市（地）政府（行署）配合］

2. 提高农村物流配送能力。推进农村电子商务物流网络建设，合理规划布局农村物流基础设施，构建适应农村电子商务发展需要的物流配送体系。加强交通运输、商贸物流、农业、供销、邮政等部门同电子商务、快递等企业的衔接，在发挥邮政点多面广和普遍服务优势的同时，全力推进“快递下乡”工程，支持快递企业末端网点向农村延伸，加强与“电子商务进农村”综合示范县（市）的联动衔接，提供快捷、准确、安全、便利的快递支撑服务，畅通工业品下乡和农产品进城双向流通渠道，打通农村电子商务“最后一公里”。［省发改委牵头，省交通运输厅、农委、商务厅、供销社、邮政管理局、省邮政公司和各市（地）政府（行署）配合］

3. 开展农业电子商务产业园区建设。针对农村地域广阔、位置分散的实际情况，引导各市（地）、县（市、区）利用现有产业园区、政府办公楼和空置厂房、仓储用房等存量房产，建设一批中小型农业电子商务产业园区，设立农业电子商务孵化器，制定具体扶持措施，减免宽带、物业、取暖、场地等费用，提供低成本的办公用房、网络通信、网店建设、业务培训、摄影美工、仓储配送等公共服务，降低入驻门槛，吸引农业企业、新型农业经营主体和农村电子商务创业人员入驻，带动农村生产流通。［省商务厅牵头，省发改委、农委和各市（地）政府（行署）配合］

4. 推广绿色农产品溯源服务。推动建设黑龙江绿色农产品溯源系统和绿色农产品生产企业信用查询系统，嵌入省内各类电子商务平台，免费向包括种养大户、家庭农场、农民专业合作社等在内的新型农业经营主体和广大农业企业提供绿色农产品溯源和绿色农产品生产企业信用查询服务，实现绿色农产品从生产、加工到销售环节的全面溯源，提高消费者对黑龙江绿色农产品的信赖度，为绿色农产品实现种得好向卖得好转变提供溯源服务支撑。（省农委牵头，省工商局、质监局配合）

5. 发展农村电子商务金融服务。鼓励有条件的市（地）拓宽社会融资渠道，设立农村电子商务发展基金。鼓励村级电子商务服务点、助农取款服务点相互依托建设，实现优势互补、资源整合，提高利用效率。加大对电子商务创业农民尤其是青年农民的授信和贷款支持力度，简化农村网商小额短期贷款手续。（省金融办牵头，省发改委、农委、邮政管理局、人民银行哈尔滨中心支行配合）

四、保障措施

（一）加强组织领导。各地、各部门要进一步提高对农村电子商务重要性的认识，将发展农村电子商务摆在突出位置，把农村电子商务作为推动我省农村经济新一轮发展和农业转型的战略举措，强化组织领导，切实抓好落实，合力推进农村电子商务健康快速发展。各地政府特别是县级政府要结合本地实际，因地制

宜制定实施方案，出台具体措施。[省直有关部门和各市（地）、县（市）政府（行署）负责]

（二）强化政策支持。要积极争取国家关于扶持农村电子商务的政策和资金。鼓励各市（地）出台政策，在资金扶持、行政审批用地、金融服务、公共服务等方面加大对农村电子商务的支持力度。[省财政厅牵头，省发改委、农委、商务厅和各市（地）政府（行署）配合]

（三）深入开展“电子商务进农村”综合示范县（市）建设。支持“电子商务进农村”综合示范县（市）政府出台资金、土地、人才等方面政策，优化农村电子商务发展环境，按照国办发〔2015〕78号文件要求，“电子商务进农村”综合示范有关财政支持资金不得用于网络交易平台的建设。重点抓好尚志市、庆安县、明水县、富裕县、肇源县、拜泉县、集贤县7个第一批国家“电子商务进农村”综合示范县（市）建设，推动泰来县、勃利县、延寿县、嫩江县、桦南县、海林市、方正县、克东县8个第二批国家“电子商务进农村”综合示范县（市）加快发展。总结“电子商务进农村”综合示范县（市）建设经验，推动全省电子商务进农村工作开展。[省商务厅牵头，省财政厅和各市（地）政府（行署）配合]

（四）大力培育农村电子商务人才。积极做好农村电子商务培训工作，各市（地）、县（市、区）要依托农业电子商务产业园区、电子商务孵化器等建设一批农村电子商务培训基地，建立与电子商务专业培训机构和省内大专院校的密切合作，面向农业企业、新型农业经营主体和供销合作社、农业经纪人、返乡大学毕业生、大学生村官、农村青年致富带头人和农民等开展电子商务实训，重点培育一批具备电子商务、市场营销、网络推广等方面技能，懂理论通业务、会经营网店、能带头致富的的复合型农村电子商务人才。[省人社厅、农委、商务厅按责任分工负责，各市（地）政府（行署）做好属地内的培训工作]

（五）规范农村电子商务市场秩序。推进农村电子商务诚信建设，加强网络市场监管，强化安全和质量要求，打击制售假冒伪劣商品、虚假宣传、不正当竞争和侵犯知识产权等违法行为，维护消费者合法权益。督促第三方平台加强内部管理，规范主体准入，遏制“刷信用”等欺诈行为。加强农产品标准化、检验检疫、安全监控、分级包装、冷链仓储、追溯体系等技术、设施的研究、应用和建设，提高对农产品生产、加工和流通等环节的质量管控水平。推广组织机构代码和商品条码在农村电子商务的应用，从源头防止假冒伪劣商品进入交易环节。[省工商局牵头，省发改委、质监局、通信管理局和各市（地）政府（行署）配合]

（六）加大宣传推广力度。梳理我省农村青年电子商务创业、农业企业和新型农业经营主体应用电子商务转型发展、农业电子商务产业园区建设等方面农村电子商务典型案例，充分利用网络、电视、广播、报纸等媒体进行大力宣传，通过组织召开农村电子商务经验交流会等活动，推动社会各界关注和支持农村电子商务发展。[省政府新闻办牵头，省商务厅、新闻出版广电局和各市（地）政府（行署）配合]

第二节　要　点

【功能特性】

要点也是一种重要的计划体公文。它以简要的文字，反映一个单位在一定时间内工作计划的主要方面和要点，内容十分扼要。

要点的最突出特性即在于一个“要”字。这种“要”突出体现为它所涉及的内容必须是工作的主要方面，原则性很强；同时在表达手法上更强调简明扼要，篇幅短小精悍。人们通常也称它为“准计划”。

【结构模式】

要点的内容结构一般由标题、正文和结尾三部分组成。

一、标题

要点的标题一般由制订单位名称、适用时间和文种三个要素组成，如《××大学2017年行政工作要点》。

二、正文

这部分是要点的重点，一般应由前言和主体两层内容组成。其中前言部分要用简要的文字交代制订要点的目的、依据、指导思想和总的任务要求，用语要富有概括性，篇幅不宜过长；主体部分将前言内容具体化，要将有关的措施和办法逐一列出。可以采取条项贯通的形式，将所要做的工作明确、清晰、概括地表述出来。从内在结构形式上讲，应当体现一种“做什么”（前言）—“怎样做”的结构模式。如《××大学2017年行政工作要点》，是从9个方面27个小点来具体写要点的，没有采用单独的分为几个大的方面来写，而是由每一个方面包括几项具体工作来一以贯之。开头部分说明了过去一年工作的指导思想和所做工作的综括，并写明制订计划的根据。主体部分是按照工作的主次和轻重顺序来排列的。第一方面不是直接写教学工作，而是突出了学科建设这一事关学校发展的关键性问题，又分别从非均衡发展战略，学位点建设和实验室建设这样三个小的方面来进一步加以揭示；第二个方面是从“人才强校战略”的角度来写做好人才引进和培养以及营造人才成长环境的重要性；第三个方面是对教学方面工作的安排，包括专业结构的调整和优化，推进素质教育、提高教育教学质量，探索学分制模式、提高人才培养质量的有效途径，加快发展研究生教育和成人教育四个方面，这样就避免了对整个教学工作的面面俱到；第四个方面是对科学研究和技术开发工作的部署，包括思想大讨论、争取重大科研项目和为地方经济科技发展服务三个问题；第五个方面是对对外交流和合作工作的部署；第六个方面是对基础设施建设和环境改造提出的具体任务，包含一些具体的基础设施的落实和要求；第七个方面是对深化学校管理体制改革做出的安排；第八个方面是对学生教育与管理，提高学生综合素质内容的安排；第九个方面是对思想品德教育和党建问题的安排。

（3）结尾

在正文的右下侧注明制订要点的机关或单位名称及制作日期。

【写作要求】

要写好要点，应注意把握如下几点：

一、目的明确，重点突出。写进工作要点中的内容，一定要有目的性，要紧紧围绕本单位在一定时期内的中心工作，有目的、有重点地进行阐述，切忌主次不分，漫无目标。

二、要吃透“两头”。一方面要认真学习上级的文件和指示精神，另一方面必须系统了解本单位和本系统的有关情况，把握其有利条件和不利因素，弄清发展工作的潜力。

三、用语要简练。由于是工作计划的“首要之点”，故在文字表达上一定要简练，要直陈其事，毋须修饰，所提出的措施和办法不必展开，以求内容与形式的和谐一致。

【典范文例】

例文 1

2016 年全国打击侵犯知识产权和制售假冒伪劣商品工作要点

2016 年，全国打击侵犯知识产权和制售假冒伪劣商品工作要认真贯彻党的十八大和十八届二中、三中、四中、五中全会精神，落实国务院有关工作部署，结合推动供给侧结构性改革，依法严厉惩处影响创新发展、妨碍公平竞争和侵害消费者合法权益的侵权假冒违法犯罪，为推动经济社会持续健康发展提供有力保障。

一、加强重点领域治理

（一）加强互联网领域侵权假冒治理。打击网上销售假冒伪劣商品。突出食品药品、农资、家用电器、建筑材料、汽车配件、儿童用品等重点商品，组织开展网络交易集中整治，加强监管执法。加强对网络交易商品的定向监测，强化电子商务产品质量执法打假维权协作，探索建立跨境电子商务侵权假冒商品追溯机制。打击邮件、快件渠道非法寄递进出口侵权假冒商品行为。（工业和信息化部、公安部、农业部、海关总署、工商总局、质检总局、食品药品监管总局、网信办、邮政局按职责分工分别负责）打击网络侵权盗版。开展“2016红盾网剑专项行动”。针对网络（手机）文学、音乐、影视、游戏、动漫、软件等重点领域，开展第十二次打击网络侵权盗版“剑网行动”。进一步扩大版权重点监管范围，探索对新型网络侵权盗版行为的有效治理模式。继续组织开展电子商务领域专利执法维权“闪电”专项行动，建立电子商务领域专利执法维权协作调度机制。加强文化市场技术监管与服务平台应用，以网络（手机）游戏、音乐、动漫为重点，组织查处违法违规互联网文化产品和经营单位。（工业和信息化部、公安部、文化部、工商总局、新闻出版广电总局、知识产权局、网信办按职责分工分别负责）强化网站监管。加强网站备案、网际协议地址（IP地址）和域名管理。督促指导网站严格内容审核，研发应用技术措施，加大人工核查投入，畅通举报投诉渠道，完善监督处置机制，增强自律管理能力。加强网络交易平台监管，强化与大型电商平台合作，利用大数据分析技术，及时发现和掌握违法犯罪线索，加强预警监测和事前风险防范，增强精准打击能力。（工业和信息化部、公安部、农业部、商务部、文化部、海关总署、工商总局、质检总局、新闻出版广电总局、食品药品监管总局、林业局、知识产权局、网信办、邮政局按职责分工分别负责）

（二）强化农村和城乡接合部市场监管执法。加强全链条监管，围绕重要节庆时点和春耕、夏种等重要时段，针对农村市场侵权假冒易发多发的商品，从生产源头、流通渠道和消费终端三个方面大力整治，加强市场监督检查，严厉打击违法犯罪，维护农村市场秩序。（公安部、农业部、商务部、工商总局、质检总局、食品药品监管总局、林业局、知识产权局、邮政局按职责分工分别负责）部署开展农资打假、“红盾护农”“农资打假下乡”等集中整治行动。开展果、蔬、茶、中草药常用投入品专项治理，查处非法销售使用高毒、禁限用农药的违法行为。强化农资生产经营企业产品抽检，重点检测种子苗木质量、品种真实性以及肥料、农药、兽药、饲料有效成分含量和是否添加违禁成分，严肃查处虚假宣传行为。对抽检发现问题多、媒体曝光多、举报投诉多的地区开展专项治理。加强对游商游贩违法经营行为的治理整顿。（农业部牵头负责，工业和信息化部、公安部、工商总局、质检总局、林业局、高检院按职责分工分别负责）开展林木种苗行政执法专项行动，对16个重点地区开展林木种苗质量监督抽查，重点检查工程造林使用的种子苗木质量以及许可、标签、档案等制度落实情况。（林业局负责）

（三）持续开展中国制造海外形象维护“清风”行动。重点针对拉美国家和地区，突出进出口、重点专业市场、跨境电子商务等重点环节，以及出口规模大、涉及人身健康安全的电子电器产品、化妆品、纺织品、日用品、药品等重点商品，加强部门执法协作，严厉打击跨境制售侵权假冒商品违法犯罪行为。加强对重点产品生产企业以及出口新兴市场商品的专业市场、集散地的监管，加大涉外展会、交易会等活动中的知识产权保护力度，增加对出口重点地区商品的查验频次。充分发挥驻外经商机构职能，加强对外沟通协调及对境外中资企业、商户的服务和教育引导。（工业和信息化部、公安部、农业部、商务部、海关总署、工商总局、质检总局、食品药品监管总局、知识产权局、网信办、邮政局、贸促会按职责分工分别负责）

（四）深入推进软件正版化工作。研究制定规范计算机软硬件采购的具体措施，从源头上防止盗版软件流入政府机关。制定正版软件使用管理指南，推进软件使用管理标准化。巩固政府机关软件正版化成果，加快推进企业软件正版化。推广使用优秀软件产品。建立常态化随机抽查制度，探索利用第三方专业机构资源和技术手段开展督查，加大督导检查力度，严格责任追究。（新闻出版广电总局牵头负责，工业和信息化部、财政部、国资委、知识产权局、国管局按职责分工分别负责）推进中央企业所属四级、五级企业软件正版化工作，对进展缓慢的企业进行约谈。督促中央企业建立软件资产管理制度，规范软件资产的采购、登记、安装、升级等工作。开展中央企业软件正版化工作情况监督检查。（国资委负责）加大对新出厂计算机预装正版操作系统软件的检查管理力度，将平板电脑、智能手机等纳入监管范围。（工业和信息化部负责）

二、 强化行业日常监管

（五）加强药品和医疗器械监管。严肃查处药品生产经营企业制售假药劣药案件，打击擅自变更生产工艺、非法添加等违法行为。加强对药品研发过程中临床试验的监督检查，严肃查处临床试验数据造假行为。加强对跨省份的药品、化妆品、医疗器械、保健食品违法案件查处的督查督办。（食品药品监管总局负责）

（六）加强车用燃油监管。督促引导石油炼化企业严格按照标准生产加工车用燃油，强化出厂检测，推进油品质量升级。严肃查处石油炼化企业无生产许可违法生产、销售不符合国家标准车用燃油的违法行为。严格成品油批发零售资质管理。规范成品油特别是普通柴油销售，以县级以上城市及干线公路两侧加油站为重点，严肃查处销售伪劣油品等违法行为。（发展改革委、环境保护部、商务部、国资委、税务总局、工商总局、质检总局按职责分工分别负责）

（七）加强重点商品监管。以建筑材料、汽车配件等为重点，继续开展“质检利剑”行动。以质量问题突出区域为重点，深入推进集中整治。以家用电器、服装、洗涤用品行业为重点，推动企业开展产品质量承诺。严肃查处无证出厂销售强制性认证产品的违法行为。对纳入注册管理的进口食品，加大查处无证销售等违法行为力度。（质检总局负责）开展红盾质量维权行动，加大对儿童用品、装饰装修材料等重点商品的市场检查和质量抽检力度，强化流通领域商品质量监管。严肃查处欺骗、误导消费者的虚假违法广告。（工商总局负责）以口罩、空气净化器等为重点，开展防雾霾商品监督抽查和专项整治。（工商总局、质检总局按职责分工分别负责）探索建立消毒产品监管信息平台，加大抽检力度，加强生产使用环节监管。（卫生计生委负责）

（八）查处侵犯知识产权行为。规范商标代理市场秩序，推动商标注册和评审便利化，严肃查处恶意抢注商标行为。加强商业秘密行政保护。（工商总局负责）在重点城市开展高校及其周边复印店专项治理行动。开展印刷复制发行专项检查，加强对网络销售、传播出版物的监管。（新闻出版广电总局负责）继续开展知识产权执法维权“护航”专项行动。（知识产权局负责）严肃查处侵犯植物新品种、地理标志、集成电路布图设计等知识产权的违法行为。（农业部、工商总局、质检总局、林业局、知识产权局按职责分工分别负责）依法查处滥用知识产权、排除限制竞争等违法行为。（发展改革委、商务部、工商总局按职责分工分别负责）组织文化市场暗访抽查，加大检查力度，规范市场秩序。（文化部负责）加强企业日常税收征管，严肃查处侵权假冒涉税违法行为。（税务总局负责）

三、加强法规制度建设

（九）研究制定“十三五”时期打击侵权假冒工作指导意见。更加注重打建结合、依法治理、能力建设、社会共治、统筹协调，明确今后一个时期工作目标、主要任务和政策措施。（全国打击侵权假冒工作领导小组办公室牵头负责）

（十）健全相关法律法规。按照立法计划，推动制定修订反不正当竞争法、药品管理法、著作权法、专利法、化妆品卫生监督条例、专利代理条例等法律法规。积极推进电子商务法制定工作。（法制办、发展改革委、工业和信息化部、财政部、商务部、人民银行、海关总署、税务总局、工商总局、质检总局、新闻出版广电总局、食品药品监管总局、知识产权局、网信办、邮政局按职责分工分别负责）

（十一）完善监管制度。研究出台海关知识产权行政案件处罚标准，规范自由裁量权。完善侵权案件办理和罚没货物处置程序。（海关总署负责）制定修订林木种子生产经营许可证管理办法、林木种子质量管理办法、林业植物新品种保护行政执法办法等规章和规范性文件。（林业局负责）制定邮件、快件实名收寄管理办法，推动寄递企业落实收寄验视、实名收寄、过机安检等管理措施，建立用户信息档案库，严格执行运单信息核对制度。（邮政局负责）健全侵权假冒商品无害化销毁工作机制，将拟销毁物品交由有资质的单位进行无害化处置。（环

境保护部牵头负责）

（十二）加强标准建设。贯彻落实《深化标准化工作改革方案》（国发〔2015〕13号），集中开展滞后老化标准的复审和修订，适时制定急需的检验检测标准。（质检总局牵头负责）制定修订林木种子与苗木质量分级、林木种子检验、育苗技术规程等标准。（林业局负责）推进寄递行业标准化建设，规范收寄、分拣、运输、投递各环节操作行为，提高防范侵权假冒能力。（邮政局负责）

（十三）加强地方绩效考核。将打击侵权假冒工作作为平安中国建设的重要内容，纳入社会治安综合治理领导责任查究和重点地区治安突出问题排查整治范围。（中央综治办、全国打击侵权假冒工作领导小组办公室按职责分工牵头负责）

四、加强部门协同与司法保护

（十四）推进行政执法与刑事司法衔接。运行维护全国打击侵权假冒“两法衔接”信息共享系统，加强数据管理和有效应用。加强线上线下跨地区、跨部门执法司法协作与联动。推动打击侵权假冒涉案物品检验鉴定和保管处理体系建设。（全国打击侵权假冒工作领导小组办公室、高检院牵头负责，公安部、农业部、文化部、海关总署、工商总局、质检总局、新闻出版广电总局、食品药品监管总局、林业局、知识产权局、高法院按职责分工分别负责）

（十五）大力推进行政处罚案件信息公开。充分利用政府网站信息公开主渠道，公开案件信息。进一步完善和落实案件信息公开管理制度。加强监督检查、情况通报与考核，落实工作责任。（全国打击侵权假冒工作领导小组办公室牵头负责，农业部、文化部、海关总署、工商总局、质检总局、新闻出版广电总局、食品药品监管总局、林业局、知识产权局按职责分工分别负责）

（十六）推动跨区域跨部门合作。加强统筹协调，推动长三角、京津冀、泛珠三角等地区建立区域间、部门间执法协作机制，完善线索通报、证据转移、案件协查等制度，加强跨区域综合执法、联合执法。（全国打击侵权假冒工作领导小组办公室牵头负责）完善海关区域执法合作机制，防范和打击侵权假冒违法主体进行口岸“转移”。加强海关、工商、专利、邮政部门在进出口环节打击侵权假冒的执法协作。（海关总署牵头负责，工商总局、知识产权局、邮政局按职责分工分别负责）

（十七）强化刑事打击与司法保护。保持高压打击态势，深化情报导侦技术和手段运用，对犯罪行为实施全链条打击，打好一批高质量、有影响的集群战役。（公安部负责）严查侵权假冒犯罪案件背后的玩忽职守、贪赃枉法、徇私舞弊、帮助犯罪分子逃避刑罚等职务犯罪。开展危害食品药品安全犯罪专项立案监督活动。（高检院负责）推进知识产权审判民事、行政、刑事“三合一”改革。及时总结北京、上海、广州知识产权法院的经验，加强知识产权司法保护。（高法院负责）

五、　推动打防结合打建结合

（十八）健全预警防范机制。加强新信息技术在执法监管中的研发运用，提高预测预警和分析研判能力，做到事前防范、精准打击。（全国打击侵权假冒工作领导小组有关成员单位按职责分工分别负责）推广使用知识产权海关保护执法移动查询系统，开发知识产权海关保护（二期）系统，实现案件在线办理。（海关总署负责）健全林业植物新品种测试机构，建设一批植物新品种测试站。推进植物新品种DNA（脱氧核糖核酸）图谱数据库建设，完善林业植物新品种保护信息管理系统，提供植物新品种网上查询服务。（林业局负责）实施寄递渠道安全监管“绿盾”工程，研究建立寄递渠道安全监控体系、安全执法检查支撑平台。（邮政局负责）

（十九）大力推进信用建设。全面实施统一社会信用代码制度，推动行政许可、行政处罚等信息上网公开，健全守信联合激励与失信联合惩戒机制。充分发挥全国信用信息共享平台和“信用中国”网站作用，加大信息归集整合力度，扩大平台互联互通范围，推进信息共建共享。（发展改革委、人民银行牵头负责）加快推进国家企业信用信息公示系统建设，构建新型监管制度，强化事中事后监管。（工商总局负责）推进网络领域信用体系建设，探索建立网络服务提供者管理人员失信“黑名单”制度，发挥网络诚信在网络空间法治化、网络生态治理中的作用。（网信办负责）

（二十）推进社会共治。整合行业组织力量，充分发挥行业自律作用，引导企业强化主体责任，加强知识产权自我保护，推动打击侵权假冒社会共治共享。（全国打击侵权假冒工作领导小组办公室牵头负责）完善举报投诉制度，发挥媒体和社会公众监督作用。（公安部、农业部、商务部、工商总局、质检总局、食品药品监管总局、林业局、知识产权局、邮政局按职责分工分别负责）

（二十一）开展全国质量提升行动。以消费品和工业品质量为重点，强化生产许可获证企业产品质量监管，开展电子商务产品质量提升行动，完善监督抽查、产品质量安全风险监控、缺陷产品召回等制度，全面提升产品质量供给水平。（质检总局牵头负责）

（二十二）加强知识产权保护服务。支持创新型企业选聘律师担任企业法律顾问，加强企业知识产权法律服务。加快推动知识产权证据材料公证保管执业管理平台建设，发挥公证机构服务职能，支持知识产权权利认定和纠纷解决。（司法部牵头负责）试点建立中小企业知识产权联络员制度。推动建立外经贸企业知识产权辅导体系，帮助企业建立知识产权战略管理制度。（海关总署负责）加强境内展会知识产权执法，督促落实展会主办方责任，组织查处侵权行为，妥善处理知识产权纠纷。（商务部、知识产权局按职责分工分别负责）

六、 开展多样化宣传教育

（二十三）开展常态化宣传。制定年度宣传工作方案，把握正确舆论导向，组织各类新闻媒体，统筹做好对内对外宣传，解读政策措施，宣传工作成效，树立正面典型，曝光违法犯罪案件，加强舆论监督和警示教育。加强网络宣传，组织重点新闻网站、主要门户网站、政府网站等，充分运用微博、微信、移动客户端等新技术手段，扩大宣传覆盖面，增强宣传效果。充分发挥中国打击侵权假冒工作网网站群的宣传功能。积极开展对外宣传，及时发布权威信息，适时组织中外记者采访，展示成效，宣示决心，释疑解惑。（全国打击侵权假冒工作领导小组办公室、中央宣传部牵头负责，新闻办、网信办等按职责分工分别负责）

（二十四）加强集中宣传教育。深入推进“法律六进”主题活动。开展“3·15”国际消费者权益日、全国知识产权宣传周、“5·15”打击和防范经济犯罪宣传日、“8·8”海关法制宣传日、全国质量月、诚信兴商宣传月、全国网络诚信宣传日等活动。（公安部、司法部、商务部、海关总署、工商总局、质检总局、新闻出版广电总局、知识产权局、网信办按职责分工分别负责）

七、 做好多双边协作与交流

（二十五）开展多双边磋商与交流合作。加强国际经贸合作，做好中美战略与经济对话、中美商贸联委会知识产权议题磋商，深化中美、中欧、中俄、中巴（西）、中瑞（士）、中日等知识产权对话交流，解决双方重点关切。加快中欧地理标志协定谈判进程。密切跟踪跨太平洋伙伴关系协定（TPP）、跨大西洋贸易与投资伙伴关系协定（TTIP）等多双边协定进展，深入分析相关影响，及时提出对策措施建议。（商务部负责）统筹协调涉外知识产权事宜，深化与世界知识产权组织等的交流合作，发挥金砖国家知识产权局局长会议作用，开展相关领域合作。（知识产权局负责）积极谋划与金砖国家、“一带一路”沿线国家知识产权合作。（商务部、知识产权局按职责分工分别负责）举办2016年国际工商知识产权峰会。充分利用多双边工商合作机制，推动知识产权国际交流。（贸促会负责）

（二十六）加强跨境执法协作。开展中美海关第二次知识产权联合执法行动。落实中欧海关2014—2017年知识产权合作行动计划。加强与俄罗斯海关知识产权保护合作。推动中日韩“零假冒计划”实施。加强对非洲和拉美国家海关、检验检疫执法的合作与援助。拓展与“一带一路”沿线国家海关、检验检疫的合作。（海关总署、质检总局按职责分工分别负责）加强警务国际执法协作，加大涉外侵权假冒犯罪侦办力度。（公安部负责）

（二十七）完善海外维权援助机制。完善国际经贸领域知识产权海外维权机制，引导我国企业积极开展海外维权。建立海外知识产权问题及案件信息提交平台，推动形成海外知识产权维权援助服务网。（商务部负责）健全境外展会防侵权管理体系，完善知识产权综合服务机制，帮助企业加快适应国际知识产权规则，做好政策指引、预警、咨询、诉讼等服务，协调处理涉外知识产权纠纷。在重要展会上设立中国企业知识产权服务工作站。（商务部、知识产权局、贸促会按职责分工分别负责）

例文 2

江西省工信委 2014 年推进依法行政工作要点

2014 年，我委依法行政的工作要全面贯彻落实党的十八届三中全会、省委十三届八次全会精神，紧紧围绕省委省政府关于我省经济社会发展的重大战略决策和部署，以建设服务型法治政府为目标，紧扣委中心工作，坚持科学民主决策，加强重点领域立法，严格规范文明执法，着力强化法制监督，为促进全省经济持续健康较快发展和社会和谐稳定营造良好的工信法治环境。本年度要重点抓好以下工作：

一、努力培育法治思维，提高运用法治方式解决问题的能力

1. 落实领导干部学法制度。制定领导干部法律知识、依法行政知识学习计划并认真组织实施，通过委党组会议、主任办公会议等形式，组织委领导集体学法，年内集中学法不少于 4 次。（人事处、机关党委、办公室负责）

2. 加强普法学习教育。认真贯彻落实公务员学法制度，每年学习法律知识不少于 40 学时，学法情况和考试成绩记入档案，作为干部考核、任职、定级、晋升的重要依据；积极组织各种形式的依法行政培训，组织机关干部学习通用法律知识、新颁布的法律法规和与履行职责相关的专门法律知识等，熟悉掌握与自身执法工作相关的法律法规和规章的具体内容，努力培育和提高机关干部的法治理念、法治思维。（人事处、机关党委、法规处负责）

3. 提高行政执法人员的法律素质。积极参加省法制办和工信部组织的行政执法人员相关培训，委各具有行政执法职能的处室和单位要定期开展行政执法人员专业法律知识、综合法律知识和更新知识培训，不定期抽查检验培训效果，对测试不合格者限期补考，补考仍不合格者建议离岗培训。（有关处室单位、法规处负责）

二、努力加强立法工作，建立适应工信发展需要的制度保障机制

4. 大力推进立法项目出台。进一步做好我委已列入省政府立法项目中的《江西省无线电管理条例》《江西省信息化促进条例》《江西省促进发展新型墙体材料条例（修订）》和《江西省电子政务管理办法》4 件立法项目的调研、修改、论证工作，促进条件成熟的立法项目早日出台。（无线电监督检查处、无线电管理处、信息化推进处、信息安全协调处、电子政务管理处、墙体材料革新办公室、法规处负责）

5. 积极开展工信立法项目储备工作。围绕全省工业和信息化发展大局，统筹兼顾，突出重点，选取若干急需立法的项目，尝试“先论证、后起草”的立法工作机制，提前开展立法项目预研，大力推进工信系统立法项目在省政府、省人大立法项目库的储备工作。(有关处室单位、法规处负责)

6. 改进立法调研方法。立法调研深入基层、深入实际，采取开放包容的心态，兼听各方意见、多听逆耳之言，找准事关改革发展大局的重难点问题，全面系统研究，科学合理设计，立务实管用之法，确实发挥工信立法在全省经济发展中的引领和推动作用。(有关处室单位、法规处负责)

7. 做好法规规章实施工作。委相关处室和委属单位要认真制定已出台的相关法规规章的宣传、培训、执法、评估等具体实施方案，提高法规规章的实施效果。(有关处室单位、法规处负责)

8. 加强规范性文件备案审查。认真落实《省工信委规范性文件制定和备案办法》和《省工信委规范性文件定期清理办法》的有关规定，认真做好规范性文件的审查、备案和清理工作，确保我委规范性文件的科学性、合法性和有效性。(法规处、有关处室单位负责)

三、 努力规范重大行政决策程序， 提高行政决策科学民主化水平

9. 进一步规范行政决策程序。健全完善重大行政决策程序，把公众参与、专家论证、风险评估、合法性审查和集体讨论决定作为重大决策的必经程序。通过网站、报纸、广播、电视等媒介，将与群众切身利益密切相关的重大行政决策事项向社会公布，征求社会公众的意见，时间一般不少于20个工作日，并将征求意见作为决策的重要参考。(有关处室单位、办公室负责)

10. 积极开展行政决策风险评估。对涉及经济社会发展和人民群众切实利益的重大政策、重大项目等重大行政决策事项，决策前都要开展社会稳定风险评估，并将其结果作为决策的重要依据。(有关处室单位、办公室负责)

11. 落实重大行政决策执法行为集体讨论及备案工作制度。认真落实《省工信委重大行政执法行为集体讨论及备案工作制度》，努力确保我委重大行政执法的规范性和准确性。(有关处室单位、法规处负责)

四、 努力增强行政执法和执法监督效能， 促进严格规范公正文明执法

12. 积极落实省政府有关行政审批制度改革工作。按照省政府有关行政审批制度改革工作的统一部署，凡是市场机制能有效调节的经济活动，一律取消审批，对确需保留的行政审批事项，一律列入政府目录清单管理，向社会公布；对清理后保留的行政审批项目，最大限度地减少审批环节，尽可能地缩短办理时限，实行承诺公开、办事限时，提高工作效率，优化投资环境。(人事处、法规处、有关处室单位、各设区市工信委负责)

13. 推行行政执法权力清单制度。根据机构改革后省工信委“三定”方案和工作职责，对行政执法权力进行全面梳理，编制行政执法权力目录，明确行政执法权力名称、执法依据、执法主体、执法对象、执法内容、执法方式、执法程序和监督办法，加强对行政执法权力的管理，严格规范行政执法行为。（法规处、人事处、有关处室单位、各设区市工信委负责）

14. 实行行政执法信息公开制度。制定行政执法信息公开办法，除涉及国家秘密、商业秘密和个人隐私的外，并经研究批准，行政执法信息在网站、行政许可窗口全面公开，重点公开行政执法权力目录、自由裁量权基准、行政执法结果、投诉举报方式和行政复议办法，自觉接受社会监督，实现阳光行政。（办公室、法规处、有关处室单位、各设区市工信委负责）

15. 积极推行网上行政执法工作。积极衔接省政府网上行政执法办案系统与监督系统建设工作，逐步实现执法办案的网上流程管理、网上审批、网上监督和网上考评，对执法办案全过程实行动态实时监督。（法规处、办公室、信息中心负责）

16. 加大重点领域执法监督力度。加强对执法频率高、与群众关系密切的有关重点行政执法部门的监督，按省政府统一部署，年内围绕优化企业发展环境组织开展一次执法监督检查。（监察室、有关处室单位负责）

17. 严格实行行政执法过错问责。畅通群众投诉举报渠道，认真受理群众反映的问题。认真落实《省工信委行政执法责任规定》和《省工信委行政执法过错责任追究制度》，加强行政执法内部监督，对行政执法失职渎职、弄虚作假、以权谋私等违反有关规定的行为，依法依规严肃处理。（监察室、人事处、法规处负责）

五、努力完善行政复议和行政调解工作机制，增强矛盾纠纷化解效力

18. 加强行政复议规范化建设。进一步加强行政复议配套制度建设，充分发挥行政复议在化解行政争议、化解社会矛盾等方面的积极作用，依法受理、办理行政复议案件，履行复议被申请人义务，加大案件的和解、调解力度，有效化解行政争议。（法规处负责）

19. 全面推进行政调解工作。认真落实《省工信委行政调解工作实施办法》，加强行政调解工作机构和调解员队伍建设，建立健全案件申请、受理、调处、回访、登记统计、立卷归档等配套制度，完善行政调解协调机制。各委属单位要及时将开展行政调解工作情况报送法规处和委综治办。（各委属单位、法规处、委综治办负责）

六、努力提高依法行政保障水平，确保各项工作有效落实

20. 强化组织领导。有关处室、委属单位要按照本工作要点，结合工作实际，制订工作计划，并将各项任务落实到人，明确工作进度。委主任办公会议每半年听取一次依法行政工作汇报，研究依法行政工作重要事项，确保完成各项具

体工作任务。(有关处室单位、法规处、办公室负责)

21. 进一步加强法制机构队伍建设。加强工作力量配备，并落实专人负责法制工作。同时，要按照《江西省工信委行政许可窗口综合管理制度》和《江西省工信委行政许可窗口及电子监察管理办法》，加强我委行政许可窗口的建设和管理。(人事处、法规处负责)

22. 全力营造良好工信法治氛围。要通过报刊、广播、电视、网络等平台，采取各种形式广泛深入开展工信系统依法行政宣传教育，弘扬社会主义法治理念，努力营造学法、尊法、守法和依法办事的良好社会氛围。委有关处室单位和各设区市工信委要按照《关于加强和规范我委依法行政信息报送工作的通知》要求，每月至少报送一篇依法行政工作信息。(有关处室单位、各设区市工信委负责)

各有关单位、各设区市工信委要按照本工作要点，结合实际，及时制订年度工作计划，并于2014年4月底前报委法规处。

第三节 计 划

【功能特性】

一、预见性。计划是在工作实施之前制订的，是对某项工作的目标、措施、方法、完成步骤以及可能出现的情况做出的正确预想。在制订计划时，必须站得高、看得远，对全局形势和本单位的具体情况有正确的把握，才能预想得周密、切实。没有预见性就没有计划，预见性是计划的本质特征。

二、可行性。计划中所提出的工作任务和奋斗目标，不是凭空预想出来的，而是根据有关政策，结合本单位实际情况进行充分地分析、推理和估计，制订出来的有效的措施和步骤。制订计划的目标、任务要实事求是，措施、步骤要切实可行。如果目标过高，任务难以完成，措施难以落实，就失去了制订计划的意义；反之，如果目标过低，就不能充分调动群众的工作积极性。

三、约束性。计划一旦被群众讨论通过或上级批准，它就对实践产生了一定的行政约束力。制订计划后与之相关的实践活动，都必须按计划的内容严格执行。在执行过程中如果发现原订计划有不可行之处，应及时、认真地加以研究，慎重修改。

【结构模式】

计划的内容结构通常由标题、正文和落款三部分组成。

一、标题

计划的标题一般由制订计划的单位名称、适用时间、计划内容和文种四项要素组成，例如，《××市广播电视局2017年培训工作计划》。也可以省略时间或省略制订计划单位名称，或者采用公文标题的三要素形式拟写。

二、正文

计划的正文包括前言、计划事项、措施和步骤、结尾四个部分。

①前言

一般是写明制订计划的指导思想，提出任务的依据和目的，以及总任务、总要求等内容，即说明“为什么”要制订这一计划。主要应当写明两点：一是计划的制订根据党和国家哪些方针政策或上级指示；二是对面临的形势做简要的分析，对前段时间工作的基本情况做简要的概括（也可以不写）。

②计划事项

要写清计划的目标，说明“做什么”。目标是对计划总任务的分解。任何工作计划都是在提出总任务的前提下，确定完成任务的各项基本目标，包括应该达到的指标在数量和质量上的要求。这部分内容要做到重点突出，简洁明确，数量、质量指标清楚、准确。如《中共××市委2009年工作计划》，全文由并列的七大部分组成，其中第一部分“总体要求和主要指标”与第二部分“推动国民经济发展再上新水平”，就是“做什么”。

③措施和步骤

即针对所提出的工作指标和任务，写清楚“怎么做”。措施，是指围绕计划目标而设计的一系列的实施办法，如要动员和依靠什么力量、利用哪些有利条件、采取哪些措施、克服哪些困难、负责人、配合合作的单位及个人等。措施是实现目标的保证，一定要周到严密、切实可行；步骤，是指目标实现的程序设计和时间安排。计划的实现是一个过程，包含了不同的阶段，每一阶段又包含了若干环节。因此，工作计划的实施步骤要对计划目标的各个阶段和各个环节从时间、空间做出全局性的分析和评估，做好统筹安排，明确计划在实施中应先做什么、后做什么以及重点解决的问题等。

④结尾

主要是对计划实施的重点和主要环节的强调，还可以说明注意事项，分析计划实施过程中可能出现的问题，提出实施前景的展望或要求。多数计划特别是综合性的工作计划，一般都有一个“号召性”的结尾。

三、落款

计划的落款主要包括以下两项内容：一是如有指标和数字材料，可以“附件”列于正文之后、计划制订机关名称之前；二是在正文下方署上制订计划的机关名称和时间；如果标题中已注明，此处可不再标示。

【写作要求】

要写好计划，应注意把握如下几点：

（一）服从大局。任何机关、单位的工作计划都要体现党和国家的路线、方针和政策，符合国家总体战略要求，服从和服务于新时期党和国家的总任务、总目标；既要服从大局，又要体现出本机关（单位）的特点。

（二）目的明确。计划应当立足当前和今后一段时期需要解决的主要问题和要做的主要工作，突出工作重点，切忌面面俱到。

（三）切实可行。制订计划要实事求是，从实际出发，深入进行调查研究，坚持走群众路线，广泛征求和听取有关人员和专家的意见，集思广益，进行科学的分析和综合平衡。既要体现改革精神，又要充分考虑计划的可行性；既积极稳妥，又留有适当余地。

（四）责任分明。计划往往要牵涉各个方面，需要各个方面紧密配合，协同作战。因此，一定要明确工作计划实施过程中的任务分工，明确责任，有利于落实和检查计划所确定的各项目标的完成情况，同时也作为考核有关部门工作的重要依据。

【典范文例】

福建省2016年节能监察工作计划

2016年是“十三五”开局之年，为深入贯彻实施国家和省节能法律法规、政策标准，依法推进工业节能与绿色发展，充分发挥节能监察的监督保障作用，促进工业企业加强能源管理、提高能源利用效率，根据《工业和信息化部关于印发〈2016年工业节能监察重点工作计划〉的通知》（工信部节函〔2016〕89号），制订本工作计划。

一、监察对象和内容

（一）日常监察

1. 重点用能单位节能监察［含落后机电设备（产品）淘汰情况的监察］

该项工作省节能监察（监测）中心（下称省中心）已按福建省节约能源办公室《关于结合2015年万家企业节能目标责任制考核开展节能监察工作的通知》（闽节能办〔2016〕3号）精神和要求组织实施。

2. 固定资产投资项目节能评估和审查制度执行情况监察

监察对象

抽查在建和2014、2015年竣工新增综合能源消费量1000吨标煤以上（电力消费量200万千瓦时以上）的固定资产投资项目（具体名单见附件1）。

监察内容

项目建设单位对节能评估与审查意见的落实情况。主要检查固定资产投资项目主体设备及耗能设备是否与审核的内容一致，项目建成后的能效水平是否达标。

监察方式

采取现场监察的方式，对照核准的内容检查被监察对象的相关文件、建设单位的招标文件、购买和安装合同等，并进行现场检查核对有关设备。

监察实施单位及时间

由省中心组织实施，被监察对象所在地的设区市及县级节能主管部门参与。

实施时间：2016 年 5 月至 10 月。

（二）专项监察

1. 能耗限额标准和阶梯电价政策执行情况专项监察

（1）铁合金行业能耗限额标准执行情况专项监察

监察对象

2015 年铁合金行业能耗限额标准贯彻执行情况专项监察中，产品能耗限额未达标的铁合金生产企业和 2015 年列入监察对象因关停等原因而未能实施现场监察的企业（具体名单见附件 2）。

监察内容

对于产品能耗限额未达标的企业，检查企业是否按要求完成整改，及达标情况。

对于 2015 年节能监察时关停的企业，现场核实企业是否恢复生产，对已恢复生产的铁合金企业实施以下监察：

①铁合金生产企业 2015 年度能耗限额标准贯彻情况；

②使用淘汰落后产品（设备）情况；

③能源统计制度落实情况。

监察方式

依据《电石、铁合金行业能耗限额标准贯彻实施方案》（工信部联节〔2014〕78 号）的要求实行现场监察。

监察实施单位及时间

由省中心和被监察对象所在地的设区市节能主管部门共同实施，有关县级节能主管部门参与。

实施时间：2016 年 5 月至 10 月。

（2）钢铁行业能耗限额标准执行情况专项监察

监察对象

钢铁冶炼生产企业（不含电炉炼钢生产企业）（具体名单见附件 3）。

监察内容

依据《粗钢生产主要工序单位产品能源消耗限额》（GB21256—2013）标准，核查钢铁冶炼生产企业 2014、2015 年度各工序的单位产品能耗。

监察方式

采用能源审计方法，核实各钢铁冶炼生产企业各生产工序的单位产品能源消耗，并应用能源审计的结果实施监察。

监察实施单位及时间

能源审计工作由省中心负责，监察工作由钢铁冶炼生产企业所在地的设区市节能主管部门组织实施，有关县级节能主管部门参与。

实施时间：2016 年 5 月至 10 月。

(3) 水泥行业能耗限额标准（含阶梯电价执行情况专项监察）

监察对象

旋窑水泥生产企业、水泥粉磨站（具体名单见附件 4、5）。

监察内容

根据国家发展改革委、工业和信息化部《关于水泥企业用电实行阶梯电价政策有关问题的通知》（发改价格〔2016〕75 号）精神和要求，依据《水泥单位产品能源消耗限额标准》（GB16780—2012），核查水泥生产企业 2015 年度各生产工序的单位产品能耗、可比熟料综合电耗、可比水泥综合电耗。

监察方式

旋窑水泥生产企业的监察：依据福建省经信委委托福建省计量科学研究院对相关企业进行能源审计核定的水泥生产企业各工序的单位产品能源消耗水平，以及能源审计结论等实施节能监察。

水泥粉磨站企业的监察：现场核查各企业的产品能源统计报表，原始记录台账等，核算各企业的可比水泥综合电耗，并依据《水泥单位产品能源消耗限额标准》（GB16780—2012）等实施监察。

在监察过程中，对于水泥生产线、水泥熟料生产线和水泥粉磨站的可比水泥综合电耗超过国家发展改革委、工业和信息化部《关于水泥企业用电实行阶梯电价政策有关问题的通知》（发改价格〔2016〕75 号）中确定的水泥企业用电阶梯电价加价标准的企业，应向企业提出预警，为 2017 年水泥行业执行阶梯电价做准备。

监察实施单位及时间

由水泥生产企业所在地的设区市节能主管部门组织实施，省中心协助，有关县级节能主管部门参与。

实施时间：2016 年 7 月至 10 月。

(4) 电解铝行业阶梯电价执行情况专项监察

监察对象

福建省南平铝业股份有限公司。

监察内容

核查 2015 年度的铝液交流电耗。

监察方式

采用现场监察的方式，按照国家发展改革委、工业和信息化部《关于电解铝企业用电实行阶梯电价政策的通知》（发改价格〔2013〕2530号）、工业和信息化部办公厅《关于印发电解铝企业电耗核查手册的通知》（工信厅节〔2015〕65号）要求核查企业的铝液交流电耗。

监察实施单位及时间

省中心已于2016年3月前实施并完成。

2. 电机能效提升计划执行情况监察

监察对象

列入福建省经济贸易委员会《关于开展重点用电企业淘汰低效电机情况专项监督检查的通知》（闽经贸环资〔2013〕833号）中，且2015年有淘汰任务的重点用电企业（具体名单见附件6）。

监察内容

依据企业上报的低效电机淘汰路线图，检查企业2015年度完成淘汰低效电机、实施电机系统节能改造任务情况。

监察方式

依据工业和信息化部、质检总局《关于组织实施电机能效提升计划（2013—2015年）的通知》（工信部联节〔2013〕226号）精神和要求，对照淘汰设备目录和企业的电机淘汰路线图，现场核查被监察单位用能设备台帐等。

监察实施单位及时间

由被监察企业所在地的设区市节能主管部门组织实施，有关县级节能主管部门参与。

实施时间：2016年5月至10月。

3. 配电变压器能效提升专项监察

监察对象

钢铁冶炼生产企业和水泥粉磨站（具体名单见附件3、附件5）。

监察内容和方式

根据工业和信息化部、质检总局、国家发展改革委《关于印发配电变压器能效提升计划（2015—2017年）的通知》（工信部联节〔2015〕269号）精神和要求，现场查验被监察企业用能设备及台帐等相关资料，确认企业执行配电变压器能效提升计划的情况。

监察实施单位及时间

由被监察企业所在地的设区市节能主管部门组织实施，有关县级节能主管部门参与。

实施时间：2016年5月至10月。

4. 燃煤工业锅炉能效提升专项监察

监察对象

根据《福建燃煤锅炉节能环保提升工程实施方案》（闽经信环资〔2015〕34号）要求，核实各设区市上报的2014—2015年落后燃煤锅炉淘汰任务完成情况。

监察内容和方式

先由质监部门对各设区市上报的燃煤锅炉节能环保提升工程进展明细表进行比对审核，检查上报锅炉的状况是否与档案登记的一致。若有不一致的情况，省中心将会同质监、环保部门到现场核实。

监察实施单位及时间

由省中心会同省质监、环保等部门共同实施。

实施时间：2016年5月至10月。

二、 计划实施的总体进度安排

1. 监察工作的部署与培训

2016年5月上旬，召开2016年度的节能监察工作的部署与培训会。省中心负责完成相关培训教材的编写和培训。各设区市节能主管部门确定具体监察人员名单，并组织参加培训。

2. 现场监察

2016年5月至10月省中心和各设区市节能主管部门按照各自监察分工，组织实施现场监察工作，并完成节能监察结果的处理。

3. 监察情况汇总分析

2016年10月底前，各设区市节能主管部门要对监察工作结果进行汇总分析，并将总结报告及监察的相关资料上报省中心。

2016年11月上旬，省中心根据全省节能监察工作情况，编写全省节能监察工作总结报告，对照年度监察计划，汇总分析全省及各设区市节能监察完成情况（包括监察中存在的问题及建议等），上报省经信委。11月底前省经信委向工业和信息化部报送年度工业节能监察工作总结报告。

4. 工作总结

2016年12月底前召开2016年度的节能监察工作总结会。

三、 措施和要求

（一）加强组织领导。各设区市节能主管部门要高度重视节能监察工作，加强组织领导，配备与节能监察工作相适应的监察人员，精心安排，确保监察计划的完成。

（二）严格依法监察。各实施单位要严格依法开展监察工作，遵守行政执法的相关法规，严格按照本计划任务的范围和要求实施，对现场监察发现的问题应及时下达《节能监察建议书》或《限期整改通知书》。

（三）认真做好内业资料工作。各设区市节能主管部门要做好监察资料的整理建档和备查工作，按时上报监察工作总结报告，同时将监察的相关资料（含每个单位的监察通知书、监察笔录、监察报告、整改通知书、监察建议书、收取的被监察单位的原始记录台帐及统计报表等相关证据材料）进行扫描、拍照等，形成电子文档格式上报省中心备案。

（四）加强组织协调和督导。省中心具体负责全省节能监察工作的组织、协调和指导，各设区市节能主管部门应及时协调反馈监察过程中问题，将组织工作小组对各设区市工作开展巡查和督导，并于年底组织召开年度监察工作总结会议，交流工作经验和体会，分析研究相关工作问题。

第八章 总结体文书的写作

第一节 总 结

【功能特性】

总结是最重要的机关常用文之一，任何一个机关单位都要使用。它是对以往的工作进行回顾，找出经验和教训，上升为规律性的东西，以利今后发扬成绩，克服不足，进一步推动工作的向前开展。“总结就是改进”“总结就是提高”“向后看是为了向前干”，这些话都道出了总结写作的真谛。

总结的功能在于全面系统地把握以往的情况，弄清经验和教训，从中找出事物发展的客观规律，以便下一步的工作因循规律前进，因此总结的特性之一就是反映性。它既要对原计划的执行情况进行回顾，又要对新计划的制订提供可靠的依据，因此，其本身必然要对客观现实具有相应的反映性，主要表现在要全面系统深刻地总结所依据的客观情况必须真实、确凿，每件事都要有根有据，毫不含糊虚假。总结对现实实践认识的这种准确性和科学性就是它的反映性。其次就是鉴定性，总结要在对过去情况的回顾中肯定成绩，找出缺点，积累经验，吸取教训，因此，需要对整个情况进行分析研究和集中概括，鉴别其成败虚实，提高其理性认识，明确其程度性质，这就是总结的坚定性。再次就是结论性，计划的按时完成，任务目标的及时实现，总要使客观事物的进程呈现一定的阶段性，这种阶段性的标志通常表现为定量数额或定性估价，这就是总结的结论性。

【结构模式】

总结的结构模式一般由以下几个部分组成：

一、标题

总结的标题拟制较为灵活，既可以采取公文式的标题，也可以采用文章式的标题，一条总的原则是必须能够准确简要地概括全文的主要内容，给人以一目了然之感。

二、正文

应当分开头、主体、结尾 3 个层次进行叙写。

(一) 开头。是基本的情况概述，要简要介绍有关形势和工作背景、环境，说明担负的任务与要求，以及完成任务的基本情况等，目的是使人们对情况有一个全面的了解。

（二）主体。即经验和体会，这是总结写作的精华所在，也是重中之重。从结构形式上看，包括以下五种：

(1)“三大块”式。这是综合性工作总结极其普遍而又常见的一种基本形态。它通常由三大部分即“三大块”内容组成，包括“基本情况概述”—“主要做法”（或称“主要经验”，或称“主要经验和做法”，或称“经验与体会”，或称“经验与教训”等）—“问题及今后打算”（或称“今后打算”）。在文字详略上表现为“两头小、中间大”，即“凤头—猪肚—豹尾”。

(2)“因果倒置”式。这是专题性工作总结极其普遍的一种形态。它将经验、体会置于重心部位。通常开头先讲这一专门工作所取得的成绩，这就是“果”，随后分条列项地表述这一成果取得的原因，也就是经验、体会，这是“因”，先“果”后“因”，形成“因果倒置”。对待这一工作中存在的问题，通常是置于结尾，三言两语，一带而过，属表态性的。

(3)“条款并列”式。把情况、效果、做法、经验、体会、问题、今后意见等融合在一起，归纳成若干条条，逐一加以叙述、议说，不采取大问题套小问题的方法，而每个问题都具有相对的独立性。

(4)“正反对比”式。把情况特别是经验与教训糅在一起，归纳成几个大问题，逐一从事实与道理、正面与反面、经验与教训的对比结合上进行叙述和议说。

(5)“层层递进”式。这也是专题总结经常采用的一种布局形态。通常是先写一个非常简明的开头，说明开展某一工作或活动的原委、背景，然后在主体部分，按照这一工作进行的过程，从初期到后期、从远处到近处、从低级到高级，分作几个层次逐一加以说明，步步深入、顺理成章。

【写作要求】

1. 找出规律，突出重点

总结的目的，在于立足当前、面向未来，以便对今后工作的认识更加明确、行动更加自觉、步伐更加稳健有力。为此，就必须通过总结找出工作中带有规律性的东西，即能够揭示事物本质、内在联系和指导价值的东西。所以，写“总结”切忌“流水帐”。所谓“流水帐”，即不分主次，不讲轻重，事无巨细，面面俱到，眉毛胡子一把抓，西瓜芝麻一起端。克服这种现象的唯一办法就是突出重点。所谓重点，是指事物的主要矛盾和矛盾的主要方面。具体来说，就是把本单位工作中的基本经验、主要做法，比如，贯彻党和国家方针政策上的成功之处，指导工作开展的得力之法，推动事业顺利进行的关键所在等，把它总结提炼出来。只有这样的“总结”，才是积累智慧的“宝库”，达到认识彼岸的“桥梁”。那种“千年总结一个样”的“通用总结”（每到年底，把上一年的“总结”找出来，改改日子，换换数字，开头增加点新的提法，以此应付上级机关）理应加以杜绝。

2. **“功夫下在平时”**

写“总结”最根本的一条是要占有丰富的材料，俗话说“巧妇难为无米之炊”，就是这个道理。要想解决这个问题，只靠写“总结”时才去现翻材料、现给下级打电话要数字、要例子是不行的，当然从网上拼凑的做法就更在所当禁，而是要把材料积累的功夫真正下到平时。比如对党和国家在方针、政策上出现的一些重大的、最新的提法；上级机关和单位对本部门、本系统工作的一些新要求；本机关每一位领导同志在有关工作上的一些新的意图、见解、评论、想法，特别是他们走着遛着、随时随地随口而出的一些零零碎碎的想法、看法，一定要记在心中。以上这些指的是要吃透“上头”。同时还要注意掌握“下头”，包括机关单位内部及下面基层单位出现的工作新动向、新苗头，以及典型人、典型事，特别是职工或群众中出现的对工作的新见解、评价以及含义深刻的“火花”式的语言。积累的方法是处处留心，看到就摘、听到就记，越记越丰富，越记越熟悉。既有上情，又有下情，这个“情”就是写总结的养料，有了丰富的养料就会“如虎添翼”，写起“总结”就会随手拈来，轻车熟路，否则，临起草“总结”时现抱“佛脚”，“先搭架子后填肉”，这样临时拼凑、填充起来的“总结”势必言之无物，空话连篇。

3. **“磨刀不误砍柴功”**

当我们正式接受撰写“总结”的任务之后，切不可急于求成，立刻铺纸操笔，匆忙动手。而应在占有大量材料的基础上，认真分析研究，进行思维加工，将零散的、感性的材料，通过归纳、分析，使之上升到系统、理性的高度，明确结论、确立观点。然后列个提纲，做个书面“设计”。待上述准备完结后，再下笔写作。从时间上看，好像这样占用了不少时间，不太划算，不如接到任务后马上动笔来得快，其实不然。前者由于经过较为充分的思考，观点确立准、材料选得精、结构思路清，这样写出的“总结”一般不会出现较大的返工；而后者由于匆忙上阵，缺乏充分思考，不但写起来“缺胳膊少腿”，而且由于“怀胎”月份不够是个“早产儿”，所以常常会出现较大的返工，甚至被领导推倒重来，事倍功半，反倒耽误了时间。所以说“七分想，三分写”是快速成文的一条重要经验。俗话说得好：“磨刀不误砍柴工”，正是这个道理。

4. **不要“十步九回头”**

当按照提纲正式动笔写作时，一开始不要过多考虑文字的技巧。俗语讲“抛砖引玉”“难得可贵的第一稿”，要以“小卒子过河直攻向前”的精神，跑步向前把初稿铺就出来。也就如同盖大楼一样，先把四框垒起来，而后再精雕细琢。俗话讲“有了骨头不愁肉”，框架出来后再修修补补、抹灰压缝，“齐不齐，一把泥”。写“总结”也是如此，应当在“冲”出初稿之后，再进行修改、推敲、润色，最后使之成文。总之，千万不要写写停停、停停改改。“十步九回头”，改乱了撕掉，撕掉了再改，如此边写边改，边停边改，既浪费了时光，又容易引起情绪上的烦躁，扰乱了预想的安排。总之，起草初稿犹如行军打仗中的“冲锋”，要尽量一气呵成，宜粗不宜细；而修改稿子时则要精雕细琢，恰似“绣花”，宜细不宜粗。

5. 行文方式要规范

“总结”不是一个主要、正式文种，加之它的行文属性是“中性”，因此，在上报和下发时，都要采用复体行文的方式，从主要、正式文种中选择“报告”和“通知”做“文件头”，载运着“总结”分别向上和向下行文，切不可“天马行空，独来独往”。还要明确的是，“总结”虽然采用复体行文的方式随“文件头”运行，但它不属于公文的附件，而且其落款处也要加盖机关或单位印章，以示负责。

【典范文例】

例文1. 单位总结

分公司2015年工作总结

2015年是公司规范管理、提质增效的稳健发展年，也是分公司团委开拓创新、突破发展的创新提升年。2015年在集团公司团委的正确指导下，在分公司党委的坚强领导下，在各团支部的大力支持与全力配合下，在全体团员青年的热情拥护与积极参与下，分公司共青团工作蓬勃发展、共青团活动缤纷多彩、共青团品牌熠熠闪光，尤其在精神文明创建方面更是硕果累累、成绩喜人，为西耀分公司圆满完成迎国检任务、全面完成运营管理目标提供了强有力的青年保障与支撑。

一、围绕“迎国检”开展青年志愿活动

今年是全国干线公路养护和管理大检查年，也是延西高速公路首次参与考评的成果展示年，为了配合分公司圆满完成迎国检任务，分公司团委及时向奋战在一线的团员青年发出“我为‘迎国检’做贡献”倡议书，动员全体青年员工加强学习、提升素养，贡献青春热量；立足岗位、锐意进取，展示青春风采；胸怀大局、勇于拼搏，实现青春梦想。同时结合“春运”“学雷锋日”“植树节”等重要节点，依次开展了春运“暖冬行动”“志愿服务耀三秦·青春共筑中国梦”“学雷锋”志愿服务月活动、“约会绿色·扮靓家园·从我做起”义务植树活动，在持续的行业青年志愿活动中扮靓西耀志愿品牌、提升高速青年形象、增强文明服务水平。

二、围绕“新载体”引导青年思想教育

“团委微信平台”是集团公司建立最早的微信公众平台，自去年7月运行以来，关注度稳步增长、粉丝量逐步攀升，截至目前，平台常驻用户270余人，发布图文信息170余条，日渐成为青年员工掌握公司动态、参与线上活动、分享身边故事、展示基层生活的前沿窗口，也成为各级管理人员深入了解青年思想状况、价值取向、性格特征、生活方式的有效途径，更成为各级团组织结合时代特点正确引导青年、正确教育青年、正确带动青年的重要载体。4月上旬参加了集团公司“青春志·高速情·中国梦”青年歌手比赛活动，泾阳管理所林楠进入决赛并取得了优异成绩，掀起了全体员工关注文艺、热爱文艺、展示文艺的新高潮。5月下旬参加了分公司“培育好家风，传承好家训”演讲比赛，来自各岗位的14名青年员工畅谈对家风家训的理解感悟，提升了全体职工的思想道德水平和爱岗敬业精神。6月中旬承办了团中央“向上向善好青年”分享团走基层活动，听取了“中国诚实守信好人”顾雷雷、“中国服务之星”王庆新、“身边的陕西好青年”盛沛的感人事迹，在爱岗敬业守信的生动教育中震撼了心灵、启迪了思想。

三、围绕“争先进”培养青年争先意识

分公司团委始终把集体与个人的争先创优作为各项共青团工作推进的出发点和落脚点，通过科学谋划、认真筹备、积极争取，精神文明建设取得了丰硕成果。5月，集团公司团委分别授予分公司团委、泾阳管理所团支部“五四红旗团委”“五四红旗团支部”光荣称号，授予李长庚、林楠、王杰、胡元辰、祝嘉兴等“优秀团干部”“优秀青年志愿者”“优秀团员”荣誉称号。同月，国资委团委又授予泾阳管理所团支部国资委系统“五四红旗团支部”光荣称号。3月铜川新区管理所演池收费站收费班长李婧成功入选由团省委举办的第二季寻找“最美青工”百人榜，9月又成功入选由中国公路学会主办的第二届“中国最美路姐”。至此，2015年全年度精神文明创建任务圆满完成。

四、围绕“双推优”建立青年晋升机制

团员青年作为党的助手与后备军，“推优入党、推优选干”一直是分公司团委各项工作的重中之重，成为向各级管理层输送优秀青年人才的“绿色通道”。通过个人报名、公开竞聘、民主推荐、组织考察，从一线员工中选拔了2名优秀青年充实到基层管理岗位中去，同时从基层管理岗位选配了12名优秀青年充实到玉华宫管理所的各岗位中，并提拔了2名优秀青年充实到分公司中层管理人员中去，实现了“能者上、平者让”的选人用人新局面，为分公司创新发展做好了人力资源保障。

西耀分公司团委通过2015年的创新推进，工作机制建立健全、新兴载体蓬勃活跃、基层活动持续开展、创优工作成效显著，取得了一定的成绩和成果，值得肯定。但是还要保持清醒头脑，深刻认识到当前发展中存在的诸多问题与不足，一是活动开展乏力，组织者缺乏动力和信心，参与者缺乏热情与积极性；二是平台建设乏力，素材匮乏、形式单一、更新缓慢、管理松散；三是工作创新乏力，团干部视野不够开阔、思维不够活跃、想法不够大胆、反应不够机敏、方法不够灵活。针对问题，我们认真查摆，积极整改、有的放矢；针对不足，我们深刻认识，努力克服、扬长避短。2016年，分公司团委将以集团公司党委《关于党的群团工作会议和统战工作会议精神的贯彻意见》为指导思想，以集团公司团委总体布局为发展思路，围绕西耀分公司运营管理中心工作，与时俱进、因势利导、求真务实、开拓创新，促进分公司共青团工作在“十三五”开局之年再上新台阶、再求新突破、再获新成果。

例文2. 个人总结

环保局干部个人年度工作总结

一年来，在局党组的统一领导下和全局职工的关心、支持和帮助下，按照市环境监察支队内设机构职能分工的要求，结合自身实际，围绕年度环保中心工作和环境监察支队的各项任务，认真履职，抓好落实，较好地完成了各项工作任务。

一、××××年度的思想、学习和工作情况

（一）不断加强思想作风建设，思想政治觉悟得到提高

一是在政治上头脑清醒，始终坚持与党的组织保持高度一致，理想信念坚定，政治纪律严明。二是在思想上不断加强世界观和人生观的改造，思想觉悟和党性修养得到了锻炼，思想稳定，作风扎实。三是在纪律上不断加强自身约束，始终把作风建设放在首位，坚持做到有损于环保形象的事不做，有损于环保形象的话不说，自觉维护环保部门在人民群众中的整体形象。

（二）不断加强业务学习，业务能力得到提高

第一，结合自身实际，按计划抓好理论学习。一是把邓小平理论作为学习的重点，始终坚持把学习邓小平理论与当前环境保护工作的目标和任务结合起来，在学习和领会解放思想、实事求是，开拓创新、力求实效上下功夫，在运用科学理论指导实际工作，解决实际问题上找差距。二是把党的十八届五中全会精神和习近平总书记系列重要讲话精神作为学习的核心，正确运用新思想、新观点、新论断加强自身理论水平的提高，增强运用理论解决实际问题的能力。三是把环境监察业务书籍和环境保护法律、法规作为学习的主要教材，重点学习了《中华人民共和国环境影响评价法》《中华人民共和国行政许可法》《排污费征收使用管理条例》等业务书籍和法规性文件，从理论上武装了自己，为开展好各项工作夯

实了基础。四是把参加业务培训作为提高业务能力的主要渠道，参加了行政执法、辐射管理及电子政务培训，为熟练掌握业务创造了有利条件。

第二，学用结合，成效明显。一是依法办事能力得到了提高，法律意识得到了增强，环境执法文书的拟定得到进一步规范，办理群众环境信访案件的能力得到了加强。二是日常事务处理能力得到了提高，公文拟定、情况收集、报表统计更进一步规范。三是环保宣传意识明显增强，宣传效果明显提高。年初以来，被国家环保网采用信息×篇，省局采用信息××篇，昭通日报采用新闻稿件×篇，市局采用信息×篇。通过媒体，较好地向全社会反映了我市的环保工作。

（三）认真履职，抓好工作落实

一是按照市局领导的安排，负责起草市政府领导在全市环保工作会议上的讲话稿，协助办公室认真抓好××××年度全市环保工作会议在水富召开期间的各项保障工作。

二是积极主动配合其他人员认真抓好××××年度排污申报登记与核定和全市排污费征收工作，督促指导××县区按时上报各季度报表，以《我市排污费征收刷新历史记录》为新闻题材，通过国家局、省局环保网和昭通日报等新闻媒体，向社会反映了全市排污费征收工作情况。

三是积极主动参加整治环境违法行为，协助抓好违法排污企业的现场环境监察。在市局分管领导的带领下，先后对昭待、水麻高速公路环保“三同时”执行情况进行了现场监察；对大关锦坤铸造有限公司、昭通圣源酒厂、昭阳威力淀粉厂、黄磷厂等环境违法企业进行现场环境监察，并负责草拟监察报告。配合省局工作组完成了对昭通渔洞水库、大龙洞水源地现场环境执法检查和对华新水泥厂环保“三同时”执行情况的现场监察。按照市局领导的安排，参与完成了金沙江向家坝水电站建设期间环保“三同时”的执行情况的首次执法检查。

四是负责指导完成全市环保专项整治行动期间的报表统计上报、资料收集汇总、规章制度拟定及信息上报工作。专项行动期间，督促指导××县区落实和完成了集中整治威胁饮用水源安全的污染和隐患问题；集中整治工业集中区和工业园区的环境违法问题；集中整治建设项目环境违法问题；集中整治公路沿线环境污染问题；集中检查各地及重点企业突发环境事件应急预案的制定和落实情况以及挂牌督办事项完成情况等×个方面的工作。进一步规范和完善了联席会议制度、案件移交移送制度、行政过错责任追究制度。督促指导专项行动期间的宣传工作，及时上报各阶段工作简报×期，其中，国家局采用×期；省局采用×期，昭通日报采用×期，较好地完成了各项工作任务。

五是按照市局领导的安排，督促指导××县区认真抓好了全市整顿和规范矿产资源开发秩序工作和矿山采选尾矿库环境安全隐患排查工作，负责拟定下发了整治方案，按时收集、整理和汇总上报了各类相关资料、统计报表及信息工作。

六是认真做好群众来信来访工作，妥善解决好各类环境污染案件。全年共经办转处了各类信访案件××件，办理及回复省局转处信访件××件，办理及回复市长热线办转处环境信访案件×件，办理和接待群众来访××批/次。在市局办公室相关人员的配合下，协调相关部门统一开通了“×××××”环保热线，环境信访案件的受理率得到了有效提高。

二、　存在的主要问题

一是思想觉悟还有待进一步加强，思想上有松懈和对自身约束和管理不够严格的现象。

二是理论学习制度还不够坚持。一方面是在坚持学习制度上还做得不够好，自我要求还不够严格，理解和领会所学理论文章的实质还不够深入、全面和规范，学用结合把握得还不够好。二方面是在学习上还有满足于现状的思想倾象，进取意识还不够强，既使在学习中，还存在坐不住、听不进、静不下的现象，学习计划抓得还不够紧，理论水平提高慢。

三是工作落实上还存在有抓得不够彻底和不够到位的现象。主要是对完成工作质量要求还不够高，在协调配合上做得还不够好，对环保监察工作的研究还不够深入，给工作带来一定影响。

三、　改进措施

一是要注重加强理论学习，努力提高自身理论水平和业务技能，从而克服学习制度坚持得不够好，理论水平提高慢等问题。

二是要加强思想觉悟和自身党性修养的锻炼，用一个共产党员的标准严格要求自己，勤奋工作，踏实做人，真正达到思想上有明显进步，政治上有明显提高，作风上有明显转变，纪律上有明显增强。

三是要注重改进工作思路和工作方法，认真履行好自己的岗位职责，努力学习新知识，吸收新思想，克服知识不全面，思想观念陈旧和工作方法不够灵活的现象，克服遇事不冷静，易急躁的问题，主动理顺同事与同事之间的工作关系，发挥好自己的长处，力争把各项工作做得更好。四是要摆正位置，端正工作姿态，树立良好的机关作风，做到遇事多请示、多汇报，同事之间相互沟通、相互信任、相互理解，同时，还要注重加强自身约束和管理，遵守各项规章制度。

第二节　述职报告

【功能特性】

述职报告是介于讲话稿和工作总结之间的一种应用写作文体，是各级机关、团体、企事业单位和个人向上级机关和群众汇报自己履行岗位职责的总结性的文字材料。其具有以下特性：

一、自我述评性。述职报告是用第一人称的写法，以自述的方式，从德、勤、能、绩、廉几个方面陈述并评价自己履行职责的情况。

二、内容的客观性。述职报告中所涉及的有关思想、工作、能力、成效等几个方面的情况，是抱着对自己负责，对组织负责，对群众负责的态度，实事求是地进行汇报，客观地评价自己的成绩，恰切地分析工作中的教训和失误。

【结构模式】

述职报告的内容结构一般由标题、称谓、正文、结尾、落款五部分组成。

一、标题

标题有三种形式。第一种是由任职起止时间、所任职务和文种三个要素组成，例如《××年至××年任××职务的述职报告》；第二种是在述职报告前加一限制词“我的”组成，即《我的述职报告》；第三种是直接写出文种《述职报告》。

二、称谓

在标题之下，空一行顶格写“组织部”“人事处”“党委”或“××同志”“××（单位名称）的同志们”。因为述职报告是送给主管部门或主管领导审查并读给所属单位群众听的。

三、正文

这是述职报告的主要内容所在。一般由引言和主体两层内容组成。

①引言部分

这一部分要概述基本情况，写明何时任职，任何职务以及分工主管的工作。从任职至今这段时间职责是否相称，能绩是否一致。这是述职报告的基础，一般比较概括，不须展开。引言到主体部分，往往需要用过渡性的语句：“现在我就履行职责的情况……报告如下。”

②主体部分

这是述职报告最重要的内容。一般要对引言概述的内容进行展开叙述，它包括以下几方面：一是岗位职责。首先要介绍自己的岗位职责和工作目标，让领导和群众了解自己主抓什么工作，工作计划及指标实现情况。二是决策能力在担负的工作中发挥的作用和效果。要进行定量定性分析，尽可能用事实、数据说明。要以概述本人履行职责为主，以估价个人在整体工作中作用的大小为主，突出本职工作的特点。三是在自己的职权范围内，做了哪些开拓性的工作。包括调查研究的情况，自己有哪些创见，为实现自己的主张做了哪些努力，遇到什么困难以及克服困难的情况。四是存在的主要问题及教训。

主体部分的内容安排，既可采用纵式结构形式，以时间为序，把自己任职以来的全部工作按时间划为几个阶段，分别写出各阶段的工作情况；也可采用横式的结构形式，把工作项目用小标题的形式列出，或用数码，平行列出，展开叙述。述职者可根据工作实际，选用适合于自己的结构方式，不必强求一律。

四、结尾

述职者要向考核者和群众表明自己的愿望和态度。如愿意不愿意继续任职或对今后工作的设想，并请求与会同志严格审查评议、批评、帮助。态度要真诚，语言要中肯，以真情求得考核者与群众的了解、理解和帮助。

五、落款

在落款处写明述职者的单位、姓名和时间。姓名也可写于标题之下。

【写作要求】

一、要坚持实事求是的原则。这是述职报告写作应当遵循的一条基本原则，如实写明在任职期限内都做了哪些工作，包括工作所采取的措施及效果等，一定要与客观实际相符合，绝不能浮夸虚妄。因为每一位述职者所做的工作，受众心里都有数，因此没有必要巧言令色，夸大其词，那样反倒令人感到厌烦。实事求是地讲述自己所做的工作，正确估价成绩，承认和改正工作中的缺点，会得到大家的认可和理解。

二、要全面地评价工作。撰写述职报告，要注意将自己任职期间的工作成绩以及缺点和不足都要做出交代，写出自己在岗位职责上的全面工作情况，包括履行职责的范围、岗位责任的履行、完成指标的情况，可以量化的要尽量量化。要着重写出自己的工作实绩，诸如做了哪些实际工作，工作的成效如何等，以便给受众一个清晰的认识和了解。

三、要注意文字表达的简洁得当。在语言表达上，述职报告的写作须做到简而得要，该详则详，该略则略，重点突出，主次分明。不要单纯叙述工作过程，做过多解释，要用最简洁的语言讲清事实，做到言简意赅，干净利落。

【典范文例】

2015年度述职报告

××市警察协会副会长兼秘书长岳××

按照市局考核组的要求，现将自己2015年度的主要工作情况做一简要述职。

2015年，自己能够认真贯彻落实市局党委和有关主管部门的指示精神，本着求真务实、开拓创新的原则，扎实推进协会的各项工作，在公安理论研究、会刊创办以及协会自身建设等方面取得了跨越式进展，得到了上级主管部门和市局主管领导的充分肯定，受到了各理事单位和广大会员的好评。归结起来，自己主要做了以下几项工作：

一、认真开展公安理论调研工作，不断推出新的成果。

组织开展公安理论研究是警察协会的一项重要任务。公安理论研究是公安工作、队伍建设和科技强警战略的重要组成部分，是公安工作的基础和公安事业长远发展的先导。搞好公安理论研究和警学交流是警察协会的重要职责所在，是服务于公安工作大局的具体体现。一年来，按照市局党委赋予的组织协调公安理论研究工作的职责和《××市警察协会章程》的规定，协会严格遵循“通过对公安重大理论与实践课题的研究，为全市公安工作服务，为维护社会稳定和发展服务”的宗旨，积极推进公安理论研究活动，进一步开创公安理论研究的新局面。7月10日，在曹妃甸区公安局的大力支持与协助下，协会在曹妃甸组织召开了全市公安机关第三届届警学理论研讨会，来自全市公安系统的6位警学特约研究员、7位特邀嘉宾代表以及各理事单位110余名代表出席了会议。为了推广我市警学理论研究工作的先进经验，省警察协会三届六次理事会与我市警学理论研究同时召开，这在警察协会的历史上还是第一次，它说明了我市警学理论研究工作已经走在了全省各市警察协会的前面，具有引领效应。会议总结交流了一年来全市公安理论研究成果，回顾总结市警察协会的主要工作，并就下一步如何围绕中心工作发挥职能作用做出部署。会上，曹妃甸区公安局、西山道分局、滦县县局、丰南区局、交警支队、迁安市局、玉田县局等理事单位的优秀代表紧密围绕公安信息化建设、公安辅警队伍的管理与使用、涉众型经济犯罪的防范与打击、公路交通安全防控体系建设、如何打击食品药品违法犯罪、制约综合情报部门实战化突出问题等课题发表真知灼见、共商公安工作大计。与会领导及同志发言踊跃，对优秀调研成果及时给予了点评和充分肯定，特别是省警察协会副会长袁新民代表省警察协会对这次研讨会的成功举办给予了高度评价。

二、全力办好会刊《××公安》，为广大会员提供发表学术研究成果的阵地。

市警察协会会刊《××公安》，是展示我市公安理论研究成果的重要阵地，是推介研究成果转化的有效平台。为办好会刊，真正把《××公安》办成各理事单位搭建的一个工作指导、信息共享和经验交流的理论、学术、业务平台，市警察协会认真研究了《××市警察协会章程》，总结借鉴了各省、市警察协会好的经验和做法，把办好《××公安》杂志作为协会的一项重要工作来抓，不断调整和改进栏目设置，严把质量关，力求融指导性、知识性和可读性于一体。在市局领导的支持下，在有关部门密切配合和办刊人员辛勤努力下，会刊质量和编发时效不断提高，刊载了大量的公安理论研究成果，并在全国范围内产生了一定程度的影响。全年共编发会刊4期，刊发了46篇公安理论调研文章，为广大公安理论研究人员提供了发表交流学术研究成果的阵地。同时进一步扩大发行范围，除原来发至全市各县（区）公安（分）局、局直各单位、企业理事单位以及省市委政法委、省厅、市委政法委、市民政局等部门外，还报送中国警察协会、省警察协会和部分地级市警察协会进行交换和交流，目前已与国内700余家协会之间建立了会刊交换关系。通过办好《××公安》，充分展示我市公安理论研究成果，围绕全市公安中心工作，多方式、多渠道、多角度进行约稿、专访，积极组织开展论文征集评选，择优刊登理论性强、观点新颖、富有前瞻性和指导性的文章，有效提高了公安理论研究水平，受到了各级领导和广大民警的欢迎，也为警察协会的生存与发展奠定了基础。由于《××公安》编辑和印刷质量较高，得到了省警察协会、市局领导和广大公安民警的高度评价。《××公安》中许多栏目深受各级领导和广大民警的喜爱。

三、注重加强协会自身建设，不断提高工作质量和水平。

根据警察协会的特点，协会积极探索发展的规律和运行机制，注重理顺各种关系，完善各项规章制度，不断总结工作经验，加强协会自身建设，自觉接受市局党委的领导和社团登记管理机关的管理和监督，严格按照《章程》办事。始终坚持协会的重大问题必须向市局党委请示报告的制度，主动争取主管局领导的支持。在实际工作中，摆正协会作为社团组织的位置，拾遗补缺，找准角度开展工作。

一是注重政治理论学习，不断提高政治敏感性和政治鉴别力；二是积极参加市局组织的相关活动；三是建立了协会工作制度包括财务管理、车辆管理使用制度等。特别是在财会工作中，认真遵守各项规章制度和《警察协会章程》的规定，坚持按规章制度办事，确保不发生问题。

2016 年，是全市人民喜迎世界园艺博览会即将在我市隆重召开的一年，对于我们公安机关而言，面临的各项风险和挑战前所未有，作为警察协会也面临着新机遇、新挑战、新考验，我们不仅要继承和发扬加强警学理论研究的优良传统、努力探讨如何加强世园会安保的理论问题，更要躬身实践、积极投身于世园会安保的具体工作中，带着市局党委和领导的重托，深入基层理事单位、热情关爱广大民警、真心搞好慰问鼓劲工作，真正发挥协会的警察之家作用。我决心在市局党委的正确领导下，乘世园会在我市举行的东风，坚持科学发展的理念，充分发挥协会的职能作用，进一步解放思想，加大工作力度，努力把市警察协会的工作提升到一个新水平。

第九章　会议体文书的写作

第一节　开幕词

【功能特性】

开幕词是在大型会议活动开幕时所做的开宗明义性的讲话，一般以简洁明快、热情洋溢的语言阐明会议活动的宗旨、目的、意义、任务、议程和要求等，对会议活动起着重要的指导作用。

开幕词确定会议活动的基调，向与会者传达召开会议活动的目的、意义、任务，指导与会者遵循会议活动相关制度和要求，围绕中心议题开展活动，具有宣告、提示和引导意义。

【写作模式】

开幕词的结构由标题、称谓、正文、结语四部分构成。

一、标题

有三种写法：一是由会议名称加文种组成，例如，邓小平所做的《中国共产党第十二次全国代表大会开幕词》；二是由讲话人姓名、职务、会议名称以及文种组成，如《习近平主席在纪念中国人民抗日战争暨世界反法西斯战争胜利大会开幕式上的致辞》；三是用开幕词的主旨或主要内容做标题。例如，毛泽东在1945年4月27日中国共产党第七次全国代表大会上所做的《两个中国之命运》的开幕词。

二、称谓

称谓是对与会者的统称，要根据会议的性质和与会者的身份来称呼。在国内，党的会议一般用“同志们”来称呼；人大、政协会议用“各位代表”来称呼；国际会议一般按国际惯例用“各位嘉宾、女士们、先生们、朋友们”来称呼。

三、正文

正文有开头、主体、结尾三部分。

（一）开头。开头常见的写法有：

1. 以宣布大会开幕为开头。如毛泽东在1945年4月27日中国共产党第七次全国代表大会上所做的《两个中国之命运》的开幕词，只用了一句“中国共产党第七次全国代表大会今天开幕了”作为开头，既简洁又庄重。

2. 以介绍与会者的有关情况为开头。例如，毛泽东在 1954 年 9 月 15 日第一届全国人民代表大会第一次会议上的开幕词的开头：

“中华人民共和国第一届全国人民代表大会第一次会议，今天在我国首都北京举行。代表总数 1226 人，报到的代表 1211 人，因病因事请假没有报到的代表 15 人，报到了因病因事今天临时缺席的代表 70 人。今天会议实到的代表 1141 人，合乎法定人数。”

3. 以向与会者表示祝贺与欢迎为开头。如例文的开头即是如此。

（二）主体。主体是开幕词的核心部分，主要写明召开大会的意义、会议的议程、大会的目的和任务等几方面内容。

（三）结尾。结尾或提出希望与要求，或发出号召，或展望前景，坚定信念。

（四）结语

常用“预祝大会圆满成功”之类的祝颂语来结束全文。

【写作要求】

1. 准备要足。会前要弄清所召开会议活动的性质、背景、意义、规模以及与会人员范围等各方面情况，认真学习与会议活动有关的文件和材料，熟悉会议活动的议程日程和总体方案，了解会议活动的通盘安排并跟踪进程。要尽可能详尽地占有信息资料，掌握致辞领导者的讲话风格，做足会前功课，做到成竹在胸。

2. 站位要高。撰写开幕词，不能就会议活动言会议活动，就开幕言开幕，而要从全局的角度、战略的高度来审视会议活动之于本单位、本系统工作的独特价值和深远意义，提出新思想、新观点、新论断，使致辞讲话高屋建瓴、立意深远、内涵丰富，既有统揽全局的深度思考，又有密切联系实际的独到见解，使开幕词具有针对性，让与会者知其然并知其所以然。

3. 语言要活。转变文风、会风，要从开幕词等一篇篇会议文件的作风转变开始。开幕词是讲给数量众多的与会者听的，也是推动会议活动进程、传递会议活动信息的权威渠道，因而语言风格的把握十分重要，着重要体现“活”的特点：要讲究语言内容的“活”，讲务实的话，讲接地气、群众喜欢听的话，力求庄重而不失热情活泼，切忌空洞单调地说教；又要讲究表达方式的“活”，善用排比、比喻等修辞手法，增强语言的生动形象感；还要讲究现场气氛的“活”，字句要铿锵上口，多用短句少用长句，注重声调的和谐配合，提高现场表达效果和感染力。商业活动的开幕词还可适当加入网络流行语汇元素，以此活跃现场氛围。

【典范文例】

医院工会委员会开幕词

×××医院院长 ×××

（2016年2月10日）

各位代表、同志们：

市中心医院第×届工会委员会在上级工会和党委的关心下，今天隆重开幕了！这是我院广大职工和工会会员政治生活中的一件大事，出席这次职代会的正式代表共有×名，代表了我院各科室各专业的职工和工会会员，×名列席代表是我院各职能科室、业务科室和工会小组的负责人，×名特邀代表是为我院业务技术建设做出贡献的老专家和热心工会工作的离退休干部。在此，我谨代表大会主席团，向莅临大会的领导和特邀代表、列席代表表示热烈的欢迎！向各位职工代表，并通过你们向全院职工特别是在临床第一线的职工致以崇高的敬意和亲切的问候！

医院的职工，是推动医院建设和发展的基本力量，工会是党联系群众的桥梁和纽带。几年来，我院业务技术水平和社会效益、经济效益取得令人瞩目的快速发展和进步，职工的生活福利也有明显的改善和提高，这些成绩，离不开全院职工的努力，也离不开各个工会小组同志的艰苦创业和无私奉献。实践证明，工会是党团结职工、教育职工的重要阵地。

过去的五年，在党委和上级工会的领导下，第×届工会委员会坚持贯彻党的基本路线和基本纲领，落实党依靠工人阶级的根本指导方针，认真实践了三个代表的重要思想，全面履行工会的社会职能，依法独立自主地开展工会的工作，推动了医院的建设和发展，促进了医院的深化改革。经过不懈的努力，在上几届工会委员会打下的良好基础上，建成了全市医院第一家模范职工之家，获得上级工会的好评。

这里，我代表第×届工会委员会，向上级领导和关心支持工会工作的职工群众表示衷心的感谢！本次大会，我们将在回顾总结过去五年工作的基础上，认真探讨医院建设和发展的经验与教训，积极参与医院的民主管理和民主监督，研究确定未来五年我院工作的指导思想、奋斗目标和工作任务。

为实现医院效益再上新台阶，并在未来五年内保持医院强劲的发展势头，实现医院跨越式发展出谋献策。这次职代会还有一项重要的议程，就是进行工会的换届选举，全体职工代表将投票产生新一届的工会领导班子。这里，我作为院长，向将由选举产生的工会新一届领导班子提出几点希望：这次会议后，你们将作为工会委员和经审委员，走上为职工服务的工会工作岗位，党组织和职工代表信任你们，给你们创造了一个能够施展才华和为职工服务的舞台，希望你们能珍惜这个机会，这不仅仅是荣誉和权力，更重要的是责任和义务。

工会的工作是一项政策性很强的服务工作，如何规范地依法履行工会的职能，代表党组织团结职工、关心职工，维护广大职工的合法权益；如何充分发挥和调动广大职工的积极性和创造力，对你们来说，是新课题，是挑战也是机遇。相信，在党委和上级工会的关心支持下，你们一定能不负重托，以创新的精神和求实的态度，推动工会工作的发展和进步，创造新的业绩，再谱新的篇章。

各位代表、各位领导，第×届工会委员会在全院职工的关注和期待中胜利召开。我们相信，在党委和上级工会的关心和领导下，在医院各部门的热情支持下，各位代表一定不会辜负全院职工的重托，认真完成预定的各项任务，把职代会开成一个民主团结、求真务实、开拓奋进的大会。

预祝大会圆满成功！

第二节　闭幕词

【功能特性】

闭幕词是会议活动成功结束的标志，与开幕词前后呼应、首尾衔接，是由有关领导人或德高望重者向会议活动所做的概括性评价和总结讲话，一般要评估会议活动取得的主要成效、产生的重要影响，肯定与会者的积极努力和达成的基本共识，提出贯彻落实会议活动精神的原则要求和期望。

【结构模式】

一、首部

包括标题、时间、称谓三项。

（一）标题。通常有以下几种写法：一是“致辞人＋事由＋文种”，如《×××同志在××集团公司2015年度工作会上的闭幕词》；二是“事由＋文种”，如《在全国书画展上的闭幕词》《××市中小学生秋季运动会闭幕词》；三是只写文种，直接用“闭幕词”做标题；四是主副标题式，主标题揭示内容中心或主旨，副标题交代致辞人、会议事由、文种，如《肩负使命　履行职责　相约浙江　激情再起——第五届“中国长三角校长高峰论坛”闭幕词》。若在标题中未注明致辞人姓名，有时也可在标题之下一行署上致辞人姓名或“致辞人职务＋姓名”，如“××集团公司总经理　×××”。

（二）时间：置于标题之下一行，用括号注明会议活动闭幕的具体时间，一般为“（×年×月×日）”。

（三）称谓：对与会人员做概括性、礼节性的称呼，根据会议活动的性质及与会者的身份确定。称呼通常用“同志们”“朋友们”“各位代表”等，有时也可突出主要领导或重要人物的姓名和职务，以示尊重，如“尊敬的××书记，各位来宾，女士们、先生们”。

二、正文

包括开头、主体和结尾三部分。

（一）开头部分：一般单独列为一个自然段，开门见山地说明会议活动已经完成预定任务即将闭幕，对各级领导的关心支持、与会人员的共同努力以及有关方面的积极配合表示感谢，较大规模的会议活动也可专门向筹备单位和工作人员表示慰问和致谢。

（二）主体部分：要阐明会议活动通过的主要事项和取得的共识，总结会议活动的收获、影响，简要评述其对今后一段时期工作的重要意义，进一步强调贯彻会议活动精神的基本要求等。

（三）结尾部分：一般以坚定语气发出号召，提出希望，再一次表达祝愿或感谢等。

三、结语

以铿锵有力的语言郑重宣布会议活动闭幕作结，一般用“现在我宣布，××大会胜利闭幕！”一句话单独成段。

总体而言，闭幕词要注意与开幕词前呼后应、一脉相承。要力求篇幅简短，语言流畅，富有激励性和号召力，传递激发斗志、坚定信念的正能量。

【写作要求】

一、概括要简洁准确。撰写闭幕词必须了解会议的全过程，掌握大会的基本精神和讨论情况，紧紧围绕大会宗旨，体现大会成果，不能偏离大会精神另搞一套。文字要少而精，千万不可长篇大论，空话连篇，不着边际。

二、用语要坚定有力。闭幕词是在总结大会精神的基础上，进一步唤起与会者领会、贯彻、落实大会任务的高昂情绪，因而宜用满怀激情而又坚定有力的语言，能给人鼓舞，催人振奋。切忌“无病呻吟式”的抒情，句式要简短急促，避免拖沓疲软。

三、要准确把握会议精神。撰写闭幕词应对会议的宗旨、议程、出席人员等情况做全面的了解，把握会议精神，并注意收集会议的各种文字材料，这样才能写出切合会议的好的闭幕词来。

四、要与开幕词相呼应。闭幕词在会议闭幕式上使用，要注意与开幕词相照应，首尾圆合，以表示会议取得圆满成功。

【典范文例】

中共××公司第一次代表大会闭幕词

公司党委副书记　×××

（2015年1月10日）

各位代表、同志们：

中共××公司第一次代表大会，在集团公司党委和有关部门的关心指导下，在大会主席团的直接领导下，经过与会代表的共同努力，在民主、团结、开拓、进取的气氛中，圆满完成了大会预定的各项议程，即将闭幕。

这次党代会是在公司上下认真学习贯彻党的十八大和十八届三中全会精神的重要时期召开的一次会议，也是公司在集团公司实施“管理改进，业务聚焦”的战略背景下，平稳快速推进改革发展步伐的关键时期召开的一次继往开来的会议。大会全面总结回顾了过去四年公司党的建设主要成就和基本经验，认真分析了面临的形势，提出了未来四年公司的发展目标及工作思路，部署了当前和今后一个时期党的建设主要任务。

大会认真听取和审议了×××同志代表公司党委所做的党委工作报告，×××同志代表公司纪委所做的纪委工作报告，并分别做出了相应的决议。大会按照《中国共产党章程》和《中国共产党基层组织选举工作暂行条例》的规定，经过代表们的充分酝酿和民主选举，产生了中共××公司第一届委员会和纪律检查委员会，形成了一支年龄搭配合理、知识结构互补的领导队伍。这两支队伍既是领导班子也是工作班子，必将为公司的健康稳定发展，实现大会确定的奋斗目标，提供重要的政治和组织保证。

大会期间，各位代表情绪饱满，精神振奋，以高度的政治责任感和使命感，认真履行党代表应尽的职责，行使代表权利，积极参与讨论，在加强党的建设、思想政治工作和精神文明建设等各方面都提出了很多宝贵的意见和建议，保证了这次会议的成功召开，使大会开成了一个团结的大会、民主的大会、振奋精神的大会、再展宏图的大会！

同志们，从这次大会到下次大会的几年间，是国家“十二五”“十三五”规划承上启下的重要发展期，是公司乘风破浪、顺势而为，抢抓新机遇、谋求新发展、实现新跨越的关键时期，是公司立足湖南、布局中西部的关键时期，是公司规模上档次、管理上台阶、效益上水平的关键时期。新的形势要求我们加强学习，更新观念；新的任务要求我们坚持不懈，勇往直前。我们每一位新当选的委员会成员，都要树立光荣的使命感和崇高的责任感，不辜负党组织的重托和全体党员干部、员工群众的期望，一定要坚决按照集团公司党委和纪委的要求，坚持把加强思想政治建设摆在首位，不断增强班子政治上的坚定性；坚持贯彻民主集中制原则，不断增强班子的团结，自觉接受全体党员、干部和群众的监督，带领广大员工，努力实现党代会提出的发展目标，全面落实加强公司党建工作的各项任务。

同志们，中共××公司第一次代表大会已经明确了公司今后几年工作的指导思想、奋斗目标和主要任务，现在关键是真抓实干，抓好落实。公司各党（总）支部要广泛深入地传达贯彻这次党代会的精神，按照大会的部署，统一思想，激励斗志，团结和凝聚全体党员、干部和员工群众的力量，坚决完成各项工作任务，不断开创公司改革发展的新局面，迎接公司更加美好灿烂的明天！

现在宣布，中共××公司第一次代表大会胜利闭幕！

第三节　演讲词

【功能特性】

演讲词是演讲人在各种机会或者会议进行演说时所发表的讲话文稿。它是演讲的书面依据，是传递信息、交流思想的重要方式和手段。随着社会形势的不断发展变化，人们的社会交往活动越来越频繁，因此，演讲稿的写作也越来越受到人们的重视。从文体的角度以及表现形式来看，演讲稿具有政策性、业务性、有声性、宣传性和鼓动性等多方面的特性，同时根据演讲的实际情况来看，具有多种类别，例如政治性演讲、学术性演讲、宗教性演讲，等等。演讲稿不同于一般文章，它要求撰写者和演讲者具有政治家的远见、诡辩家的口才、文学家的才华、艺术家的演技以及诗人的气质等，是演讲者多种能力的综合反映。

【结构模式】

演讲稿的结构模式通常由开头、主体和结尾3个部分。

一、开头

也称开场白，是演讲的“序曲”，在撰写时应当根据不同的演讲语境，针对不同的受众使用不同的称呼，要注意称呼的准确性、包容性和次第性，紧接着便开始演讲。要营造一种气氛，引起听众注意，控制会场情绪，在演讲者与受众之间架起一座桥梁，从而为整个演讲成功奠定基础。在具体写作过程中，既可以开门见山交代背景。提示主旨，也可从生活事例和切身体会入题，还可用设问激发受众思考，抑或引用名言警句点出演讲内容等，不一而足。总之，演讲稿的开头部分有两项任务：一是在演讲者与受众之间建立起同感，引起共鸣；二是打开场面，引出正题。要做到开门见山，直接入题，切不可绕弯子、兜圈子，或者使用一些过于寒暄客套的语句，令听众感到厌倦。

二、主体

这部分是演讲稿写作的核心，是演讲是否成功的关键所在。要注意突出中心，展开主题，做到条理清楚，层次分明，结构顺畅，用语得当，从而给受众留下深刻印象。具体行文时要注意做到3点：一是在层次安排上，要注意根据演讲的时空特点对演讲内容加以选取、剪辑和整合，形成一个顺理成章的结构层次。要以有声语言为标志，诉诸受众视觉，显示结构层次，从而获得层次清晰、条理分明的艺术效果。二是在节奏的把握上，要注意根据受众的心理特点，来恰当地确定节奏频率，既要鲜明，又要适度，达到张弛起伏，一波三折，始终能够将受众的注意力聚拢过来。三是在内容的衔接上，由于演讲节奏要求适时变换演讲内容，容易造成结构松散，而衔接技巧正是对结构松紧疏密的一种补充，使内容层次变换更为巧妙、自然，从而使演讲稿具有浑然一体的整体感。在外在的表现形式上，可以采取并列式、递进式、因果式、总分式、对比式等多种，应当根据演讲内容的不同而适当运用。

三、结尾

如果说演讲稿的开头部分是演讲者送给受众的一束鲜花，主体部分是送给受众的一幅精美织锦，结尾则是送给受众的一杯醇香的美酒，一首令人回味的哲理诗。要做到言简意深，令人回味无穷。

【写作要求】

一、要有针对性。由于任何演讲都是面对一定的受众进行的，因此在撰写演讲稿时必须首先弄清楚受众的基本情况，包括年龄、性别、职业、思想状况、文化程度、风俗习惯、兴趣愿望等，要注意了解他们普遍关心、经常议论和迫切需要解决的问题，这样才能够确定讲什么、怎样讲，从而使得演讲具有针对性。也就是说，无论任何演讲，都要首先考虑受众的情况，做到有的放矢，针对性强，这是确保演讲成功的先决条件。

二、主题要鲜明突出。任何演讲必须确立明确的主题，突出一个中心，观点要正确、鲜明、深刻，赞成什么、反对什么，讲什么道理、传达什么信息或者介绍什么知识，均要清楚明白，要从受众所普遍关心、感兴趣的问题着眼，能够反映新思想、新情况，提出新问题、新见解，只有这样，才能从根本上打动受众，达到预期的效果。

三、用语要通俗生动。在语言运用上，演讲稿独具的特色和要求，因为它要靠有声语言传播，而且要求受众能够跟得上有声语言传播速度，既“上口”又“入耳”，能够令受众乐于接受，因此要求其用语必须通俗易懂，深入浅出，把抽象的道理具体化，把深奥的道理浅显化，把概念的东西形象化；要与演讲者的身份，以及演讲的目的、对象、场景等达到和谐一致，从而达到激动人心的表达效果，增强演讲的启发性、引导性和鼓动性。

四、要注重无声语言的运用。尽管演讲主要是靠有声语言的传递，但要想达到最佳效果，还要借助于无声语言或称肢体语言诸如演讲者的表情、姿态、手势等，与有声语言配合使用，就会收到相得益彰的表达效果，从某种程度上说，这也是一次成功的演讲不可或缺的组成部分。

【典范文例】

例文 1

习近平在党的十八大常委见面会上的演讲词

女士们，先生们，朋友们：

大家好！让大家久等了，很高兴同各位记者朋友见面。

昨天，中国共产党第十八次全国代表大会胜利闭幕了。这些天来，各位记者朋友们对这次大会作了大量报道，向世界各国传递了许多“中国声音”。大家很敬业、很专业、很辛苦，在此，我代表十八大大会秘书处，向你们表示衷心的感谢。

刚才，我们召开了中国共产党第十八届中央委员会第一次全体会议，会议上选举产生了新一届中央领导机构。全会选举产生了七位中央政治局常委，选举我担任中共中央总书记。接下来，我把其他6位常委同事向大家介绍一下。

他们是：李克强同志、张德江同志、俞正声同志、刘云山同志、王岐山同志、张高丽同志。

李克强同志是十七届中央政治局常委，其他同志都是十七届中央政治局委员，大家对他们都比较了解。

在这里，我代表新一届中央领导机构成员，衷心感谢全党同志对我们的信任。我们一定不负重托，不辱使命！

全党同志的重托，全国各族人民的期望，这是对我们做好工作的巨大鼓舞，也是我们肩上沉沉的担子。

这个重大的责任，是对民族的责任。我们的民族是伟大的民族。在五千多年的文明发展历程中，中华民族为人类的文明进步作出了不可磨灭的贡献。近代以后，我们的民族历经磨难，中华民族到了最危险的时候。自那时以来，为了实现中华民族伟大复兴，无数仁人志士奋起抗争，但一次又一次地失败了。

中国共产党成立后，团结带领人民前赴后继、顽强奋斗，把贫穷落后的旧中国变成日益走向繁荣富强的新中国，中华民族伟大复兴展现出前所未有的光明前景。

我们的责任，就是要团结带领全党全国各族人民，接过历史的接力棒，继续为实现中华民族伟大复兴而努力奋斗，使中华民族更加坚强有力地自立于世界民族之林，为人类作出新的更大的贡献。

这个重大的责任，就是对人民的责任。我们的人民是伟大的人民。在漫长的历史进程中，中国人民依靠自己的勤劳、勇敢、智慧，开创了民族和睦共处的美好家园，培育了历久弥新的优秀文化。

我们的人民热爱生活，期盼有更好的教育、更稳定的工作、更满意的收入、更可靠的社会保障、更高水平的医疗卫生服务、更舒适的居住条件、更优美的环境，期盼着孩子们能成长得更好、工作得更好、生活得更好。人民对美好生活的向往，就是我们的奋斗目标。

人世间的一切幸福都是要靠辛勤的劳动来创造的。我们的责任，就是要团结带领全党全国各族人民，继续解放思想，坚持改革开放，不断解放和发展社会生产力，努力解决群众的生产生活困难，坚定不移走共同富裕的道路。

这个重大的责任，就是对党的责任。我们的党是全心全意为人民服务的政党。党领导人民已经取得了举世瞩目的成就，我们完全有理由因此而自豪，但我们自豪而不自满，决不会躺在过去的功劳薄上。

新形势下，我们党面临着许多严峻挑战，党内存在着许多亟待解决的问题。尤其是一些党员干部中发生的贪污腐败、脱离群众、形式主义、官僚主义等问题，必须下大气力解决。全党必须警醒起来。

打铁还需自身硬。我们的责任，就是同全党同志一道，坚持党要管党、从严治党，切实解决自身存在的突出问题，切实改进工作作风，密切联系群众，使我们的党始终成为中国特色社会主义事业的坚强领导核心。

人民是历史的创造者，群众是真正的英雄。人民群众是我们力量的源泉。我们深深知道：每个人的力量是有限的，但只要我们万众一心，众志成城，就没有克服不了的困难；每个人的工作时间是有限的，但全心全意为人民服务是无限的。

责任重于泰山，事业任重道远。我们一定要始终与人民心心相印、与人民同甘共苦、与人民团结奋斗，夙夜在公，勤勉工作，努力向历史、向人民交一份合格的答卷。记者朋友们，中国需要更多地了解世界，世界也需要更多地了解中国。希望你们今后要继续为增进中国与世界各国的相互了解作出努力和贡献，谢谢大家！

例文2

讲故事的人
——莫言获诺贝尔奖演讲词

尊敬的瑞典学院各位院士，女士们、先生们：

通过电视或者网络，我想在座的各位，对遥远的高密东北乡，已经有了或多或少的了解，你们也许看到了我九十岁的老父亲，看到了我的哥哥姐姐我的妻子女儿和我的一岁零四个月的外孙女。但有一个我此刻最想念的人，我的母亲，你们永远无法看到了。我获奖后，很多人分享了我的光荣，但我的母亲却无法分享了。

我母亲生于1922年，卒于1994年，她的骨灰，埋葬在村庄东边的桃园里。去年，一条铁路要从那儿穿过，我们不得不将她的坟墓迁移到距离村子更远的地方。掘开坟墓后，我们看到，棺木已经腐朽，母亲的骨殖，已经与泥土混为一体。我们只好象征性地挖起一些泥土，移到新的墓穴里，也就是从那一时刻起，我感到，我的母亲是大地的一部分，我站在大地上的诉说，就是对母亲的诉说。

我是我母亲最小的孩子。

我记忆中最早的一件事，是提着家里唯一的一把热水瓶去公共食堂打开水。因为饥饿无力，失手将热水瓶打碎，我吓得要命，钻进草垛，一天没敢出来。傍晚的时候，我听到母亲呼唤我的乳名。我从草垛里钻出来，以为会受到打骂，但母亲没有打我也没有骂我，只是抚摸着我的头，口中发出长长的叹息。

我记忆中最痛苦的一件事，就是跟随着母亲去集体的地里捡麦穗，看守麦田的人来了，捡麦穗的人纷纷逃跑，我母亲是小脚，跑不快，被捉住，那个身材高大的看守人扇了她一个耳光。她摇晃着身体跌倒在地。看守人没收了我们捡到的麦穗，吹着口哨扬长而去。我母亲嘴角流血，坐在地上，脸上那种绝望的神情让我终生难忘，多年之后，当那个看守麦田的人成为一个白发苍苍的老人，在集市上与我相逢，我冲上去想找他报仇，母亲拉住了我，平静地对我说："儿子，那个打我的人，与这个老人，并不是一个人。"

我记得最深刻的一件事是一个中秋节的中午，我们家难得地包了一顿饺子，每人只有一碗。正当我们吃饺子时，一个乞讨的老人，来到了我们家门口，我端起半碗红薯干打发他，他却愤愤不平地说："我是一个老人，你们吃饺子，却让我吃红薯干，你们的心是怎么长的？"我气急败坏地说："我们一年也吃不了几次饺子，一人一小碗，连半饱都吃不了！给你红薯干就不错了，你要就要，不要就滚！"母亲训斥了我，然后端起她那半碗饺子，倒进老人碗里。

我最后悔的一件事，就是跟着母亲去卖白菜，有意无意地多算了一位买白菜的老人一毛钱。算完钱我就去了学校。当我放学回家时，看到很少流泪的母亲泪流满面。母亲并没有骂我，只是轻轻地说："儿子，你让娘丢了脸。"

我十几岁时，母亲患了严重的肺病，饥饿，病痛，劳累，使我们这个家庭陷入困境，看不到光明和希望。我产生了一种强烈的不祥之感，以为母亲随时都会自寻短见。每当我劳动归来，一进大门，就高喊母亲，听到她的回应，心中才感到一块石头落了地。如果一时听不到她的回应，我就心惊胆战，跑到厨房和磨坊里寻找。有一次，找遍了所有的房间也没有见到母亲的身影，我便坐在院子里大哭，这时，母亲背着一捆柴草从外边走进来。她对我的哭很不满，但我又不能对她说出我的担忧。母亲看透我的心思，她说："孩子，你放心，尽管我活着没有一点乐趣，但只要阎王爷不叫我，我是不会去的。"

我生来相貌丑陋，村子里很多人当面嘲笑我，学校里有几个性格霸蛮的同学甚至为此打我。我回家痛哭，母亲对我说："儿子，你不丑。你不缺鼻子不缺眼，四肢健全，丑在哪里？而且，只要你心存善良，多做好事，即便是丑，也能变美。"后来我进入城市，有一些很有文化的人依然在背后甚至当面嘲弄我的相貌，我想起了母亲的话，便心平气和地向他们道歉。

我母亲不识字，但对识字的人十分敬重。我们家生活困难，经常吃了上顿没下顿，但只要我对她提出买书买文具的要求，她总是会满足我。她是个勤劳的人，讨厌懒惰的孩子，但只要是我因为看书耽误了干活，她从来没批评过我。

有一段时间，集市上来了一个说书人。我偷偷地跑去听书，忘记了她分配给我的活儿。为此，母亲批评了我。晚上，当她就着一盏小油灯为家人赶制棉衣时，我忍不住地将白天从说书人那里听来的故事复述给她听，起初她有些不耐烦，因为在她心目中，说书人都是油嘴滑舌、不务正业的人，从他们嘴里，冒不出什么好话来。但我复述的故事，渐渐地吸引了她。以后每逢集日，她便不再给我排活儿，默许我去集上听书。为了报答母亲的恩情，也为了向她炫耀我的记忆力，我会把白天听到的故事，绘声绘色地讲给她听。

很快的，我就不满足复述说书人讲的故事了，我在复述的过程中，不断地添油加醋。我会投我母亲所好，编造一些情节，有时候甚至改变故事的结局。我的听众，也不仅仅是我的母亲，连我的姐姐，我的婶婶，我的奶奶，都成为我的听众。我母亲在听完我的故事后，有时会忧心忡忡地，像是对我说，又像是自言自语："儿啊，你长大后会成为一个什么人呢？难道要靠耍贫嘴吃饭吗？"

我理解母亲的担忧，因为在村子里，一个贫嘴的孩子，是招人厌烦的，有时候还会给自己和家庭带来麻烦，我在小说《牛》里所写的那个因为话多被村里人厌恶的孩子，就有我童年时的影子。我母亲经常提醒我少说话，她希望我能做一个沉默寡言、安稳大方的孩子。但在我身上，却显露出极强的说话能力和极大的说话欲望，这无疑是极大的危险，但我说故事的能力，又带给了她愉悦，这使她陷入深深的矛盾之中。

俗话说“江山易改，本性难移”，尽管有我父母亲的谆谆教导，但我并没改掉我喜欢说话的天性，这使得我的名字“莫言”，很像对自己的讽刺。

我小学未毕业即辍学，因为年幼体弱，干不了重活，只好到荒草滩上去放牧牛羊。当我牵着牛羊从学校门前路过，看到昔日的同学在校园里打打闹闹，我心中充满悲凉，深深地体会到一个人——哪怕是一个孩子——离开群体后的痛苦。

到了荒滩上，我把牛羊放开，让它们自己吃草。蓝天如海，草地一望无际，周围看不到一个人影，没有人的声音，只有鸟儿在天上鸣叫。

【注释】

高密东北乡是莫言笔下的一个地名。莫言作品中，多以该地为故事发生地，如《四十一炮》《生死疲劳》《蛙》等。莫言的出生地山东高密县河崖镇大栏乡，被认为是“高密东北乡”的原型。

莫言的母亲名高淑娟，一直登记为管高氏，于1994年去世，莫言曾在《母亲》中回忆她“记忆的画面中更让我难以忘却的是，愁容满面的母亲，在辛苦地劳作时，嘴里竟然哼唱着一支小曲！当时，在我们这个人口众多的大家庭中，劳作最辛苦的是母亲，饥饿最严重的也是母亲……

我母亲没读过书，不认识文字，她一生中遭受的苦难，真是难以尽述。战争、饥饿、疾病，在那样的苦难中，是什么样的力量支撑她活下来，是什么样的力量使她在饥肠辘辘、疾病缠身时还能歌唱?”

这一情节曾出现在莫言小说《卖白菜》中。

《牛》是莫言发表于1998年的中篇小说，故事梗概为：“文革”时期，调皮少年罗汉辍学在家，与生产队饲养员杜大爷一起放牛。因贫困养不起更多的牛，生产队长麻叔请来了公社兽医站的老董同志为双脊、大小鲁西三头小公牛施行阉割手术。术后，罗汉、杜大爷与三头牛朝夕相处，历经煎熬，大小鲁西终于康复了。但桀骜不驯的双脊却因术中大出血、术后感染不幸死去……

莫言曾在2005年接受香港大学荣誉博士学位时发表演讲，提及笔名“莫言”来历，“我从小就是一个非常爱说话的孩子。在我们农村叫作‘炮孩子’。后来我写了小说叫《四十一炮》，其中也有我个人的经历。说话……给我们的家里带来了很多的麻烦。所以过了几十年以后，当我要写小说准备发表时，使用的笔名叫‘莫言’。”

例文3

屠呦呦获诺贝尔奖演讲词

尊敬的主席先生，亲爱的使用过青蒿素的人们：

今天我极为荣幸能在卡罗林斯卡学院讲演，我报告的题目是：感谢青蒿，感谢四个人。

我不是中国本土第一个获得诺贝尔奖的人，我只是中国科学家群体中第一个获奖的女性科学家。我相信未来中国将有许多的项呦呦、齐呦呦、柴呦呦、尚呦呦、魏呦呦能够获得这一殊荣。

在此，我首先要感谢诺贝尔奖评委会、诺贝尔奖基金会授予我2015年生理学或医学奖。这不仅是授予我个人的荣誉，也是生长在中国大地上成片成片的青蒿的荣誉，更是中国中医的荣誉。

可以这么说：我是一个为青蒿素或者说是为诺贝尔奖而生的人。

1930年12月30日黎明时分，我出生于中国浙江宁波市开明街508号的一间小屋，听到我人生第一次“呦呦”的哭声后，父亲屠濂规激动地吟诵着《诗经》的著名诗句“呦呦鹿鸣，食野之蒿……”，并给我取名呦呦。

不知是天意，还是某种期许，父亲在吟完“呦呦鹿鸣，食野之蒿”，又对章了一句“蒿草青青，报之春晖”。

也就是从出生那天开始，我的命运便与青蒿结下了不解之缘。

只是当时，我还不认识什么是青蒿，也不知道什么是青蒿素，也不知什么是中医，更不知道什么是诺贝尔奖。

感谢完父亲，我想感谢中国的一位伟人——毛泽东。这位伟大的政治家、思想家、军事家、诗人十分重视民族文化遗产，他把中医摆在中国对世界的“三大贡献”之首，并且强调“中国医药学是一个伟大的宝库，应当努力发掘、加以提高”。

1954年，毛泽东指示：“即时成立中医研究院。”它就是我的工作单位——中国中医研究院的前身，也是成就我一番事业的平台。

我时常在想：假如没有成立中医研究院；假如把我分配到一个乡村医院，我顶多是一个平庸的中医，更别谈什么青蒿素，什么诺贝尔奖了。

我还要感谢一个中国科学家——东晋时期有名的医生葛洪先生，他是世界预防医学的介导者。

葛洪精晓医学和药物学，一生著作宏富，自谓有《内篇》二十卷，《外篇》五十卷，《碑颂诗赋》百卷，《军书檄移章表笺记》三十卷，《神仙传》十卷，《隐逸传》十卷；又抄五经七史百家之言、兵事方技短杂奇要三百一十卷。另有《金匮药方》百卷，《肘后备急方》四卷。

当年，每每遇到研究困境时，我就一遍又一遍温习中医古籍，正是葛洪《肘后备急方》有关“青蒿一握，以水二升渍，绞取汁，尽服之”的截疟记载，给了我灵感和启发，使我联想到提取过程可能需要避免高温，由此改用低沸点溶剂的提取方法，并最终突破了科研瓶颈。

只叹生不逢时，如果东晋时期就有诺贝尔奖的话，我想，葛洪应该是中国第一个获此殊荣的医者。

我还想感谢一个人，准确地讲，应该是一群人，一群数以百万的非洲人。正是他们对中国中医、对青蒿素的信任，才换来生命的重生，见证了青蒿素的神奇。

在感谢四个人的同时，我还要感谢当年从事523抗疟研究的中医科学院团队全体成员，感谢全国523项目单位的通力协作。

我唯一不感谢的，就是我自己。因为痴迷青蒿素，我把大量的时间、精力和情感投入科研当中，没有尽到为人妻、为人母的义务和责任。

最后，我要万分感谢的，是一种生长在中国大地上的草本植物——青蒿。它星散生长于低海拔、湿润的河岸边砂地、山谷、林缘、路旁等，也见于滨海地区。在中国近二十个省、区都能见到它的身影。

一岁一枯荣的青蒿，生，就生出希望；死，就死出价值。

其茎，其叶，其花，浓香、淡苦，蕴含丰富的艾蒿碱、苦味素，是大自然送给人类的一种廉价的抗疟疾药。

在我的科研生涯中，一代又一代，一茬又一茬的青蒿“前赴后继”，奉献了自己的身躯，成就了中国的中医事业。

正是因为它们的牺牲，才铺就了我通往诺贝尔的坦途。

青蒿呦呦。

情感呦呦。

生命呦呦。

临来瑞典前，我曾经有一个想法，想带85株青蒿来到卡罗林斯卡学院，让它们和我一起分享成功的喜悦，但我怕在机场、海关遇上安检、植检的麻烦，便打消了这个念头；我还想邀请85名参与过523项目的科学家来到瑞典，共同发布青蒿素的科研报告，但我怕诺贝尔奖基金会无法承担这笔庞大的开支，最终，我决定还是一个人来，代表中国，代表中国中医和中国科学家，领取诺贝尔奖。

尊敬的主席先生，再过几天，我就要返回中国，临走前，我有一个小小的请求，希望您能告诉世界：屠呦呦获得诺贝尔奖的理由。

作为一名中医工作者，我有幸参与了青蒿素的研发工作，但我不是以获得诺贝尔奖为终极目的。

我唯一的追求是：抗疟、治病。

因此，我不想对于自己已经没有多大价值的诺贝尔奖，给我的晚年生活带来巨大的困扰、烦恼和质疑。

我喜欢宁静。蒿叶一样的宁静。

我追求淡泊。蒿花一样的淡泊。

我向往正直，蒿茎一样的正直。

所以，我请求您能满足一个医者小小的心愿。

终有一天，我将告别青蒿，告别亲人，如果那一天真的来到，我希望后人把自己的骨灰撒在一片青蒿之间，让我以另外一种方式，守望终生热爱的土地，守望青蒿的浓绿，守望蓬勃发展的中国中医事业。

衷心感谢在青蒿素发现、研究和应用中做出贡献的所有国内外同事们、同行们和朋友们！

深深感谢家人一直以来的理解和支持！

衷心感谢各位前来参会！

谢谢大家！

屠呦呦相关介绍

屠呦呦，女，1930 年 12 月 30 日生，药学家，中国中医研究院终身研究员兼首席研究员，青蒿素研究开发中心主任。屠呦呦是第一位获得诺贝尔科学奖项的中国本土科学家、第一位获得诺贝尔生理医学奖的华人科学家。

1971 年首先从黄花蒿中发现抗疟有效提取物，1972 年分离出新型结构的抗疟有效成分青蒿素，1979 年获国家发明奖二等奖。1980 年聘为硕士生导师，1981 年加入中国共产党，2001 年聘为博士生导师。多年从事中药和中西药结合研究，突出贡献是创制新型抗疟药——青蒿素和双氢青蒿素。2011 年 9 月，获得被誉为诺贝尔奖“风向标”的拉斯克奖。2015 年 10 月，因发现青蒿素治疗疟疾的新疗法获诺贝尔生理学或医学奖。

2016 年 2 月 14 日，荣膺 2015 年度感动中国人物。2016 年 4 月 21 日，入选《时代周刊》公布的 2016 年度“全球最具影响力人物”。

2015 年 10 月 5 日，瑞典卡罗琳医学院在斯德哥尔摩宣布，中国女药学家、中国中医科学院中药研究所首席研究员屠呦呦与威廉·坎贝尔和大村智获 2015 年诺贝尔生理学或医学奖。这是中国科学家因为在中国本土进行的科学研究而首次获诺贝尔科学奖，是中国医学界迄今为止获得的最高奖项。理由为她发现了青蒿素，这种药品可以有效降低疟疾患者的死亡率。

2015 年 12 月 7 日下午，2015 年诺贝尔生理学或医学奖得主、中国科学家屠呦呦在瑞典卡罗林斯卡医学院用中文发表《青蒿素的发现：传统中医献给世界的礼物》的主题演讲。

第四节 纪 要

【功能特性】

根据《党政机关公文处理工作条例》的规定，纪要“适用于创大会议议定事项和主要精神”。纪要是将会议的主要情况和研究、解决的主要问题进行归纳、概括而形成的一种公文。它是会议的产物，是对会议成果的如实记录和集中整理，主要作用是用来传达会议的议定事项和主要精神，要求与会单位共同遵守和执行。

纪要在行文关系上，可采取转发（印发）或直接发出的形式，类似通知，发给下级机关贯彻执行；也可以报送给上级机关，类似会议情况报告，向上级机关做出反映；还可以发给平级有关机关，类似公函，使对方知晓，沟通情况。

在表述方式上，通常使用第三人称，并在每一层次之首冠以“会议认为”“会议强调”“会议指出”“会议希望”“会议号召”之类的标志性用语。

【结构模式】

根据纪要的实际使用情况，可将其分为日常工作纪要、专题性纪要、协议型纪要和研讨性纪要等不同类别。不同的纪要具有不同的结构和写法。

一、日常工作纪要

一般采用特定的“纪要格式”，其结构由三部分组成：

（一）固定版头。日常工作纪要通常都有固定版头。版头的构成要素依次是：标题（会议名称＋“纪要”二字）、届次数、横隔线。版头多为套红印刷。

（二）议定事项。从“会议概况”到“议定事项”的过渡主要有两种方法：一是在上层的“会议概况”介绍之后，用“现纪要如下”引出议定事项；二是居中标注“会议纪要”或“议定事项”字样，然后采用分项概述法写作议定事项。无论用何种过渡方法，接着都必须按照会议研究的顺序逐项准确凝练地概括记述会议的议决事项。

（三）会议概况。在主体部分结束后，逐项标明会议的出席人员、列席人员、记录人等。

二、其他三种会议纪要

（一）标题

纪要是以会议的名义制发的，所以其标题的最基本写法是“会议名称＋文种”。在写作中，如会议名称是“……会议”，为避免重复，文种只标“纪要”两字即可，如《全国档案工作会议纪要》《×××省林业工作会议纪要》；如会议名称是“……会”，如座谈会、研讨会、现场会、交流会等，文种一般应标写齐全，如《第二届中国精算师年会会议纪要》。

某些用于发表或交流情况的座谈会、研讨会等会议的纪要，其标题还可写成正副标题的形式。其正标题概况会议的基本精神，副标题由会议名称与“纪要”两字组成。

（二）正文。正文包括导语、主体和尾语三个部分。

1. 导语部分。要介绍会议的概况，包括会议召开的依据和目的，会议的批准机关与主办机关，会议的完整名称及起止时间、召开地点，与会人员的范围及领导到会情况，会议的主要议题、议程，会议的收效及对会议总的评价等。

2. 主体部分。是会议纪要的核心，通常应采用归纳分类法来写作，即把会议内容按照其内在联系和逻辑顺序归纳概括成前后有序的几个方面，逐一进行阐述。如是大型专题性纪要，可以在评价以往工作的基础上，重点阐述今后工作的任务和要求；如是座谈会纪要，可以集中介绍会议达成的共识；如是学术研讨性纪要，可以在介绍一致观点的基础上再说明会议上的不同观点。这种纪要在写作上，经常用到“会议认为”“会议指出”“会议要求”“会议强调”“会议商定”“会议号召”等惯用语句。

3. 尾语部分。有两种情况：

一是在最后的自然段用“会议要求……”“会议希望…”“会议号召……”等语句提出贯彻会议精神、搞好专项工作的说明、要求、希望或号召，大型专题型会议纪要基本上如此结尾。

二是内容简要、篇幅不长的会议纪要可以不写专门的尾语。

【写作要求】

一、要明确会议宗旨，突出中心议题

一次工作会议涉及的问题很多。因此在撰写纪要时，必须明确宗旨，即会议所集中解决的几个主要问题，以此形成纪要的中心，切不可面面俱到，既想“抱西瓜”又想“拣芝麻”，那样就会导致主次不明确，中心不突出。

还要注意的是，一次工作会议，在具体讨论中必然会产生几种不同意见，但不能把这些意见都纳入纪要，而应根据会议的宗旨，综合分析各种意见，集中反映符合会议中心议题要求的多数人一致意见；同时，也要注意吸收少数人的正确的意见。对反映会议中心议题的正确意见，可采用“会议听取了”“会议讨论了”“会议研究了”“会议认为”“会议决定”“会议强调”“会议指出”“会议提出”等提法，加以集中概括，简明扼要地反映出来；对有分歧的意见，除学术研讨性会议外，是不可写入“纪要”的。

二、要注意材料的真实性和有效性

撰写纪要，一定要准确反映会议的真实情况和基本精神，忠实于会议内容，非与会各方共同确认的结论性意见不能写入纪要；同时，要限于会议议及的内容，不可旁骛其他，或者将执笔者个人的见解掺杂进去。在此基础上，还要注意做好材料的收集、整理和加工工作。因为会议纪要是对所有会议材料的概括、综合和提炼，所以要写好纪要，必须要注意收集、掌握会议情况，并按照会议精神和领导意图对材料进行恰当的筛选，对选用的材料进行分析，然后围绕纪要的主旨进行精心安排。

三、要注意把握纪要的不同结构形式

除通知型的日常办公纪要大都有较为固定的写作格式外，对于指示型纪要，不论是综合性的还是专题性的，都要针对不同内容采用不同的结构形式。综合性的纪要，由于内容涉及前前后后，方方面面，情况比较复杂，故在结构布局上，除自然情况外，内容多采用“三大块”的写作形式，包括对过去工作的回顾，对当前工作形势的分析，对今后工作的打算等，这是就整个篇章布局而言。至于具体到每一部分，特别是“今后工作的打算”部分，可以采用“梳辫子”的方法，归纳成几个问题并列说明，这是“横式”结构；也可以采用“一环套一环”的层层递进方法，这是“纵式”布局。专题性或专业性的纪要，由于内容单一，故多采用“撮要分条”或“分条列项”的结构形式。所谓“撮要分条”，即在开头讲完自然情况后，或相接、或独用一段文字，交代会议的中心议题、主要活动情况及总的评价，然后在内容上可并列写几个条段，每条之前标明序号、提出段旨，做到一目了然。“分条列项”的结构，是把全篇纪要归纳成几个条条，既无独立的开头亦无独立的结尾，若干条条之间是并列关系。总之，不管采用什么结构，都必须体现出一种严密的逻辑关系，中间不可出现“空白”，也不能产生“跳跃”，更不能按照会议的顺序来写“纪要”，这样出来的不是“纪要”，而是“流水线”“会议日志”。

四、要注意讲究条理性和理论性，语言表达要简明扼要

纪要的一个主要特点就是条理性、理论性比较突出。这也是纪要与记录的一个主要区别。记录一般要把每个人的发言内容尽量客观、详细地记录下来，而纪要则需要有一个对会议讨论意见进行综合、分析和整理加工的过程，这个过程也就是条理化、理论化的过程。所谓条理化，就是要对会议讨论的意见加以分类归纳，使之层次清晰，富有逻辑性；所谓理论化，就是要对会议讨论的意见，尽力给予理论上的概括，使之提纲挈领，画龙点睛。当然条理化、理论化，并不是脱离会议实际，搞虚假的“粉饰”和“拔高”。

【典范文例】

推进全省危险废物处置能力建设会议纪要

根据2016年3月4日厅长办公会议精神，2016年3月7日，省环保厅召开了推进全省危险废物处置能力建设会议，省环保厅总工程师曹永琳、副巡视员朱百鸣参加了会议，参加会议的还有厅污染防治处、省固体废物管理中心主要负责人和有关同志。会议专题研究全省危险废物处置能力建设工作，就全省危险废物处置现状进行了分析讨论，对下一步推进全省危险废物处置能力建设提出了意见。现将会议有关情况纪要如下：

会议认为，近年来，我厅高度重视危险废物管理工作，通过狠抓危险废物规范化管理，全省危险废物管理水平有了较大幅度提高，危险废物处理处置能力逐步提升，但与危险废物实际产生的种类和数量相比较还未能完全匹配，难以满足全省危险废物处理处置要求。

会议要求，全省必须坚持优化危废处置项目布局、提升危废处置能力和确保环境安全等原则，强化危险废物源头管控和全过程监管。

会议提出，应以合理布局建设区域综合性处置中心（焚烧、物化和填埋）为主导，以鼓励特色工业园区建设处置能力（焚烧、水泥窑协同处置等）为辅助，以强制个别产生量特别大的特殊企业自行处置（焚烧）为补充，逐步形成危险废物处置三级网络，建立完善危险废物收运和处置体系。

会议就加快推进全省危险废物处置能力建设明确了以下意见：

1. 鼓励有色金属冶炼、化工为主导的特色园区，如乐平、万年、樟树、南城等工业园区，配套建设危险废物集中处置设施，就地就近处置危险废物。也可根据需要，建设集中式危险废物贮存设施，以利于园区内企业危险废物的周转和集中监管。

2. 原则上，新改扩建项目年产生无利用价值的可焚烧危险废物6000吨以上的，应当配套建设利用处置设施，并落实“三同时”制度。已建成年产生无利用价值的可焚烧危险废物6000吨以上的项目，2020年前逐步完善自利用处置设施。

3. 鼓励大、中型的新型干法水泥窑企业协同处置危险废物，但不支持设立危险废物填埋场。优先支持有色金属冶炼废物产生量大的地区先期开展协同处置工作。

4. 加快区域综合性危险废物处置中心建设。以江西省固体废物处置中心（宜春丰城市）为中心，先期按照东、南、西、北、中布局综合性危险废物处置中心，再根据危险废物产生量的增加逐步增加危险废物处置中心数量。

第十章　法规体文书的写作

第一节　条　例

【功能特性】

条例是党政机关对某一方面的工作做出比较全面、系统的规定时使用的文种。原来，条例是党政机关使用的法定公文种类，《党政机关公文处理工作条例》中将其去除，但实践中的使用频率仍然很高。条例实际上是对某一法律、法令和政策的补充性说明和辅助性规定，是调整国家生活某一方面准则的重要立法手段。条例作为法规体公文，其最主要的特性表现为四点：一是制发机关的特定性。条例的制定和发布具有特殊的规定，《中华人民共和国宪法》第八十九条、第九十条、第一百条、第一百二十六条分别规定了法规的制定权限、批准权限和发布方式。作为法规问题的条例，同样要执行《宪法》的有关规定。

【结构模式】

条例的内容结构通常由标题、签署和正文三部分组成。

一、标题

条例的标题一般由适用范围（条例内容）和文种组成，例如，《不动产登记管理条例》《党政机关公文处理工作条例》等。

二、题注

条例的题注一律在标题之下，用圆括号标明写明该条例何时经何会议通过，或者是制发机关和公布日期，以说明其法定程序及法律效力。

三、正文

条例的正文，可以采用章断条连式和条款贯通式两种写法。

（一）章断条连式

这种条例一般涉及面广，内容丰富，由总则、分则和附则三部分构成，其中第一章为总则，最后一章为附则，中间各章为分则。在具体表现形态上，往往是章中设条，条数是从总则的第一章第一条算起，依次排列，直到附则的最后一条为止。这种结构形态因分章设条，条条相连，所以称之为章断条连式。同时，又因为各章都设有小标题，故又称分列小标题式。

1. 总则

分条说明制定条例的缘由、目的、依据、适用范围或运用对象、基本原则等。总则条文的多少，通常根据其适用范围或适用对象情况确定，其第一条多用“为了……根据……特制定本条例”，或“为了……特制定本条例”，或“根据……特制定本条例”的标准格式，说明制文和立法的目的与法定的约束力。

2. 分则

分则是条例的主体和核心部分，条例法规性的强弱，约束力的大小，主要就取决于这一部分。因此。必须着力写明 3 层意思：一是条例所规范的具体行为；二是应规定管理部门和管理人员的职责；三是应规定奖励和处罚的事项，以确保条例付诸落实。整篇法规应做到结构严谨、条理清楚、用词准确、文字简明。要求按照条例所涉及的方面，分为若干章和若干条写明相关内容。

3. 附则

附则也是条例必不可少的部分，是条例的结尾，包括条例的实施要求、生效日期、解释权与修订权归何机关、实施细则（办法）由谁负责制定、本条例与有关文件的关系以及其他未尽事宜的处置办法等，以显示条例的严肃性和行政约束力。其条款的多少，根据条例内容确定，力求做到多而不繁，少而不漏。

（二）条款贯通式

这种条例的格式比较简单，且内容单一。其正文写作只分条，不分章，从第一条起到最后一条，均以条款形式一气贯通写成。在内容的安排上，一般是第一条或第一、二两条写明制定条例的缘由、目的、根据、适用范围或适用对象，相当于“总则”；中间以若干条写条例的具体内容，相当于“分则”；最后用一至两条说明生效日期、解释权，相当于“附则”。在具体写法上，有条有例是条例与其他文种的不同之处，其中“条”是从正面规定的条文，写明应该怎么做或不应该怎么做；“例”是“例设”，从反面说明如果违反了条例的规定应该怎样处置。具体写法应当本着条前例后，以条为主，正反相辅的原则。

【写作要求】

一、必须符合宪法和法律

一般说来，条例应当是相关法律精神的贯彻实施。因此，制定的条例及其内容必须符合有关法律的规定以及党和国家的路线、方针、政策，这是制定条例应当遵守的一条基本原则。

二、层次要分明

撰写条例实施的层次安排一定要做到清晰分明，要做到先原则后具体，先主要后次要。绝不能主次不分，逻辑混乱，令人难得要领。

三、用语要简洁庄重恰当

根据规范内容的性质应当选用恰当的词语，例如，义务性的规范使用“应当”“应该”“应”等；禁止性规范使用“不应”“不准”“禁止”等；授权性规范则可使用“可”“可以”等规范性标志语词。

【典范文例】

例文 1

地图管理条例

第一章 总 则

第一条 为了加强地图管理，维护国家主权、安全和利益，促进地理信息产业健康发展，为经济建设、社会发展和人民生活服务，根据《中华人民共和国测绘法》，制定本条例。

第二条 在中华人民共和国境内从事向社会公开的地图的编制、审核、出版和互联网地图服务以及监督检查活动，应当遵守本条例。

第三条 地图工作应当遵循维护国家主权、保障地理信息安全、方便群众生活的原则。

地图的编制、审核、出版和互联网地图服务应当遵守有关保密法律、法规的规定。

第四条 国务院测绘地理信息行政主管部门负责全国地图工作的统一监督管理。国务院其他有关部门按照国务院规定的职责分工，负责有关的地图工作。

县级以上地方人民政府负责管理测绘地理信息工作的行政部门（以下称测绘地理信息行政主管部门）负责本行政区域地图工作的统一监督管理。县级以上地方人民政府其他有关部门按照本级人民政府规定的职责分工，负责有关的地图工作。

第五条 各级人民政府及其有关部门、新闻媒体应当加强国家版图宣传教育，增强公民的国家版图意识。

国家版图意识教育应当纳入中小学教学内容。

公民、法人和其他组织应当使用正确表示国家版图的地图。

第六条 国家鼓励编制和出版符合标准和规定的各类地图产品，支持地理信息科学技术创新和产业发展，加快地理信息产业结构调整和优化升级，促进地理信息深层次应用。

县级以上人民政府应当建立健全政府部门间地理信息资源共建共享机制。

县级以上人民政府测绘地理信息行政主管部门应当采取有效措施，及时获取、处理、更新基础地理信息数据，通过地理信息公共服务平台向社会提供地理信息公共服务，实现地理信息数据开放共享。

第二章　地图编制

第七条　从事地图编制活动的单位应当依法取得相应的测绘资质证书，并在资质等级许可的范围内开展地图编制工作。

第八条　编制地图，应当执行国家有关地图编制标准，遵守国家有关地图内容表示的规定。

地图上不得表示下列内容：

（一）危害国家统一、主权和领土完整的；

（二）危害国家安全、损害国家荣誉和利益的；

（三）属于国家秘密的；

（四）影响民族团结、侵害民族风俗习惯的；

（五）法律、法规规定不得表示的其他内容。

第九条　编制地图，应当选用最新的地图资料并及时补充或者更新，正确反映各要素的地理位置、形态、名称及相互关系，且内容符合地图使用目的。

编制涉及中华人民共和国国界的世界地图、全国地图，应当完整表示中华人民共和国疆域。

第十条　在地图上绘制中华人民共和国国界、中国历史疆界、世界各国间边界、世界各国间历史疆界，应当遵守下列规定：

（一）中华人民共和国国界，按照中国国界线画法标准样图绘制；

（二）中国历史疆界，依据有关历史资料，按照实际历史疆界绘制；

（三）世界各国间边界，按照世界各国国界线画法参考样图绘制；

（四）世界各国间历史疆界，依据有关历史资料，按照实际历史疆界绘制。

中国国界线画法标准样图、世界各国国界线画法参考样图，由外交部和国务院测绘地理信息行政主管部门拟订，报国务院批准后公布。

第十一条　在地图上绘制我国县级以上行政区域界线或者范围，应当符合行政区域界线标准画法图、国务院批准公布的特别行政区行政区域图和国家其他有关规定。

行政区域界线标准画法图由国务院民政部门和国务院测绘地理信息行政主管部门拟订，报国务院批准后公布。

第十二条　在地图上表示重要地理信息数据，应当使用依法公布的重要地理信息数据。

第十三条　利用涉及国家秘密的测绘成果编制地图的，应当依法使用经国务院测绘地理信息行政主管部门或者省、自治区、直辖市人民政府测绘地理信息行政主管部门进行保密技术处理的测绘成果。

第十四条　县级以上人民政府测绘地理信息行政主管部门应当向社会公布公益性地图，供无偿使用。

县级以上人民政府测绘地理信息行政主管部门应当及时组织收集与地图内容相关的行政区划、地名、交通、水系、植被、公共设施、居民点等的变更情况，用于定期更新公益性地图。有关部门和单位应当及时提供相关更新资料。

第三章　地图审核

第十五条　国家实行地图审核制度。

向社会公开的地图，应当报送有审核权的测绘地理信息行政主管部门审核。但是，景区图、街区图、地铁线路图等内容简单的地图除外。

地图审核不得收取费用。

第十六条　出版地图的，由出版单位送审；展示或者登载不属于出版物的地图的，由展示者或者登载者送审；进口不属于出版物的地图或者附着地图图形的产品的，由进口者送审；进口属于出版物的地图，依照《出版管理条例》的有关规定执行；出口不属于出版物的地图或者附着地图图形的产品的，由出口者送审；生产附着地图图形的产品的，由生产者送审。

送审应当提交以下材料：

（一）地图审核申请表；

（二）需要审核的地图样图或者样品；

（三）地图编制单位的测绘资质证书。

进口不属于出版物的地图和附着地图图形的产品的，仅需提交前款第一项、第二项规定的材料。利用涉及国家秘密的测绘成果编制地图的，还应当提交保密技术处理证明。

第十七条　国务院测绘地理信息行政主管部门负责下列地图的审核：

（一）全国地图以及主要表现地为两个以上省、自治区、直辖市行政区域的地图；

（二）香港特别行政区地图、澳门特别行政区地图以及台湾地区地图；

（三）世界地图以及主要表现地为国外的地图；

（四）历史地图。

第十八条　省、自治区、直辖市人民政府测绘地理信息行政主管部门负责审核主要表现地在本行政区域范围内的地图。其中，主要表现地在设区的市行政区域范围内不涉及国界线的地图，由设区的市级人民政府测绘地理信息行政主管部门负责审核。

第十九条　有审核权的测绘地理信息行政主管部门应当自受理地图审核申请之日起20个工作日内，作出审核决定。

时事宣传地图、时效性要求较高的图书和报刊等插附地图的，应当自受理地图审核申请之日起7个工作日内，作出审核决定。

应急保障等特殊情况需要使用地图的，应当即送即审。

第二十条　涉及专业内容的地图，应当依照国务院测绘地理信息行政主管部门会同有关部门制定的审核依据进行审核。没有明确审核依据的，由有审核权的测绘地理信息行政主管部门征求有关部门的意见，有关部门应当自收到征求意见材料之日起20个工作日内提出意见。征求意见时间不计算在地图审核的期限内。

世界地图、历史地图、时事宣传地图没有明确审核依据的，由国务院测绘地理信息行政主管部门商外交部进行审核。

第二十一条　送审地图符合下列规定的，由有审核权的测绘地理信息行政主管部门核发地图审核批准文件，并注明审图号：

（一）符合国家有关地图编制标准，完整表示中华人民共和国疆域；

（二）国界、边界、历史疆界、行政区域界线或者范围、重要地理信息数据、地名等符合国家有关地图内容表示的规定；

（三）不含有地图上不得表示的内容。

地图审核批准文件和审图号应当在有审核权的测绘地理信息行政主管部门网站或者其他新闻媒体上及时公告。

第二十二条　经审核批准的地图，应当在地图或者附着地图图形的产品的适当位置显著标注审图号。其中，属于出版物的，应当在版权页标注审图号。

第二十三条　全国性中小学教学地图，由国务院教育行政部门会同国务院测绘地理信息行政主管部门、外交部组织审定；地方性中小学教学地图，由省、自治区、直辖市人民政府教育行政部门会同省、自治区、直辖市人民政府测绘地理信息行政主管部门组织审定。

第二十四条　任何单位和个人不得出版、展示、登载、销售、进口、出口不符合国家有关标准和规定的地图，不得携带、寄递不符合国家有关标准和规定的地图进出境。

进口、出口地图的，应当向海关提交地图审核批准文件和审图号。

第二十五条　经审核批准的地图，送审者应当按照有关规定向有审核权的测绘地理信息行政主管部门免费送交样本。

第四章　地图出版

第二十六条　县级以上人民政府出版行政主管部门应当加强对地图出版活动的监督管理，依法对地图出版违法行为进行查处。

第二十七条　出版单位从事地图出版活动的，应当具有国务院出版行政主管部门审核批准的地图出版业务范围，并依照《出版管理条例》的有关规定办理审批手续。

第二十八条　出版单位根据需要，可以在出版物中插附经审核批准的地图。

第二十九条　任何出版单位不得出版未经审定的中小学教学地图。

第三十条　出版单位出版地图，应当按照国家有关规定向国家图书馆、中国版本图书馆和国务院出版行政主管部门免费送交样本。

第三十一条　地图著作权的保护，依照有关著作权法律、法规的规定执行。

第五章　互联网地图服务

第三十二条　国家鼓励和支持互联网地图服务单位开展地理信息开发利用和增值服务。

县级以上人民政府应当加强对互联网地图服务行业的政策扶持和监督管理。

第三十三条　互联网地图服务单位向公众提供地理位置定位、地理信息上传标注和地图数据库开发等服务的，应当依法取得相应的测绘资质证书。

互联网地图服务单位从事互联网地图出版活动的，应当经国务院出版行政主管部门依法审核批准。

第三十四条　互联网地图服务单位应当将存放地图数据的服务器设在中华人民共和国境内，并制定互联网地图数据安全管理制度和保障措施。

县级以上人民政府测绘地理信息行政主管部门应当会同有关部门加强对互联网地图数据安全的监督管理。

第三十五条　互联网地图服务单位收集、使用用户个人信息的，应当明示收集、使用信息的目的、方式和范围，并经用户同意。

互联网地图服务单位需要收集、使用用户个人信息的，应当公开收集、使用规则，不得泄露、篡改、出售或者非法向他人提供用户的个人信息。

互联网地图服务单位应当采取技术措施和其他必要措施，防止用户的个人信息泄露、丢失。

第三十六条　互联网地图服务单位用于提供服务的地图数据库及其他数据库不得存储、记录含有按照国家有关规定在地图上不得表示的内容。互联网地图服务单位发现其网站传输的地图信息含有不得表示的内容的，应当立即停止传输，保存有关记录，并向县级以上人民政府测绘地理信息行政主管部门、出版行政主管部门、网络安全和信息化主管部门等有关部门报告。

第三十七条　任何单位和个人不得通过互联网上传标注含有按照国家有关规定在地图上不得表示的内容。

第三十八条　互联网地图服务单位应当使用经依法审核批准的地图，加强对互联网地图新增内容的核查校对，并按照国家有关规定向国务院测绘地理信息行政主管部门或者省、自治区、直辖市测绘地理信息行政主管部门备案。

第三十九条　互联网地图服务单位对在工作中获取的涉及国家秘密、商业秘密的信息，应当保密。

第四十条　互联网地图服务单位应当加强行业自律，推进行业信用体系建设，提高服务水平。

第四十一条　从事互联网地图服务活动，适用本章的规定；本章没有规定的，适用本条例其他有关规定。

第六章　监督检查

第四十二条　县级以上人民政府及其有关部门应当依法加强对地图编制、出版、展示、登载、生产、销售、进口、出口等活动的监督检查。

第四十三条　县级以上人民政府测绘地理信息行政主管部门、出版行政主管部门和其他有关部门依法进行监督检查时，有权采取下列措施：

（一）进入涉嫌地图违法行为的场所实施现场检查；

（二）查阅、复制有关合同、票据、账簿等资料；

（三）查封、扣押涉嫌违法的地图、附着地图图形的产品以及用于实施地图违法行为的设备、工具、原材料等。

第四十四条　国务院测绘地理信息行政主管部门、国务院出版行政主管部门应当建立健全地图监督管理信息系统，实现信息资源共享，方便公众查询。

第四十五条　县级以上人民政府测绘地理信息行政主管部门应当根据国家有关标准和技术规范，加强地图质量监督管理。

地图编制、出版、展示、登载、生产、销售、进口、出口单位应当建立健全地图质量责任制度，采取有效措施，保证地图质量。

第四十六条　任何单位和个人对地图违法行为有权进行举报。

接到举报的人民政府或者有关部门应当及时依法调查处理，并为举报人保密。

第七章　法律责任

第四十七条　县级以上人民政府及其有关部门违反本条例规定，有下列行为之一的，由主管机关或者监察机关责令改正；情节严重的，对直接负责的主管人员和其他直接责任人员依法给予处分；直接负责的主管人员和其他直接责任人员的行为构成犯罪的，依法追究刑事责任：

（一）不依法作出行政许可决定或者办理批准文件的；

（二）发现违法行为或者接到对违法行为的举报不予查处的；

（三）其他未依照本条例规定履行职责的行为。

第四十八条　违反本条例规定，未取得测绘资质证书或者超越测绘资质等级许可的范围从事地图编制活动或者互联网地图服务活动的，依照《中华人民共和国测绘法》的有关规定进行处罚。

第四十九条　违反本条例规定，应当送审而未送审的，责令改正，给予警告，没收违法地图或者附着地图图形的产品，可以处10万元以下的罚款；有违法所得的，没收违法所得；构成犯罪的，依法追究刑事责任。

第五十条　违反本条例规定，不需要送审的地图不符合国家有关标准和规定的，责令改正，给予警告，没收违法地图或者附着地图图形的产品，可以处10

万元以下的罚款；有违法所得的，没收违法所得；情节严重的，可以向社会通报；构成犯罪的，依法追究刑事责任。

第五十一条　违反本条例规定，经审核不符合国家有关标准和规定的地图未按照审核要求修改即向社会公开的，责令改正，给予警告，没收违法地图或者附着地图图形的产品，可以处10万元以下的罚款；有违法所得的，没收违法所得；情节严重的，责令停业整顿，降低资质等级或者吊销测绘资质证书，可以向社会通报；构成犯罪的，依法追究刑事责任。

第五十二条　违反本条例规定，弄虚作假、伪造申请材料骗取地图审核批准文件，或者伪造、冒用地图审核批准文件和审图号的，责令停止违法行为，给予警告，没收违法地图和附着地图图形的产品，并处10万元以上20万元以下的罚款；有违法所得的，没收违法所得；情节严重的，责令停业整顿，降低资质等级或者吊销测绘资质证书；构成犯罪的，依法追究刑事责任。

第五十三条　违反本条例规定，未在地图的适当位置显著标注审图号，或者未按照有关规定送交样本的，责令改正，给予警告；情节严重的，责令停业整顿，降低资质等级或者吊销测绘资质证书。

第五十四条　违反本条例规定，互联网地图服务单位使用未经依法审核批准的地图提供服务，或者未对互联网地图新增内容进行核查校对的，责令改正，给予警告，可以处20万元以下的罚款；有违法所得的，没收违法所得；情节严重的，责令停业整顿，降低资质等级或者吊销测绘资质证书；构成犯罪的，依法追究刑事责任。

第五十五条　违反本条例规定，通过互联网上传标注了含有按照国家有关规定在地图上不得表示的内容的，责令改正，给予警告，可以处10万元以下的罚款；构成犯罪的，依法追究刑事责任。

第五十六条　本条例规定的降低资质等级、吊销测绘资质证书的行政处罚，由颁发资质证书的部门决定；其他行政处罚由县级以上人民政府测绘地理信息行政主管部门决定。

第八章　附　则

第五十七条　军队单位编制的地图的管理以及海图的管理，按照国务院、中央军事委员会的规定执行。

第五十八条　本条例自2016年1月1日起施行。国务院1995年7月10日发布的《中华人民共和国地图编制出版管理条例》同时废止。

例文 2

不动产登记暂行条例

第一章　总　则

第一条　为整合不动产登记职责，规范登记行为，方便群众申请登记，保护权利人合法权益，根据《中华人民共和国物权法》等法律，制定本条例。

第二条　本条例所称不动产登记，是指不动产登记机构依法将不动产权利归属和其他法定事项记载于不动产登记簿的行为。

本条例所称不动产，是指土地、海域以及房屋、林木等定着物。

第三条　不动产首次登记、变更登记、转移登记、注销登记、更正登记、异议登记、预告登记、查封登记等，适用本条例。

第四条　国家实行不动产统一登记制度。

不动产登记遵循严格管理、稳定连续、方便群众的原则。

不动产权利人已经依法享有的不动产权利，不因登记机构和登记程序的改变而受到影响。

第五条　下列不动产权利，依照本条例的规定办理登记：

（一）集体土地所有权；

（二）房屋等建筑物、构筑物所有权；

（三）森林、林木所有权；

（四）耕地、林地、草地等土地承包经营权；

（五）建设用地使用权；

（六）宅基地使用权；

（七）海域使用权；

（八）地役权；

（九）抵押权；

（十）法律规定需要登记的其他不动产权利。

第六条　国务院国土资源主管部门负责指导、监督全国不动产登记工作。

县级以上地方人民政府应当确定一个部门为本行政区域的不动产登记机构，负责不动产登记工作，并接受上级人民政府不动产登记主管部门的指导、监督。

第七条　不动产登记由不动产所在地的县级人民政府不动产登记机构办理；直辖市、设区的市人民政府可以确定本级不动产登记机构统一办理所属各区的不动产登记。

跨县级行政区域的不动产登记，由所跨县级行政区域的不动产登记机构分别办理。不能分别办理的，由所跨县级行政区域的不动产登记机构协商办理；协商不成的，由共同的上一级人民政府不动产登记主管部门指定办理。

国务院确定的重点国有林区的森林、林木和林地，国务院批准项目用海、用岛，中央国家机关使用的国有土地等不动产登记，由国务院国土资源主管部门会同有关部门规定。

第二章 不动产登记簿

第八条 不动产以不动产单元为基本单位进行登记。不动产单元具有唯一编码。

不动产登记机构应当按照国务院国土资源主管部门的规定设立统一的不动产登记簿。

不动产登记簿应当记载以下事项：

（一）不动产的坐落、界址、空间界限、面积、用途等自然状况；

（二）不动产权利的主体、类型、内容、来源、期限、权利变化等权属状况；

（三）涉及不动产权利限制、提示的事项；

（四）其他相关事项。

第九条 不动产登记簿应当采用电子介质，暂不具备条件的，可以采用纸质介质。不动产登记机构应当明确不动产登记簿唯一、合法的介质形式。

不动产登记簿采用电子介质的，应当定期进行异地备份，并具有唯一、确定的纸质转化形式。

第十条 不动产登记机构应当依法将各类登记事项准确、完整、清晰地记载于不动产登记簿。任何人不得损毁不动产登记簿，除依法予以更正外不得修改登记事项。

第十一条 不动产登记工作人员应当具备与不动产登记工作相适应的专业知识和业务能力。

不动产登记机构应当加强对不动产登记工作人员的管理和专业技术培训。

第十二条 不动产登记机构应当指定专人负责不动产登记簿的保管，并建立健全相应的安全责任制度。

采用纸质介质不动产登记簿的，应当配备必要的防盗、防火、防渍、防有害生物等安全保护设施。

采用电子介质不动产登记簿的，应当配备专门的存储设施，并采取信息网络安全防护措施。

第十三条 不动产登记簿由不动产登记机构永久保存。不动产登记簿损毁、灭失的，不动产登记机构应当依据原有登记资料予以重建。

行政区域变更或者不动产登记机构职能调整的，应当及时将不动产登记簿移交相应的不动产登记机构。

第三章　登记程序

第十四条　因买卖、设定抵押权等申请不动产登记的，应当由当事人双方共同申请。

属于下列情形之一的，可以由当事人单方申请：

（一）尚未登记的不动产首次申请登记的；

（二）继承、接受遗赠取得不动产权利的；

（三）人民法院、仲裁委员会生效的法律文书或者人民政府生效的决定等设立、变更、转让、消灭不动产权利的；

（四）权利人姓名、名称或者自然状况发生变化，申请变更登记的；

（五）不动产灭失或者权利人放弃不动产权利，申请注销登记的；

（六）申请更正登记或者异议登记的；

（七）法律、行政法规规定可以由当事人单方申请的其他情形。

第十五条　当事人或者其代理人应当到不动产登记机构办公场所申请不动产登记。

不动产登记机构将申请登记事项记载于不动产登记簿前，申请人可以撤回登记申请。

第十六条　申请人应当提交下列材料，并对申请材料的真实性负责：

（一）登记申请书；

（二）申请人、代理人身份证明材料、授权委托书；

（三）相关的不动产权属来源证明材料、登记原因证明文件、不动产权属证书；

（四）不动产界址、空间界限、面积等材料；

（五）与他人利害关系的说明材料；

（六）法律、行政法规以及本条例实施细则规定的其他材料。

不动产登记机构应当在办公场所和门户网站公开申请登记所需材料目录和示范文本等信息。

第十七条　不动产登记机构收到不动产登记申请材料，应当分别按照下列情况办理：

（一）属于登记职责范围，申请材料齐全、符合法定形式，或者申请人按照要求提交全部补正申请材料的，应当受理并书面告知申请人；

（二）申请材料存在可以当场更正的错误的，应当告知申请人当场更正，申请人当场更正后，应当受理并书面告知申请人；

（三）申请材料不齐全或者不符合法定形式的，应当当场书面告知申请人不予受理并一次性告知需要补正的全部内容；

（四）申请登记的不动产不属于本机构登记范围的，应当当场书面告知申请人不予受理并告知申请人向有登记权的机构申请。

不动产登记机构未当场书面告知申请人不予受理的，视为受理。

第十八条　不动产登记机构受理不动产登记申请的，应当按照下列要求进行查验：

（一）不动产界址、空间界限、面积等材料与申请登记的不动产状况是否一致；

（二）有关证明材料、文件与申请登记的内容是否一致；

（三）登记申请是否违反法律、行政法规规定。

第十九条　属于下列情形之一的，不动产登记机构可以对申请登记的不动产进行实地查看：

（一）房屋等建筑物、构筑物所有权首次登记；

（二）在建建筑物抵押权登记；

（三）因不动产灭失导致的注销登记；

（四）不动产登记机构认为需要实地查看的其他情形。

对可能存在权属争议，或者可能涉及他人利害关系的登记申请，不动产登记机构可以向申请人、利害关系人或者有关单位进行调查。

不动产登记机构进行实地查看或者调查时，申请人、被调查人应当予以配合。

第二十条　不动产登记机构应当自受理登记申请之日起30个工作日内办结不动产登记手续，法律另有规定的除外。

第二十一条　登记事项自记载于不动产登记簿时完成登记。

不动产登记机构完成登记，应当依法向申请人核发不动产权属证书或者登记证明。

第二十二条　登记申请有下列情形之一的，不动产登记机构应当不予登记，并书面告知申请人：

（一）违反法律、行政法规规定的；

（二）存在尚未解决的权属争议的；

（三）申请登记的不动产权利超过规定期限的；

（四）法律、行政法规规定不予登记的其他情形。

第四章　登记信息共享与保护

第二十三条　国务院国土资源主管部门应当会同有关部门建立统一的不动产登记信息管理基础平台。

各级不动产登记机构登记的信息应当纳入统一的不动产登记信息管理基础平台，确保国家、省、市、县四级登记信息的实时共享。

第二十四条　不动产登记有关信息与住房城乡建设、农业、林业、海洋等部门审批信息、交易信息等应当实时互通共享。

不动产登记机构能够通过实时互通共享取得的信息，不得要求不动产登记申请人重复提交。

第二十五条 国土资源、公安、民政、财政、税务、工商、金融、审计、统计等部门应当加强不动产登记有关信息互通共享。

第二十六条 不动产登记机构、不动产登记信息共享单位及其工作人员应当对不动产登记信息保密；涉及国家秘密的不动产登记信息，应当依法采取必要的安全保密措施。

第二十七条 权利人、利害关系人可以依法查询、复制不动产登记资料，不动产登记机构应当提供。

有关国家机关可以依照法律、行政法规的规定查询、复制与调查处理事项有关的不动产登记资料。

第二十八条 查询不动产登记资料的单位、个人应当向不动产登记机构说明查询目的，不得将查询获得的不动产登记资料用于其他目的；未经权利人同意，不得泄露查询获得的不动产登记资料。

第五章 法律责任

第二十九条 不动产登记机构登记错误给他人造成损害，或者当事人提供虚假材料申请登记给他人造成损害的，依照《中华人民共和国物权法》的规定承担赔偿责任。

第三十条 不动产登记机构工作人员进行虚假登记，损毁、伪造不动产登记簿，擅自修改登记事项，或者有其他滥用职权、玩忽职守行为的，依法给予处分；给他人造成损害的，依法承担赔偿责任；构成犯罪的，依法追究刑事责任。

第三十一条 伪造、变造不动产权属证书、不动产登记证明，或者买卖、使用伪造、变造的不动产权属证书、不动产登记证明的，由不动产登记机构或者公安机关依法予以收缴；有违法所得的，没收违法所得；给他人造成损害的，依法承担赔偿责任；构成违反治安管理行为的，依法给予治安管理处罚；构成犯罪的，依法追究刑事责任。

第三十二条 不动产登记机构、不动产登记信息共享单位及其工作人员，查询不动产登记资料的单位或者个人违反国家规定，泄露不动产登记资料、登记信息，或者利用不动产登记资料、登记信息进行不正当活动，给他人造成损害的，依法承担赔偿责任；对有关责任人员依法给予处分；有关责任人员构成犯罪的，依法追究刑事责任。

第六章 附 则

第三十三条 本条例施行前依法颁发的各类不动产权属证书和制作的不动产登记簿继续有效。

不动产统一登记过渡期内，农村土地承包经营权的登记按照国家有关规定执行。

第三十四条　本条例实施细则由国务院国土资源主管部门会同有关部门制定。

第三十五条　本条例自2015年3月1日起施行。本条例施行前公布的行政法规有关不动产登记的规定与本条例规定不一致的，以本条例规定为准。

例文3

居住证暂行条例

第一条　为了促进新型城镇化的健康发展，推进城镇基本公共服务和便利常住人口全覆盖，保障公民合法权益，促进社会公平正义，制定本条例。

第二条　公民离开常住户口所在地，到其他城市居住半年以上，符合有合法稳定就业、合法稳定住所、连续就读条件之一的，可以依照本条例的规定申领居住证。

第三条　居住证是持证人在居住地居住、作为常住人口享受基本公共服务和便利、申请登记常住户口的证明。

第四条　居住证登载的内容包括：姓名、性别、民族、出生日期、公民身份号码、本人相片、常住户口所在地住址、居住地住址、证件的签发机关和签发日期。

第五条　县级以上人民政府应当建立健全为居住证持有人提供基本公共服务和便利的机制。县级以上人民政府发展改革、教育、公安、民政、司法行政、人力资源社会保障、住房城乡建设、卫生计生等有关部门应当根据各自职责，做好居住证持有人的权益保障、服务和管理工作。

第六条　县级以上人民政府应当将为居住证持有人提供基本公共服务和便利的工作纳入国民经济和社会发展规划，完善财政转移支付制度，将提供基本公共服务和便利所需费用纳入财政预算。

第七条　县级以上人民政府有关部门应当建立和完善人口信息库，分类完善劳动就业、教育、社会保障、房产、信用、卫生计生、婚姻等信息系统以及居住证持有人信息的采集、登记工作，加强部门之间、地区之间居住证持有人信息的共享，为推进社会保险、住房公积金等转移接续制度，实现基本公共服务常住人口全覆盖提供信息支持，为居住证持有人在居住地居住提供便利。

第八条　公安机关负责居住证的申领受理、制作、发放、签注等证件管理工作。

居民委员会、村民委员会、用人单位、就读学校以及房屋出租人应当协助做好居住证的申领受理、发放等工作。

第九条　申领居住证，应当向居住地公安派出所或者受公安机关委托的社区服务机构提交本人居民身份证、本人相片以及居住地住址、就业、就读等证明材料。

居住地住址证明包括房屋租赁合同、房屋产权证明文件、购房合同或者房屋出租人、用人单位、就读学校出具的住宿证明等；就业证明包括工商营业执照、劳动合同、用人单位出具的劳动关系证明或者其他能够证明有合法稳定就业的材料等；就读证明包括学生证、就读学校出具的其他能够证明连续就读的材料等。

未满16周岁的未成年人和行动不便的老年人、残疾人等，可以由其监护人、近亲属代为申领居住证。监护人、近亲属代为办理的，应当提供委托人、代办人的合法有效身份证件。

申请人及相关证明材料出具人应当对本条规定的证明材料的真实性、合法性负责。

对申请材料不全的，公安派出所或者受公安机关委托的社区服务机构应当一次性告知申领人需要补充的材料。

对符合居住证办理条件的，公安机关应当自受理之日起15日内制作发放居住证；在偏远地区、交通不便的地区或者因特殊情况，不能按期制作发放居住证的，设区的市级以上地方人民政府在实施办法中可以对制作发放时限作出延长规定，但延长后最长不得超过30日。

第十条　居住证由县级人民政府公安机关签发，每年签注1次。

居住证持有人在居住地连续居住的，应当在居住每满1年之日前1个月内，到居住地公安派出所或者受公安机关委托的社区服务机构办理签注手续。

逾期未办理签注手续的，居住证使用功能中止；补办签注手续的，居住证的使用功能恢复，居住证持有人在居住地的居住年限自补办签注手续之日起连续计算。

第十一条　居住证损坏难以辨认或者丢失的，居住证持有人应当到居住地公安派出所或者受公安机关委托的社区服务机构办理换领、补领手续。

居住证持有人换领新证时，应当交回原证。

第十二条　居住证持有人在居住地依法享受劳动就业，参加社会保险，缴存、提取和使用住房公积金的权利。县级以上人民政府及其有关部门应当为居住证持有人提供下列基本公共服务：

（一）义务教育；

（二）基本公共就业服务；

（三）基本公共卫生服务和计划生育服务；

（四）公共文化体育服务；

（五）法律援助和其他法律服务；
（六）国家规定的其他基本公共服务。
第十三条　居住证持有人在居住地享受下列便利：
（一）按照国家有关规定办理出入境证件；
（二）按照国家有关规定换领、补领居民身份证；
（三）机动车登记；
（四）申领机动车驾驶证；
（五）报名参加职业资格考试、申请授予职业资格；
（六）办理生育服务登记和其他计划生育证明材料；
（七）国家规定的其他便利。

第十四条　国务院有关部门、地方各级人民政府及其有关部门应当积极创造条件，逐步扩大为居住证持有人提供公共服务和便利的范围，提高服务标准，并定期向社会公布居住证持有人享受的公共服务和便利的范围。

第十五条　居住证持有人符合居住地人民政府规定的落户条件的，可以根据本人意愿，将常住户口由原户口所在地迁入居住地。

第十六条　居住地人民政府应当根据下列规定确定落户条件：

（一）建制镇和城区人口50万以下的小城市的落户条件为在城市市区、县人民政府驻地镇或者其他建制镇有合法稳定住所。

（二）城区人口50万至100万的中等城市的落户条件为在城市有合法稳定就业并有合法稳定住所，同时按照国家规定参加城镇社会保险达到一定年限。其中，城市综合承载能力压力小的地方，可以参照建制镇和小城市标准，全面放开落户限制；城市综合承载能力压力大的地方，可以对合法稳定就业的范围、年限和合法稳定住所的范围、条件等作出规定，但对合法稳定住所不得设置住房面积、金额等要求，对参加城镇社会保险年限的要求不得超过3年。

（三）城区人口100万至500万的大城市的落户条件为在城市有合法稳定就业达到一定年限并有合法稳定住所，同时按照国家规定参加城镇社会保险达到一定年限，但对参加城镇社会保险年限的要求不得超过5年。其中，城区人口300万至500万的大城市可以对合法稳定就业的范围、年限和合法稳定住所的范围、条件等作出规定，也可结合本地实际，建立积分落户制度。

（四）城区人口500万以上的特大城市和超大城市应当根据城市综合承载能力和经济社会发展需要，以具有合法稳定就业和合法稳定住所、参加城镇社会保险年限、连续居住年限等为主要指标，建立完善积分落户制度。

第十七条　国家机关及其工作人员对在工作过程中知悉的居住证持有人个人信息，应当予以保密。

第十八条　有下列行为之一的，由公安机关给予警告、责令改正，处200元以下罚款，有违法所得的，没收违法所得：

（一）使用虚假证明材料骗领居住证；

（二）出租、出借、转让居住证；

（三）非法扣押他人居住证。

第十九条　有下列行为之一的，由公安机关处200元以上1000元以下罚款，有违法所得的，没收违法所得：

（一）冒用他人居住证或者使用骗领的居住证；

（二）购买、出售、使用伪造、变造的居住证。

伪造、变造的居住证和骗领的居住证，由公安机关予以收缴。

第二十条　国家机关及其工作人员有下列行为之一的，依法给予处分；构成犯罪的，依法追究刑事责任：

（一）符合居住证申领条件但拒绝受理、发放；

（二）违反有关规定收取费用；

（三）利用制作、发放居住证的便利，收受他人财物或者谋取其他利益；

（四）将在工作中知悉的居住证持有人个人信息出售或者非法提供给他人；

（五）篡改居住证信息。

第二十一条　首次申领居住证，免收证件工本费。换领、补领居住证，应当缴纳证件工本费。办理签注手续不得收取费用。

具体收费办法由国务院财政部门、价格主管部门制定。

第二十二条　设区的市级以上地方人民政府应当结合本行政区域经济社会发展需要及落户条件等因素，根据本条例制定实施办法。

第二十三条　本条例自2016年1月1日起施行。本条例施行前各地已发放的居住证，在有效期内继续有效。

第二节　规　定

【功能特性】

规定是党政机关对某一方面的工作做出部分的规定或者是为了贯彻执行条例而提出具体执行意见和管理措施时使用的文体，也是法规体公文的一种，例如，《国家测绘地理信息局法规制定程序规定》。规定作为我国法律体系的一个组成部分，除具有法规文体的共性之外，还具有自身的特点：一是制定机关的特定性。按规定，只有宪法和组织赋予有法规制定权的机关，并按照一定的制定程序才能制定。党和国家机关、人民团体和企事业单位制定的有关某方面的规定，只能属于行文，而不属法规文体。二是内容的规定性。规定时对某一方面工作做出的部分规定，常用于制定国务院各部门的规章和人民政府的规章。三是具有法律的强制性和约束力。规定中所涉及的地区、单位、部门和人员，必须遵照执行，如有违反，将受到应有的处置。

【结构模式】

规定的内容结构比较固定，其内容结构一般如下：

一、标题

一般由事由和文种两个要素构成，用“关于××的规定”或“××的规定”的句式，有的在事由的前面加制定者的名称《中共中央 国务院关于党政机关厉行节约制止奢侈浪费行为的若干规定》。

二、正文

正文是规定的主体部分，包括制定规定的缘由、依据、目的和意义、具体规定事项、实施办法和要求等。有的规定在开头部分说明制定本规定的缘由、依据、目的和意义，在主体部分明确规定的事项，在结尾部分对本规定的适用范围和要求、实施时间等有关事项进行说明。也有的规定只有主体部分，开宗明义地规定有关事项，条项贯通，而没有单独的开头和结尾，这种结构模式通常适用于内容相对简单一些的规定。在具体的表现形式上，规定的正文部分一般采取条文的形式表达，内容较简单的从第一条开始直至最后一条；也可以采取序言加数码式，即先写一个简短的序言，然后采用数码“一、二、三……”，列出规定事项；内容复杂的，则可以采用“三则式”，即总则、分则、附则的形式分别列出具体内容。

三、落款

在正文的右下角署上发文单位名称，注明发文日期。如果标题下已注有发文单位名称和发文日期，落款处则不须再注明。

【写作要求】

一、要重筹安排。一般先写原则性的主要规范要求，后写次要的规范和具体的约束措施，这样能够给人以主次分明、详略得当之感。

二、规定实行要具体明确，含义单一，前后一致。绝不能自相矛盾，让人无所适从。

三、行文要用肯定的语气。常用“可”“应”“不得”“不应”等模态词语标明允许做什么，做到什么程度；不允许做什么，做了应当承担什么责任等，以彰显其强制性和约束力。

【典范文例】

例文 1

中共中央政治局关于改进工作作风、密切联系群众的八项规定

一、中央政治局全体同志要改进调查研究，到基层调研要深入了解真实情况，总结经验、研究问题、解决困难、指导工作，向群众学习、向实践学习，多同群众座谈，多同干部谈心，多商量讨论，多解剖典型。

二、要精简会议活动，切实改进会风，严格控制以中央名义召开的各类全国性会议和举行的重大活动，不开泛泛部署工作和提要求的会，未经中央批准一律不出席各类剪彩、奠基活动和庆祝会、纪念会、表彰会、博览会、研讨会及各类论坛；提高会议实效，开短会、讲短话，力戒空话、套话。

三、要精简文件简报，切实改进文风，没有实质内容、可发可不发的文件、简报一律不发。

四、要规范出访活动，从外交工作大局需要出发合理安排出访活动，严格控制出访随行人员，严格按照规定乘坐交通工具，一般不安排中资机构、华侨华人、留学生代表等到机场迎送。

五、要改进警卫工作，坚持有利于联系群众的原则，减少交通管制，一般情况下不得封路、不清场闭馆。

六、要改进新闻报道，中央政治局同志出席会议和活动应根据工作需要、新闻价值、社会效果决定是否报道，进一步压缩报道的数量、字数、时长。

七、要严格文稿发表，除中央统一安排外，个人不公开出版著作、讲话单行本，不发贺信、贺电，不题词、题字。

八、要厉行勤俭节约，严格遵守廉洁从政有关规定，严格执行住房、车辆配备等有关工作和生活待遇的规定。

例文 2

国家测绘地理信息局法规制定程序规定

（2016 年 3 月 8 日）

第一章　总　则

第一条　为规范测绘地理信息立法程序，提高立法质量，根据《中华人民共和国立法法》和其他有关法律法规，制定本规定。

第二条　本规定所称测绘地理信息法规，是指由国家测绘地理信息局负责起草的法律、行政法规、部门规章以及重要的规范性文件。

第三条　起草、制定测绘地理信息法规应当贯彻党和国家的路线、方针和政策，并遵循以下原则：

（一）法制统一原则。严格遵守宪法、立法法，与其他法律法规协调统一。

（二）科学民主原则。坚持立法公开，完善公众参与机制，广泛听取意见和建议。

（三）调查研究原则。坚持从实际出发，深入调查研究，准确反映我国测绘地理信息事业改革发展的制度需求。

第四条　国家测绘地理信息局法规与行业管理司（以下简称法规司）负责组织和管理测绘地理信息法规的起草制定工作。

国家测绘地理信息局其他各司室（以下简称各司室）负责本司室职责范围内的测绘地理信息法规的起草工作。

第五条　测绘地理信息立法所需经费按照局预算管理的规定和程序安排。

第二章　立　项

第六条　法规司根据全国人大常委会立法规划和国务院立法工作要求，结合测绘地理信息改革和发展的需要，组织拟订测绘地理信息立法规划草案，报局务会议审议通过后印发。

拟订立法规划草案时，应当征求局各司室的意见。

第七条　法规司根据测绘地理信息立法规划和局重点工作安排，起草测绘地理信息立法年度计划。

局各司室应当于每年12月底前向法规司提出下一年度立法项目建议，法规司进行综合、协调后，拟订立法年度计划草案，报局务会议审议通过后印发。

第八条　局各司室向法规司提交立法项目建议，应当填写立法项目建议表（见附件），对立法必要性、所要解决的主要问题、拟确立的主要制度等做出书面说明。

第九条　测绘地理信息立法年度计划中的立法项目分为出台类、调研论证类和前期研究类。

出台类指当年完成法规起草，提交局务会议审议通过，发布或者报送立法机关审议的项目；调研论证类指当年进行调研、论证并起草出法规草稿，但不提交局务会议审议的项目；前期研究类指当年只对法规的立法必要性、所要解决的主要问题及相关政策进行研究的项目。

第十条　未列入测绘地理信息立法年度计划的项目，原则上不提交局务会议审议。

第十一条　法规司根据局领导的要求或者工作需要，可以提出调整测绘地理信息立法规划和立法年度计划的建议；其他各司室需要增加、取消或者延迟立法项目的，应当提出书面意见送法规司。

调整立法规划内容应当经局务会议或者局长办公会议审议通过。调整立法年度计划内容应当由局长或者主管局领导批准。

第三章　起　草

第十二条　列入立法年度计划的立法项目，根据其内容和各司室的职责分工，确定负责起草工作的司室（以下简称起草司室）；立法项目内容涉及两个或者两个以上司室职责的，涉及到的司室共同参与起草工作并确定牵头司室。

法规司在起草立法年度计划时，提出起草司室和牵头司室的建议，作为立法年度计划的一部分报局务会议审议通过后实施。

第十三条　立法项目的起草司室应当制定工作计划，明确负责起草工作的处室及立法项目负责人，并将工作计划交法规司备案。

第十四条　起草司室应当在深入调查研究、认真分析论证和总结实践经验的基础上，起草测绘地理信息法规。

第十五条　测绘地理信息法规的内容应当包括制定的依据和宗旨、适用范围、调整对象、主要制度、法律责任、施行日期等。

第十六条　测绘地理信息法规应当结构严谨、条理清晰、概念明确、文字简练规范；分条文书写，冠以“第×条”字样，并可分为款、项，款不冠数字，空两字书写，项冠以（一）、（二）、（三）等数字；内容繁杂或者条文较多的，可以分章、分节。

第十七条　测绘地理信息法规形成征求意见稿后由起草司室负责征求意见。征求意见的范围包括局各司室、局所属单位、地方测绘地理信息行政主管部门；涉及其他部门职责的，征求其他部门意见；直接涉及公民、法人或者其他组织切身利益的，应面向社会公开征求意见。

第十八条　法律草案、行政法规草案中拟设定行政许可的，起草司室应当严格遵守行政许可法和国务院有关规定，严格设定标准，履行法定程序，采取听证会、论证会等形式听取意见。

部门规章和规范性文件不得设定行政许可，不得以备案、登记、年检、监制、认定、认证、审定等形式变相设定行政许可。

第十九条　对测绘地理信息法规中涉及的重大问题，起草司室应当组织专家进行论证，论证情况要形成书面材料。

第二十条　起草司室根据征求意见和专家论证的情况，对征求意见稿进行修改，形成测绘地理信息法规的送审稿。

有关单位对测绘地理信息法规有不同意见，经协商仍不能取得一致的，起草司室应当书面说明有关情况。

第二十一条　起草司室应当撰写起草说明，起草说明包括以下内容：

（一）立法的必要性和依据；

（二）起草过程；

（三）法规规定的主要制度或者措施；

（四）有关方面的意见；

（五）其他需要说明的问题。

第二十二条　法律草案、行政法规草案设定行政许可的，起草司室应当撰写行政许可的论证材料，论证材料包括：合法性论证材料、合理性论证材料、必要性论证材料，各方面对行政许可的意见和建议以及意见建议采纳情况的资料，其他国家或地区的相关立法资料等。

第二十三条　起草司室在起草测绘地理信息法规过程中应与法规司沟通情况。重要的、复杂的测绘地理信息法规在提请局务会议审议之前，起草司室会同法规司可以召开由有关领导及专家参加的论证会，为局务会议审议做好充分准备。

第二十四条　起草司室确因客观原因不能按计划完成立法项目的，应当在计划完成时间之前20日写出情况说明，分别报主管本司室工作的局领导和主管立法工作的局领导批准。

第四章　审　查

第二十五条　测绘地理信息法规送审稿完成后，起草司室应当报主管局领导审阅同意，在立法年度计划中确定的报局务会议审议时间20日前提交法规司。

第二十六条　提交法规司时，应提供以下材料：

（一）送审稿和起草说明；

（二）反馈意见汇总和采纳情况；

（三）设定行政许可的，提供行政许可的论证材料；

（四）必要时提供有关的调研报告，论证会纪要，国内外有关资料等。

第二十七条　法规司接到起草司室提交的送审稿后，从以下方面进行审查：

（一）是否符合本规定第三条的规定；

（二）是否违反上位法，是否与有关法律法规衔接、协调；

（三）是否征求了有关方面的意见，并对主要意见提出了处理意见；

（四）是否对有关分歧意见进行充分协调，并提出处理意见；

（五）是否符合立法程序及立法技术的要求；

（六）是否符合工作实际，具备可操作性；

（七）是否符合本规定的其他有关要求。

第二十八条　送审稿有以下情形之一的，由法规司退回起草司室：

（一）送审稿内容违反上位法的；

（二）送审稿中涉及的重大问题或者主要制度、措施存在较大争议，尚未取得一致意见的；

（三）未按本规定所要求的立项、起草程序进行的。

第二十九条　对本规定第二十八条所列情形之外其他需要修改的，法规司与起草司室协商后，对送审稿进行修改。

第三十条　对送审稿涉及的重大问题，必要时法规司可以会同起草司室进行调研、论证和征求意见。

第三十一条　法规司审查送审稿时，与起草司室有分歧，经协商不能取得一致的，报主管局领导决定是否提交局务会审议。

第五章　审　议

第三十二条　送审稿通过审查后，经主管局领导审阅并报局长同意后提交局务会议审议。

第三十三条　局务会议审议送审稿时，由起草司室负责人做起草说明，法规司负责人做审查说明。

第三十四条　局务会议审议送审稿所提意见，法规司会同起草司室应当逐条研究，并对送审稿进行修改。

第三十五条　送审稿经局务会议审议通过后，根据不同情况进行处理：

（一）测绘地理信息法律、行政法规以及部门规章，由法规司起草文件经局长签发后报国土资源部。

（二）规范性文件由起草司室起草文件经法规司会签后，由局长或者主管局领导签发，以国家测绘地理信息局名义印发。

第六章　公布和解释

第三十六条　测绘地理信息法规通过并发布后，除涉密的外，应当在国家测绘地理信息局门户网站及相关媒体刊物上公开。

第三十七条　测绘地理信息法律、行政法规和部门规章的解释工作，由法规司报请立法机关，由其解释后，统一对外答复。

重要规范性文件的解释工作，由各司室根据职责提出解释意见，法规司统一对外答复。

第三十八条　测绘地理信息法律、行政法规条文释义的编写，由法规司统一组织，各司室分别承担职责范围内的条文释义撰写工作。

第三十九条　测绘地理信息法规汇编工作由法规司负责。

第七章　立法协调

第四十条　测绘地理信息法律、行政法规和部门规章送审稿上报后，法规司及局有关司室应当配合审议部门做好送审稿的审查工作。

第四十一条　审议部门审查送审稿期间，法规司负责与审议部门的日常联系，会同局有关司室对送审稿进行修改，回答询问，准备送审稿的相关背景材料，包括国家相关规定、与相关法律的关系、征求意见协调情况、国外的相关立法情况等。

第四十二条　审议部门就送审稿开展立法调研、座谈论证、征求意见、部门协调时，由法规司会同局有关司室配合。

第四十三条　局领导列席国务院常务会议审议法律、行政法规草案的，或者参加部务会议审议部门规章的，法规司应当会同局有关司室收集以下材料，并及时送办公室：

（一）党中央和国务院领导批示；

（二）该草案过去的办理情况及相关材料；

（三）对该草案反馈的修改意见；

（四）相关法律法规和政策文件。

第四十四条　立法机关、其他部门送局征求意见的法律法规，由法规司会同局有关司室办理。局有关司室根据各自职责提出反馈意见，法规司汇总后报局领导审定。

第八章　附　则

第四十五条　测绘地理信息法规的备案、清理工作，由法规司负责，局各司室分别承担职责范围内工作。

第四十六条　测绘地理信息法规的修订工作，按照本规定进行。

第四十七条　本规定第二条所称的重要的规范性文件，是指以国家测绘地理信息局名义印发，面向全社会或者整个测绘地理信息行业，在一定时期可反复使用，具有规范作用的行政文件。

第四十八条　本规定自印发之日起施行。2004 年发布的《国家测绘局法规制定程序规定》同时废止。

第三节　办　法

【功能特性】

办法是对某一方面的具体工作确定其具体处理原则和实施方法，使有关单位和部门在工作中有所遵循的一种公文。与条例、规定相比，办法的使用对象要窄，内容更为具体，它往往是实施条例的具体性要求，与条例和规定一样均属法规性文体。

【结构模式】

办法的内容结构通常由标题、签署和正文三部分组成。

一、标题

办法的标题主要由适用范围、主要内容和文种（办法）三个要素组成，例如《国家赔偿费用管理办法》。此外，也可以根据具体情况，在标题中加上“试行”“暂行”字样。

二、题注

位于标题之下，写明该办法何时经何会议通过，或在什么时间修订发布，以说明其法定程序和执行效力，在正文之后不再署发文机关名称和日期。

三、正文

办法的正文写作与条例和规定基本相同。内容涉及面广的办法，也分为总则、分则和附则三部分。

“总则”一般是分条写明制定办法的缘由、目的、依据、适用范围或适用对象、基本原则等；

“分则”是办法的主体部分，通常以数章若干条的篇幅写明办法的内容；

“附则”包括办法的执行要求、生效日期、解释权或修改权归何机关（单位）、本办法与以往有关文件的关系及其他未尽事宜的处理办法等。

内容较为简单的办法，多数采用条款贯通式或序言加条款式的结构进行写作。

【写作要求】

要写好办法，应注意把握如下几点：

一、要注意把握办法与条例、规定等相关文种的区别。办法是介于条例、规定和细则之间的一种公文，是法规体公文中的重要成员。其与条例、规定相比，条例和规定多用于某些重大问题和重大事项，而且原则性较强，要求有关部门照章执行；而办法则往往用于具体事务或某一事项，可以参照办理。从范围上看，办法也比条例和规定要窄，往往是实施条例、规定的具体性要求。至于细则，其所涉及的内容事项就更为具体和细化。

二、要注意体现整体政策思想的准确性。由于办法与条例、规定一样，同属法规性文件，它在特定的范围内具有法定的规范性，要求人们必须认真遵守和执行，因此在撰写时必须特别注意保持整体政策思想的准确性，不容出现疏误。在此基础上，还要注意各条款之间的逻辑严密性，既要保持各自的相对独立性，又要保持内在的相互联系性，做到既无“缺口”，又无“重叠”，更无矛盾，便于理解和执行。

三、要注意把握其基本的结构规律。办法的写作，虽然其外形结构不一，诸如章条款式、条项贯通式等，但内在结构规律比较稳定，即都是由“总则—分则—附则”三部分组成。其中“总则”用以交代行文的依据、目的、总体要求和指导思想等，“分则”用来明确陈述所要规定的具体事宜，“附则”则用以交代时效、明确解释权和修改权等。这也是包括条例、规定、章程、细则等在内的法规性文件的通用结构模式。

四、要注意用语的准确、精当、得体。因为办法是用以对有关部门和人员的行为做出具体规范的文件，因此在用语上必须注意准确性，不容出现纰漏，以致言不及义抑或语义两歧，否则就会造成麻烦，贻害工作。要特别注意一些模态词语的使用，诸如“应（该）”“可（以）”等，它们在办法中出现的频率颇高，使用时务求恰切适度，以充分体现办法所具有的原则性与灵活性相结合的特点。

五、要注意区别两种不同类型办法的写作特性和要求。如前所述，按办法所涉及内容的不同，一般将其分为实施性办法和规定性办法两大类，每种类型的办法有其不同的特性和要求，撰写时必须区别对待，以求实效。一般而言，实施性办法通常要围绕实施原件而写，着重对原件实施提出具体意见，其依附性较强，因而要求写得具体细致，以有效地指导实践；规定性办法往往是独立行文，它要针对管理对象的内容来确定，因而在写作时应力求全面系统，富有针对性和可行性。

【典范文例】

例文 1

党政机关公务用车配备使用管理办法

第一条　为加强和规范党政机关公务用车配备使用管理，落实《汽车产业调整和振兴规划》，推动节能减排，降低行政成本，推进公务用车配备使用制度改革，促进党风廉政建设，根据有关规定，制定本办法。

第二条　本办法所称公务车，是指党政机关用于履行公务的机动车辆，分为一般公务用车和执法执勤用车。

一般公务用车是指用于办理公务、机要通信、处置突发事件等公务活动的机动车辆。执勤执法用车是指用于办案、监察、稽查、税务征管等执法执勤公务的专用机动车辆。

第三条　党政机关公务用车配备使用遵循经济适用、节能环保、保障公务、节约使用的原则。

第四条　党政机关公务用车实行分级管理。党政机关公务用车主管部门负责本级党政机关公务用车管理工作，指导监督下级党政机关公务用车管理工作。

第五条　党政机关公务用车实行编制管理。车辆编制根据人员编制、领导职数和工作需要等因素确定。

（一）中央和国家机关一般公务用车编制按每 20 人不超过 1 辆确定；地方各级党政机关一般公务用车编制标准，由各省、自治区、直辖市参照中央和国家机关标准，结合工作需要和当地实际情况确定。

（二）执法执勤用车编制由财政部门会同公安、国家安全、司法和纪检监察及其他行政执法机关主管部门，根据车辆保障装备标准和工作需要决定。执法执勤用车不得与一般公务车重复配备。

（三）在京中央和国家机关公务用车实行指标管理，由国务院机关事务管理局（以下简称国管局）、中共中央直属机关事务管理局（以下简称中直管理局）会同有关部门制定具体办法并负责组织实施。

第六条　党政机关应配备使用国产汽车。对自主品牌和自主创新的新能源汽车，可以实行政府优先采购。

第七条　党政机关配备公务用车应当严格执行以下标准：

（一）一般公务用车配备排气量1.8升（含）以下、价格18万元以内的轿车，其中机要通信用车配备排气量1.6升（含）以下、价格12万元以内的轿车。配备享受财政补助的自主创新的新能源汽车，以补助后的价格为计价标准；

（二）执法执勤用车除涉及国家安全、侦查办案、应急救援、警卫和特殊地理环境等因素外，依照一般公务车标准配备。

第八条　党政机关原则上不配备越野车。确因地理环境和工作性质特殊的，可以适当配备国产越野车。不得将配备的越野车和警卫车作为领导干部固定用车。

第九条　公务用车使用年限超过八年的可以更新；达到更新年限仍能继续使用的，应当继续使用。不得因领导干部提职、调任等原因提前更新。更新后，旧车处理按照公开公正、规范节约的原则，可以采取与厂家置换等方式进行。

第十条　党政机关确需高于标准配备更新公务用车，或者配备更新越野车的，必须按照规定报公务车主管部门审批，并报同级纪检监察机关备案。

第十一条　公务用车主管部门根据公务用车的配备更新标准和现状，编制年度公务用车配备更新计划。

第十二条　财政部门根据年度使用公务车配备更新计划，统筹安排购置经费，并实行严格管理。财政部门会同公务用车主管部门制定公务用车运行费用定额标准，据以核定公务用车运行费用，列入部门预算。

第十三条　国管局、中直管理局会同汽车行业主管部门按照国家有关汽车产业规划、政策和政府采购的规定，综合考虑车辆技术参数、安全性能、节能减排、售后服务等因素，定期发布党政机关公务用车选用车型目录。公务用车主管部门根据公务用车选用车型目录和年度配备更新计划，严格按照《中华人民共和国政府采购法》等有关规定组织实施公务用车采购。

第十四条　党政机关应当加强公务用车使用管理，严格按照规定用途使用公务用车，不得公车私用，并接受社会监督。

第十五条　党政机关应当建立健全公务用车使用管理制度，降低使用和维修保养成本。

（一）加强公务用车集中管理，统一调度，严禁分散管理使用，减少驾驶，提高使用效率，避免浪费。

（二）严格公务用车使用登记和公示制度，严格登记和公示用车时间、事由、地点、里程、油耗、费用等信息。一般公务用车严格实行回单位停放制度，节假日期间除特殊工作需要外应当封存停驶。

（三）实行公务用车保险、维修、加油政府集中采购和定点保险、定点维修、定点加油制度，健全公务用车油耗、运行费用单车核算和节奖超罚制度，降低运行成本。

第十六条　党政机关工作人员到外地办理公务，除特殊情况外，应当尽量乘用公共交通工具，减少公务用车长途行使。外事接待、会议和集体活动用车应当主要通过社会租赁方式解决。

第十七条　党政机关不得对外出租出借公务用车，不得借用、占用下属单位或者其他单位车辆，不得接受企业捐赠车辆。严禁为公务用车增加高档配置或者豪华内饰，不得在车辆维修等费用中虚列名目或者夹带其他费用。

第十八条　建立公务用车配备更新和使用情况统计报告制度。各省、自治区、直辖市公务用车主管部门负责统计汇总本省、自治区、直辖市公务用车配备更新和使用情况。国管局、中直管理局负责统计汇总中央和国家机关公务用车配备更新和使用情况。

公务用车主管部门应当定期向同级党政机关通报或者公示公务用车配备更新和使用情况，接受监督。

第十九条　党政机关应当严格执行公务用车配备使用管理各项规定，把公务用车的配备管理工作纳入领导干部党风廉政建设责任制和节能减排检查考核内容，按照谁主管、谁负责的原则，明确责任分工，加强公务用车配备使用管理工作。

纪检监察机关应当加强对公务用车配备使用管理规定执行情况的监督检查，对以下行为依照党纪政纪有关规定处理：

（一）违规核定公务用车编制、审批超标准配备更新车辆；

（二）违规安排公务用车配备更新和运行经费预算；

（三）未经批准擅自配备更新公务用车；

（四）违规使用公务用车。

第二十条　试行公务用车制度改革的地区和部门应当对本地区、本部门公务用车制度改革情况进行总结和完善，不再依照本办法核定公务用车编制和配备更新公务用车。有条件的地区和部门应当结合本地区、本部门实际，加快推进公务用车制度改革。

第二十一条　各级党政机关及其所属行政单位、各级党委和政府直属事业单位、人民团体的公务用车配备使用管理适用本办法。各级党政机关所属事业单位公务用车按照本办法的原则管理，具体办法另行规定。

各级人大机关、政协机关、人民法院、人民检察院的公务用车配备使用管理，参照本办法执行。

第二十二条　各省、自治区、直辖市应当依照本办法制定实施办法，报中共中央办公厅和国务院办公厅备案。

第二十三条　本办法由国管局会同有关部门负责解释。

第二十四条　本办法自发布之日起施行。此前有关公务用车配备使用管理的规定，凡与本办法不一致的，按照本办法执行。

例文2

江西省石油天然气管道建设和保护办法

第一条　为了保障石油、天然气管道建设，保护石油、天然气管道安全，根据《中华人民共和国石油天然气管道保护法》等法律、行政法规的规定，结合本省实际，制定本办法。

第二条　本省行政区域内输送石油、天然气管道以及管道附属设施（以下统称管道）的建设和保护，适用本办法。

城镇燃气管道和炼油、化工等企业厂区内管道的建设和保护，不适用本办法。

第三条　本办法所称石油包括原油和成品油，所称天然气包括天然气、煤层气、煤制气和页岩气。

本办法所称管道附属设施包括：

（一）管道的加压站、加热站、计量站、集油站、集气站、输油站、输气站、配气站、处理场、清管站、阀室、阀井、放空设施、油库、储气库、装卸栈桥、装卸场；

（二）管道的水工防护设施、防风设施、防雷设施、抗震设施、通信设施、安全监控设施、电力设施、管堤、管桥以及管道专用涵洞、隧道等穿跨越设施；

（三）管道的阴极保护站、阴极保护测试桩、阳极地床、杂散电流排流站等防腐设施；

（四）管道穿越铁路、公路的检漏装置；

（五）管道的其他附属设施。

第四条　县级以上人民政府应当加强管道建设和保护工作的领导，建立健全管道建设和保护工作协调机制，督促、检查有关部门和下级人民政府依法履行管道建设和保护职责，组织排除管道建设和保护中的重大外部安全隐患。

乡（镇）人民政府、街道办事处应当按照上级人民政府及其有关部门的要求，协助做好辖区内管道建设和保护的相关工作。

第五条 县级以上人民政府能源主管部门主管本行政区域内的管道建设和保护工作，主要履行下列职责：

（一）宣传、贯彻有关管道建设和保护的法律、法规、规章和政策；

（二）协调处理本行政区域内管道建设和保护中的重大问题；

（三）指导督促管道企业落实安全生产主体责任，履行管道保护义务，保障管道安全运行；

（四）会同有关部门依法制止、查处本行政区域内发生的破坏、盗窃、哄抢管道设施和管道输送的石油、天然气以及其他危害管道安全的行为。

第六条 县级以上人民政府有关主管部门对管道建设和保护主要履行下列职责：

（一）安全生产监督管理部门负责依法组织管道建设项目安全审查工作，依法组织管道生产安全事故调查处理和办理结案工作；

（二）公安机关依法做好管道企业周边、管道沿线、管道建设中的治安管理工作，指导、监督、检查管道企业的安全保卫工作，查处和打击打孔盗油等破坏管道危及管道运行安全和影响管道建设安全的违法犯罪行为；

（三）城乡规划主管部门依法做好管道建设规划的审核工作，加强对管道周边项目的规划审批监督管理。

财政、国土资源、环境保护、交通运输、水利、国有资产监督管理、质量技术监督、农业、林业、工业和信息化等主管部门依法在各自职责范围内做好管道建设和保护的相关工作。

第七条 县级以上人民政府能源主管部门应当组织公安、国土资源、城乡规划、建设、安全生产监督管理、林业等有关部门及管道企业定期会商管道建设和保护工作，研究解决管道建设和保护工作中的重大问题，促进政府部门与管道企业之间的协作配合。

第八条 管道企业是管道建设、保护和安全运行的责任主体，依法履行下列管道安全保护责任：

（一）遵守管道建设和保护的法律、法规、规章，执行国家技术规范；

（二）建立健全并组织实施本企业管道建设和保护规章制度和岗位操作规程，明确管道安全保护机构，配备管道保护所必需的人员和技术装备，设置管道标志，保障管道保护所需的经费投入；

（三）宣传管道安全保护知识，组织对员工进行管道安全保护知识的培训；

（四）组织开展对管道线路的巡护、检测、维修和更新，及时排除安全隐患；

（五）研究开发和使用管道保护新技术；

（六）对影响管道安全的建设工程施工提出安全保护方案，并监督指导安全保护协议的落实；

（七）法律、法规和规章规定的其他管道安全保护责任。

第九条　省人民政府能源主管部门应当组织编制全省管道发展规划，报省人民政府批准后组织实施。

全省管道发展规划应当符合全国管道发展规划和全省能源发展规划，并与土地利用总体规划、城乡规划、林地保护利用规划以及矿产资源、环境保护、森林防火、水利、铁路、公路、航道、港口、电信、电力、市政设施等规划相衔接。

编制全省管道发展规划应当征求省有关部门及相关设区的市、县（市、区）人民政府的意见。

第十条　管道企业应当根据全省管道发展规划编制管道建设规划。编制管道建设规划，应当充分考虑用地现状，处理好地方经济发展与管道保护的关系。

管道建设规划确定的管道选线应当避开地震活动断层和容易发生洪灾、地质灾害的区域，与建筑物、构筑物、铁路、公路、航道、港口、市政设施、军事设施、电缆、光缆等的安全保护距离应当符合有关法律、法规及国家技术规范的强制性规定。

新建管道通过区域受地理条件限制，管道安全保护距离不能满足前款规定的管道保护要求的，管道企业应当提出防护方案，组织管道保护方面的专家评审论证，并经县级以上人民政府能源主管部门依法批准，方可建设。达不到管道保护安全要求的，管道企业应当重新规划管道建设的选线方案。

第十一条　管道企业应当将管道建设规划确定的管道建设选线方案报拟建管道所在地县级以上人民政府城乡规划主管部门审核。经审核符合城乡规划的管道建设选线方案，由城乡规划主管部门依法纳入当地的城乡规划，并分送拟建管道所在地设区的市、县（市、区）人民政府和县级以上人民政府能源主管部门。

城乡规划主管部门在审核企业管道建设选线方案时，应当核实已规划和建成的其他建设项目的具体分布情况，依据有关法律、法规等规定，留出足够安全空间，避免其他建设项目对管道造成占压和破坏。

第十二条　管道建设用地应当符合土地利用总体规划，合理选择用地方式，节约用地。对纳入城乡规划的管道建设项目，管道所在地县级以上人民政府应当落实管道建设用地。任何单位和个人对管道建设用地不得擅自占用或者改变用途。

管道建设涉及土地、房屋征收的，依照土地、房屋征收有关法律、法规的规定办理。

管道建设涉及临时用地的，管道企业应当对相关权益人给予补偿。补偿标准根据省有关规定，综合考虑临时用地期限届满后使用功能受影响的程度协商确定。管道线路放样后，在临时用地范围内新增建筑物或者新增农林作物等不予补偿。

第十三条　管道建设工程在新建、改建、扩建中妨碍其他建设工程时，或者其他建设工程在新建、改建、扩建中妨碍管道建设工程时，应当遵循“后建服从先建”等原则，由建设工程双方单位依法进行协商，就有关确保管道安全采取必要的防护措施和补偿等问题签订协议后，方可施工。施工时，双方应当指派专门人员现场监督、指导施工。

第十四条　管道建成后，管道企业应当组织相关部门按照国家有关规定和标准进行竣工验收。管道建设项目经验收合格，方可正式交付使用。

管道企业应当自管道竣工验收合格之日起六十日内，将电子版竣工测量图依法报送管道所在地县级以上人民政府能源主管部门备案，并由县级以上人民政府能源主管部门分送本级人民政府城乡规划、建设、国土资源、水利、林业、交通运输、公安、安全生产监督管理等主管部门和有关军事机关及铁路部门。

第十五条　禁止任何单位和个人实施下列危害管道安全的行为：

（一）擅自开启、关闭管道阀门；

（二）采用移动、切割、打孔、砸撬、拆卸等手段损坏管道；

（三）移动、毁损、涂改管道标志；

（四）在埋地管道上方巡查便道上行驶重型车辆；

（五）在地面管道线路、架空管道线路和管桥上行走或者放置重物；

（六）阻碍依法进行的管道建设；

（七）在管道中心线两侧各五米地域范围内种植乔木、灌木、藤类、芦苇、竹子或者其他根系深达管道埋设部位可能损坏管道防腐层的深根植物，取土、采石、用火、堆放重物、排放腐蚀性物质、使用机械工具进行挖掘施工，挖塘、修渠、修晒场、修建水产养殖场、建温室、建家畜棚圈、建房以及其他建筑物、构筑物；

（八）在穿越河流的管道线路中心线两侧各五百米地域范围内，抛锚、拖锚、挖砂、挖泥、采石、水下爆破，但在保障管道安全条件下，为防洪和航道通畅而进行的养护疏浚作业除外；

（九）在管道专用隧道中心线两侧各一千米地域范围内，实施因修建铁路、公路、水利工程等公共工程作业以外的采石、采矿、爆破；

（十）在管道及本办法第三条第二款第一项规定的管道附属设施上方架设电力线路、通信线路或者在储气库构造区域范围内进行工程挖掘、工程钻探、采矿；

（十一）法律、法规规定的其他危害管道安全的行为。

第十六条　在管道线路中心线两侧及本办法第三条第二款第一项规定的管道

附属设施周边修建下列建筑物、构筑物的，建筑物、构筑物与管道及管道附属设施的距离，应当符合国家技术规范的强制性要求：

（一）居民小区、学校、医院、娱乐场所、车站、商场等人口密集的建筑物；

（二）变电站、加油站、加气站、储油罐、储气罐等易燃易爆物品的生产、经营、存储场所。

第十七条　进行下列施工作业，施工单位应当向管道所在地县级人民政府能源主管部门提出书面申请：

（一）穿跨越管道的施工作业；

（二）在管道线路中心线两侧各五米至五十米和本办法第三条第二款第一项所列管道附属设施周边一百米地域范围内，新建、改建、扩建铁路、公路、河渠，架设电力线路，埋设地下电缆、光缆，设置安全接地体、避雷接地体；

（三）在管道线路中心线两侧各二百米和本办法第三条第二款第一项所列管道附属设施周边五百米地域范围内，进行爆破、地震法勘探或者工程挖掘、工程钻探、采矿；

（四）在管道专用隧道中心线两侧各一千米地域范围内，因修建铁路、公路、水利工程等公共工程，确需实施采石、爆破等施工作业。

县级人民政府能源主管部门接到申请后，应当在七个工作日内组织施工单位与管道企业协商确定施工作业方案，签订安全防护协议，并采取必要的安全防护措施后，方可实施作业；协商不成的，县级人民政府能源主管部门应当组织进行安全评审，作出是否批准作业的决定。

施工单位实施作业时，应当在开工三日前书面通知管道企业，管道企业应当指派专人到现场进行管道保护安全指导。

第十八条　在穿越河流的管道线路中心线两侧各五百米地域范围内，因防洪和航道通畅需要，进行养护疏浚作业的抛锚、拖锚、挖砂、挖泥、采石、水下爆破等，施工单位应当及时通知管道企业，并采取必要的安全防护措施后，方可实施作业。

第十九条　管道企业应当制定本企业管道事故应急预案并依法报送管道所在地县级人民政府能源主管部门备案，建立应急救援队伍，储备相关的应急物资，定期组织管道事故应急救援演练。

发生管道突发事故时，管道企业应当立即启动本企业管道突发事故应急预案，按照规定及时通报可能受到事故危害的单位和居民，采取有效措施消除或者减轻突发事故危害，并依照有关事故调查处理的规定，向事故发生地县级人民政府应急管理、能源、安全生产监督管理、公安等部门报告。

管道事故发生地县级人民政府应急管理、能源、安全生产监督、公安等部门接到管道突发事故报告后，应当按规定向上级人民政府有关主管部门报告。根据管道事故的实际情况，采取应急处置措施或者报请人民政府及时启动本行政区域管道事故应急预案，组织进行事故应急处置与救援。

第二十条　县级以上人民政府能源主管部门应当认真履行管道建设和保护的管理职责，督促管道企业做好管道线路巡护工作，监督管道企业对安全隐患的排查和整改，依法检查和制止各种占压、破坏管道的行为。

第二十一条　县级以上人民政府能源主管部门在对管道进行安全监督检查时，可以行使下列职权：

（一）进入现场开展监督检查，查阅、复制管道保护安全运行有关的记录和其他资料，询问有关人员；

（二）对检查中发现的安全隐患，责令停止违法行为或者责令限期改正，依法给予行政处罚。

第二十二条　县级以上人民政府能源主管部门行政执法人员依法进行监督检查时，应当出示行政执法证件，被检查的单位和个人应当予以配合。

第二十三条　鼓励单位及个人对管道保护工作进行监督。

任何单位和个人发现危害管道建设或者运行安全的违法行为，都有权举报。相关部门接到举报后，对属于本部门职责的，应当及时受理并依法调查处理；对不属于本部门职责的，应当及时移送有权处理的部门，并告知当事人。

第二十四条　管道企业有下列行为之一的，由县级以上人民政府能源主管部门依法责令限期改正；逾期不改正的，处二万元以上五万元以下的罚款；情节严重的，处五万元以上十万元以下的罚款；对直接负责的主管人员和其他直接责任人员给予处分：

（一）未依照本办法规定对管道进行巡护、检测和维修的；

（二）未依照本办法规定设置有关管道标志的；

（三）未依照本办法规定将管道竣工测量图等材料报县级以上人民政府能源主管部门备案的；

（四）未制定本企业管道事故应急预案，或者未将本企业管道事故应急预案报管道所在地县级人民政府能源主管部门备案的；

（五）发生管道事故，未采取有效措施消除或者减轻事故危害的。

管道企业违反建设工程质量管理、安全生产、消防等其他法律、法规的，依照其他法律、法规的规定处罚。

管道企业给他人合法权益造成损害的，依法承担民事责任。

第二十五条　违反本办法第十五条第（一）、（三）、（四）、（五）、（六）项的规定，由县级以上人民政府能源主管部门依法责令改正；情节严重的，处二百元以上一千元以下的罚款。

违反本办法第十五条第（二）项的规定，采用移动、切割、打孔、砸撬、拆卸等手段损坏管道，尚不构成犯罪的，依法给予治安管理处罚。

违反本办法第十五条第（七）、（八）、（九）、（十）项的规定，实施危害管道安全行为的，由县级以上人民政府能源主管部门依法责令停止违法行为；情节较重的，对单位处一万元以上十万元以下的罚款，对个人处二百元以上二千元以下的罚款，对违法修建的建筑物、构筑物或者其他设施限期拆除；逾期未拆除的，由县级以上人民政府能源主管部门依法组织拆除，所需费用由违法行为人承担。

第二十六条　违反本办法第十七条规定进行施工作业的，由县级以上人民政府能源主管部门依法责令停止违法行为；情节较重的，处一万元以上五万元以下的罚款；对违法修建的危害管道安全的建筑物、构筑物或者其他设施限期拆除；逾期未拆除的，由县级以上人民政府能源主管部门依法组织拆除，所需费用由违法行为人承担。

第二十七条　县级以上人民政府及其能源主管部门或者其他有关部门，有下列行为之一的，由其上级机关责令改正，对直接负责的主管人员和其他直接责任人员，由有权机关依法给予处分；构成犯罪的，依法追究刑事责任：

（一）对应当组织排除的管道外部安全隐患不及时组织排除的；

（二）发现危害管道安全的行为或者接到对危害管道安全行为的举报后不依法予以查处的；

（三）从管道建设和保护工作中谋取非法利益的；

（四）其他滥用职权、玩忽职守、徇私舞弊的行为。

第二十八条　本办法自2016年3月1日起施行。

第四节　细　则

【功能特性】

细则是为了更好贯彻实施某一法规而对其中某些条款进行解释和说明的法规性文件，例如，《河北省党政机关公文处理工作实施细则》，是为具体贯彻实施《党政机关公文处理工作条例》而制定的。

细则是从行政法规中派生的，是行政法规的补充和延伸，其主要特点是：

一、规章性。权力机关和国务院不使用这一文种，通常是下级机关为实施上级机关的行政法规规章而制定的，就其性质而言属于行政法规。

二、细致性。办法侧重于措施、步骤、程序等方面做出规定，而细则是侧重于原法规、规章界限范围的划分、概念、措施的解释，比实施办法更详细具体。

三、依附性。细则就是原有法规、规章的派生文字，必须依附于原件，不能独立行文。

【结构模式】

细则的内容结构通常由标题、题注和正文三部分组成。

一、标题

细则的标题一般应由适用范围和文种名称两个要素组成，例如《短信网址注册实施细则》；也可由制定细则的机关或单位名称、主要内容和文种三个要素组成。如果细则所补充或解释的法规文件属于“试行”或“暂行”性质的，则需在标题中冠以“试行”或“暂行”字样。

二、题注

在标题之下居中位置写明批准时间和批准机关名称、发布时间和发布机关名称等内容，用圆括号括入。

三、正文

这部分是细则写作的实质性内容，是细则的主体部分，是对原有法规或规章正文的进一步解释和补充。应当采用条款式结构形式，首先用一个条文简明扼要地表明细则的制定依据，即写明根据什么法规的哪一章、哪一条而制定的细则，常用“为了……根据（法律、法规名称或法律、法规某条）……制定本实施细则”的固定性语句提领，以此引出主体部分；然后分条具体列明各项细则内容。要力求做到详尽明确，以便管理和遵照执行。细则的最后一条通常是结语部分，主要写明细则的生效日期及解释权等内容。要注意根据细则内容的实际情况进行叙写，全面实施细则要对原件全部条文做出全面解释和补充；部分实施细则则要紧紧围绕实施条文做详细说明；地方实施细则要结合区域或单位实际提出具体意见和措施。

【写作要求】

一、要紧扣原文条款。细则是为了能够更好地贯彻重要法规的某些条款而制定的，是这些条款规定的具体化。因此，在撰写时决不能仅在序言中提出是根据某“条例”或某“规定”中的某一条款制定的，而主体内容却离开原条款主旨去随意引申和发挥，这样会使执行者无所适从，影响法规的贯彻执行。

二、要从实际情况出发。撰写细则，不能仅就原法规条款进行字面或者演绎推理性的解释，而必须深入实际，认真进行调查研究，与本系统、本地区、本部门的实际情况结合起来。这样，所制定的细则才能做到有的放矢，切实可行，真正发挥指导与帮助执行者正确理解党和政府的方针政策并更好地贯彻执行的作用。

三、要注意把握细则的制定机关权限。制定细则的机关部门的要求相当严格，即对国务院制定的行政法规的实施细则，通常经国务院授权，由国务院所属部门或者以地方人民政府名义制定发布；下级地方人民政府可以根据上级人民政府发布的行政法规制定实施细则；地方人民政府可以根据同级权力机关发布的地方性法规制定实施细则；政府的有关部门可以根据本级人民政府发布的行政法规制定实施细则。

党的机关工作部门、社会团体、企业事业单位也可以根据本级领导机关制定的重要规章性公文制定相应的实施细则。

四、要体现出“准”与“细”的特点。“准”是指要抓住那些容易出现问题的关键之处进行解释或说明；“细”是指所制定的措施一定要做到详尽具体，界限分明，使人易于理解，便于执行。

【典范文例】

例文1

贯彻落实八项规定实施细则

为贯彻落实中央政治局关于改进工作作风、密切联系群众的八项规定及其实施细则，深入推进求真务实作风建设，根据中共上高县委、县政府和市工商局党组关于贯彻落实中央《八项规定》的要求，经县局党组研究，制定本实施细则。各单位和各级领导干部要严格执行本实施细则，县局领导和县局机关同志要率先垂范，带头执行。纪检监察机关要把监督执行本实施细则作为改进党风政风的一项经常性工作来抓，对违反规定的行为要按照党纪政纪有关规定，追究当事人和单位主要负责同志的责任。中央、省、市、县有明确规定的要坚决执行，做出原则性规定的要从严执行，未做具体规定的要按照中央、省、市、县有关精神严格执行，务求取得实效。

一、 切实改进作风， 指导服务基层

1. 深入调查研究，解决实际问题。各股室要有针对性地深入基层开展调研，切实帮助基层出主意、想办法、解难题。尽量避免多个领导同时或重复到一个地方、一条线路去考察调研。县局领导到基层调研，陪同的县局机关股室负责人不超过2人，基层分局陪同人员仅限分局负责同志和相关业务专管员。考察调研汇报要讲真话、报实情，反映真实情况，不干扰基层正常工作。

2. 统筹安排工作，切实服务基层。凡重大决策、重要部署，要按照“项目化、时间表、责任人”的要求认真落实，确保政令畅通。各股室安排部署基层工作要切合实际，多指导，少形式，重服务，早安排，抓落实。

3. 改进工作作风，密切联系群众。建立县局领导干部“一挂五联”结对帮扶制度，县局领导每人蹲挂一个以上基层分局，联系一个基层分局监管网格，联系一户包村点困难户，联系一名困难干部职工，联系一户企业，联系一户个体工商户，进行结对帮扶，了解民意，增进感情。县局领导每月要不少于一次下基层，和基层干部群众谈心交流，尽力帮助群众解决实际问题，排查化解矛盾纠纷。

4. 加强基层值班，杜绝“走读”现象。要坚持农村基层分局24小时值班制度，城区分局双休日、节假日值班制度，农村分局干部每周在分局住宿不得少于2天。基层分局值班固定电话、全局中层以上干部手机要保持24小时联系畅通。

二、切实改进文风，杜绝形式主义

5. 精减红头文件，提高文件质量。严格执行公文管理办法，能不发文尽量不发文，能发短文不发长文。文件要突出思想性、针对性和可操作性，突出主题，做到意尽文止、条理清楚、文字精练。各股室一般、临时性通知，不下发红头文件，以电话、短信、网络等方式通知。

6. 减少纸质文件，共享电子文档。系统内一般性的文件材料、资料，尽量利用网络传送、共享电子文档，减少纸质文件材料（需要存档备查的文件材料除外）。

三、切实改进会风，力求简约高效

7. 严格审批制度，减少会议活动。确需召开会议，要报经县局主要领导批准。除全局性会议外，业务工作会议、各类座谈会、汇报会等一般不设主席台，确需设立的，只安排讲话领导和主持人就座。

8. 降低会务标准，控制会议规模。所有会议安排在县局召开，不得到宾馆等高档场所召开会议。除特殊情况外，双休日、节假日、晚上不召开会议，做到会议不超时、不拖会。确有必要召开工作现场会、交流会议、联席联谊会议、座谈会议，须经批准，并严格控制参会人数、会议时间、接待标准。会场不摆放鲜花、香烟、水果，不发纪念品、包、笔、笔记本等物品。本局参会人员参加县局会议不安排用餐。

9. 简化会议程序，提高会议效率。不讲套话空话，讲真话短话，讲管用的话，提倡脱稿讲话，领导讲话控制在40分钟以内，不超过一个小时。汇报一般控制在15分钟，发言一般控制在8分钟以内。。除大型会议外，原则上不印发领导讲话材料，开门见山布置工作、研讨解决问题。

四、厉行勤俭节约，坚持开源节流

10. 严格财务审核，杜绝铺张浪费。严格财务审核制度，严格执行公务消费各项管理规定。严格执行节油、节水、节电等节能指标，倡导低碳环保健康的工作方式。办公室无人时不开电脑、不开灯和空调，夏季空调温度不低于26℃，冬季空调不高于20℃，空调运行期间禁止开门窗。办公费、邮电费、住宿费、维修费、会议费、培训费、公务接待费、车辆保险等公务消费一律用公务卡支付。

11. 简化接待程序，尽量轻车简从。接待上级领导和县局领导下基层时，县局和基层分局均不张贴悬挂标语横幅，不安排到辖区边界和高速公路出口迎送，不摆放鲜花和列队迎送，除工作需要外不邀请地方领导陪同。不得安排接见、合影、参观旅游景点、歌舞等休闲娱乐活动。不以任何名义赠送或接受礼金、纪念品、土特产、有价证券、支付凭证、商业预付卡和贵重礼品。

12. 严格接待标准，减少陪同人员。县局接待来客住宿安排在政府定点宾馆，不安排套间，宾馆房间不摆放鲜花、水果、香烟。严禁“同城吃请”和内部聚餐，来客一律安排在食堂用餐，以家常菜为主，公务接待自助餐按照六菜一汤、两个主食标准进行，简单工作餐按照四菜一汤的标准执行。经批准在宾馆、酒店用餐的，不得上甲鱼、燕、鲍、翅和野生动物等高档菜肴，严禁工作日中餐饮酒。确需安排香烟、酒水的，以江西本土香烟、酒水为主，不得使用高档烟酒。接待单位除主要领导、分管领导或对口股室负责人外，其他领导不陪餐。县局领导和机关干部到基层分局检查指导工作，不得接受宴请，如因工作需要确需在分局用餐，一律安排在分局食堂，严格执行“四菜一汤”标准，不准到经营性娱乐、健身等服务场所消费。

五、严格用车标准，规范公车管理

13. 严格用车标准，严禁提高配置。严格执行省工商局下发的《江西省工商行政管理系统车辆、配置及管理办法（试行)》文件的规定，严禁在没有办理车辆定编手续或以地方政府采购的名义购置公务用车，购置车辆原则上只能配国产汽车，不得为公务用车增加高档配置或豪华内饰。

公务用车配置标准：县（区）局限配置标准为排气量1.8升（含）以下、价格16万元（含）以内的国产轿车。

执法用车配置标准：排气量1.8升（含）以下、价格7.5万元（含）以内的国产汽车。确有特殊原因，需要适当提高配置标准的，必须报省局审批。

14. 严格规范管理，禁止公车私用。公务用车使用范围为：行政公务、市场监管、行政执行以及后勤服务。未经批准，任何公务车辆不得随意出借（租）给其他单位或其他人员使用。公务用车在休息时间、休息日和节假日一律停放到指定地点，并做好车辆入库登记，未经批准不得擅自使用。公务用车不得当作个人用车，严禁公车私用。单位干部确有特殊情况要使用公车的必须报单位主要领导批准，且车辆运行费用由本人负担。

六、坚持政府采购，控制基建成本

15. 严格执行政策，实行阳光采购。要购置列入政府采购目录的办公设备，必须经“三重一大”议事程序通过后，由局物品采购领导小组会同负责政府采购和财务部门一同办理有关手续，信息化设备应以实用为主，不得超标准购买高价格、高配置、高性能笔记本电脑、平板电脑、通讯设备等。

16. 坚持因地制宜，节约基建成本。局基建维修领导小组要严格按照《江西省工商行政管理系统基本建设管理办法（试行）》的有关规定进行办公用房建设的申报，严格控制征地面积和建筑面积，综合业务用房建设必须体现庄重、朴素、实用和节约的原则。综合业务用房的装修应遵循简朴适用、安全美观的原则。装修材料选择要因地制宜、就地取材，不得使用高档装修材料。

例文 2

湖北省环境保护厅公文处理实施细则

第一章　总　则

第一条　根据《党政机关公文处理工作条例》（中办发〔2012〕14号）和GB/T9704—2012《党政机关公文格式》，结合我厅实际，制定本细则。

第二条　本细则所称公文（包括电报，下同）是行政机关在行政管理过程中形成的具有法定效力和规范体式的公务文书，是依法行政和进行公务活动的重要工具。

第三条　公文处理指公文的办理、管理、整理（立卷）、归档等一系列相互关联、衔接有序的工作。

第四条　公文处理必须做到及时、准确、安全，努力实现规范化、制度化、科学化。

厅机关公文由厅办公室统一收发、分办、传递、审核、用印、归档和按规定销毁。

第五条　公文处理应当坚持精简、务实、高效的原则，发扬深入实际、联系群众、实事求是和认真负责的工作作风，克服官僚主义、形式主义和文牍主义，努力提高公文处理工作质量和效率。

第六条　公文处理必须严格执行国家保密法律、法规和其他有关规定，确保国家秘密的安全。

第七条　公文处理工作实行分工负责原则，以厅和厅办公室名义行文由厅办公室审核、编号，以党组、机关党委名义行文分别由厅人事处、厅机关党委审核、编号。

第八条　厅办公室负责管理厅机关和归口指导厅属单位及地方各级环保部门的公文处理工作。

办公室应设专职文秘人员负责公文处理工作，同时要加强对文秘人员的培训和教育，使其不断提高政治和业务素质。

第二章　公文种类

第九条　厅发公文常用种类包括：

（一）决定。适用于对重要事项做出决策和部署、奖惩有关单位和人员，变更或者撤销下级机关不适当的决定事项。

（二）公告。适用于发布重要事项或者法定事项。

（三）通告。适用于在一定范围内公布应当遵守或者周知的事项。

（四）意见。适用于对重要问题提出见解和处理办法。

（五）通知。适用于发布、传达要求下级机关执行和有关单位周知或者执行的事项，批转、转发公文。

（六）通报。适用于表彰先进、批评错误，传达重要精神和告知重要情况。

（七）报告。适用于向上级机关汇报工作、反映情况，回复上级机关的询问。

（八）请示。适用于向上级机关请求指示、批准。

（九）批复。适用于答复下级机关请示事项。

（十）函。适用于不相隶属机关之间商洽工作、询问和答复问题、请求批准和答复审批事项。

（十一）纪要。适用于记载会议主要情况和议定事项。

第十条　厅机关行文必须严格按照上述适用范围使用文种，不得在上述文种之外自立文种。

第十一条　厅机关公文形式、发文字号和使用范围：厅机关公文的形式主要包括湖北省环境保护厅文件（发文代字为鄂环保文、鄂环发）、湖北省环境保护厅函件（发文代字为鄂环函）、湖北省环境保护厅办公室文件（发文代字为鄂环办）及其他特定文件（发文代字为鄂环审、鄂环法和鄂环规）。

（一）湖北省环境保护厅公文使用范围：

1. 鄂环保文

向国家环保部和省政府或其他上级机关请示和报告工作、对重要问题提出见解和处理办法。

2. 鄂环发

（1）与省有关部门的联合发文；

（2）转发国家环保部和省政府及有关部门重要文件和批转下级环保部门文件；

（3）经省人民政府授权或同意，向各市、州人民政府行文；

（4）向全省地方各级环保部门印发业务性文件；

（5）发送省政府、上级机关批准或委托我厅召开的全省性工作会议的有关领导讲话材料；

（6）下达全省性重要事项的通知、通报；

(7) 对重要问题提出意见；

(8) 对有关单位和个人奖惩的决定；

(9) 印发全省性的环保决定、政策、措施等；

(10) 在职权范围内对我省环境保护的地方性法规和规章及标准在环保行政管理工作中的具体应用做出解释；

(11) 批转厅属单位全省性工作报告、请示；

(12) 撤销下级环保部门不适当的决定；

(13) 环保专项资金下拨；

(14) 其他需以厅名义印发的文件。

3. 鄂环函

(1) 在省厅权限范围内对省人大、省政府及省有关部门的法律、法规和规章征求意见稿提出修改意见或做出答复；

(2) 向省有关主管部门请求批准；

(3) 同其他各省、自治区、直辖市环境保护部门联系重要工作等（一般具有长期存档价值的事项）；

(4) 下达局部性重要工作的通知；

(5) 批复下级环保部门的请示事项；

(6) 向不相隶属机关之间商洽工作和询问、答复问题；

(7) 厅机关及厅属单位初级和中级职称的评定、聘用等；

(8) 其他需以函形式印发的公文。

（二）湖北省环境保护厅办公室公文使用范围

1. 鄂环办

(1) 转发国家环保部办公厅文件等；

(2) 根据省厅既定的工作部署，对有关具体事项向全省地方环保部门印发通知；

(3) 印发工作计划、工作安排，组织检查、评审、工作总结；

(4) 根据厅领导意见，转发厅属单位重要的专项工作报告、请示；

(5) 向各市、州环保局，省有关部门和厅属单位的相应机构行文；

(6) 传达厅领导对工作事项的批示意见；

(7) 发布厅机关内部管理制度及其他事务；

(8) 印发办公室职责范围内的业务性文件；

(9) 其他需以厅办公室名义行文的行政事务。

（三）其他特定公文使用范围

1. 鄂环审

(1) 向企业批复建设项目环境影响报告书（表）意见等；

（2）项目验收、行政许可等事宜。

2. 鄂环法

（1）各类环境监察执法文书；

（2）涉法涉诉文书。

3. 鄂环规

印发省厅发布的规范性文件

以鄂环保文、鄂环发和鄂环函为发文代字的公文使用厅印章；以厅机关办理的其他特定公文或证书使用厅印章或其他专用章；以鄂环办为发文代字的公文使用厅办公室印章。

第十二条 厅机关除办公室外其他处室均不得对外正式行文。各处室对外联系工作可使用厅办公室统一印制的便函。

第三章 公文格式

第十三条 公文一般由份号、密级和保密期限、紧急程度、发文机关标志、发文字号、签发人、标题、主送机关、正文、附件说明、发文机关署名、成文日期、印章、附注、附件、抄送机关、印发机关和印发日期、页码等组成。公文的版式按照GB/T9704—2012《党政机关公文格式》国家标准执行。

（一）份号。涉密公文应当标注份号。

（二）密级和保密期限。涉密公文应当根据涉密程序分别在标注“绝密”“机密”“秘密”和保密期限。

（三）紧急程度。根据紧急程度，紧急公文应当分别标注“特急”“加急”，电报应当分别标注“特提”“特急”“加急”“平急”。

（四）发文机关标识。由发文机关全称或者规范化的简称加“文件”二字组成，也可以使用发文机关全称或者规范化简称。联合行文时，发文机关标志可以并用联合发文机关名称，也可以单独用主办机关名称。

（五）发文字号。由发文机关代字、年份、发文顺序号组成，联合行文时，使用主办机关的发文字号。

（六）签发人。上行文应当注明签发人、会签人姓名。其中，“请示”应当在附注处注明联系人的姓名和电话。

（七）标题。由发文机关名称、事由和文种组成。

（八）主送机关。公文的主要受理机关，应当使用机关全称、规范化简称或者同类型机关统称。

（九）正文。公文的主体，用来表述公文的内容。

（十）附件说明。公文如有附件，应当在正文之后、发文机关之前，注明附件顺序和名称，所注附件名称应当与正文所写名称一致。

（十一）发文机关署名。署发文机关全称或者规范化简称。

（十二）成文日期。署会议通过或者发文机关负责人签发的日期。联合行文时，署最后签发机关负责人签发的日期。电报以发出日期为准。成文日期应用阿拉伯数字将年、月、日标全。

（十三）印章。公文中有发文机关署名的，应当加盖发文机关印章，并与署名机关相符。有特定发文机关标志的普发性公文和电报可以不加盖印章。

（十四）附注。公文印发传达范围等需要说明的事项。

（十五）附件。公文正文的说明、补充或者参考资料。

（十六）抄送机关。除主送机关外需要执行或知晓公文内容的其他机关，应当使用机关全称、规范化简称或者同类型机关统称。

（十七）印发机关和印发日期。印发机关名称署全称，统称湖北省环境保护厅办公室，印发日期以缮印日期为准。在印发机关栏下方标注印制份数。

（十八）页码。公文页数顺序号。

第十四条　行文应当确有必要，讲求实效，注重针对性和可操作性。

第十五条　行文关系根据隶属关系和职权范围确定，一般不得越级行文，特殊情况需要超级行文的，应当同时抄送被超过的机关。

（一）省厅向国家环保部及省政府报告和请示工作。

（二）省厅向市、州、直管市、神农架林区环保部门和厅属单位直接行文，也可向各县（市、区）环保部门直接行文，但除答复紧急请示事项外，一般不直接向县（市、区）环保部门行文。

（三）各市、州、直管市、神农架林区环保部门向省厅报告和请示工作。

（四）各县（市、区）环保部门向各市、州、直管市、神农架林区环保部门或省厅报告和请示工作。

第十六条　省厅在职权范围内，可以向国家环保部、省政府、省政府各部门和向下一级政府行文。除以函的形式商洽工作、询问和答复问题、审批事项外，一般不得向下一级政府正式行文；如需行文，应报请省政府批转或由省政府办公厅转发；因特殊情况确需向下级政府正式行文的，应当报请省政府批准，并在文中注明“经省人民政府同意”。

第十七条　省厅可与省政府各部门、下一级政府、相应的党组织和军队机关、同级人民团体和具有行政职能的事业单位联合行文。

第十八条　联合行文应当明确主办部门。须经省政府同意的事项，经省政府同意后也可以由部门行文，文中应当注明“经省人民政府同意”。

第十九条　省厅向省政府请示的公文，涉及其他部门职权范围的，应与有关部门协商一致，经协商意见不能一致的，应据实上报。

第二十条　向地方环保部门或者厅属单位的重要行文，应当同时抄送国家环保部和省政府。

第二十一条　“请示”应当一文一事；一般只写一个主送机关，需要同时送其他机关的，应当用抄送形式，但不得抄送其下级机关。

“报告”不得包含请示事项。

第二十二条　需以厅名义批复的请示件，其主送单位应为湖北省环境保护厅。凡主送单位为省厅内设机构（处室）的请示件，不得批复。

第二十三条　除上级机关负责人直接交办的事项外，不得以本机关名义向上级机关负责人报送“请示”“报告”和“意见”。

第二十四条 对上级机关公文没有具体贯彻意见的，原则上原文翻印或复印下发贯彻执行。

第四章　发文办理

第二十五条　发文办理指以省厅及省厅办公室名义制发公文的过程，包括草拟、审核、签发、复核、缮印、用印、登记、分发等程序。

第二十六条　草拟公文应当做到：

（一）符合法律、法规、规章及上级机关的有关规定。如提出新的政策、规定等，应切实可行并加以说明。

（二）情况确实，观点明确，表述准确，结构严谨，条理清楚，直述不曲，字词规范，标点正确，篇幅力求简短。

（三）公文的文种应当根据行文目的、发文机关的职权和与主送机关的行文关系确定。

（四）草拟紧急公文，应当体现紧急的原因，并根据实际需要确定紧急程度。

（五）人名、地名、数字、引文准确。引用公文应当先引标题，后引发文字号。日期应当写具体的年、月、日。

（六）结构层次序数，第一层为“一、”，第二层为“（一）”，第三层为“1.”，第四层为“（1）”。

（七）应当使用国家法定计量单位。

（八）文内使用非规范化简称，应当先用全称并注明简称。使用国际组织外文名称或其缩写形式，应当在第一次出现时注明准确的中文译名。

（九）公文中的数字，除部分结构层次序数和在词、词组、惯用语、缩略语、具有修辞色彩语句中作为词素的数字必须使用汉字外，应当使用阿拉伯数字。

第二十七条　凡办理事项需要发文的，由主办处室负责草拟公文；对涉及其他处室职能范围内的事项，主办处室应当主动与有关处室协商，取得一致意见后方可行文；如有分歧，主办处室主要负责人应当出面协调，仍不能取得一致时，主办处室可以列明各方理据，提出建设性意见，报请厅领导协调或裁定。公文内容涉及政策法规的，须经政策法规处审核。

主办处室主要负责人应对拟制的公文进行审查并署名；需要会办并取得一致意见的，会办处室主要负责人应署名。署名时应写明日期。没签意见而只署名视为同意。

第二十八条　文稿送厅领导签发前，应当由办公室进行审核。审核的重点是：是否确需行文，行文方式是否妥当，是否符合草拟公文的有关要求。文种、格式和行文规则是否符合本实施细则的规定等。文稿如需做较大修改，应当与原起草处室协商修改或退回起草处室修改。

经审核的文稿送厅领导签发前，办公室核稿人员应按厅领导分工签明签发的厅领导，按本细则规定应由厅长签发的还应签明厅长签发。

文稿审核后，应将草拟原稿、修改稿和有关背景材料一并送厅领导审签。未经办公室审核的文稿，厅领导不予签发。

编我厅文号的联合发文，应由我厅领导先签批。

第二十九条　公文批办工作实行合理分工、分层负责的原则，对事关全局性、政策性的公文必须由厅长签发；其他发文，按分工由分管厅领导签发。但属下列内容的发文，由分管厅领导签批后报厅长签发。

（一）以省厅名义向国家环保部和省委、省人大、省政府、省政协发出的请示、报告；

（二）规范性文件或环保决定、政策、措施等的发布；

（三）环保专项资金使用安排；

（四）全省性执法检查方案；

（五）全省性或全系统考核结果发布、表彰和奖励；

（六）应由厅长签发的其他内容。

以湖北省环境保护厅党组名义发文，由厅党组书记签发。党组书记出差在外时，可委托在家主持工作的党组成员签发。

以湖北省环境保护厅机关党委名义发文，由机关党委书记签发。

以厅办公室名义发文，处室主要负责人审查并署名后，业务类由分管该项业务工作的厅领导签发，一般事务由办公室主任签发。

各处室需发便函的，由处室主要负责人决定办理。

签发公文应当表明“拟同意”“同意”或其他具体意见，并署上姓名和签发日期。

第三十条　文稿签发后统一由办公室文书人员进行复核并编写机关代字和发文序号。复核的重点是：审批、签发手续是否完备，附件材料是否齐全，格式是否统一、规范等。

第三十一条　对已签发的文稿，不得擅自改动；如有疑义，应当报有关人员处理，并经签发人同意后方可改动。

文件签发后应及时印制和发出，自厅领导签发之时起，“特急”件必须在两小时内发出，“急件”在一个工作日内发出，普通件在二个工作日内发出。

已印制完毕并可公布的公文，由相关责任单位按照信息公开相关规定和程序及时向文印人员复制，并予以公开。

第三十二条　已签发的公文由厅办公室负责印制。需要送出印制的公文，由厅办公室联系印刷或征得办公室同意后送出印制。由其他部门主办的联合发文，由公文主办单位自行联系印制。

第三十三条　公文对外分送由主办处室负责，对内分送由办公室负责。

第三十四条　公文校对由拟稿部门负责，原则上谁起草、谁校对。一般至少校对两遍发文清样，不得由外单位人员校对，确保公文文字和符号无误。由于校对出现差错或其他原因确需重印公文的，若属重大改动或差错，原则上按发文程序重新办理，原文收回；若属一般性差错，由处室主要负责人与厅办公室协商办理。厅办公室文书人员记录重印情况。

第三十五条　对不需编文号的公文，主办处室主要负责人应当报分管厅领导批示。分管厅领导批示同意行文的，主办处室在交办公室印制并加盖公章后放三份办公室存档。

厅领导在报刊、资料等上面明确批示处室或地方环保部门处理的，由办公室登记后转主办处室负责办理。

第三十六条　印制公文应严格执行签发印数。厅掌印人认真审查公文格式，符合要求后方可用印。

用印完毕，掌印人当即留存三份公文归档，并按厅领导人数留发公文。

第三十七条　除涉密公文外，实行公文内部网上传送。相关规定另行制发。

第五章　收文办理

第三十八条　收文办理指对收到公文（不包括机要文件，本细则有明确规定的除外）的办理过程，包括签收、登记、审核、拟办、批办、承办、催办等程序。

第三十九条　凡寄送省厅或各处室收到的涉及全局事项的公文，统一由厅办公室文书人员签收，按规定的程序办理；收文的处室不得直接送厅领导阅批。

签收公文应当逐件清点，如发现问题，应及时向发文机关查询，并采取相应的处理措施。上级领导批示件和急件及其他重要文件应当注明签收的具体时间。

请示公文只签收一份，报告公文签收三份，省厅对特定的报告公文另有份数要求的除外。

第四十条　登记。公文签收拆封后，应当将公文标题、秘密等级、紧急程度、发文字号、发文机关、收文单位、签收日期等逐项填写清楚。

第四十一条　分办。签收公文的文书人员和机要人员应认真阅读公文内容，区分办件和阅件，并将办件和阅件分开办理，避免有事项办理的公文漏办、迟办。

第四十二条　审核。办公室收到下级机关上报的需要办理的公文，办公室应当进行审核。审核的重点是：是否应由本机关办理；是否符合行文规则（包括是否越级行文）；内容是否符合法律、法规、规章及其他有关规定；涉及其他部门或地区职权的事项是否已经协商、会签；文种使用、公文格式是否规范。对不符合本细则规定的公文，可由办公室退回呈报单位并说明理由。

第四十三条　拟办。需要本机关办理的公文（包括机要文件），办公室应依照省环保厅工作分办规则及时提出拟办意见，送厅领导批示或直接签送有关处室办理，紧急公文即到即签、即签即送，一般公文原则上当天签送，最多不超过两个工作日。

机要文件按相关规定办理。其中，有明确办理事项的机要公文，在有关厅领导批示后应及时处理，对非密级的公文印送有关处室阅办，对带密级的公文请有关处室负责人到机要室阅知后办理。

第四十四条　批办。签批公文时，对有请示或其他具体办理事项的，应表明具体意见，并签写姓名和签批日期，圈阅视为同意；没有办理事项的，圈阅表示已阅知。

第四十五条　承办。承办处室收到交办的公文后应当及时办理，不得延误、推诿。紧急公文必须及时办结；其他公文有时限要求的必须在时限内办结，且在时限内至少提前两个工作日将承办形成的文稿送厅领导签发；没有明确时限要求的，一般自收文之日起八个工作日内办结，办结确有困难的，应当及时向办公室说明。

公文一经厅领导批示办理，承办处室（单位）应无条件先行办理，不得以任何理由回流到办公室。对确有异议的，可同时向办公室说明理由。办公室应认真核实，并在下次拟办时予以改正。

厅长签批厅领导负责办理的公文，由办公室送该厅领导阅批；厅长签批厅领导参加某项活动的，由承办处室送该厅领导阅批或阅知。

在承办公文的过程中，承办人因公出差或请假，应当向本处室负责人或有关人员移交清楚。

第四十六条　催办。交由有关处室办理的公文，办公室负责催办；由处室转给地方环保部门办理的，处室负责催办；主办处室会同其他处室办理的，主办处室负责催办。对紧急公文跟踪催办，重要公文重点催办，一般公文定期催办。必要时，填写并发送督办通知单。对催办情况应随时或定期向厅领导报告。

第四十七条　公文办理过程中遇有涉及其他处室职责的事项，由已承办处室直接商洽涉及处室办理。公文办理过程中遇有涉及省直其他部门职权的事项，主办处室主要负责人应当主动与省直有关部门协商；不能协商一致的，报请分管厅领导出面协调，如仍不能取得一致，主办处室应列明各方意见和理据并提出明确意见，报请省政府办公厅协调或裁定。

第四十八条　厅领导阅批后的公文，应按“谁送退谁”的原则及时退文，不应横传。

对注明有密级的公文，厅领导应当日阅批并退还，以免泄密和丢失文件。

第四十九条　公文有明确办理事项的，如遇厅领导出差、出访或因其他原因不能阅批公文时，按厅领导AB角制度执行。

第六章　公文归档

第五十条　公文办理完毕后，应当根据《中华人民共和国档案法》和其他有关规定，及时整理（立卷）、归档。

个人不得保存应当归档的公文。

第五十一条　归档范围内的公文，应根据其相互联系、特征和保存价值整理（立卷），保证归档公文的齐全、完整，能正确反映本机关的主要工作情况，便于保管和利用。

第五十二条　会议文件和公务活动材料的立卷归档工作应当做到：

（一）本机关召开的重要会议和举办的重大活动形成的文件材料（包括记录、录音、录像、照片等），由组织会议或活动的处室整理（立卷）后交厅办公室归档。

（二）厅领导外出参加会议和重要活动带回的文件材料，交厅办公室归档。

第五十三条　联合办理的公文，原件由主办部门整理（立卷）、归档，其他机关保存复制件或其他形式的公文副本。

第五十四条　归档范围内的公文应确定保管期限，按照有关规定定期向省档案部门移交。

第五十五条　草拟、修改和签批公文，书写及所用纸张和字迹材料必须符合存档要求。

第七章　公文管理及责任

第五十六条　公开发布省厅机关公文，必须经厅领导或者办公室主任批准。经批准公开发布的公文，同正式印发的公文具有同等效力。

第五十七条　公文复印件作为正式公文使用时，应当加盖公章。

第五十八条　公文被撤销，自撤销之日起不产生效力；公文被废止，自废止之日起不产生效力。

第五十九条　不具备归档和存查价值的公文，经过鉴别并经厅办公室负责人批准，可以销毁。

第六十条　销毁“三密”公文应到指定场所由两人以上监销，保证不丢失、不漏销。销毁绝密公文（含密码电报）应当进行登记。

第六十一条　厅机关工作人员调离工作岗位时，应将本人暂存、借的公文按照有关规定移交、清退。

第六十二条　密码电报的使用和管理，按照有关规定执行。

第六十三条　对于不符合要求的公文，办公室核稿人员应与拟稿人沟通，由拟稿人说明情况并进行修改。质量问题比较突出的，退回拟稿处室重新办理，并经该处室主要负责人重新审签后，送办公室审核。

第六十四条　厅机关各处室主要负责人对本处室拟制的公文质量负责。凡属下列情况之一者为质量差的公文：与国家政策、法规、规章及有关文件规定不符；无实质性内容；重复发文；未按固定程序行文；观点模糊，逻辑关系、层次混乱；未按规定时间报送材料和回复；文件缺页、错页、错字；文件结构、文字修改量大；其他不符合本实施细则规定的问题。

第六十五条　公文质量列入厅机关工作人员考核和处室考核的重要内容。因质量问题一年内所拟公文被省委办公厅或省政府办公厅退回一次以上、被国家环保部退回两次以上、被厅办公室退回三次以上、由于差错重印两次以上的，拟稿人及拟稿处室负责人年度考核不能评为“优秀”。

第八章　电子公文

第六十六条　电子公文是指在计算机网络系统中形成的具有规范格式的公文的电子数据。湖北省环境保护厅制发的电子公文在全省环保系统内部具有行政效力，可以作为全省环保系统、机关内部处理公务的依据。

第六十七条　起草、审核、签发和办理公文，应当使用省环境保护厅电子政务综合平台公文管理系统。公文电子件应跟随纸质件的送阅顺序同步运转。

办公室负责公文管理系统的管理，协调并指导信息中心开展技术支持与维护工作。

第六十八条　省环境保护厅机关内部发送的各类布置性、告知性、事务性公文，应采用电子公文。既有电子公文，又有纸质文件的，以纸质文件为准。需要对环保系统以外的其他单位发送的公文，应当制成纸质文件。

第六十九条　不得利用省环境保护厅电子政务综合平台处理涉密公文。涉密公文必须按照国家的有关规定执行，不得利用计算机网络系统进行处理，确保安全。

第七十条　省环境保护厅电子政务综合平台公文处理系统中形成的电子公文办理完毕后，应按有关规定及时办结、归档，公文数据应当备份。

第九章　附　则

第七十一条　厅属各单位参照本细则做好公文处理工作。

第七十二条　本细则中“以上”“内”均包括本数。

第七十三条　本细则由厅办公室负责解释。

第七十四条　本细则自发布之日起施行。以前发布的有关公文处理规定，凡与本细则不一致的，以本细则为准。

第十一章 书信体文书的写作

第一节 慰问信

【功能特性】

慰问信是常用的一种专用书信。它是以组织或个人的名义向对方表示热情关怀和慰勉问候的礼仪文书。慰问信如以电报发出，即称慰问电。慰问信的应用范围很广，从作者角度看，有以组织名义写的，有以个人名义写的；从读者角度看，有些给集体的，也有些给个人的；从内容看，有向工作中做出突出贡献的人员进行慰问的，也有向遭受不幸者慰问的，也有向烈军属慰问的，还有向部队指战员进行慰问的等，其作用在于充分体现组织或集体的温暖和关怀、社会的关心，以及组织或集体与个人之间、同志之间的真挚感情，给人以继续奋发向上的信心、克服困难的勇气、勤奋学习和努力工作的正能量。

【结构模式】

慰问信的内容结构一般均由以下几部分组成：

一、标题

多数标题可直接写文种名称，即“慰问信”；有时也可写明受文对象和文种名称两个要素，如“致××的慰问信”等。

二、称谓

应当在标题之下顶格写明被慰问的单位名称或个人姓名，后加冒号，提领正文部分。

三、正文

慰问信的正文部分则应主要写明3层意思：一是慰问的背景、原因及问候用语，要写得简明扼要，诚恳亲切；二是对对方在工作和生产过程中所做出的成绩以及体现出来的可贵精神予以较为具体的叙述并表示赞扬，对不幸、损失和困难等表示安慰和同情，撰写时要根据发信的目的和收信对象有所侧重；三是通常要在最后提出有关的希望或要求，抑或表明慰问与祝愿。

四、结尾

在正文的右下侧由发送慰问信的单位或个人署名，并签具日期。以单位名称发出的慰问信，还应加盖公章，以示郑重、严肃。

【写作要求】

一、针对性要强。要根据不同的慰问对象，选用不同的写作素材和慰勉用语等，切不可大而化之，写一些空泛无物的“放之四海而皆准”的大道理，那样就会使人感到缺乏真切感，有损慰问信的应有效用。

二、感情要真挚，语言要亲切。要通过语言陈述，使收信人从内心深处受到激励和鼓舞，从而化作一种无形的力量，产生巨大的亲和力和感染力。

三、文字要精练，篇幅要短小。

【典范文例】

例文 1

习近平向全国广大教师致慰问信

全国广大教师们：

第二十九个教师节到来之际，我正在遥远的乌兹别克斯坦进行国事访问。首先，我代表党中央、国务院，向全国 1400 万教师，致以诚挚的问候和崇高的敬意！祝大家节日快乐！

长期以来，我国广大教师认真贯彻党的教育方针，默默耕耘、无私奉献，用爱心、知识、智慧点亮学生心灵，培养了一批又一批优秀人才，为我国教育事业发展、为国家发展和民族振兴作出了突出贡献。

百年大计，教育为本。教师是立教之本、兴教之源，承担着让每个孩子健康成长、办好人民满意教育的重任。希望全国广大教师牢固树立中国特色社会主义理想信念，带头践行社会主义核心价值观，自觉增强立德树人、教书育人的荣誉感和责任感，学为人师，行为世范，做学生健康成长的指导者和引路人；牢固树立终身学习理念，加强学习，拓宽视野，更新知识，不断提高业务能力和教育教学质量，努力成为业务精湛、学生喜爱的高素质教师；牢固树立改革创新意识，踊跃投身教育创新实践，为发展具有中国特色、世界水平的现代教育作出贡献。

各级党委和政府要把加强教师队伍建设作为教育事业发展最重要的基础工作来抓，提升教师素质，改善教师待遇，关心教师健康，维护教师权益，充分信任、紧紧依靠广大教师，支持优秀人才长期从教、终身从教。

全社会要大力弘扬尊师重教的良好风尚，使教师成为最受社会尊重的职业。

祝全国广大教师身体健康、工作顺利、生活幸福！

习近平

2013 年 9 月 9 日

例文2

致广大官兵和优抚对象的慰问信

人民解放军指战员、武警官兵、民兵预备役人员，全国烈军属、残疾军人、转业复员退伍军人、军队离退休干部：

新春佳节即将来临。在这举国欢庆的日子里，全国双拥工作领导小组、民政部、中央军委政治工作部向你们致以诚挚的问候和新春的祝福！

刚刚过去的2015年，是党和国家事业发展很不平凡的一年。以习近平同志为总书记的党中央团结带领全党全军全国各族人民，协调推进“四个全面”战略布局，主动引领经济发展新常态，加快推进各领域改革，成功应对重大风险挑战，隆重纪念抗战胜利70周年，开辟了治国理政新境界，开创了中国特色社会主义事业新局面。这一年，国防和军队建设取得巨大成就。全军和武警部队紧紧围绕实现党在新形势下的强军目标，以新形势下军事战略方针为统揽，深入贯彻古田全军政治工作会议精神，持续大抓练兵备战，全面实施改革强军战略，大力推进依法治军从严治军，在强军兴军的征程上迈出坚实步伐。

岁月流金，激情难忘。回顾这一年，人民解放军指战员、武警官兵和民兵预备役人员坚决听党指挥，忠实履行使命，英勇战斗在抢险救灾、反恐维稳、撤侨护航一线，拼搏奉献在演训场上，默默驻守在海岛边关哨卡，同时积极参加和支援经济社会建设，奋力保护人民生命财产安全，出色完成党和人民赋予的各项任务。转业复员退伍军人和军队离退休干部退役不褪色、转岗不转志，一如既往关心支持国防，立足本职岗位建功立业，为党和军队事业发挥余热，在各条战线续写着新的光荣。伤残军人和烈军属讲奉献顾大局，努力克服工作生活实际困难，体现了坚韧不拔、自强不息的优秀品格。你们用实际行动为国旗增光、为军旗添彩，无愧于革命军人军属的崇高荣誉，无愧于党和人民的期望重托，我们真心给你们点赞、为你们自豪。

举国同一庆，军民情更深。放眼已经到来的2016年，“十三五”规划开局起步，改革强军战略宏阔推进，国家会更加富强，军队会更加强大，人民会更加幸福。让我们紧密团结在以习近平同志为总书记的党中央周围，弘扬传统、振奋精神、开拓进取，共同投身强国强军火热实践，在决胜全面建成小康社会的伟大征程中干出新的业绩、争取更大光荣！

祝大家春节愉快，身体健康，工作顺利，阖家幸福！

全国双拥工作领导小组

民政部

中央军委政治工作部

2016年2月3日

第二节　感谢信

【功能特性】

感谢信是一种常用的专用书信，是对有关单位、团体和个人的关心、支持、帮助表示谢意的礼仪文书。它可以直接送给对方，也可以在对方所在地的公共场所张贴，还可以通过新闻媒介刊播。

感谢信的应用范围很广，具有对象的确指性、事实的具体性和感情的鲜明性等特点，只要对方给予关心、支持和帮助，任何单位和部门以及个人都可以运用感谢信的方式向对方表示感激之情。

【结构模式】

感谢信的内容结构一般由以下几部分组成：

一、标题

多数标题可直接写文种名称，即“感谢信”。有时也可写明受文对象和文种名称两个要素，如“致××的感谢信”等。

二、称谓

应当在标题之下顶格写明被感谢的单位名称或个人姓名，后加冒号，提领正文部分。

三、正文

感谢信的正文内容应着重在叙事中表现人物，即在简明扼要地交代所发生的事情的过程中，表现被感谢者在事情发生过程中所体现出来的好思想、好品德、好作风，并赞扬其可贵精神，表示发文者的真诚谢意。一般分三个层次进行叙写：一是先陈述事实。写清楚对方在什么时间、地点，由于什么原因，对自己或单位有什么支持和帮助；二是对事实做出评价，重点说明在对方的关心、支持和帮助下所产生的效果，指出从事件中表现了对方哪些好思想、好品德、好风格；三是表示谢意和向对方学习的态度、决心。

四、结尾

在正文的右下侧由发送感谢信的单位或个人署名，并签具日期。以单位名称发出的感谢信，还应加盖公章，以示郑重、严肃。

【写作要求】

一、当先进事迹很多时，不要漏掉主要事迹，以突出重点，给人留下深刻难忘的印象。

二、要将被感谢的人物、事件交代清楚，使读者能够具体地了解到是什么人、在什么时间、什么地点，做了什么好事、产生了什么好的影响等，以便从更加深广的范围内传播先进事迹，并继而产生强大的感召力和影响力，在全社会营造浓厚的良好的学习氛围。

三、表示感谢的话语要切合双方的身份，而且要说到做到，切实可行，不能给人以虚伪客套、缺乏真情实感。

四、文字应当简练，篇幅也不宜过长，要在字里行间洋溢渗透一种发自内心的感激之情。

【典范文例】

例文 1

中国航空工业集团公司致全国各新闻媒体的感谢信

2012 年 11 月 25 日，歼－15 舰载机研制现场总指挥罗阳同志，在大连执行任务时因公殉职。中共中央总书记、中央军委主席习近平做出重要指示，要求广大党员干部学习罗阳同志的优秀品质和可贵精神。

罗阳同志不幸殉职后，全国从中央到地方各新闻媒体、自媒体、各有关部门和单位及时自发组织采访报道，在重点版面、栏目、时段播发罗阳同志殉职的消息，大力宣传罗阳同志的先进事迹、党和国家与有关部委给予罗阳的多种荣誉、中航工业所属各单位悼念罗阳同志的感人场景。各媒体单位记者编辑以专业的水准、敬业的态度，不畏严寒、废寝忘食，满怀深情地在一线采访挖掘罗阳生前事迹，许多新闻工作者甚至通宵达旦地忘我工作，把罗阳同志的英雄事迹和崇高品质以及各界群众、广大网民对罗阳同志的沉痛悼念情况，通过电视、报刊、网络、广播、微博、论坛等多种渠道向海内外传播，报道的“排序之高和用时之长前所未有”，引起亿万民众的强烈共鸣，“向英雄致敬”的声音传遍神州大地。

这些新闻报道营造的舆论氛围，传递的巨大正能量，体现出举国对英雄的敬重、对中国航空工业的关心和对 50 万航空人的鼓励。广大新闻媒体工作者和参与报道的广大群众在报道罗阳事件中体现的职业精神和报国情怀，非常值得 50 万航空人学习。

在此，中国航空工业集团公司谨对广大媒体表示崇高的敬意！向社会各界的关心支持表示诚挚的感谢！由于事发突然，我们对广大媒体的接待工作尚有不周，由于涉及的媒体数量巨大，我们无法一一致谢，敬请理解和谅解！

罗阳同志虽然离开了我们，但他留给我们的优秀品质和可贵的精神，将激励我们不断奋勇向前。我们将化悲痛为力量，紧密团结在以习近平同志为总书记的党中央周围，认真贯彻落实党的十八大精神，秉承航空报国、强军富民的宗旨，在本职岗位上以罗阳同志为榜样，奋发努力，为建设航空强国、实现中华民族伟大复兴做出应有的贡献！

中国航空工业集团公司

2012年12月4日

例文2

公司领导新春感谢信

尊敬的地产商：

您好！

春风送暖蛇年好，瑞气盈门鹊语香！值此辞旧迎新之际，我公司向您提前拜年并送上新春的祝福，感谢您长期以来的支持！因为有您恒久的支持才成就今天的××！过去的十年，在您的鼎力支持下，我们以优质的服务和良好的信誉，取得了辉煌的成绩，本公司的业务得到了令人鼓舞的进步，精英团队空前扩大！公司产品与服务体系日渐成熟完善，市场信誉良好，赢得了广大客户的信任和选择。

值此2013新年来临之际，我代表××公司领导及全体员工向大家致以美好的祝福，并衷心地向你们道一声："谢谢！"感谢您选择并信任××，无论面对激烈的市场竞争亦或是低迷疲软的市场环境，依然不改初衷，与××携手并肩，共抵霜雪；××这棵绿树，因背靠了您的理解与信任才得以迅速茁壮的成长，您的关心与支持是我们成长的不竭源泉，您的每一次参与，每一次建议，都是我们前进征途的动力。

在此，我们衷心地感谢您的大力支持和配合！为答谢这十年来你对我们的厚爱与支持，在新的一年里，我们将以更优质产品和更热情周到的服务来回馈答谢您！必将给您带来更多的利益。尊敬的伙伴朋友，长风破浪会有时，直挂云帆济沧海！2013年，是崭新的一年，我诚挚的希望在未来的发展中，让我们共同创造一流的产品、一流的品牌、一流的效益、一流的企业形象、一流的发展速度、一流的员工队伍、一流的企业管理、一流的科学技术。让我们共同努力，进入工作状态，让我们用着眼于未来的战略眼光，做到比竞争对手领先一步，让我们自强不息、拼搏进取，团结一致，拧成一股绳，同心同德，为了我们辉煌灿烂的明天，一起努力奋斗！挑战未来！

再一次感谢您的信任和支持！合作伙伴对我们的信任和支持，是我们事业的基石，是我们前进的动力。在新的一年里，我们郑重向您承诺，我们将加倍努力，坚持诚信合作，为合作伙伴提供高质量的产品，与合作伙伴携手同行、共赢发展。我们的团队随时准备为您的建设需求做出更多贡献！希望在新的一年里我们要增加双方交流与互通，使双方能有更进一步的了解，让我们的合作朝着更紧密、更稳固的方向发展。再次感谢您的帮助和支持，祝您身体健康、阖家幸福、万事如意！祝贵公司生意丰盈、财通四海！

例文3

写给医生的感谢信

尊敬的宣武医院领导：

今天，我怀着感激的心情，向您们反映医德高尚、医术精湛的好医生——骨科主任医师刘利民和骨科病房主治医生王伟。

我叫张宏，去年11月11日因“晚间到一家私人商店购物，本人因有高度的近视只顾低头看台阶没有看到玻璃门关闭着，结果一头碰撞踉跄时身体失重后重重地从台阶上摔下来，造成左手腕粉碎性骨折，当时去了复兴医院急诊正骨处置后，又过两三天复查后不合格，医生建议住院手术，当时复兴医院没有床位只好转入贵医院，入住贵院三楼骨科病房，经刘主任医生和王主治医生接管后。他们认真检查诊断，由于我的伤势较重错过了最佳手术时期做内固定条件又不具备，决定给我进行左手腕外固定手术。当时我心里很恐惧有些不安，他们便安慰我，向我详细解释了做外固定手术的原因、相关情况以及手术材料的费用情况，并根据与我协商的结果确定手术所用的材料。我看到他们胸有成竹的表情后心稳定了。11月20日是一个星期六他们放下休息不辞辛苦，特意加班为我做手术，由于准备工作做得很充分，我的手术做得很成功，手术后，住在医院中，我得到了刘主任医生、王主治医生和其他医护人员无微不至的关心和护理，好似亲人一样，使我的伤势得以顺利恢复，在本月26日出院。在我出院那天，刘主任和王医生分别再三叮嘱我要好好的休养，定时到医院做复查。由于贵医院好医生高超的医术，得到治疗和康复指导的我，伤势康复得很快，在第八周后再次住进贵医院骨科病房做取固定物手术，接管医生还是刘主任和王医生，他们熟练地摘取下我左手臂上的固定物后，每天在查房时都要细心询问有什么不适、检查伤口是否长好了，帮助病人做功能恢复，我很感动并感谢他们！对我这样一个没有任何关系的病人，不光治愈了我的病，还温暖了我的心，我的感激之情无以言表。我现已基本康复出院了，为了表达我的感激之情，谨以此信，向医院领导反映他们；请您们弘扬他们的精神，并请您们向骨科病房刘主任和王医生转达我的谢意。同时，也感谢医院培养了这样优秀的医务人员。从他们身上充分体现了宣武医院医生的良好的医风医德。

春节将到来，我预祝好医生们春节快乐、阖家欢幸福！

患者　张宏

2016年1月4日

第三节　贺　信

【功能特性】

当某一团体建立、某一重要会议召开、某一工程竣工、某一科技项目顺利完成、某一工作获得成功之际，以及一些重要人物遇到喜庆之事，常以党、国家、团体、组织或领导人的名义写信祝贺，我们称这种信函为祝贺信。贺信如以电报发出，即称贺电。

贺信与贺电统称为贺词，是向对方表示祝贺的专用礼仪文书。通常用于对方在某一领域取得重大成就和突出成绩，举行重要庆祝活动，召开重大会议，完成某项重要工作或任务等各种情况。

【结构模式】

贺信（电）的写作模式一般由如下几部分构成：

一、标题

一般可直写“贺信”“贺电”；对某些内容特别重大的贺信（电），可采取致词者的名称加致送对象再加文种，并以“给……”的特定语法结构形式，即《×××给×××的贺信（电）》。

二、称谓

根据祝贺对象的不同情况，在标题之下顶格位置标明受文单位全称或者规范化简称。

三、正文

正文是贺信（电）写作的重心。要用简明扼要的语句写明祝贺的原因和内容。其中原因即指盛赞对方所取得的成绩，或者简略交代问题的缘起；对于祝贺的内容要依适用对象、场合、身份等具体情况而有所侧重。例如祝贺节日，则应侧重叙述节日的意义以及如何以实际行动来庆祝节日；如祝贺企业竣工、开业，则应侧重对该企业寄予期望；如系祝贺重要会议的召开，则应着重阐明会议的内容及重要性。要注意对祝贺的内容进行适当的分析和评价，并在此基础上进一步提出希望，表示祝愿。

四、结尾

一般写明表示祝愿或祝福的言辞，如“祝大会圆满成功”“祝愿今后取得更大的胜利”，等等。然后在其右下侧署上单位名称和日期，并加盖公章，以示庄重、严肃。

【写作要求】

一、用语要恰切得体。即遣词用句一定要充满热情、激励、喜悦、希望以及褒扬之意，使人倍感温暖、愉快，从而受到教育和鼓舞。

二、颂扬、赞美之词要注意做到恰如其分，不要故意拔高，甚至献媚，那样反倒令人感到厌倦，达不到应有的效果。

三、要讲究时效性。贺信（电）具有很强的时效性，对时间要求比较明显，祝贺会议的贺信一定要在会议开幕之前送到；祝贺寿辰的贺信，一定要在对方生日前几天至少是当天送到，否则时过境迁，就失去了应有的效用。

四、贺信的篇幅要短小精悍，不宜过长，一般以控制在千字以下为宜。

【典范文例】

例文1

习近平致清华大学建校105周年贺信

值此清华大学建校105周年之际，我向全体师生员工和广大校友，致以热烈的祝贺和诚挚的问候！

清华大学是我国高等教育的一面旗帜。105年来，清华大学秉承自强不息、厚德载物的校训，开创了中西融汇、古今贯通、文理渗透的办学风格，形成了爱国奉献、追求卓越的精神和又红又专、全面发展的培养特色，培养了大批学术大师、兴业英才、治国人才，为国家、为民族作出了重要贡献。

办好高等教育，事关国家发展、事关民族未来。我国高等教育要紧紧围绕实现“两个一百年”奋斗目标、实现中华民族伟大复兴的中国梦，源源不断培养大批德才兼备的优秀人才。站在新的起点上，清华大学要坚持正确方向、坚持立德树人、坚持服务国家、坚持改革创新，面向世界、勇于进取，树立自信、保持特色，广育祖国和人民需要的各类人才，深度参与创新驱动发展战略实施，努力在创建世界一流大学方面走在前列，为国家发展、人民幸福、人类文明进步作出新的更大的贡献。

衷心祝愿清华大学的明天更加美好！

例文2

习近平致洪秀柱当选中国国民党中央委员会主席的贺电

台北

中国国民党中央委员会

洪秀柱女士台鉴：

值此您当选中国国民党主席之际，谨致祝贺。

2008年以来，贵我两党和两岸双方戮力开创两岸关系和平发展的良好局面，裨益两岸同胞，赢得广泛赞誉。当前两岸关系面临新的形势，希望两党以民族大义和同胞福祉为念，继续坚持“九二共识”，反对“台独”，巩固互信基础，加强交流互动，共同维护两岸关系和平发展与台海和平稳定之成果，同心为实现中华民族伟大复兴而努力奋斗。

顺颂　时祺

中国共产党中央委员会总书记　习近平

2016年3月26日

例文3

催开群芳春满园

——2016年元旦贺词

中国公文写作研究会会长、中国公文学研究所所长　桂维民

（2016年1月1日）

新年钟声就要敲响，2016年即将来临。我谨代表中国公文写作研究会，向长期耕耘在我国公文学理论战线和一线工作岗位的广大文秘工作者致以亲切的问候和新年的祝福！

回顾2015年，我们中国公文写作研究会走过的这一年是围绕大局，服务新政，锐意进取，引领新风的一年。

——召开了“全国第十四届公文学术研讨会”。会议提出了新的要求：拓宽视野，跟进时代，适应公文主体、客体、载体、受体诸方面的新变化，用互联网+的模式，全面提升公文写作和研究的水平。

——构建了媒体融合的新平台。中国公文研究网依托中国公文学研究所、四川大学锦城学院和鲁东大学公文文献研究中心，在平台上推出了一批名家和新秀的最新成果，活跃了研究气氛，探讨了公文的流变，促进了学术争鸣。

——推动了公文处理新规范、新格式、新标准的宣传贯彻。举办了第21期党和国家最新公文知识讲习班，推荐了四川大学锦城学院文传系的写作精品课程，并在研究会网站上不断推出一批公文精品新作，落实新规范，研究新话语，倡导新文风，引领新潮流。

——加强了研究会自身建设。在开门办会、民主办会、依法办会上取得了新进展，通过多种形式褒奖新人佳作，聚集了愈来愈多的公文写作研究的名家才俊，增强了研究会的学术实力和影响力。

继往开来，勠力前行。“来而不可失者，时也；蹈而不可失者，机也。”2016年，必将是充满希望的一年。在新的一年里，研究会应在以下三方面有所改革，有所创新，有所作为。

一是在公文学基础理论研究上有新进展。组织力量、突出重点、协同攻关、有所创新，力争推出一批高质量的研究成果。

二是在建立实训基地上有新突破。总结先行试验单位的成功经验，推广公文教改的示范群落，推动公文教学与改革的创新。

三是在开门办会上有新作为。建立信息、咨询、服务平台，主动与地方公文学术研究机构的联系沟通，加强与相关兄弟学会、协会的合作与交流，取得共商、共享、共赢的新成果。

群羊辞旧岁，金猴迎新春。新年伊始，我衷心祝愿有志于公文写作研究的同仁们不懈笔耕，在公文写作研究的百花园推出更多的精品佳作，迎来群芳璀璨春满园的繁华景象，携手为我国公文写作研究事业推波助澜，为弘扬新时期的新政新风不断做出贡献。

最后，祝大家在新的一年里事业有成，幸福安康，万事如意！

第四节　求职信

【功能特性】

求职信是一种使用频率很高的应用文，它是求职者寻求某种职业、某种工作的一种专用书信。在当今发展中国特色社会主义的新形势下，工作单位的转换、人才的流动是司空见惯的事情，用人单位可以面向社会公开招聘，选拔符合条件的优秀人才；面对纷繁复杂的社会现实需要，人们也经常通过向用人单位主动地推荐自己，以求寻找一份适合自己的工作，实现自身的理想和人生价值。从内容上看，求职信与自荐信很近似，但二者的最突出区别就在于自荐信是一种没有具体目标的、广泛寻找、寻求职业和工作的行为，而求职信比自荐信运用更为广泛，求职者经常会以求职信“投石问路”，而究竟能否实现自己的目标，能够被用人单位成功录用，认真把握求职信的写作技巧和规律要求有着极其重要的作用。

【结构模式】

一般而言，一篇完整的求职信应当由以下几个部分组成：

一、标题。可以直接写明“求职信”，简练醒目。

二、称呼。在标题之下第一行左空两字顶格写明求职信致送的单位名称或其主要负责人姓名。值得注意的是，在主要负责人姓名之后一定要加上对其职务的称谓，前面也可冠以“尊敬的”尊称，以示郑重。

三、正文。这是求职信的核心部分，也是求职能否成功的关键所在，因此一定要着力写好。就通常而论，应当载明3层意思：一是交代清楚求职者目前的状况，一定要真实、准确、简要，不可过于冗杂，同时写明对对方单位的了解或如何获取的你个人信息，这是下面提出求职事项的铺垫。二是进行自我介绍，即基本情况简介，包括主要学历、精力以及自己的能力特长，能够从事何种工作，如有相应的佐证材料，可以作为附件在此处标明，以增强说服力。三是请对方根据单位用人情况和自己的能力特长予以安排合适的工作，并着重标明自己能够胜任并做好工作的信心和决心。

四、结尾。在正文结束后之下一行左空两字写“此致”，然后另起一行靠左顶格写“敬礼”，这与一般的书信相同。当然也可以写明表示祝愿的其他语句。

五、署名和日期。在结尾下一行的右下侧写上求职者的姓名及日期。

【写作要求】

一、内容要实在，切忌虚妄。求职信与自荐信一样，信件本身所述内容是一个人综合能力的反映，因此，必须坚持实事求是的原则，客观真实地叙写自己的各方面情况，包括基本的身份介绍，特别是主要特长及能力水平的叙写，必须恰切属实，不可夸大其词，自我吹嘘，那样不利于求职目的的实现。

二、要准备好求职信所需的各种附件。诸如学历证书、获奖证书以及本人简历等能够对正文起到补充、说明和印证参考的重要资料，这些附件所附的内容，有时能够代替很多的文字说明，是最为直接的佐证材料，不容忽视。

三、要注意在求职信的最后写明求职人详细的通信联络方式，否则就会造成不应有的麻烦，影响求职目的的顺利实现。

【典范文例】

例文1

求职信

尊敬的公司领导：

您好！

我是吉林大学本科2013届毕业生，主修电子信息与通信工程专业（本科），辅修经贸英语专业（本科），现已获得两个专业的毕业证书。我诚挚申请加盟贵公司，以谋求个人与公司的共同发展。

我出生在一个知识分子家庭，良好的家庭教育，浓重文化氛围的熏陶，造就了我优良的品质和高雅、坚忍不拔的精神，勤恳的态度，聪慧的头脑。自信、自强、奋斗、拼搏，伴我度过了十几年的学生生涯，大学毕业在即，是我回报父母、回报社会的时候，我渴求一个压力无限、创造无限的空间。

机遇偏爱有准备的头脑。不断挑战、不断完善是支持我在大学四年中进取的不竭动力。母校踏实严谨的学风使我树立了勤奋刻苦、敏捷思辨、努力求知的学习态度，扎实的专业知识和熟练的计算机技能相结合的知识结构，是我的一大优势。在专业基础学习中，我学习了 PROTEL、PSPICE、ORCAD 等电子电路设计软件，单片机，CPLD（复杂的大规模集成电路设计），FPGA 的开发和应用，以及 PLC 可编程控制器等，擅长于电子电路的开发与设计及单片机的应用和 PROTEL 电子制板。我深知，作为一名电类学生，掌握计算机应用的必要性，先后自学了多种计算机编程语言，OFFICE 文件、FOXBASE、WINDOWS98、WINDOWSNT、C 语言、FORTRAN、DELPHI、C + + BUILDER 等，能熟练掌握与应用，顺利的通过有关的计算机等级考试，取得了不斐的成绩。

理论联系实践是时代主流，本着这一原则，我一直朝这个方向努力，参加电子科协，多次参加电子设计大赛，并取得了优异的成绩，近两年本人一直在长春智能网络公司兼职期间参与了仪表计算机系统——水、煤气、电量计费系统的开发与设计，并出色完成了任务，并多次利用 PROTEL 软件为学校实验室、电子大赛及公司设计电路及制板，积累了丰富的实践经验，深得副院长及系主任的赏识。

当今社会，计算机能力 + 英语 = 实力，我坚信这一点，努力学习英语，在四级考试中取得了较高的分数，在校期间辅修了经贸英语，并以优异成绩结业。现在正在东北师大吉林省留学服务中心，参加高级英语口语班，取得了理想的效果。英语听、说、读、写基本功扎实，并能阅读英文报刊及有关电类的科技英语刊物。

在平时的社会实践活动中，我培养了管理协调能力，敬业合作精神和奉献创新意识。在任电子科协副会长期间，我为电子科协的发展倾注了汗水和才智，圆满完成了日常管理工作，并成功地策划了“大学生科技文化节”，在这次实践活动中，使我清醒认识到团体智慧源于个人创造，企业才富源于个人素质，与此同时，我凭着较好的组织协调能力，凭着良好的交际能力，广泛交友，诚实为本，乐于同他人合作；以信交友，善于与人沟通是我的为人处事准则，在广大同学中我获得了很高的威望。

“一万年太久，只争朝夕”，时间不等人，不超越时间的人将被历史淘汰，拿破仑说过：“不想当元帅的士兵不是好士兵。”我要说“不想干出一番事业的职员也不是好职员”，我要与风赛跑，我希望用实力与魅力征服一切，但我更希望能在最年轻、最有能力、最有挑战意识的时间里培养、体现自我价值，成长为能吃苦、能战斗的英才。因为年轻，所以我要有干劲和信心；因为年轻，我也有缺点和不足。但我愿在新的环境中与其他同事共同学习、共同进步、共同创造企业财富。

思考、创新、追求、给予，是我不变的人生信条。

感谢您于百忙之中读我的自荐信，希望早日答复，安排面谈为盼！

此致

敬礼！

求职人：××

××年××月××日

例文 2

在职人员求职信

尊敬的领导：

您好！

虽然我对此行业并不是非常精通，可是俗话说，人往高处走，每个人都希望自己在更大的平台有更大的进步。

感谢您在百忙之中抽出时间来翻阅这份求职信。或许您正面对着众多的求职者，或许您只是在繁忙的会议休息之间，在嘈杂的电话安静之后，顺手打开了它的封面，但我能感受到这一瞬间的意义。对我而言，您揭开的将是我人生新的一页，因为您的厚爱和关照，我的人生将在此刻出现一个值得纪念的转折点。

我是深圳世纪宏博××的在职人员。能熟练的操作 OFFICE，EXCEL 等办公软件。我性格开朗，乐于接受新事物，爱好广泛，敢于挑战，在大学期间曾多次参加学校和系里组织的文体活动，并获奖。

我选择贵公司就是想领导能给我一个展示的平台。给予我磨炼自己的机会。古人云，"十年磨一剑"，十多年的求学生涯正如一个磨剑的过程。在校间的兼职工作经验，虽在现在的公司已不能有足够的空间提升自己。今天终于将它呈现在您的面前，请您鉴别它的锋利，我相信它将不会使您失望。大学四年以及工作一年，"做人，做事，做学问"是我的生活写照。修身立志，一日三省，自信品格日益完善；勇于任事，务实革新，自信工作有所成就。因此，我今天冒昧的向您毛遂自荐，希望能得到一个检验自己的机会，也希望能为贵公司的发展贡献微薄之力。

同时，我也深知，现在的我仅仅是求学的开始，贵公司是我真正的求学平台。我今天的求职，也正是希望能得到一个更好的学习环境，从而能以更好的工作成绩来报答您的厚爱。最好，谨祝您身体健康，工作顺利，并祝贵公司事通人和，兴旺发达！

此致

敬礼

求职人　×××

××年××月××日

第十二章　协议体文书的写作

第一节　合　同

【功能特性】

《中华人民共和国合同法》明确规定：合同是平等主体的自然人、法人、其他组织之间设立、变更、终止民事权利义务关系的协议。作为合同的主要形式的经济合同是以法律形式管理经济业务活动的重要手段，具体而言，经济合同的内涵是指平等民事主体的法人、其他经济组织、个体工商户、农村承包经营户相互之间，为实现一定的经济目的，明确相互权利义务关系而签订的书面契约；经济合同的外延包括了购销、建设工程承包、加工承揽、货物运输、供用电、仓储保管、财产租赁、借款、财产保险以及其他经济合同。

【结构模式】

合同的结构，主要有两种类型：一种是条款式类型，即通常所说的制作式合同；另一种是表格式类型，即通常所说的格式合同。条款式是指将双方口头约定好的有关内容列成若干条款写入合同之中。表格式是指按照印制好的表格，将协商一致的内容逐项填人表中，表格式一般用于经常使用的合同如工矿产品购销合同，农副产品购销合同，货物运输合同，仓储保管合同等。在写作上，无论是条款式，还是表格式，其内容结构都须具备如下几部分：

一、标题

即在合同的顶端居中写明“× × × ×合同”，其中“× × × ×”是写明合同的性质类型，如“房屋租赁合同”“买卖合同”“建筑工程合同”等。不能只写“合同”。

二、写明双方签约者

在标题之下左侧按顺序列出立约双方的名称。如系公民个人签约的应写明甲方：× × ×，乙方：× × ×。如系法人签约的写明各自单位的全称。立约人的称谓应根据合同的不同类型来决定，如系买卖合同，应统一用“供方”“需方”“出卖人”“买受人”称谓；系承揽合同，用“定作方”“承揽方”称谓，财产租赁合同，称“出租方”“承租方”，仓储保管合同称“存货方”“保管方”，技术转让合同称“技术让与方”　“技术受让方”，承包合同称“发包方”　“承包方”，借款合同称“贷款方”和“借款方”等。为了行文方便，在名称之后还可以用括号注明（以上简称甲方）（以上简称乙方）。属格式合同的，在签约者名称之下还应写明合同编号，合同签订地点及签订时间。

三、正文

这是合同的核心部分，用列出的条款或表格写明合同的具体内容。合同正文一般来说需要写明两方面的内容：

（一）写明双方或多方签定本合同的缘由或目的。这是合同的起句开头部分，要求用十分简练的几句话交代为何事或出于何种目的签定本合同，如：“借款方为开发研制心脏医疗器械软件系统，向贷款方申请借款并请求××贝特工贸公司作为保证人，贷款已审查批准，经三方协商，特订立本合同，以便共同信守。”也可先引用有关经济法规，再引出签约的缘由，如：“根据《中华人民共和国经济合同法》及有关规定，为明确出租方与承租方的权利义务关系，经双方协商一致，签订本合同。”

开头部分，要求文字简明扼要，只需将订立合同的依据和目的一笔写明即可，起到引入正文的作用，不要文字拖沓，写得冗长累赘，以免喧宾夺主，影响正文内容的表现。

（二）合同条款。合同条款即协商的具体内容，是合同的主体部分。条款式合同应按先后次序写明双方或多方所商定的有关事项即双方共同做什么事情，如何去做，做到什么程度，何时完成，违约了怎么办，从中体现出各方在履行中所应承担的义务和应享有的权利。表格式合同则需按照表格中所列项目协商填写。无论条款式还是表格式，一般来说，都要反映以下一些要点，即合同须具备的九要素：

1. 标的。即签约要达到的目的，如交付实物，交付货币，提供劳动，保管财产，完成工作项目等。标的是合同中权利和义务所指向的对象，任何合同都必须具备标的，这是因为合同大都是以一定的财产关系，即物质利益关系为其内容的，若标的物不明确，合同就无法履行。合同的类别不同，标的物所体现的形式也各不相同，如买卖合同的标的物是某种产品，房屋租赁合同的标的物是不动产（房屋）；建筑工程合同的标的物是某项勘察、设计建筑安装工程，借贷合同标的是货币，科技协作合同的标的是某项科研成果等。

2. 数量。标的数量是确定合同履行的重要条件之一，某些合同的签订必须明确标的数额，如买卖合同中发货的件数、每件的金额、总计的金额、运费支出的金额，借贷合同中贷款的数额及利息的标准，建筑工程施工合同中工程造价、预算数额等都必须在合同中规定具体而明确，绝不能笼统含糊，否则，极易因此而引发纠纷。

3. 质量。合同标的物的质量是合同的重要内容之一，也是履约的重要依据。

质量标准规格如不具体写清，履约时则容易发生纠纷，一旦提起诉讼后，也容易造成有理说不清，因而必须规定得明确，具体。如工业产品的质量，必须具体定出何年何月的国家或部颁标准，并在合同中明确写出标准的编号。如果是协商标准，必须另附协议书或提交样品。

4. 价款或者报酬。这是指取得对方产品或物品，接受对方劳务所支付的代价。凡国家规定有价格的产品（包括国家定价，浮动价），应遵守国家的价格；国家未规定价格的，可由当事人双方自愿协商议定。

5. 履行的期限、地点和方式。履行的期限，是指当事人完成合同规定义务的时间范围，逾期即属违约；履行的地点，是指当事人完成合同规定义务的地理位置，合同履行的地点对于诉讼提起确认管辖权具有重要作用；履行的方式是指当事人完成合同规定义务的方法，如货物是自提还是送货上门或是代办托运，付款方式是现金支付还是托收承付或是支票转账。这些内容写清对于完成合同任务以及对双方当事人进行制约都有重要作用。

6. 违约责任。违约责任是指当事人因过错而不履行或者不完全履行合同时应当承受的法律制裁措施。如支付违约金，支付赔偿金，价格制裁，定金制裁，解除合同，信贷制裁，给付逾期保管费等，违约责任对于维护合同的法律严肃性，敦促当事人按合同履约具有重要保证作用。在合同中违约责任有些是法定的，也就是说在合同法中规范了一旦违约应如何制裁的措施，如合同法第 115 条规定的定金罚则，合同法第 63 条规定的价格制裁等。违约金比例则大都是靠双方自行约定，但不能越过法律规定的标准幅度，如工矿产品购销合同违约金比例，法律规定通用产品为货款总额的百分之一至百分之五，专用产品为百分之十至百分之三十，农副产品购销合同的违约金比例为货款总额的百分之五至百分之二十五。超过此额，法律不予保护。

除了上述八项主要内容外，合同法还规定，根据法律规定的或者按照合同的性质必须具备的条款，以及当事人一方要求必须规定的条款，也是合同的主要条款。这些条款应根据合同的性质不同有所区别地写入。如建筑安装工程合同中，应明确规定工程范围、建设工期、工程开峻工时间、工程质量、工程造价、验收等条款；在仓储保管合同中，应明确规定储存货物的品名、规格、数量、保管方法、验收项目和验收方法、入库和出库手续、损耗标准和损耗的处理、费用负担和结算方法等条款；在财产租赁合同中应明确规定租赁财产的名称、数量、用途、租赁期限、租金和租金交纳期限、租赁期间财产维修保养的责任等条款；在借贷合同中，应明确规定贷款的数额、用途、期限、利率、结算办法等；保险合同中应明确规定保险标的、坐落地点、保险金额、保险责任、除外责任、赔偿办法、保险费交付办法以及保险起止期限等条款。

合同的主要条款写完之后，一般还应写明如下几条：一是争议的解决办法，写明合同履行中如发生纠纷双方应友好协商解决，协商不成提交× ×人民法院裁判（此条属约定管辖）或提交× ×仲裁委员会仲裁（仲裁或诉讼只能选其一）；二是写明双方未尽事宜可制定补充协议，补充协议与本合同具有同等效力；三是写明本合同一式×份，由× ×保管一份，× ×保管一份。合同有附件的还应予注明，有的还写明合同的有效期限。

四、结尾

写明两项内容：一是在正文末尾的下方写明双方或多方签订合同的单位名称和单位代表人姓名，并加盖公章或合同专用章，个人签订的需签字或盖私章，如有保证单位和鉴证单位做监订的，应签署监订单位名称及代表姓名。二是注明签约的年月日。

【写作要求】

一、要合法。合同是一种法律文书，其使用的目的就是用法律手段来规范制约立约人的行为，使其在法律的轨道上运行。因此，订立合同，首先必须遵守国家的法律，符合国家政策要求。否则，无论其条款如何完善具体，合同也不能成立。合法主要表现在以下三点：一是主体资格合法；二是合同内容合法；三是经营范围合法。

二、要合理。合同必须贯彻平等互利，协商一致，等价有偿的原则，任何一方不得将自己的意志强加给对方。

三、要完善。完善是指条款内容的完善。一份合同不仅整体的条款内容要完善，而且每一款的内容也要尽量周密严谨，避免发生漏洞而出现问题。

四、要合格。合格是指合同的书写须合乎格式规定，合同有它特定的写作格式和必备的条款内容，制作时须按照其规定的要求去写。

五、合同的语言要求精确、清楚、肯定、简洁，并能准确表达当事人的意思。合同是契约性文件，最忌讳内容笼统，语言含混不清，模棱两可。

【典范文例】

例文 1

环岛豪庭房屋预订合同

甲　　方：河北世茂房地产开发有限公司

乙　　方：方文殊

签订地址：石家庄市滨江国际 A 座

签订日期：2009 年 3 月 20 日

根据《中华人民共和国合同法》及有关法律、法规的规定，为了保证和满足乙方能够优先购买“环岛豪庭”的房屋，现经甲方和乙方在平等、自愿、协商一致的基础上，就乙方预定“环岛豪庭”房屋有关事宜达成如下协议：

第一条 乙方所预定房屋的基本情况

乙方所预定的房屋位于石家庄市桥东区“环岛豪庭”项目内，即雅苑楼2单元201～202室（房号最终以房管局审核确认为准），户型为三室两厅两卫。

该房屋的用途为住宅，建筑面积为132平方米。甲乙双方约定，该面积仅为图纸设计面积，在签订正式买卖合同时房屋建筑面积以规划局和房管局预测绘面积为准。

第二条 计价方式与价款

甲方与乙方约定按建筑面积计算房屋预定总价款，该房屋单价为￥3600元/平方米，总价款计￥475200元（大写肆拾柒万伍仟贰佰元整）。地下室单价为￥1000元/平方米，另行交纳。

第三条 付款方式和期限

在签订本预订合同时，乙方同意按下列第一种方式如期付款，并享受相应的付款优惠：

1. 一次性付款：

乙方同意在签订本合同时一次性交清预订款，优惠后该房屋单价为￥3100元/平方米，总价款合计￥409200元（大写肆拾万玖仟贰佰元整）。

2. 分期付款

未经甲方同意，乙方不得转让该套房屋优先购买权。

第四条 交房及违约责任

1. 该房屋预计竣工时间为2011年5月30日，甲方自正式竣工之日起1个月内交付使用。若甲方延期交付，自逾期之日起至交房之日止，甲方应根据乙方实际交款金额按照日万分之一的比例向乙方支付违约金。逾期交房三个月的，乙方有权退房。

2. 乙方未按合同规定时间付款，违约金自本合同约定的应付款日第二日起至实际付款日止，每延期一日按乙方逾期应付款额的万分之一向甲方支付违约金，逾期10日乙方仍未付清房款的，按乙方自动退房处理，定金不予退还，甲方另行出售此房屋。

第五条 双方就以下事项约定

1. 该房屋所在楼宇的屋面使用权属于全体业主共有，由物业管理公司统一管理；

2. 该房屋所在楼宇的外墙使用权属于全体业主共有，由物业管理公司统一管理；

3. 该房屋所在楼宇的命名权属于甲方。

4. 小区公建产权归属按照政府相关部门的规定执行，由物业管理公司统一管理，小区会所、幼儿园不计入公共分摊面积，产权归甲方所有；

5. 该房屋天然气集资费、公共维修基金和契税等有关税、费由乙方按政府部门相关规定自行承担。

6. 该房屋户型结构及面积等以政府最终批准文件为准，甲方有权根据政府批准文件进行变更，乙方已明知以上内容。审批后双方若有争议，乙方可在签订正式合同时，选择订房或退房。若选择退房，甲方应按照乙方已交实际房款全部退还给乙方。

7. 乙方的联系电话及家庭住址必须真实有效，家庭住址必须为通信可到达的地址，如有变更及时通知甲方。乙方应按照甲方通知办理相关事宜。如因乙方联系电话、通信地址变更或不实等原因造成甲方通知不能到达乙方的，视为已通知乙方。自通知之日起超过30日乙方仍未按甲方通知要求办理相关事宜的，甲方有权解除合同。

第六条　争议解决

本合同在履行过程中发生争议的，由双方当事人协商解决，协商不成的，依法向该预定房屋所在地人民法院起诉。

第七条　其他

本合同未尽事宜，由双方协商后签订补充协议，与本合同具有同等法律效力。

本合同共肆页，一式叁份，甲方贰份，乙方壹份，具同等法律效力。本合同自双方签订之日起生效，至签订房屋买卖合同后自动失效。

甲方：河北世茂房地产开发有限公司　　乙方：方文殊盖章：（公司印章）
签字：本人签字（手印）电话：0311－86070500　电话：0311－86115110

附件：雅苑楼2单元201～202室房屋平面图

例文2

户外广告发布合同

合同编号：LP2789

甲　　方：新天地广告有限公司

乙　　方：北京神州科技开发有限公司

签约地点：济南市府前街246号迎宾大厦

签约时间：2008年12月10日

甲、乙双方根据《广告法》及《广告管理条例》，在平等、自愿、协商的基础上，就广告发布有关事项签订本合同，并共同遵守：

一、广告形式

彩喷路牌广告。

二、广告位置

济南市和平路、解放路、泉城路三个路段。

三、广告规格

宽4米×高2米×2面

四、广告期限

自2009年2月至2011年2月，共计3年。实际发布时间以《验收报告》中确认的发布时间为准。

五、广告价格

1. 广告费：含发布费、占地费、维修费、保险费、基础架制作费，单价：4800元/块，20块。年合计96000元。

2. 广告费的支付：第一期款：签订合同后15日内，乙方向甲方支付广告费，计70000元。

六、双方责任

1. 甲方负责户外广告报批手续，广告稿样审批，验收及发布期的保修维护。

2. 甲方负责提供广告样件，甲方负责将广告稿样报有关部门审批，审批不合格，稿样退回乙方修改。稿样一经确认即作为制作及验收的有效依据，为本合同附件，与本合同一并保存。乙方如再次提出与稿样不同要求所发生的费用由乙方负担，由此而耽误的广告发布时间，甲方不予顺延。

3. 甲方收到乙方第一期款，及广告稿样经过确认后30天内，完成制作。制作完成后3天内，甲、乙、制作三方共同验收，验收合格，乙方在《验收报告》上签章，乙方接到甲方通知，不及时验收，超过3日后，甲方视同乙方验收合格。

4. 乙方应按期付款，如乙方不按期付款，甲方有权终止本合同并广告位置不予保留。

5. 广告发布期间，如因甲方责任造成广告发布终止由甲方承担责任；如因乙方责任造成广告发布终止由乙方承担责任；如因不可抗力造成广告发布终止，甲乙双方友好协商解决。

七、合同续签

合同期满前1个月，双方可重新商讨延长本合同事宜。同等条件下，乙方享有优先权。如合同期满乙方未办理续签手续，乙方不再享有优先权，广告位置不予保留。

八、任何一方违反合同，双方协商不成，可向经济合同仲裁机关申请仲裁或向人民法院起诉。

九、附则

1. 本合同一式两份，甲乙双方各执一份。

2. 合同附件一式两份，甲乙双方各执一份。

3. 合同中未尽事宜或本合同如需修改，可签订补充合同。

4. 本合同自签字盖章之日生效。

甲方：新天地广告有限公司	乙方：北京神州科技开发有限公司
代表：吴友全	代表：肖绶同
银行：中国工商银行济南分行南华路支行	银行：中国农业银行北京分行
账号：0110 1710 0241 6658	账号：0221 5666 2344 7789
电话：0531－44820020	电话：010－87654321

例文3

房屋租赁合同

出租方：张××，男，身份证号：610104520708571

承租方：中国××××学院，中华国际××推广西安中心。

根据《中华人民共和国经济合同法》及有关规定，为明确出租方与承租方的权利义务关系，经双方协商一致，签订本合同。

第一条 房屋坐落地址、间数、面积、房屋质量

西安市莲湖区劳动路糜家桥村43号整座楼房（共四屋）建筑面积1400平方米。

第二条 租赁期限

租赁期共拾年。出租方从××年6月1日起将出租房屋交付承租方使用，至××年6月1日收回。

承租人有下列情形之一的，出租人可终止合同，收回房屋：

1. 承租人利用承租房屋进行非法活动，损害公共利益的。

2. 承租人托欠租金累计达15天的。

合同期满后，如出租方仍继续出租房屋，承租方享有优先权。

第三条 租金和房屋外部及结构性改造、修缮、清洗及水电设施，维修费的交纳期限：

1. 房屋租金每年20万元。

2. 改造、修缮、清洗、水、电设施维修费每年15万元。

以上两项共计35万元，10年不变。

以上两项以下统简称为租金。

3. 交纳期限：第一租赁年度分两次付清，××年6月1日付20万元，××

年8月1日付15万元。× ×年6月1日付清× ×年6—12月的租金17.5万元；自× ×年起，每年6月1日—12月1日各付清前半年租金17.5万元，以后各年以此类推。

第四条 租赁期间房屋修缮

房屋外部及结构性修缮由出租方负责，内部装修由承租方负责，内部结构性改动须经出租方的同意。

第五条 出租方与承租方的变更

1. 如果出租方将房产权转移给第三方时，合同对新的房产所有者继续有效。

2. 出租人出卖房屋，需在3个月前通知承租人。在同等条件下，承租人有优先购买权。

第六条 承租方在租赁期间有权转让他人使用。

第七条 违约责任

1. 出租方未按前述合同条款的规定向承租人交付合乎要求的房屋的，负责赔偿。

2. 出租方未按时（或未按要求）修缮出租房屋，负责偿付违约金每逾期一天一万元。如因此造成承租方人员人身受到伤害或财物受毁的，负责赔偿损失。

3. 承租方应对租用房屋的用途做充分的调查论证，达到安全无误，如出现有项目活动的设备不符合安装地点，人为造成事故导致房屋损坏，承租方应负全部经济责任。(包括房屋损坏的赔偿损失)。

4. 承租方逾期交付租金的，除仍应及时如数补交外，应支付违约金每逾期一天一万元。

出租方应负责保证承租方在租赁期内安全使用房屋，不受外来干扰，保证水电通畅，否则造成的损失由出租方赔偿。

第八条 免责条件

房屋如因不可抗力的原因导致毁损和造成承租方损失的，双方互不承担责任。

第九条 争议的解决方式：

1. 当地工商行政管理局经济合同仲裁委员会。

2. 当地人民法院。

第十条 本合同未尽事宜，一律按《中华人民共和国经济合同法》的有关规定，经合同双方共同协商，做出补充规定，补充规定与本合同具有同等效力。

第十一条 本合同自年× ×年6月1日起生效，合同效力不因法定代表人的变更而变更。

第十二条 本合同一式四份，出租方、承租方各执两份，具有同等效力。

出租人：(盖章) 承租人：(盖章)

法定代表人：

签约地点：西安市莲湖区劳动南路糜家桥村43号

签约时间：× ×年5月24日

有效期限：× ×年6月1日至× ×年6月1日

附件：莲集建［× ×］字120051号（集体土地建设用地使用证）

例文4

绣品买卖合同

编号：0015791

签订时间和地点：× ×年10月21日签订于××市纺织产品交易会。

买方：××市北方商场（以下简称甲方），地址：××市中山路101号，电话×××××××，电传：×××××××，电报挂号：×××××××。邮政编码：×××××

卖方：××市绣品进出口公司（以下简称乙方），地址：××市长寿路22号，电话×××××××，电传：×××××××，电报挂号：×××××××。邮政编码：×××××。

甲乙双方就买卖下列商品经过协商达成一致意见，签订合同并共同遵守之。

一、商品名称、规格、型号、数量、单价、金额及备注：

商品名称	规格型号	计量单位	数量	单价	金额	备注
春秋单边全绣床罩	1.5米×2米	套	100	140.00	14000.00	粉色、黄色
素丝缎满绣双边床罩	1.5米×2米	套	150	260.00	39000.00	银灰色、粉色
真丝缎三边床罩	1.5米×2米	套	120	340.00	40800.00	白色、浅蓝色
双光缎双面边靠垫	0.45米×0.45米	个	200	25.00	5000.00	粉色、黄色、蓝色
合计金额（大写）：玖万捌仟捌佰元整						

二、质量要求及验收期限：乙方应当按照双方共同封存的样品标准保证商品质量，并由甲方验收。甲方认为质量未达到样品标准的，应当于收货之日起15日内通知乙方。乙方在接到通知后15日内有权提出异议；过期未提异议的，视为商品质量未达样品标准，应当按甲方要求给予退货或者更换。

三、包装及费用：由乙方负责对商品进行单件密封塑料袋内包装，外部加硬纸箱包装。乙方应保证商品的包装质量，避免商品因包装不善而发生损毁。包装费用由乙方承担。

四、交货期限与方式：乙方应当在当年11月20日以前将商品交铁路运输部门发往甲方，运费由甲方承担。

五、货款结算方式及期限：乙方发货后凭此合同和铁路运输部门签发的运单办理托收承付收取货款。甲方应当在接到铁路运输部门发出的收货通知之日起15内提取货物并完成验货。如商品质量、数量及包装等方面均符合合同规定，则甲方应当在验货期满后10日内向乙方支付全部货款。

六、违约责任：1. 甲方不得中途退货或少要货物，否则，应当向乙方偿付退货部分货款总值的5%的违约金，并赔偿乙方因此所受到的实际损失。2. 甲方应当按期向乙方支付全部货款，无正当理由拒不支付货款时，应当向乙方偿付逾期付款的违约金，并赔偿乙方的实际损失。3. 乙方应当按照合同规定的商品品种、规格、花色、数量和质量向甲方交货，不能交货或少交货的，应当向甲方偿付不能交货部分货款总值的5%的违约金，并赔偿损失；少交的部分还应当补交。4. 乙方交付的商品品种、规格、花色、数量和质量等方面，有不符合合同规定的，应当负责更换；甲方不再需要的，乙方应准予退货，并赔偿甲方因此受到的实际损失。

七、其他：甲乙双方任何一方由不可抗力的原因不能履行合同时，应当及时向对方通报，在取得主管部门的证明后，与对方另行协商合同的延期履行或者部分履行，也可以不履行。

在本合同的履行过程中，如果双方发生争议，应当尽量协商解决，协商不成时，任何一方均可以向××市仲裁委员会申请仲裁解决争议。

本合同自双方签订之日起生效。在合同履行期间，甲乙双方均不得随意变更或者解除合同。如有未尽事宜，可由双方共同协商一致，做出补充规定，补充规定与本合同具有同等的法律效力。

本合同一式4份，甲、乙双方各执1份，其余2份送各自开户银行办理货款结算。

买方（甲方）：××市北方商场（合同专用章）

承办人：孟××

卖方（乙方）××市绣品进出口公司（合同专用章）

承办人：李××

例文5

供用电合同

合同编号：03－0291

签订时间和地点：××年3月11日签订于××县供电局。

供电方：××县供局（以下简称甲方），地址：××县城关镇中心大街7号。

电话×××××。

用电方：××县第一棉纺厂（以下简称乙方），地址：××县三里庄镇。电话×××××。

为了协调电力供、用双方的关系，明确双方的权利和义务，根据有关电力供用方面的法律、法规的规定，经甲乙双方协商一致，特订立本合同，以便双方共同遵守。

一、受电地点、受电电压、受电容量及期限：

受电地点：××县第一棉纺厂内。

受电电压：10千伏。

受电容量：400千伏安。

合同期限：1年，自× ×年5月1日至× ×年4月30日。

二、双方责任

1. 甲方按照合同约定的供电标准为乙方提供并安装有关供电设备和装置，保证按时向乙方供电。

2. 在合同规定的期限内，甲方应当保证乙方的电力电量供应；如发生不能供电，必须提前7天通知乙方；因自然灾害造成停电的，甲方应当及时抢修，尽早恢复供电。

3. 甲方应当负责供电设施的安全检修工作，因此需要对乙方停电时，应当提前7天通知乙方。

甲方1年对乙方进行的停电检修不得超过3次。

4. 甲方供电后，乙方应当在1个月内根据供电设备安装工程结算书，一次性向甲方支付全部设备款和安装费。

5. 乙方应按照合同规定的标准安全用电；需要超标用电或者不能在约定时间用电的，应当提前7日通知甲方，征得甲方同意后方可做出改变。

6. 方应当依国家规定的电费标准按季度向甲方缴付电费；在合同有效期限内国家电费标准调整时，本合同的电费标准也做相应调整。电费由乙方的开户银行按期扣缴。

7. 乙方不能擅自改动供电设施，凡擅自改动的，应当恢复原状。

三、违约责任：

1. 甲方未按照合同约定向乙供电的，应当补还少供的电力、电量，并向乙方支付少供电力、电量的5倍的违约金；违约金不足以弥补乙方所受损失的，还应向其支付赔偿金。

2. 乙方擅自超过合同约定标准用电的，甲方有权将其多用部分从以后供电量中扣除，并对多用部分加收5倍的电费；因此给甲方造成损失的，还应向甲方支付赔偿金。

3. 因甲方的责任，导致乙方停电的，甲方应当按照乙方在停电时间内可能用电量的电费的5倍给予赔偿；但因供电系统自动开关掉闸而停电的，甲方不予赔偿。

4. 因乙方的责任造成甲方停电的，乙方应当按照甲方的少供电量电费的5倍予以赔偿。

5. 甲方应当按照合同约定的期限供电，每少供一天，应当向乙方支付电费总量5‰的违约金；

乙方应当按照合同规定的期限缴纳电费，每逾期一天，应当向甲方支付电费总量的5‰的违约金。

6. 因甲方的原因导致乙方用电设备烧毁时，甲方应当负责修复，并按实际情况对乙方赔偿损失。

7. 乙方擅自迁移、变动供电设置或者擅自接用低价供电线路的，应当予以拆除或恢复原状；甲方有权向其收取差额电费；情节严重的，甲方有权解除合同。

四、本合同自签订之日起生效；在合同有效期限内，双方不得擅自变更或解除。本合同的未尽事宜，经双方协商一致后，可以做出补充规定，补充规定与本合同具有同等的法律效力。

五、本合同一式4份，双方各执2份。

甲方：××县供电局（公章）

法定代表人：从××

联系人：王××

开户银行及账号：中国工商银行××县支行，账号：××××

乙方：××县第一棉纺织厂（公章）

法定代表人：刘××

联系人：王×××

开户银行及账号：中国农业银行××县支行，账号：××××

例文6

计算机显示终端承揽合同

合同编号：9×－021

签订时间和地点：××年5月10日签订于××市××咨询公司。

定做方：××金星电脑技术开发公司（以下简称甲方），地址：××省××市经五路12号，法定代表人：陈××，电话××××××，传真：××××，邮政编码×××××。

承揽方：××泰德咨询公司（以下简称乙方），地址：××省××市德兴路71号，法定代表人：耿××，电话：××××，传真：××××，邮政编码×××××。

一、项目名称、数量、工程造价（包括酬金）、完成期限及备注：

项目名称	数量	工程造价	完成期限	备注
计算机LED单色显示终端	1块	104267元	50天	酬金包括在工程造价中
计算机LED彩色显示终端	3块	1188432元	120天	
合计金额（大写）：壹佰贰拾玖万贰仟陆佰玖拾玖元整				

二、项目内容及质量要求：乙方按甲方要求制作计算机LED显示终端4块，其中单色1块、彩色3块，自行解决所需的原料、设备和资料等，并应保证工程质量。甲方应当监督乙方的工作，全部显示终端须经甲方验收后方为合格；但甲方逾期不验收，视为验收合格。

三、工程款支付方式及期限：甲方应在合同生效之日起5日内，向乙方预付工程总造价金额的50%，余款将在甲方对全部工程验收合格后3天内一次性支付。

四、验收方法及期限：甲方应在乙方完成显示终端调试后3天内对工程进行验收，如果有质量问题，乙方应当负责维修或者重做；如果出现乙方无力解决的质量问题，甲方有权要求乙方退还全部预付款并解除此合同。

五、工程维修：乙方自全部显示终端交付甲方之日起一年内负责工程的免费维修，对于因甲方的操作不当造成的故障，乙方可适当收取维修费用。

六、违约责任：1. 甲方应当按合同规定期限支付工程款，逾期付款的，应向乙方支付应付金额每日5‰的违约金，因此而影响工程进度的，甲方可以延长工期。2. 甲方不得无故拒绝接受定做物、或不按期验收定做物，否则，应当赔偿乙方因此受到的全部损失。3. 乙方应保证工程质量，不得使用废旧材料制作显示终端，否则，甲方有权拒绝接受定做物，并索回预付工程款。4. 乙方不能完成工程或不能按期完成工程的，应当返还甲方的预付工程款、赔偿甲方因此所受的经济损失，或者按延期期限向甲方支付工程造价金额每日5‰的违约金。

七、本合同自签订之日起生效。在合同履行期间，甲、乙双方均不得单方变更或解除合同。对于合同执行期间所发生的新情况，甲乙双方应本着协商一致的原则达成补充协议，补充协议与本合同有同等的法律效力。

本合同一式2份，甲、乙双方各执1份。

定做方（甲方）：××金星电脑技术开发公司（合同专用章）

法定代表人：陈××

承揽方（乙方）：××承德咨询公司（合同专用章）

法定代表人：耿×××

例文7

建设工程勘察合同

合同编号：04－0288

签订日期和地点：××年3月6日签订于明天大厦。

委托方：明天大厦（以下简称甲方），地址：××市东风大街10号，电话：××××××，传真：×××××××。

承包方：华能地矿工程勘察院（以下简称乙方），地址：××市阳平路22号。电话：×××××××，传真：××××××。

甲方委托乙方为新建办公楼进行岩土工程的勘察工作。根据有关法律、法规的规定，结合本工程的具体情况，为明确责任，配合工作，经双方协商，同意签订本合同，以资遵守。

第一条　工程勘察范围

一、本工程计划批准文件为××省计划经济委员会计字778号文件。

二、工程建设地点：××市东风大街10号

三、工程内容：工程名称为办公大楼，其东西间距为80米，南北间距为25米、场地面积为2000平方米，建筑层次为6层，砖混结构。

四、勘察阶段：一般勘察

五、预计工程量：拟定勘察孔12个，孔深13至15米，总进尺168米；相应的标贯试验、取土样、水样测试以及各孔孔口高程测量等。

第二条　甲方按时向乙方提供下列文件资料及条件：

一、工程项目批准文件（复印件）1份。

二、勘察孔平面布置位置图1份。

三、拆除施工障碍物并平整现场，修好通行道路，接通电源、水源及排水渠道。

第三条　乙方于××年3月26日向甲方提交岩土工程勘察报告，图纸3件。

第四条　双方定金的规定（略）

第五条　双方责任

一、甲方的责任

1. 甲方在订立合同时须向乙方明确技术要求和勘察阶段，按时提交已有的技术资料和图件，满足乙方编写勘测施工纲要和编制工程预算的基本要求。

2. 甲方应按时创造并提供适当的施工条件。

3. 工程完成后，甲方应负责组织工程验收，并在乙方填写的工程勘测交验单上签署意见，作为工程款结算的依据。

4. 甲方应当维护乙方提交的勘察成果，不得擅自修改，也不得转让给第三方使用。

二、乙方的责任

1. 乙方应当派出工程技术人员按任务委托书和技术要求进行施工现场的踏勘，确定勘察手段、工作量、编制工程预算。

2. 在施工前，乙方应向甲方提出勘察施工纲要，并可以根据场地地形、地质条件和技术规范要求增减工程量或改变勘察手段，但应将变更情况通知甲方。

3. 乙方应当按照国家标准，规范规程进行施工，按合同规定期限提交成果，并对工程质量全面负责。

第六条　违约责任

一、甲方不履行合同时，无权要求乙方返还定金；乙方不履行合同时，应当向甲方双倍返还定金。

二、甲方未按期向乙方支付勘察费，每超过一天，应向乙方偿付勘察费额5‰的违约金；乙方未按期提交勘察成果的，每逾期一天，应向甲方偿付勘察费额5‰的违约金。

三、由于甲方原因致使工程返工或窝工的，所发生的费用由甲方承担。

四、由于乙方的原因致使工程质量低劣，不能满足设计要求的，应当返工，因此所发生的费用由乙方承担。

五、合同生效后，未经双方协商同意，不得擅自变更和解除合同，否则应承担因此所发生的损失。

第七条　本合同签订后，经工程所在地城乡建设主管部门审查和工商行政管理机关鉴证后生效。

第八条　本合同未尽事宜，由双方另行协商议定，补充协议与本合同有同等法律效力。

第九条　本合同一式2份，甲、乙双方各执1份。

委托方（甲方）：明天大厦（合同专用章）

法定代表人：赵××

承包方：华能地矿工程勘察院（合同专用章）

法定代表人：刘××

工程负责人：张××

例文8

企业借款合同

合同编号：9×-110

借款人：江南电子集团公司（以下简称甲方），地址：××市解放路11号，法定代表人李××。开户银行：中国工商银行××市分行，账号：××××××，电话：××××××，传真：×××××××，邮政编码：××××××。

贷款人：中国工商银行××市分行（以下简称乙方），地址：××市土城路2号，法定代表人：杜××。电话：××××××，传真：×××××××，邮政编码：××××××。

甲方因经营需要，向乙方申请8000万元贷款，乙方同意发放该项贷款，并对有关事宜协商一致，订立本合同。

一、贷款的种类、金额、用途、利率及期限：

贷款的种类：流动资金贷款；

贷款金额（大写）：捌仟万元；

贷款用途：用于对外支付贷款；

利率：月利率9.15‰；

期限：1年，自××年7月3日至××年6月30日。

二、甲方责任：

1. 本合同生效后，甲方应当在提用贷款前向乙方提交提款计划，并按计划提用贷款。

2. 甲方应当以销售收入额归还借款的本金和利息，利息自乙方划拔贷款之日起计算，按季结算。

3. 甲方应当在合同规定的借款期限内向乙方提交还款计划，并按计划归还借款的本息。

4. 甲方应当在合同生效前向乙方提交与乙方认可的担保人签订的保证合同，以担保本借款合同的履行。

5. 甲方必须按合同规定的用途使用借款，并按期向乙方提供报表和资料，接受乙方的监督和检查。

三、乙方责任：

1. 乙方应当在甲方按提款计划办理手续后15个营业日内将贷款放出。

2. 乙方应按合同约定利率收到利息，并不得在本金中预先扣除。在合同有效期内，遇国家利率调整时，本合同利率如需变化，应当征得甲方的同意。乙方不得计复利。

四、合同的变更和解除：

1. 在合同有效期内，甲、乙双方均不得擅自变更和解除本合同；如因特殊情况的发生需要变更或解除合同时，必须经双方协商一致，达成书面协议。

2. 合同期满后，甲方需要延长借款期限的，应在借款到期前5个营业日向乙方提出申请，经乙方同意后，签订延期还款的补充协议，并续订保证合同。

3. 在合同有效期内，甲方发生经营方式改变的，应当于变更5日前通知乙方，乙方有权参加甲方清产核资。甲方将合同的权利和义务转让给第三人时，应取得乙方的书面同意，并由受让人与乙方重新签订借款合同。

4. 合同有效期内，甲、乙双方的住所和通信地址变更时，应在变更后5天内通知对方。

五、违约责任：

（共10条内容，略）

六、争议的解决方式

甲、乙双方在履行本合同时所发生的争议，应当由双方协调或者通过调解解决；协商或者调解不成的，可以向合同签订地的合同仲裁机构申请仲裁。

七、本合同未尽事宜，双方可按有关法律、法规及金融规章的规定执行；有不同意见的，应当协商解决。

八、本合同自双方法定代表人签字并加盖双方单位公章之日起生效，于合同项下贷款本息全部清偿之日起自动失效。

九、本合同一式2份，甲、乙双方各执1份。

借款人（甲方）：江南电子集团公司

法定代表人：李××

贷款人（乙方）：中国工商银行××市分行（公章）

法定代表人：杜××

签订合同的时间和地点：××年7月6日签订于××市中国工商银行××市分行。

例文9

居间合同

合同编号：02－019

签订时间和地点：××年7月2日签订于通达物资公司。

委托方：通达物资公司（以下简称甲方），地址：××市中华大道7号，电话：××××××，电报挂号：××××××××，邮政编码××××××。

居间方：大宇矿业公司（以下简称乙方），地址：××市通北路12号，电话：××××××，电报挂号：×××××××，邮政编码××××××。

甲、乙双方就委托介绍签订购买钢材合同一事协商一致，签订本合同。

第一条　委托事项

甲方委托乙方介绍签订购销合同，购进意大利产螺纹钢2万吨。

第二条　居间报酬及其支付

甲方向乙方支付中介服务费100万元，分二次交付。其中，首期服务费60万元，应当于甲方和供货方签订螺纹钢购销合同后3日内交付乙方；剩余服务费，甲方应当在货到××港后3日内向乙方交付。两次支付均应使用银行汇票。

第三条　委托期限

委托期限4个月，自××年7月2日至××年11月1日，期满本合同自动失效。

第四条　违约责任

1. 乙方应当在合同规定的期限内完成甲方的委托事项，到期不能完成的，应当向甲方支付违约金5万元；未经甲方许可，为他人完成相同委托事项的，除需向甲方支付违约金5万元以外，甲方有权要求乙方继续完成委托事项，并赔偿甲方因此所受的实际损失。

2. 甲方应当按照合同约定向乙方支付居间费用；逾期付款的，每逾期一天，应当按照支付金额向乙方支付5‰的违约金。

3. 因供货方的原因致使委托方无法得到钢材的，乙方应当向甲方返还所得报酬并赔偿甲方为订立合同而支付的费用。

4. 甲方不得擅自变更或撤销委托，否则应当向乙方支付5万元违约金；乙方要求甲方继续履行合同的，甲方应当继续履行合同，并赔偿乙方因此所受的实际损失。

第五条　本合同自签订之日起生效，双方当事人应当全面履行合同。本合同的未尽事宜，由双方当事人协商一致做出补充规定，该补充规定与本合同有同等法律效力。

第六条　本合同一式2份，双方各执1份。

甲方：通达物资公司（公章）

法定代表人：杜××

承办人：刘××

乙方：大宇矿业公司（公章）

法定代表人：彭××

承办人：王××

例文 10

钢桶生产线技术开发合同

合同编号：0401041720011

合同签订的时间和地点：× ×年 4 月 10 日签订于× ×市稀设备改造公司。

委托方：× ×染料制桶厂（以下简称甲方），地址：× ×市宁波路 20 号，电话：× × × × × × ×，电报挂号：× × × × × × × ×，邮政编码× × × × × ×。

研究开发方：× ×稀设备改造公司（以下简称乙方），地址：× ×市南京路 1 号，电话：× × × × × × ×，电报挂号：× × × × × × × ×，邮政编码× × × × × ×。

甲乙双方就甲方委托乙方设计、制造 25 ~ 70 升钢桶生产线问题，经协商一致，签订合同如下：

第一条　项目名称

25 ~ 70 升钢桶生产线。

第二条　项目内容

甲方委托乙方设计、制造 25 ~ 70 升钢桶生产线。

第三条　项目技术指标

1. 采用国际先进技术，达到甲方引进的德国设备的水平。

2. 电气控制采用可编程序控制器，液压采用部分进口原件。

3. 钢桶生产线的工作范围为从衔接缝焊机至钢桶桶体成型交验；

4. 生产方式为连续自动、机械手、自动机构操作，工人只对设备进行调整、巡回监视和将原料送入自动上料装置。

第四条　研究开发期限

研究开发期限为 1 年零 7 个月，自× ×年 5 月至× ×年 12 月。其中× ×年 5 月至 12 月完成产品试设计，× ×年 1 月至 3 月完成工艺设计；× ×年 4 月至 6 月完成安装设计及制造；× ×年 6 月至 12 月完成安装及调试。

第五条　项目造价及其支付

生产线总造价 150.5 万元。甲方在本合同成立后 30 日内向乙方支付定金 30 万元，合同履行后，定金抵作研究开发费用。其余工程款，甲方按照下列期限向乙方支付：（略）

第六条　技术资料提供

乙方技术开发所需资料，应由乙方自行解决；需要甲方提供的，甲方应当提供或为乙方提供便利，协助乙方查阅资料或调查数据。

第七条　风险责任的承担

在履行本合同过程中，因现有技术水平或条件难以克服的困难，导致研究开发失败或者部分指标难以达到约定标准的，所发生的损失均由甲方承担；但乙方对此有过错的除外。

第八条 技术成果的归属

乙方应当按约定期限将研究开发成果交付甲方，并由甲方就该技术成果享有专利申请权或非专利技术的转让权和使用许可权。

第九条 验收的标准和方式

项目完成后，甲、乙双方应当按照本合同第三条规定的技术指标对生产线进行会审验收。验收合格的，由双方共同签署验收证明。

第十条 违约责任

1. 甲方在合同成立后中途终止履行合同的，无权请求乙方返还定金；乙方因此所受的损失，甲方应赔偿。

2. 乙方在合同成立后中途终止履行合同的，应当向甲方双倍返还定金，并赔偿甲方因此所受的损失。

3. 甲方应当按期向乙方支付经费；逾期支付的，每逾期一天，应当按照项目造价金额向乙方偿付5‰的违约金；超过30天不支付经费的，乙方有权解除本合同，因此所受损失，由甲方予以赔偿。

4. 乙方应当按照约定的定期向甲方交付研究成果；逾期交付的，每逾期一天，应当向甲方支付工程造价金额5‰的违约金；超过30天不能交付的，甲方有权解除合同，并要求乙方返还全部经费。乙方在向甲方交付研究成果之前，不得将该成果转让给第三方。

5. 甲方无正当理由拒不接受研究开发成果的，应当向乙方赔偿损失。

第十一条 争议的解决

在本合同的履行过程中所发生的争议，双方应当协商解决；协商不成，可以向人民法院提起诉讼。

第十二条 本合同自订立之日起生效，双方当事人应当全面履行合同的各项规定，如果需要对合同的内容进行变更时，应当由双方当事人另行协商，达成一致意见后方可变更。双方所达成的补充协议与本合同具有同等的法律效力。

第十三条 本合同一式2份，双方当事人各执1份。

甲方：××染料制桶厂（公章）

法定代表人：孙××

乙方：××稀设备改造公司

法定代表人：段××

例文 11

非专利技术转让合同

合同编号：02110760977

合同签订的时间和地点：× ×年 8 月 21 日签订于××轻化工业公司

转让方（以下简称甲方）：于××，男，47 岁，汉族，系××城电子工业学校教师。

受让方：××轻化工业公司（以下简称乙方），地址：××市共青团路 11 号，电话：××××××，电报挂号：×××××××，邮政编码××××××。

甲、乙双方就转让“安全节能电镀循环过滤加热器技术”的有关事项协商一致，签订本合同，双方当事人共同遵守。

一、项目名称

安全节能电镀循环过滤加热器技术。

二、转让内容

甲方向乙方转让自己的非职务性发明创造——安全节能电镀循环过滤加热技术，允许乙方取得该项技术并可就该项技术申请专利。

三、双方当事人的责任

1. 甲方应当于合同成立之日起将“安全节能电镀循环过滤加热器”技术的有关资料和数据全部交付乙方；此后，甲方不得再使用该技术。即使乙方不以此技术申请专利，甲方也不得申请专利。

2. 甲方应当对乙方实施约定技术，进行技术指导，协助乙方实施技术。

3. 甲方应当保证技术的实用性和真实性，乙方按照合同约定实施技术侵害他人合法权益的，所发生的法律责任由甲方承担。

4. 甲方应当对该项技术和技术的转让承担保密责任。

5. 乙方有权全面实施合同约定的技术，但应当向甲方支付 20 万元的转让费。

转让费分两次支付。其中，第一笔费用 10 万元，应当在合同成立之日支付给甲方；第二笔费用 10 万元则需要在技术实施之日起支付给甲方。

6. 乙方对受让技术应当承担保密责任。

四、后续改进技术成果的归属

甲、乙双方均可对合同约定技术进行后继改进研究，所取得的技术成果，为各方当事人享有，任何一方无权分享另一方后续改进的技术成果。

五、违约责任

1. 甲方所转让的技术缺乏实用性和真实性的，应当返还乙方所支付的转让费，并赔偿乙方所受的损失。

2. 甲方违反保密义务，将技术成果泄露给他人的，乙方有权解除合同，收回转让费，因此所受的损失，应由甲方赔偿。

3. 甲方未全部向乙方提供技术资料，致使乙方无法实施技术的，乙方有权要求返还转让费，并要求赔偿损失。

4. 乙方未按合同约定向甲方支付转让费，应当赔偿甲方因此所受的损失，并补交转让费，不补交转让费和赔偿损失的，甲方有权收回技术资料，解除合同。

5. 乙方违反保密责任，将技术向公众泄露，应当向甲方承担赔偿责任。

六、争议的解决

本合同履行过程中所发生的争议，双方当事人应当尽量协商解决；协商不成的，应当向仲裁机构申请仲裁。

七、本合同自签订之日起生效，在合同履行过程中，双方不得擅自变更或解除合同，如确需对合同内容进行调整或补充，应当由双方另行协商后做出补充规定，该补充规定与本合同具有同等法律效力。

八、本合同一式2份，双方各执一份。

甲方：于××

乙方：××轻化工程公司（公章）

法定代表人：陈××

例文12

技术服务合同

合同编号：0309180072

合同签订的时间和地点：××年9月18日签订于××省硅酸盐研究所

委托方（以下简称甲方）：大华过滤材料厂，地址：××市开封路18号。电话：××××××，邮政编码××××××。

受托方（以下简称乙方）：××省硅酸盐研究所，地址：××市河西路2号。电话：××××××，邮政编码××××××。

根据有关法律的规定，合同双方就油烧辊道窑项目的技术服务，经协商一致，签订本合同。

一、服务内容、方式和要求：乙方为甲方设计、调试一座14米油烧辊道窑。

窑炉技术指标：1. 焙烧制品：硅藻土；2. 燃料：轻柴油；3. 烧成温度：1000℃；4. 制品在烧成带的烧成时间：15至20分钟；5. 年产量：500吨；6. 制品容器的设计：容器材料一年内不出现影响产品质量和产量的现象。

二、协作事项：甲方自筹资金采购项目的原材料、设备、仪表运至现场，并负责定做、加工全部零部件，砌筑窑件；乙方提供全套设计图纸和原材料外购件明细表，负责窑体砌筑及设备安装调试的指导。

三、服务费及其支付：技术服务费6000元，合同生效后7日内支付4200元，窑炉验收后7日内付1800元。

四、履行期限：甲方应当在最短的时间内完成零配件的购置、定货和加工；乙方应当在甲方完成材料的购置、定货和加工后30天内完成指导安装调试。

五、验收：甲、乙双方共同对项目建设和运行进行验收，如达不到规定技术指标，视为项目不合格，由甲、乙共同调查原因。

六、违约责任：1. 乙方应在甲方首次付款后15日内将图纸和材料外购明细表交付甲方，逾期不交付的，每逾期1天，按服务费的5‰，按日支付违约金；2. 甲方应按约定日期向乙方付款，逾期支付的，应当按照服务费5‰，按日支付违约金；3. 乙方应当按期完成项目，否则要赔偿甲方因此受到的实际损失。

七、风险承担：甲方应当按照乙方的要求采购原材料，如果因原材料不合格造成窑炉达不到技术指标时，全部责任均由甲方自负；在窑炉安装调试中，如果因乙方的设计错误、原材料选择错误造成窑炉不合格的，乙方承担责任；因不可抗力的发生造成窑炉不合格的，乙方不承担责任。

八、纠纷解决：履行本合同发生的争议，由当事人协商解决；协商不成时，双方均同意由××仲裁委员会仲裁解决。

九、本合同自签订之日起生效，本合同履行期间，任何一方不提擅自变更或解除合同。如有未尽事宜，双方可以另行协商，做出补充规定，补充规定与本合同具有同等约束力。

本合同一式2份，双方各执1份。

甲方：大华过滤材料厂（公章）

法定代表人：张××

乙方：××省硅酸盐研究所

法定代表人：朱××

例文 13

房屋委托销售合同

合同编号：003718

签订时间和地点：××年8月8日签订于虹桥房地产开发有限公司。

委托人（以下简称甲方）：××市虹桥房地产开发有限公司，地址：××市新兴路1号。电话：××××××，邮政编码××××××。

受托人（以下简称乙方）：陈××，女，汉族，住××市长河路幸福里8号。

电话：××××××，邮政编码××××××。

双方经协商一致，就有关事项达成协议，共同遵守。

一、委托事项：甲方委托乙方以甲方的名义代理销售其所开发的益寿小区20栋共4万平方米的商品房。

二、授权范围：乙方有权根据市场情况决定该房屋的销售价格，但最低售价每平方米1200元，超过此标准部分，乙方获得70%，甲方得30%。

三、委托报酬：甲方按乙方完成的销售情况支付报酬，共分2档：乙方按每平方米1200元销售房屋的，获得销售额的30%；乙方按每平方米1200元以上价格销售房屋的，除按前项获利外，超过部分按合同第2条规定办理。

四、委托费用：甲方按乙方完成的销售总额的6‰向乙方支付销售费用，不足部分由乙方自理，结余归乙方所有。

五、委托期限：6个月，自本合同签订之日起至××年2月8日止。

六、双方当事人的权利和义务：

1. 甲方应当为乙方提供完成委托事务所需要的各种凭证，包括甲方营业执照副本、合同专用章、空白合同书、业务介绍信等。

2. 乙方完成销售后，甲方按照乙方签订的销售合同向乙方支付报酬，乙方每签订一个合同，甲方则应当在合同生效之日起7日内支付乙方应得报酬的50%，其余50%则在乙方收回销售额后7日内支付。

3. 乙方应当按期完成委托事务，否则甲方不支付任何费用和报酬。

4. 乙方完成销售后，应当足额收回销售收入；如果销售出的房屋尾款不能按期收回，乙方应当负责追回，在尾款未获追回之前，乙方不得要求甲方支付剩余报酬和销售费用。

七、争议解决：合同签定后即发生法律效力，双方当事人应当严格履行，未经协商同意不得变更、解除，如果发生争议，任何一方均可以向人民法院提起诉讼。

本合同一式2份，双方各执1份。

甲方：××市虹桥房地产开发有限公司（公章）

法定代表人：胡××

乙方：陈××

例文14

煤炭仓储合同

合同编号：03－002246

签订时间和地点：××年5月5日签订于××市三北路货场。

存货人：××市发达集团公司（以下简称甲方），地址：××市明星小区12栋401号，电话：××××××。

仓管人：××市三北路货场（以下简称乙方），地址：××市三北路10号。电话：××××××。

按照有关法律规定，存货人和仓管人根据委托储存计划和仓储容量，经双方协商一致，签订本合同。

一、储存货物的品名、质量、数量：甲方委托乙方为其储存烤火用散煤3000吨，并办理中转。

二、保管条件和要求：乙方可露天堆放所存散煤，但应妥善保管，避免发生货物减少。

三、货物的出库或入库：甲方在乙方为其核定的存储总量内，可以随时办理货物的储存，乙方应当及时为甲方办理入库手续；甲方需要将煤炭发给他人时，可直接委托乙方办理出库，乙方凭甲方的出库通知将货物运到甲方指定地点，运费由甲方承担。

四、储存期限：3年，自××年5月4日起至××年5月5日止。

五、仓储费及其支付：甲方按每月1000元的标准向乙方支付仓储费，每季结算一次。

六、双方责任

1. 甲方的责任：甲方应当按期办理货物的入库，如不能入库，应当向乙方偿付相当于仓储费30%的违约金；甲方原则上不能超定量储存货物，如确需超量储存，应当征得乙方的同意；甲方应当按期向乙方支付仓储费，逾期支付的，应当向乙方支付逾期费用的每日5‰的违约金，如超过3个月不支付仓储费，则除需要乙方支付违约金外，乙方有权变卖甲方所存煤炭，以所得价款弥补仓储费。

2. 乙方的责任：乙方应当妥善保管甲方的货物，货物损耗超过货物总量的5‰的，乙方应当负责赔偿损失或者补足货物；乙方应当根据甲方的出库通知办理出库手续，不能及时出库时，应当向甲方支付因此给甲方造成的损失，如果不能出库是因为甲方的原因造所成的，则乙方不承担责任。

本合同期满后终止，一方愿意续订合同时，另一方应当优先考虑。

本合同一式2份，双方各保留1份，自订立之日起生效。

甲方：××市发达集团公司（合同专用章）

法定代表人：洪××

乙方：××市三北路货场（合同专用章）

法定代表人：赵××

例文 15

融资租赁合同

合同编号：040901002719

签订时间和地点：× ×年9月1日签订于××租赁有限公司。

出租人：××租赁有限公司（以下简称甲方），地址：××市工业路14号。电话：××××××，电传：××××××，邮政编码××××××。

承租人：××市无线电二厂（以下简称乙方），地址：××市沿河路115号。电话：××××××，电传：××××××，邮政编码××××××。

担保人：××省经济技术合作公司（以下简称丙方），地址：××市河口路2号。电话：××××××，电传：××××××，邮政编码××××××。

根据有关法律、法规的规定，甲、乙双方经协商一致，签订如下合同，并共同遵守。

第一条　租赁物的购进。甲方根据乙方的委托，购进日本产充气塑料打火机全套设备和配套气罐车，租给乙方使用。

第二条　租赁期限。租赁期限3年，从年× ×11月1日至× ×年11月1日。

第三条　租金及其支付期限。合同租金总额397501830日元，分6次支付，每6个月还一次。

第四条　担保责任。丙方担保乙方按照本合同的约定向甲方支付其应付的租金及其他费用，当乙方到期不能支付租金时，丙方应当无条件地代替乙方将上述租金及其他费用交付甲方。

第五条　双方的责任

1. 甲方的责任：甲方应当按期将合同约定设备交付给乙方使用，延迟交付或不能交付时，应当向乙方支付延迟支付的违约金，或者赔偿乙方所受到的实际损失。因出卖人不履行买卖合同的义务，致使甲方不能交付设备时，甲方可以将自己向出卖人索赔的权利，交由乙方行使，否则，甲方应当向乙方承担赔偿责任。

2. 乙方的责任：乙方应当按合同约定接受该设备，无正当理由拒不接受时，应当向甲方支付违约金或者赔偿甲方所受到的实际损失。乙方应当按期支付租金，逾期支付租金的，甲方除可以向丙方要求租金外，还可以收回设备。乙方应当负责租赁期间的设备维修。甲方所提供的设备如果不符合乙方的使用目的，甲方不承担责任，由乙方自行解决。

第六条　纠纷解决。在本合同的履行过程中，甲乙双方发生纠纷时，应当协商解决，协商不成时，任何一方均可以向××市仲裁委员会申请仲裁。

第七条　其他。本合同未尽事宜，双方可以签订补充协议，补充协议与本合同有同等法律效力。

本合同自签字之日起生效，出租人与出卖人签订的设备买卖合同是本合同的附件。

本合同一式2份，甲乙双方各执1份。

甲方：××租赁有限公司（合同专用章）

法定代表人：郝××

乙方：××市无线电二厂（合同专用章）

法定代表人：王××

丙方：××省经济技术合作公司（合同专用章）

法定代表人：刘××

例文16

合伙合同

合同编号：04－01125

签订时间和地点：× ×年5月5日签订于××区劳动联合中心。

甲方：王××，男，40岁，汉族，住××区太平路15号。

乙方：刘××，男，24岁，汉族，住××区城顶街3号。

丙方：薛××，男，28岁，汉族，住××区朝阳街11号。

甲、乙、丙三方本着互利互惠，共同发展的原则，经过充分协商一致，决定共同设立合伙企业，特订立本合伙合同。

一、合伙企业名称和主要经营场所的地点：

甲、乙、丙三方共同设立腾达经贸发展公司，其主要经营场所设立于××区域顶街3号。

二、合伙企业的经费范围：

腾达经贸发展公司主要经营电子产品的批发、零售，兼营同类产品的维修和中介服务。

三、投资总额及出资的缴付：

腾达经贸发展公司的投资总额20万元，分别由甲、乙、丙按照下列形式和期限缴付：甲方以现金投资5万元，占投资总额的25%；乙方以其临街房屋作价10万元出资，占投资总额的50%；丙方的现金3万元、小货车一辆作价2万元，共计5万元出资，占投资总额的25%。以上出资应当在合同成立之日起5日内缴付。

四、合伙企业事务的执行：

腾达经贸发展公司由甲担任经理，对外代表合伙企业，对内履行管理职责。甲应当定期向乙和丙报告工作，乙和丙有权监督甲执行公司事务。

甲应当在本合同签订后10日内向东城区工商局办理公司登记，领取营业执照。

五、利润分配及亏损分担办法：

甲、乙、丙三方各自按照出资比例分配利润和分担亏损。经三方协商一致，可以另行确定利润分配和亏损分担办法。

六、合伙企业的财产管理

甲、乙、丙三方的出资和以腾达经贸发展公司名义取得的财产，共同构成合伙企业的财产，甲、乙、丙三方享有共同管理和使用的权利，甲、乙、丙如需转让其在合伙企业中的财产份额，应当通知其他合伙人，或者征得其他合伙人的一致同意。

七、入伙和退伙：

1. 甲、乙、丙三方以外的其他人入伙时，应当经甲、乙、丙三方的一致同意；新合伙人与甲、乙、丙享有同等的权利，承担同样的义务。

2. 经全体合伙人同意或者依照有关法律规定可以退伙的，合伙人可以退伙。

八、合伙企业的解散与清算：

1. 有下列情形之一的，腾达经贸发展公司可以解散：

（1）合伙人不愿意继续经营，决定解散的；（2）有2个以上合伙人要求退伙时；（3）被依法吊销营业执照时。

2. 腾达经贸发展公司解散后，甲、乙、丙三方当事人共同作为清算人，对公司的债权债务进行清理、清算。在公司财产不足以清偿全部债务时，甲、乙、丙三方对公司债务承担连带无限责任；当清偿数额超过自己所应承担的数额时，有权向其他合伙人追偿。

九、违约责任：

（共5条内容，略）

十、本合伙合同经甲、乙、丙三方共同签字后生效；经三方协商一致，可以对合同内容进行修改或补充，补充协议与本合同具有同等法律效力。

十一、本合同一式三份，甲、乙、丙三方各执一份。

甲方：王××

乙方：刘××

丙方：薛××

第二节　协议书

【功能特性】

协议书是国与国、政党团体与政党团体之间，国内机关、团体、企事业单位之间为了解决某一事项，通过协商将取得一致意见的内容事项整理成相互共同遵守的文字材料。

关于协议书的特性，主要体现在两个方面：一是内容事项的原则性。从性质上说，协议书类似合同，但合同较为全面、细致、具体，而协议书则相对单纯一些、原则一些。二是适用范围的广泛性。在适用范围上，协议书要比合同广泛得多。它不仅适用于经济活动，同时适用于有关上层建筑方面的活动。

【结构模式】

协议书是国与国之间、政党团体与政党团体之间，国内机关、团体、企事业单位之间为了解决某一事项，通过协商将取得一致意见的内容整理成相互共同遵守的文字材料。

协议书的内容结构一般由以下几个部分组成：

一、标题

应写明协议书的性质，诸如“经济协作协议书”；也可只写文种，即“协议书”；视具体情况，还可标明“××（单位名称）与××（单位名称）关于××的协议书”。

二、名称

要写明签订协议的双方或各方名称（要写全称）及其代表人姓名。一般列于标题之下空两行的位置。为方便起见，可以将订约双方或各方分别称为甲方、乙方等。

三、正文

这是协议书的主体和核心部分。要按照一定顺序，逐条写明签订协议书的原因、目的和具体内容。在结构形式上，如果内容单一，可独段阐释；如内容复杂，可以采用分条列项的模式，以使眉目清晰，层次分明。

四、结尾

要写明执行要求以及对协议书本身的说明，一般应交代清楚协议书的书面形式、份数、保存人或单位、有效期限以及违约责任等项要素。

五、落款

包括署名和签订时间两项要素。应在正文的右下侧，由协议各方依次签署，分别写明单位名称、代表人姓名，并加盖公章，然后另起一行写明达成协议的时间，要用公元全称，用阿拉伯数字。

【写作要求】

要写好协议书，应当注意把握如下各点：

一、任何协议书的签订，都必须在法律允许的范围内进行，其内容必须符合党和国家的政策法令。因此签订协议是一件非常严肃的事情，必须对协议内容进行反复推敲，权衡执行协议的利弊，切不可草率从事。

二、订立协议，必须坚持平等、自愿、互利的原则。无论是当事人的一方还是局外人，都必须坚持公正立场，不允许带有丝毫的个人感情。

三、协议书的签订者必须具有法人地位。代表单位在协议书上签字的人，必须是该单位的主要领导，或受单位正式书面委托的全权代表。

【典范文例】

例文 1

公路运输合作协议

协议编号：×××

甲　方：×××公司　　　乙　方：×××公司

甲、乙双方本着平等互利、相互协作、共同发展的原则，经友好协商，就甲方委托乙方运送货物事宜，达成如下协议：

一、双方的权利和义务

（一）甲方的权利和义务

1. 甲方每日以定时或不定时的方式将货物托运计划（业务指令）以书面形式（电子邮件、传真或电话通知后补单）传递到乙方业务受理部门（负责人姓名：×××　电话：×××），乙方接到通知后 2 小时内安排运输。甲方若有紧急任务，乙方应按甲方要求优先安排，30 分钟内落实。乙方应按甲方要求准时到达甲方指定地点进行装配，并应持乙方有效派车单或介绍信，未持有有效证件的，甲方有权拒绝装配，由装货延误带来的相关处罚与损失由乙方承担。

2. 甲方负责向乙方提供准确齐全的货物运输资料，所提供运输的货物必须和所提供的资料相符。

3. 甲方负责自起运地至目的地所发生的商检、卫检、工商、公安等政府部门依法查验货物的资料，负责提供所运输货物的注意事项和特殊要求等。

4. 乙方为甲方　西安至甘肃地区、新疆地区线路的指定主要供应商，在协议期内，乙方不得以任何理由和借口延迟装货和作业，若因乙方不能及时调度车辆，甲方有权另行安排车辆，超出协议价格的成本部分由乙方承担。

5. 在装货现场乙方须听从甲方装货现场管理人员的指挥，遵守装货单位的各项规章制度，不得随地吐痰、乱扔垃圾或禁烟区吸烟，不得与甲方发货人员及甲方客户发生争吵、斗殴等不良行为，若因未遵守引起的后果由乙方负完全的责任，且甲方有权对乙方的不良行为进行每次200元的罚款，在乙方应收取的运费中扣除。

6. 如由于乙方的人为原因造成货物延迟到达而给甲方带来的直接经济损失由乙方承担，且甲方将按迟到天数每天扣减乙方本趟运费的30%作为违约金：如由于延迟到货给收货方带来的经济损失，甲方有权按照实际经济损失向乙方索赔。

（二）乙方的权利和义务

1. 乙方车辆装货时，凭甲方提供的运输单据准确清点货物，乙方责任由发运地货物装车开始，至目的地货物卸离车板交付收货人签收为止。在此责任范围内产生的货物污染、变形、破损、短少以及运输途中的超载行为和其他交通违法行为等造成的经济损失，由乙方负责全额赔偿。

2. 乙方负责运输过程中车辆运行动态的及时跟踪和反馈，货差货损的记录，运输事故的处理，出险相关单据、照片及凭证的收集以及人员伤亡的赔付等。

3. 乙方如在运输途中出现异常，不能按规定时间送达或收货人拒收货物的，应立即（在30分钟内）通报甲方，不得私自处理，若因擅自处理给双方带来的损失由乙方负完全的责任。

4. 乙方负责按甲方要求的时间将货物安全送达目的地并让指定收货人签收（要求签名并加盖收货专用章或公章），并负责将甲方委托代交的运输单据按甲方单证的回单时间要求及时、完整交给甲方指定的单证交接人员。回单延误的，甲方按每票每延误1天50元的违约金，在乙方应收取的运费中扣除。

5. 若回单丢失或损坏，乙方应及时通知甲方并采取补救措施，补签回单的相关费用由乙方负责；乙方应保证客户的签收单真实有效，若因乙方虚弄作假造成甲方的任何经济损失及法律责任，由乙方承担全部经济赔偿及相关法律责任；对于回单丢失或损坏且无法补救或收货方不承认已收货物的情况，由乙方承担该批货物的全部赔偿责任，并同时扣减当票次运输费用；

6. 乙方必须为甲方提供24小时服务（包括节假日），必须遵守甲方所制定的规章制度和服务要求；

7. 如乙方将甲方委托的物流工作委托给第三方，乙方必须通知甲方并经甲方许可后，才能将货物委托第三方，并且要保证第三方的资质，对第三方所提供的服务负责，并承担视同为乙方操作的同等责任。

8. 甲、乙双方任何人员不得以收受对方回扣、礼品作为合作条件，否则，双方均有权终止协议，并追究对方的相关责任；若乙方发现甲方相关调度人员或负责人有相应要求或暗示行为，应及时与甲方营运部负责人或公司总经理沟通汇报情况，若经公司发现乙方与甲方任何人员有营私舞弊行为，且乙方未及时反馈，给甲方造成经济损失的，应予以赔偿，甲方有权立即中止合同。

9. 在任何情况下，乙方不得以任何理由扣留甲方的货物或单据；若因乙方扣留货物带来的经济损失及赔偿责任，由乙方全额承担。

二、乙方代理人资格的确定

乙方自与甲方签署本协议后，即取得甲方规定的业务范围内的物流服务供应商资格，乙方必须严格按照双方的约定和国内货运规则、惯例作业，遵守国家及地方政府的法规、法令和相关规定，高度重视甲方委托的各项物流工作任务。甲方随时可通过考核确定乙方是否继续具备成为甲方供应商的资格和审查乙方风险担保或赔偿能力。

1. 合同签订时，乙方应按甲方要求提供具有法律效力的营业执照、组织机构代码证、公路运输许可证、税务登记证、发票样本的复印件。乙方以上证书一旦更改，应于10个工作日内将更改后的证书复印件提供给甲方。

2. 签订本协议时，乙方应提供日常用于同甲方进行业务交流的常用电子邮件地址4个，加盖乙方印章后提交甲方。乙方依据该邮件地址同乙方进行业务联络。

3. 乙方指定专人作为同甲方货物运输项目联络的委托代理人，代理人的行为视为乙方的法人行为。代理人变更，乙方应书面通知甲方。

4. 乙方传真到甲方的加盖乙方印章或相关人员签名的传真文件，是乙方的法人行为，具有法律效力。

5. 如甲方认为有必要，乙方应向甲方提供具有法律效力的风险担保确认书。

6. 乙方在本合同签订时应向甲方交纳10万元作为履约保证金，如货物在乙方承运期间完好无损、保持原样，甲方在合同期满或提前终止后30天内无息如数返回给乙方。若期满后双方继续合作，该保证金直接转入下一个合同期限。如因乙方责任造成甲方损失的，甲方有权按货物销售发票价格及因乙方原因导致甲方客户索赔的金额总额从该保证金中扣除。

（此条也可为：乙方运作前需向甲方交纳10万元作为运作保证金，甲方将在运作三个月后将此保证金无息返回给乙方）

三、结算方式和时间

1. 乙方次月10日前将当月运作单据及时对账单据提供给甲方，甲方于收到上述单据后10日内对其审核，确定无异议后通知乙方开具国家税务局认可的公路运输业专用发票，甲方于收到发票后10日内将运费支付给乙方。

四、本协议附件

1. 双方需交换的文件

A. 营业执照副本复印件

B. 组织机构代码证复印件

C. 法定代表人身份证明

D. 签约人授权委托书

2. 乙方向甲方提供的文件

A. 公路运输许可证复印件

B. 税务登记证复印件

C. 发票样本复印件

3. 《运输价格表》

4. 《业务联络及签名式样表》

五、协议修订及终止与生效和顺延

1. 合同期内甲、乙双方如需修改或终止协议，应提前30天书面通知对方，双方协商同意后方可变更或提前终止协议，否则视为违约，由违约方负责赔偿对方因此所遭受的全部损失。

2. 若乙方违反本合同服务要求，甲方提出后并没有改进的，以及乙方经营出现重大问题或有严重违法行为，甲方有权单方面解除合同，书面解除合同通知书到达乙方处本合同立即终止，且乙方仍应当依照合同约定承担相应的责任。

3. 本协议履行期限为12个月，从××年××月××日至××年××月××日自签订之日起30日内为试运行期，试运行期双方可对协议内容进行磋商、修改和终止合作关系，试运行期本协议条款对双方均有效；试运行期结束后，甲乙双方均未提出终止合同关系的，自动转入合同履行期。

4. 甲、乙双方合作期间及双方合作关系结束一年之内，乙方不得与甲方的客户发生任何业务关系，否则将视乙方违约，甲方有权在应付给乙方的运费或保证金中扣除相应的损失金额。

5. 本协议自甲、乙双方签字盖章之日起生效，正文及附件一式三份，甲方二份，乙方一份，具有同等法律效力；除非经双方授权代表签署书面协议，否则任何条款的修改均无效。

六、争议的解决

1. 双方如发生争议可协商解决；协商不成，任一方均可提起诉讼，由甲方所在地人民法院管辖。

甲方全称：×××公司　（盖章）　　乙方全称：　（盖章）

注册地址：×××

授权代表：　　注册地址：　　授权代表：

签署时间：　　　　　　　　　　　签署时间：

开户银行：　　　　　　　　　　　开户银行：

银行账户：　　　　　　　　　　　银行账号：

例文2

自愿离婚协议书

男方：××，男，汉族，________年____月____日生，住________，身份证号码：

女方：××，女，汉族，________年____月____日生，住________，身份证号码：

男方××与女方××于________年____月认识，于____年____月____日在________登记结婚，婚后于____年____月____日生育一儿子/女儿，名________。因________致使夫妻感情破裂，已无和好可能，现经夫妻双方自愿协商达成一致意见，订立离婚协议如下：

一、男女双方自愿离婚。

二、子女抚养、抚养费及探望权：

儿子/女儿________由女方抚养，随同女方生活，抚养费（含托养费、教育费、医疗费）由男方全部负责，男方应于____年____月____日前一次性支付__________元给女方作为女儿的抚养费（男方每月支付抚养费____元，男方应于每月的1—5日将女儿的抚养费交到女方手中或指定的××银行账号）。

在不影响孩子学习、生活的情况下，男方可随时探望女方抚养的孩子。（男方每星期休息日可探望女儿一次或带女儿外出游玩，但应提前通知女方，女方应保证男方每周探望的时间不少于一天。）

三、夫妻共同财产的处理：

（1）存款：双方名下现有银行存款共__________元，双方各分一半，为__________元。分配方式：各自名下的存款保持不变，但男方/女方应于______年______月______日前一次性支付__________元给女方/男方。

（2）房屋：夫妻共同所有的位于××的房地产所有权归女方所有，____房地产权证的业主姓名变更的手续自离婚后一个月内办理，男方必须协助女方办理变更的一切手续，过户费用由女方负责。女方应于______年______月______日前一次性补偿房屋差价________元给男方。

（3）其他财产：婚前双方各自的财产归各自所有，男女双方各自的私人生活用品及首饰归各自所有（附清单）。

四、债务的处理：

双方确认在婚姻关系存续期间没有发生任何共同债务，任何一方如对外负有债务的，由负债方自行承担。(______方于____年____月____日向××所借债务由____方自行承担……)

五、一方隐瞒或转移夫妻共同财产的责任：

双方确认夫妻共同财产在上述第三条已做出明确列明。除上述房屋、家具、家电及银行存款外，并无其他财产，任何一方应保证以上所列婚内全部共同财产的真实性。

本协议书财产分割基于上列财产为基础。任何一方不得隐瞒、虚报、转移婚内共同财产或婚前财产。如任何一方有隐瞒、虚报除上述所列财产外的财产，或在签订本协议之前____两年内有转移、抽逃财产的，另一方发现后有权取得对方所隐瞒、虚报、转移的财产的全部份额，并追究其隐瞒、虚报、转移财产的法律责任，虚报、转移、隐瞒方无权分割该财产。

六、经济帮助及精神赔偿：

因女方生活困难，男方同意一次性支付补偿经济帮助金______元给女方。鉴于男方要求离婚的原因，男方应一次性补偿女方精神损害费______元。上述男方应支付的款项，均应于____年____月____日前支付完毕。

七、违约责任的约定：

任何一方不按本协议约定期限履行支付款项义务的，应付违约金______元给对方（/按________支付违约金）。

八、协议生效时间的约定：

本协议一式三份，自婚姻登记机关颁发《离婚证》之日起生效，男、女双方各执一份，婚姻登记机关存档一份。

九、如本协议生效后在执行中发生争议的，双方应协商解决，协商不成，任何一方均可向××人民法院起诉。

男方：(签名)　　女方：(签名)

××年××月××日　××年××月××日

第三节　意向书

【功能特性】

意向书是双方或多方就合作项目在进入实质性谈判之前，根据初步接触所形成的带有原则性、意愿性和趋向性意见的文书。在对对方的资信能力、技术、经营作风未充分了解前，对合作项目先签订一个意向书是较为合适的。意向书和契约、合同的性质很相似，都是用以表达双方通过谈判而获得共同意向或共同决定的一种形式。意向书不具有强制性的法律效力，但作为下一步实质性谈判客观的、基本的依据有利于双方进行实质性接触和谈判。意向书的特性主要表现为3个方面：

一、目标导向性。意向书不具法律效力。是双方初步协商的产物，是双方或多方为了表示某项合作意愿而签订的文书，合作目标只求总体轮廓清楚，不求描述具体；合作意向只求大体方向一致，不求进程具体和步骤明确。可为下一步磋商奠定良好的基础。因此，具有促使双方进一步协商并签订合同的导向作用。

二、条款原则性。意向书的各项条款必须是就一些重大问题做出原则性的确定，对实质性的关键问题不像合同那样需做出具体、准确的表述，而只表达原则性的意向。这样才可能求同存异，取得较为满意的结果，为下一步研讨留有余地。

三、行文灵活性。意向书不像协议、合同那样，一经签约不能随意更改，它的行文措辞一般比较灵活、原则，在协商过程中，当事各方均可按各自的意图和目的提出意见，在正式签订协议、合同前亦可随时变更或补充，最终达成协议。

【结构模式】

意向书一般由三部分组成：标题、正文和结尾。

一、标题

意向书的标题一般有三种写法。

（一）单一性标题。只写文种，即《意向书》。这种写法较少。

（二）两要素标题。由项目名称和文种组成，如《开展技术经济合作意向书》《关于合作办学的意向书》。

（三）完全式标题，一般由合作双方名称、合作项目和文种三项组成，如《××市光明镇和××市宏伟镇合作经营雁鸣湖度假村意向书》。

二、正文

正文由前言、主体和结尾三部分构成。

（一）前言。又称导言。要写明以下内容：

1. 一般写明合作各方当事人的单位名称，双方接触的简要情况；

2. 明确该意向书的指导思想和政策依据；

3. 规定本意向书需要实现的总体目标，最好用承上启下的惯用语结束引言，导出正文。如双方因何事项进行了协商，以及合作的指导思想，磋商后达成的意向性意见。继而用“双方就有关事宜，达成如下意向”一类承上启下的惯用语导出主体部分。或用“本着××原则，兴建××项目”作为导语的结束。

（二）主体。主体部分是意向书的重点内容，是意向书所要实现的总体目标的具体化。一般要写明双方的意图及初步商谈后达成的意向性意见和比较认同的事项。

在逻辑结构上，可参照合同或协议采用分条列项的形式写。一般都以分项排列条款的形式来表述，各项条款之间的界限要清楚，内容要相对完整，既不要交叉叠叙，也不要过于琐碎，更不能有所疏漏。

（三）结尾。一般应写明“未尽事宜，在正式签订合同或协议书时予以补充”做结语，以便留有余地。

三、签署

写明意向书签订各方单位的名称、代表人姓名并加盖公章、私章以及签订意向书的时间、通信地址、电子邮箱、电话号码等。

【写作要求】

一、态度要严肃认真

意向书虽然不具法律效力，不受法律保护，但所要达到的意向是各方今后进一步商谈的依据，不要表现出我方对关键问题的要求。如前所述，意向书仅仅是表明双方对某个项目的意愿和趋向，而不是对该项目的完全确认，加之各自对对方资信情况的了解也有待继续深化。因此，在编写项目意向书时，我方对项目中的关键问题的要求不宜写入，以便在下一步洽谈时，能进退自如，取得主动。

二、内容要明确简洁

意向书既然是洽谈各方今后谈判的依据，所以在内容上必须明确，表意周全，但不必过于具体。凡我方需要上级或其他部门才能解决的问题，不能写入意向书。兴办一个项目，必然涉及很多有关部门，绝不是项目承办单位能单独解决的。因此，在拟订项目意向书时必须谨慎从事，不可将不适当的承诺写入意向书。同时要符合法律法规的规定，不要写入超越我方工作范围的意向条款，也不要写入与我国现行政策和法规相抵触的内容。

三、用词要准确严谨

思考要周密，特别是不要随便使用肯定性的词句，尤其是关系到双方权益的问题，务必慎用肯定性词句，以便留有余地。宜多使用“初步”“暂拟定”“于适当时候”等词语。

【典范文例】

例文1

开展多方技术经济合作意向书

××市对外开放办公室（甲方）与新科集团股份有限公司（乙方），经双方协商同意，确定如下技术经济合作关系：

一、双方就以下范围进行长期的技术经济合作

1. 高科技产品开发；

2. 农副产品深加工与综合利用；

3. 外贸出口；

4. 合办第三产业；

5. “三高农业”项目开发；

6. 技术咨询；

7. 高新技术以及资金等方面的引进合作。

二、合作方式

双方本着互惠互利，利益共享，风险共担的原则，根据具体项目协商采用具体的多种合作方式。

三、合作程序

由双方商定在适当时间，组团考察，根据考察结果共同拟订合作项目、方式、内容、步骤。

四、甲乙双方义务

1. 甲方负责提供其资源、项目及资料和项目的落实。

2. 乙方负责提供合作开发项目的技术资料，组织有关技术力量，以及协调开发项目的有关关系。协助或代理甲方的产品出口，合作项目产品的出口，甲方所需或双方合作项目所需的设备、技术的引进。

3. 双方确定具体的联络人员，进行经常的联络工作。

五、此意向书一式四份，各执两份

甲方：××市对外开放办公室	乙方：深圳××××有限公司工贸发展部
代表：××	代表：李××
时间：二〇〇八年十一月一日	时间：二〇〇八年十一月一日
甲方联系人：黄××	乙方联系人：李××
电话：（0771）603480	电话：（0755）823226
电挂：2083	电挂：3809
传真：（0771）602690	传真：（0755）823230
邮编：530022	邮编：618031

联系地址：广西南宁市××路135号

联系地址：深圳市××路××大厦206室

例文2

初步合作意向书

甲方（单位名称）：________________________________（以下简称甲方）

甲方代表：　　　联系电话：______传真：　地址：

乙方（公司名称）：________（以下简称乙方）

乙方代表：　　　联系电话：________传真：________

经甲、乙双方充分沟通，在平等自愿、协商一致的基础上，就甲方灯具置换、采购、服务等事项初步达成合作意向，特做如下说明：

一、经甲方对乙方综合考察，甲方拟委托乙方就甲方工程进行灯具置换、改造工作。

二、经乙方现场了解、勘查并制定改造方案，甲方就方案事项做好补充意见后，乙方即开始准备对甲方该工程提供实际服务。

三、经双方对该工程的改造方案及改造效果充分沟通后，甲方拟采购乙方LED系列灯具具体为：详细清单见附件（最终采购以订货单上所列为准）。

四、经初步预算，甲方该工程预计工程款约为________元。最终工程款以合同为准。

五、经初步预算，甲方该工程预计工期约为××天，具体工期因人力、条件变化而变化。

六、双方在签署正式合作协议之前，均有权利对合作细节、合作方式、服务方案等做出修改及建议。

七、经甲乙双方确认，拟达成合作时，乙方应做好工程改造、产品定制、服务方案等准备工作，甲方应做好方案确认、意见提出、款项落实等工作。

八、本意向书，不具备法律效应，只作为双方合作意向声明，促使双方更快、更有效的合作。

九、甲方其他建议及要求：

十、乙方其他承诺及说明：

甲方代表签字：　　　　　乙方代表签字

日　期　　　　　　　　　日　期：

第十三章 诉讼文书的写作

第一节 刑事自诉状

【功能特性】

刑事自诉状是刑事自诉案件的被害人或其法定代理人为追究被告人的刑事责任而向人民法院提起诉讼时所制作和使用的文书。

刑事自诉是对国家公诉的一种补充，刑事自诉状是自诉人控告被告人犯罪的书状，它有利于依法及时地追究犯罪，保证受害人具体地陈述案情，维护自己的切身利益，充分调动人民群众同犯罪做斗争的积极性。

【结构模式】

根据《法院刑事诉讼文书样式》（1999 年修订本）为刑事自诉状制定的格式，主要由首部、正文和尾部组成。结构内容比起诉书简单。

一、首部

（一）标题

标题即“刑事自诉状”，有附带民事诉讼要求的，可写为“刑事附带民事诉状”，无须编号。

（二）自诉人基本情况

自诉人或者代为自诉人的姓名、性别、出生年月日、民族、出生地、文化程度、职业、工作单位和住址等。如系被害人的法定代理人或者近亲属代为告诉的，还应注明与被害人的关系。对被告人的出生年月日确实不知的，可写其年龄。

（三）被告人基本情况

被告人的姓名等基本情况，写法与自诉人的相同。

二、正文

包括以下三项内容：

（一）案由和诉讼请求

要按照刑法分则规定的罪名，写明控告被告人犯了什么罪，要求人民法院追究其刑事责任。有附带民事赔偿要求的，必须另项具体写明。诉讼请求要明确具体，明确指出被告人的犯罪行为所触犯的罪名，向法院提出给予被告人刑事处罚的要求。如“被告人李× ×犯重婚罪，请人民法院依法判处”。应注意以下问题：

1. 罪名要准确，要有法律依据，不可自造罪名。

2. 诉讼请求表述要简洁。只写明被告人构成什么罪，要求人民法院处理就可以了，不必在此发挥。如为什么定这个罪名，为什么要求人民法院给予刑事处罚等，都应当是事实理由部分的内容。

（二）事实和理由

事实，是自诉人指控被告人具体犯罪行为的时间、地点和犯罪的手段、情节、危害结果等。由于被告人的犯罪行为而遭受经济（物质）损失的，还要写明其损失的实际情况。理由，要写明被告人行为的性质和社会危害性，并引用有关法律条款，指控被告人已触犯刑律，构成何种犯罪，应当依法追究刑事责任，或者同时承担民事责任等。应注意以下问题：

1. 叙事方面。应尊重客观事实，绝不可夸大对自己有利的事实，掩盖对自己不利的事实，更不可虚构和编造；注意写清因果关系，即损害结果是否由于被告人的犯罪行为所引起，被告人在实施犯罪行为时主观上是出于故意还是过失等；关键情节要交代清楚，即影响到定罪量刑的情节要详写，便于法院审查案件的是非曲直，把握案件的本质。

2. 说理方面。虽不及公诉案件的起诉书要求严格，但同样不能忽略理由的写作。首先要对事实进行高度的概括，按照犯罪构成的理论进行分析论证，结合刑法分则中所规定的构成某个罪的必备条件进行分析。如《刑法》第二百五十八条规定的重婚罪，是以“有配偶而重婚的，或者明知他人有配偶而与之结婚的”为必备条件；第二百六十条规定的虐待罪，是以“情节恶劣的”为必备条件，等等。在概括事实的基础上，通过论证推理，再援引法律，说明被告人的犯罪行为触犯了刑法的何种条款，已构成什么罪。最后用“特向你院起诉，请依法判处”作为理由部分的结束语。

（三）证人姓名和住址，其他证据名称和来源

自诉人对提起诉讼的刑事案件负有举证责任，对所指控的犯罪事实应当有证据证明。如果自诉人在起诉时缺乏证据，起诉后又提不出补充证据，自诉人应当撤回自诉，否则，人民法院将依法驳回起诉。因此，在自诉状中写明证据十分重要，凡是能够证明被告人犯罪事实的各种证据都要写清楚。物证，要写清它的来源；书证，可以作为附件递交；人证，除说明能证明什么问题外，还应当将证人的姓名和住址明确写上，以便人民法院调查核实。

三、尾部

（一）写明致送法院的单位名称，分两行写：“此致”“× ×人民法院”。

（二）右下方由自诉人署名或盖章，并注明具文的年月日。如系律师代书，

则写明“× ×律师事务所律师× × ×代书”。

（三）附项。写明下列事项：本状副本×份，物证×件，书证 ×份。

【写作要求】

一、要真实、合法。真实是指叙述有罪的事实必须符合案情的原貌，做到客观、不走样。切忌为达到胜诉而片面夸大有利于自己的情节，渲染不利于对方的因素。否则，不仅会给人民法院造成不必要的负担，拖延审结，而且还会出现与自己意愿相反的结果，导致败诉。倘若无视事实，随意虚构捏造，诬陷对方当事人或他人，还要承担一定的法律责任；触犯刑律的，还要受到法律制裁。合法，是指制作刑事自诉状必须严格依照法律的规定，有充分的法律依据，指控被告人犯有何罪，必须符合该罪的犯罪特征，否则，就不能提起自诉。

二、严格区分罪与非罪的界限。叙述犯罪事实所使用的材料，须是构成犯罪的内容，属于道德品质、思想意识、生活作风等问题和轻微违法行为，不要写入。

三、叙述事实要层次清晰，主次分明，重点突出；阐述理由要依法论理，写出个性，令人信服；文字也应简约、明了，不要冗长、累赘。

四、附带民事诉讼，应制作“刑事附带民事自诉状”。刑事责任和民事责任，与被告人的犯罪行为之间，是一因两果的关系。应写明被告人的犯罪行为与受害人经济损失之间的因果关系。要求赔偿的具体数额应写得有根有据。

【典范文例】

刑事自诉状

自诉人张×珍，女，38岁，汉族，××省××市人，××市××工厂工人，住××市××区××街×号　被告人黄××，男，40岁，汉族，××省××市人，××市工商局科长。住××市××区××街×号。

案由和诉讼请求

被告人犯重婚罪、虐待罪，请求人民法院依法惩处。

事实和理由

我与被告人于1998年5月自愿结婚，婚后两年内感情尚好，并生一女孩，今年已5岁。2002年8月，被告人结识了外地来本市打工的妇女田×兰，二人便打得火热。开始，二人还仅是暗中来往，被告人经常借口在单位值班而夜不归宿，实际是与田×兰在一起姘居。2003年1月，我发现了他们之间的丑事，便劝阻被告人，被告人不但不悔改，反而对我进行打骂，骂我不能给他生男孩，断了他黄家的香火。之后，二人便公开姘居，于是我反映到被告人的单位，单位对其进行了批评教育，被告人恼羞成怒，于2003年2月25日赶回家，将我痛打。被告人揪住我的头发使劲向墙上撞，朝我身上拳打脚踢，打得我头晕目眩，卧床7天不起，被市××医院诊断为轻微脑震荡。被告人继续与田×兰姘居，并停付了我和女儿的生活费用。

综上所述，被告人有配偶而与别人公开姘居已形成了事实上的重婚，且殴打自诉人，其行为已触犯了《中华人民共和国刑法》第二百五十条、第二百六十条第一款之规定，构成重婚罪、虐待罪，请贵院依法追究其刑事责任。

证人姓名和住址，其他证据名称、来源

1. ××市××区××街居委会的证言；
2. 邻居王××、孙××的证言。二人均住×街×号；
3. ××市××医院诊断证明。

此致

××市××区人民法院

附：本诉状副本1份

自诉人　张×珍

200×年×月×日

第二节　刑事附带民事诉状

【功能特性】

刑事附带民事诉状是指刑事案件的自诉人向人民法院控告被告人犯罪行为的同时，要求一并解决因犯罪行为造成民事损害，予以赔偿的书面请求。

我国《刑事诉讼法》第77条第1款规定："被害人由于被告人的犯罪行为而遭受物质损失的，在刑事诉讼过程中，有权提起附带民事诉讼。"被害人及其法定代理人通过刑事附带民事诉状提起诉讼，要求依法追究被告人的刑事责任，并提出附带民事赔偿，不仅可以从刑罚上有力地制裁犯罪，而且从经济上也能使自己的物质损失得到赔偿，合法权益受到保护。同时，刑事附带民事诉状的提起，也为人民法院、人民检察院及时受理案件，并制作刑事附带民事判决书及其他司法文书提供了重要的依据。

【结构模式】

刑事附带民事诉状的内容结构通常由首部、诉讼请求、事实与理由、尾部四部分组成。

一、首部

依次写明下列事项：

（一）标题。在文书篇首标明“刑事附带民事诉状”字样。

（二）当事人身份事项。按自诉人、被告人的先后顺序依次写明其姓名、性别、出生年月日、民族、出生地、工作单位、住址等项内容。

二、诉讼请求

刑事附带民事诉状的诉讼请求主要应写明两项内容：一是提出的要求依法追究被告人刑事责任的请求；二是提出的要求依法予以民事赔偿的请求。诉讼请求是自诉人提起诉讼所希望达到的结果，在表述上应精要而明确。如：

诉讼请求：

（一）被告人× × ×犯故意伤害罪，请依法追究其刑事责任。

（二）要求被告人赔偿将我致伤的住院医疗费、误工费、护理费、车船费共计7832元。

三、事实与理由

事实与理由是刑事附带民事诉状写作的重点，应从犯罪的时间、地点、动机、目的、手段、情节及导致的后果等诸要素方面组织文字，将被告人的犯罪经过及由犯罪行为而造成的民事赔偿侵权行为层次清晰、有条不紊地叙述出来。这一点与刑事自诉状及民事起诉状具有很大的不同。刑事自诉状叙述的是只有告诉才处理或其他不需要进行侦查的轻微刑事案件犯罪事实，民事起诉状叙述的是由侵权行为而蒙受损害的权利义务争议事实，而刑事附带民事诉状则叙述的是属于自诉案件范畴的犯罪事实及由犯罪行为造成民事赔偿的事实，由此，叙述时必须抓住这一特点，既要写清犯罪经过，又要从犯罪经过中反映出导致的损害赔偿这一民事法律后果。叙述过程中需要举证的，还应列出有关证人、证言、书证、物证等证据，以增强其可靠性。

理由部分在用“综上事实，具状人认为”一语提起之后，用简明扼要的文字对犯罪事实进行文字概括，说明其行为已触犯的刑法条款，构成何罪，并阐明应予民事赔偿的事实根据及法律依据，最后写明“为此，特向贵院具状起诉，请依法判决”。

四、尾部

分两行写明致送文书的单位名称，“此致”“× × × ×人民法院”。右下角由具状人署名，注明制作日期，如系律师代书，日期之后写出“× × × ×律师事务所× × ×代书”字样。

【写作要求】

一、所提诉讼请求要合法、可行。合法是指民事赔偿的诉讼请求，必须限定在本案犯罪事实所造成的民事法律后果范围内，如自诉人与被告人还有其他方面的权利义务争议，则不能一并要求主张权利，否则，即违反了刑事附带民事的法定条件。可行是指所提赔偿数额要合理，既不能要求过高，又不能过低，高了不现实，低了又可能损害了自身利益，只有适度，切合实际，才容易被接受。

二、叙述事实要清楚、完整。如系伤害案件应具体写清被告人实施伤害的具体过程，关键的情节要详细叙述，以便确定责任。此外，犯罪的后果也要叙述完整，诸如致伤后医院的医疗诊断结果、法医鉴定结果、现在的身体现状、经济的损失费用等需件件列明，以便作为确定民事赔偿的事实依据。

三、理由部分适用法律准确、定性准确，阐述的应予民事赔偿分析认定要凝练，有说服力。

【典范文例】

刑事附带民事起诉状

附带民事诉讼原告人李××，男，42岁，农民，住××县××乡××村。

附带民事诉讼被告人王××，男，39岁，农民，住××县××乡××村。

诉讼请求

请依法追究附带民事诉讼被告人王××的刑事责任，判令其赔偿因其犯罪行为给附带民事诉讼原告人所造成的医疗费、护理费、误工费共计20000元。

事实和理由

我与附带民事诉讼被告人王××之间素有纠葛，但已通过村委会调解解决。200×年4月26日下午，我在村东的路上遇到王××，王××因对村委会的调解处理不满，便对我破口大骂。我对王××说，过去的事已经解决了，就别再纠缠了。王××二话不说，就向我腰部踢了几脚，王××的弟弟上来劝阻，王××又从我的手里夺过挑水的扁担，嘴里骂道："狗东西，今天我打不死你，也得把你打残。"骂着，就朝我头上打了过来。头上被打了一个两寸长的口子，鲜血直流，我当场就昏了过去。王××见我被打伤，扔下扁担，扬长而去。此后两天，我头昏恶心，浑身疼痛难忍，不能吃东西。4月29日，我妻扶我去王××家要求他给我治病看伤，王××不但不答应，反而把我锁在他家中。我两日无人过问，水米未进。5月1日，王××指使其弟，将我从他家中拖出，扔到我家门口。我妻找到村委会，村委会责令王××处理好此事，王××置之不理。我病情日甚一日，5月12日，我妻带我去乡医院，后又转至县医院。县医院诊治为脑外伤、脑震荡。经过20天的治疗，头上伤口已愈合，但至今仍头昏、头疼，留有脑震荡后遗症。后来夏收大忙季节已到，我多次要求出院，主治大夫指出，我的病伤未治愈，就是出院在一个月内也不能干活。我在看病治疗期间，共花去医药费、车费6000多元，家中有一人长期陪伴，影响了生产。我在受伤前搞面粉加工业，每天的纯收入平均100元左右，伤后50天不能干活，经济上受到很大损失。

综上所述，附带民事诉讼被告人王××无视国家法纪，寻机报复，故意伤害我的身体健康，致使我身体和精神受到严重摧残，而其犯罪行为也使我在经济上受到了很大损失，根据《中华人民共和国刑事诉讼法》第七十七条第一款之规定，特向你院起诉，请依法判处。

证人姓名和住址，其他证据名称、来源

××县人民医院诊断证明一份

××县人民医院收费单据五份

此致

××县人民法院

附：本诉状副本一份

附带民事诉讼原告人　李××

200×年×月×日

第三节　民事起诉状

【功能特性】

民事起诉状，是民事案件的原告在自己的民事权益受到侵害或者与他人发生争议时，为了维护自身的合法权益，依据事实和法律，向人民法院提起诉讼，要求依法裁判的书状。民事案件的起诉亦有书面和口头两种形式，这里讲的是书面形式。

民事起诉状经有管辖权的人民法院受理后，将引起民事诉讼程序，以便使当事人的合法权益依法得到应有的保护；它是人民法院审查、立案和处理的凭据之一，便于人民法院首先了解原告一方的诉讼请求、事实和理由；同时，它又是被告人应诉答辩的依据。因此，使用民事起诉状提起诉讼，对当事人双方来说，在维护自己的民事权益方面，具有重要的意义。

【结构模式】

一、首部

（一）标题

标题，即“民事起诉状”。无须编号。

（二）当事人的称谓及基本情况

提出起诉的一方称原告，被起诉的一方称被告。

公民提起诉讼的原告、被告双方的基本情况，应依次写明姓名、性别、出生年月日、民族、籍贯、职业或工作单位和职务、住址等。被告是法人、组织的，应写明其名称和所在地址。

法人和其他组织提起诉讼的，原告一方应写明如下内容：原告名称，所在地址；法定代表人（或代表人）的姓名，职务，电话；企业性质，工商登记核准号，经营的范围和方式，开户银行和账号（如属非企业法人的其他组织，“企业性质”以下的内容不写）等。对被告一方只要写明名称，所在地址，电话即可。

二、正文

按格式规定应写明诉讼请求、事实和理由、证据和证据来源、证人姓名和住址。并按上述三部分内容安排固定的层次结构。

（一）诉讼请求

诉讼请求是原告要求达到的诉讼根本目的，主要写明请求人民法院依法解决有关民事权益争议的具体问题。比如，请求法院解决损害赔偿，或清偿债务，或归还产权，或要求离婚，或给付赡养费，或继承遗产等事项。应注意以下几点：

1. 请求事项应写得言简意赅，即用最概括的语言将当事人要表达的意思都表达出来。请求就是对法院的要求，这个要求是双方争执的焦点，表面上是向法院提出，而实质上是通过人民法院向被告方提出的要求。在请求事项中，只写明通过诉讼所达到的目的就可以了，至于说原告要达到这个目的的根据，则是事实和理由部分的内容，不能写在请求事项里。同时，请求事项必须明确、具体，不能笼统、含糊。如离婚诉状应写明“要求与被告离婚”，而不可写为“离与不离请人民法院决定”。又如财产纠纷，应当写明财产的具体名称和数额。

2. 请求事项应合理合法，切实可行。如果提出无理的要求，则不但不利于矛盾的解决，增加人民法院审理工作的难度，而且还显示出原告无解决纠纷的诚意，也易让被告抓住把柄。

3. 请求事项的提出，首先应慎重考虑，做到周到、无遗漏。法院立案之后，不能今天要变换请求事项，明天要变换诉讼标的，给法院造成办案上的曲折。如果确有不实、不全之处，最好在第一次传讯之前补正。

（二）事实和理由

事实和理由虽列为一个项目，但实际上仍是两个组成部分。应先写明纠纷事实，在写清事实的基础之上，再写理由。事实应包括纠纷发生的时间、地点、涉及的人物、起因、发展过程、造成的结局以及双方争执的焦点等，并按案件的不同性质，写明不同案件中的法定要素。如合同纠纷，则应写明原告与被告于何时、何地订立以何种标的物为内容的合同，合同的具体内容，在合同履行过程中产生了何种纠纷，造成了何种后果，责任在哪一方，对纠纷造成的后果双方的争执焦点是什么。这些都一一写清。然后根据“以事实为依据，以法律为准绳”的原则，阐明起诉理由。论证原告诉讼理由和要求的合理性和合法性，并应具体引证相关的法律条款，分清是非，明确责任。

（三）证据和证据来源、证人姓名和地址

民事案件的原告负有举证责任，在递交诉状的同时，应一并向人民法院递交有关的证据。所以，《法院诉讼文书样式》专设此项，要求当事人在诉状中把证据列写出来。这一项的写作要求与刑事自诉状一致。

三、尾部

写致送给哪一个人民法院；次行写附项，注明副本的份数（按被告人数提交）及证据材料；再由起诉人署名，并注明年月日。如系律师代书，可在最后写明代书人的姓名、工作单位和职务。

【写作要求】

一、民事起诉状重点应叙述好纠纷的事实，因为事实是人民法院据以判明是非责任的重要依据。

二、说理要充分，坚持以理服人。起诉状的理由是具状人在事实的基础上所概括出来的结论性认识，需要针对事实进行法律评断，论说原告起诉的合法性，被告侵权行为的非法性，它集中体现了起诉方（原告）要求人民法院如何处理好本案，以维护原告合法权益的总观点、总认识。因此，要使自己的诉讼请求得以成立，就必须加强理由的论证力及针对性。通过剖析事实，列举证据，分析证据，从不同的角度、不同的方面去论证原告提起诉讼的合理性、合法性。这样才能区分责任，明确权利和义务的关系，使诉状具有说服人的力量。

三、诉讼请求要具体、明确，切实可行。诉讼请求是具状人诉讼所要求达到的目的，内容虽不多，但却异常重要，必须写得具体、明确。如离婚诉状，不能够仅写“请法院依法判决我与× × ×离婚”一项内容，因为一旦婚姻关系解除，随之而来，必定要涉及子女抚养，财产分割等方面问题，所以在请求事项中还必须将这些内容写入。又如索要赡养费、抚养费案件，不仅应具体写明索要的数额、期限、给付方法等，同时，还应提得合情合理、切实可行。如果索要的赡养费、抚养费远远超出了对方经济负担的能力，则不合情理，法院是不会支持不合理的请求的。

【典范文例】

民事起诉状

原告名称：××市××开发建设总公司

所在地址：××市××区××大街261号

法定代表人：李××，总经理，电话×××××××

企业性质：全民工商登记核准号××××××××

经营范围和方式：工程开发，设备安装，零售建筑材料、装饰材料、机电设备及化工产品。

开户银行：建设银行××分行　账号：×××××××
被告名称：××市××区×旅馆
所在地址：××市××区××大街甲47号
法定代表人：王×，经理，电话：×××××××

诉讼请求

1. 判决被告给付工程欠款43.7万元；
2. 判决被告支付逾期付款违约金27万元；
3. 判决被告承担全部诉讼费用。

事实与理由

200×年5月24日，原、被告共同订立建筑装饰工程承包合同，约定由原告对被告经营处所进行装饰工程装修，工期自200×年6月1日起，至8月31日止，工程总承包费88万元，被告于合同订立第二日支付工程款10万元，于6月30日前支付20万元，全部工程完工后5日内付清剩余工程款58万元。

合同订立后，原告依约保质保量，按时完成工程，经被告验收完全符合要求，并已交付使用。但被告却仅付工程款44.3万元，其余部分虽经原告多次催讨，但被告却以“经营不善，企业亏损”为由，拖延支付。

原告认为：被告的上述行为已严重违背了双方订立的合同约定，且给原告造成了经济损失，构成了明显的违约行为，损害了原告的合法权益。根据我国合同法的有关规定，特诉请你院，依法裁决。

证据和证据来源，证人姓名和住址

1. 装饰工程承包合同原件。
2. 原告收款凭证。
3. 被告付款凭证。
4. 被告不付款的说明材料。

此致

××市××区人民法院

附：本诉状副本1份。

起诉人：××市××开发建设总公司
200×年×月×日

第四节　行政起诉状

【功能特性】

行政起诉状是行政诉讼主体即公民、法人或者其他组织由于国家行政机关的具体行政行为而使自身权益受到侵害，依据有关的法律或法规规定，向人民法院提出自己的诉讼请求和诉讼理由，从而引起诉讼程序发生的一种诉讼文书。它是人民法院依法受理行政案件和立案的重要根据，对于保护公民、法人或者其他组织的合法权益不受侵犯，正确行使法律赋予的职权具有极其重要的作用。

行政起诉状的种类繁多，我国《行政诉讼法》第十一条将国家行政机关的具体行政行为分为 8 大类，据此行政起诉状也相应地分为 8 大类，但其中引发纠纷最多的是第一类，即对拘留、罚款、吊销许可证执照、责令停产停业、没收财物等行政处罚不服的情形，而在这一类下面又包括多种具体情形。当事人要提起行政诉讼，必须要有作为法律文书的《行政起诉状》，它是提起诉讼的工具，也是人民法院受理和审查立案的根据。

【结构模式】

行政起诉状的格式一般应由首部、请求事项、事实与理由、尾部四部分组成。现分述如下：

一、首部

首部应当载明两项内容：

（一）标题。即文书名称，它是行政起诉状的“眉目”。要写全称“行政起诉状”，明确表示出文书性质是不服行政机关的行政处罚决定或复议决定而提起诉讼。不要只写“起诉状”，以免与“刑事起诉状”和“民事起诉状”混淆，也不要写为“行政诉状”，此种写法在实践中较为普遍，但却有失规范。因为行政诉状与行政起诉状是两个具有属种关系的概念，行政诉状是个较为庞大的系统，它包括行政案件的自诉人、原告、上诉人和申诉人用书面形式向人民法院说明起诉、上诉和申诉的请求和理由，从而引起一审起诉程序、二审上诉程序、审判监督程序发生的起诉状、上诉状以及与之相应的起诉答辩状、上诉答辩状等一系列文书种类，这些统称为“行政诉状”。而行政起诉状仅系其中的重要一种，是行政诉状这一属概念下的一种概念。逻辑学认为，具有属种关系的概念不能并列使用。

（二）当事人的基本情况。应先写原告，后写被告。分段依次写明姓名、性别、年龄、民族、籍贯、单位、职业、住址等项内容。原告是法人的，要写法人的名称、性质、法定代理人的基本情况。如系二人以上共同诉讼，需将上述情况分别列出。有作为第三人申请参加诉讼的，如需要也须列出第三人的基本情况。没有诉讼行为能力的公民，确定的法定代理人应在下行列出，并写明其身份及与被代理人的关系等情况。在这里，还应注意行政诉讼案件和刑事诉讼案件中当事人称谓的区别。即行政诉讼的当事人的规范称谓是原告和被告，而刑事诉讼当事人的规范称谓是原告人和被告人，不能混淆。

二、请求事项

这部分内容是行政起诉状的精髓，表明原告方提起诉讼的宗旨。它一般包括两项内容：一是被告方所做的裁决结果，要具体写明行政裁决机关何时，以何理由，针对什么问题，做出了怎样的处理决定；二是诉讼请求事项，要根据案件的具体情况写明是请求变更或者撤销行政机关所做的决定，还是请求确认原告方的权利资格，抑或是请求行政赔偿和行政补救，等等。撰写这部分，用语必须简明准确、精练概括，令人一目了然。切忌含糊其词，笼统空泛，否则将直接影响诉讼目的的实现。如果请求事项不止一项，则应分条陈述，以示清晰、显豁。

三、事实和理由

这部分内容是行政起诉状撰写的重心。它要明确、具体地阐述行政诉讼请求事项的事实和理由（法律依据）。从实质上讲，上述“请求事项”系全文的“论点”，“事实和理由”则是“论据”，它要论证提起行政诉讼的道理。缺少这部分，就会使“请求事项”架空，成为无源之水，无本之木。因此，要精心研究这部分内容的写作规律。

撰写时，必须遵循这样几条原则：其一，客观性原则。即指对事实的叙述，必须做到从实际出发，实事求是。要如实反映事实的本来面目和客观过程，既不夸大其词，也不隐讳遮掩，更不能无中生有，随意杜撰。否则，就会从根本上失去诉讼的意义，胜诉也就无法保障。其二，重点性原则。即指对事实的叙述，应着重阐明行政争议的事实，即被处罚行为的基本情况。要突出主要事实，对纠纷双方争执的“热点”问题及关键性情节，用墨宜多，而对那些次要事实则应略写，切忌事无巨细，一概罗列。其三，论证性原则。在行政诉讼过程中，作为原告方的公民、法人或者其他组织担负着双重角色，一是原告身份，二是辩护人身份（为受处罚行为进行辩护）。由此，原告诉讼行为的实质是针对既成的行政处罚决定进行辩护。这样，就要求对事实和理由的撰写必须具有论证性，富于辩论色彩。应当紧紧围绕被告方所做的行政处罚决定，找准其“症结”所在，分别从事实、适用法律和程序运用三个方面寻求突破，进行有理有据地驳辩。事实要清楚，理由要充分，援引法律条款要准确恰当，从而表明自己的行为不应受到处罚，做出令人信服的结论。

在写法上，事实和理由两方面内容，既可分开写，也可合并写，应视具体情况确定。

四、尾部

尾部应写明如下几项内容：

（一）致送机关。应在正文部分结束后另起一行空两格书写“此致”，再在下行顶格书写“×××人民法院”。

（二）具状人。在上项内容的右下侧，由提起诉讼的原告方签名或盖章，以示郑重，严肃。

（三）日期。即指拟制行政起诉状的具体时间，要写全称即×年×月×日，用汉字数字书写。

（四）附项。包括：本状副本的份数；证据（书证、物证）的名称、件数；证人的姓名、住址。

【写作要求】

一、要如期撰制和提交。写作行政起诉状具有法定的期限要求。《行政诉讼法》第三十八条第二款明确规定："申请人不服复议决定的，可以在收到复议决定书之日起 15 日内向人民法院提起诉讼。复议机关逾期不做决定的，申请人可以在复议期满之日起 15 日内向人民法院提起诉讼。法律另有规定的除外。"第三十九条又规定："公民、法人或者其他组织直接向人民法院提起诉讼的，应当在知道做出具体行政行为之日起三个月内提出。法律另有规定的除外。"这里，所谓"法律另有规定"系指单行法律对提起诉讼的期限规定，如果与此不一致，则应执行单行法律；第四十条还规定："公民、法人或者其他组织因不可抗力或者其他特殊情况耽误法定期限的，在障碍消除后的 10 日内，可以申请延长期限，由人民法院决定。"对上述规定，原告方必须予以高度重视，不容粗疏。不然，就会失去提起诉讼的机会，等于自动放弃了一项应有权利，从而使自身的合法权益得不到应有的维护。

二、要有明确的被告。拟制和提交行政起诉状，一定要有明确的被告，这是提起行政诉讼的必备条件之一。根据《行政诉讼法》第二十五条的规定，行政诉讼被告计有如下五种情形：公民、法人或者其他组织直接向人民法院提起诉讼的，做出具体行政行为的行政机关是被告；经复议的案件，复议机关决定维持原具体行政行为的，做出原具体行政行为的行政机关是被告。复议机关改变原具体行政行为的，复议机关是被告；两个以上行政机关做出同一具体行政行为的，共同做出具体行政行为的行政机关是共同被告；由法律、法规所授权的组织所做的具体行政行为，该组织是被告。由行政机关委托的组织所做的具体行政行为，委托的行政机关是被告；行政机关被撤销的，继续行使其职权的行政机关是被告。撰写行政起诉状，一定要有明确的被告，做到目标准确，有的放矢。否则，人民法院将不予受理，从而直接影响诉讼目的和请求的顺利实现。

三、要有理有据，有法可依。撰写行政起诉状，还必须做到"以事实为根据，以法律为准绳"。从实质上讲，整个行政起诉状的宗旨就是要紧紧围绕行政处罚是否合法有效进行阐述，陈述能够证明行政处罚决定错误的事实与法律依据。其中，所列举的事实，必须实事求是，准确客观，不容许掺杂任何个人的意愿，并且这种事实还要有充分确凿的证据加以证实。同时，所引用的法律或法规条文，必须准确恰当，不容疏漏。只有这样，才能使所提出的诉讼请求和理由有理有据，有法可依，令人信服，胜诉才会有所保证。

【典范文例】

行政起诉状

原告：××冷气机厂　××市银河路36号　法定代表人：朱××，厂长

被告：××区工商局法定代表人：李××，局长。

请求事项：撤销×区公商局×行罚字（20××）第47号工商行政管理处罚裁决书之裁决。

事实与理由：

2004年，我厂与《×市晚报》商定，共同举办一项有奖预测活动，由我厂提供全部奖品，由该报负责预测活动的宣传和组织工作，并在报上为我厂免费刊登一篇7公分高的“多用食品处理器”通栏广告，我厂将自己生产的系列产品水晶牌“冷饮器”的注册商标图样，提供给《×市晚报》作为多用食物处理器的标识，并说明多用食物处理器还没有商标注册，只能用“水晶”图案做广告，不能做“注册商标”的字样。但对注册商标字样没有采取妥当的处理措施。《×市晚报》将广告制版后，没有送交我厂核对即登出有“水晶”图案和“注册商标”字样的多用食物处理器广告。我厂发现后，即向国家工商局商标局、×市工商局、×区工商局写出书面报告，申请在多用食物处理器上使用“水晶”注册商标。×区工商局发出通知，要求我厂主要领导主动接受批评。我厂领导和有关人员先后5次到×区工商局说明情况，承认错误。其中一次×区工商局通知我厂厂长去接受批评，因当日厂长去市里开会，于是就派副厂长代表前往。最后，×区工商局以我厂冒充注册商标，触犯了《商标法》第35条规定和厂主要领导没按通知要求主动接受批评，态度不好为由，做出对我厂罚款500元，对《×市晚报》罚款200元的处理决定。

我们认为，×区工商局现行的处理决定是错误的。我厂在提供广告图案时虽然对“注册商标”字样不能用作广告做了说明，但没对“注册商标”字样采取妥当处理措施，对造成广告失误，负有一定责任；《×市晚报》没按我厂提供标识所做说明制作广告，制版后又没交我厂核对，其行为违反了《广告管理暂行条例》第七条规定，对造成广告失误应负主要责任。但×区工商局竟对《×市晚报》罚款200元，对我厂罚款500元，明显属于轻重倒置；还有，我厂并无冒充注册商标，故意欺骗用户，属于过失违法行为，但×区工商局对故意和过失违法行为不加区分，同等看待，这样，其行政处罚必然不妥。此外，我厂在发现广告失误后，不仅立即采取了补救措施，而且厂领导和有关人员还先后5次到区工商局承认错误。至于那次厂长未按要求前往接受批评，系因厂长到市里开会，但尽管如此，也还派副厂长前往，这也完全合情合理。因此，×区工商局据此认定我

厂态度不好的理由显然不足。

综上所述，我们对×区工商局×行罚字（20××）第46号裁决书表示不服，根据《行政诉讼法》第39条及其他有关规定，特提起诉讼，请依法公正裁决。

此致

××人民法院

××冷气机厂

法定代表人：×××（签名）

20××年×月×日

第五节　民事答辩状

【功能特性】

答辩状，是民事、行政诉讼中的被告或者被上诉人，针对原告或者上诉人的起诉或上诉，进行答复和辩解的书状。

刑事自诉案件的被告是否有答辩状，法律无明文规定，按法理是可以答辩的，实践中，人民法院也要求被告人提出答辩状。

《中华人民共和国民事诉讼法》第一百一十三条第一款、第一百五十条第一款规定，被告收到诉状副本后十五日内提出答辩状；上诉案件，被上诉人收到上诉状副本后亦在十五日内提出答辩状。《中华人民共和国行政诉讼法》第四十三条规定，被告收到起诉状副本后十日内提出答辩状。这就是答辩状的制作依据。

答辩是一种应诉行为，也是被告和被上诉人依法享有的诉讼权利，体现了当事人的诉讼地位和权利平等的原则，但是，如果被告或被上诉人不提出答辩状，就意味着放弃了这种诉讼权利，并不影响人民法院对案件的审理。当事人提交答辩状，有助于人民法院全面地审查案件，从而做出公正的处理。

【结构模式】

答辩状的内容结构一般由以下几个部分组成：

一、首部

（一）标题

写为“民事答辩状”。民事案件如要结合反诉的，则写明“民事答辩与反诉状”。

（二）答辩人的称谓及基本情况

被告、被上诉人称“答辩人”，分公民和法人及其他组织两种类型，其基本情况的写法与民事起诉状相同。不列被答辩一方。

（三）案由

一审答辩状写为：

今为××诉××（姓名或单位名称）××（案由）一案。现提出答辩（或反诉）如下：

二审答辩状写为：

今为××不服××人民法院（　　）×民初字第×号××（案由）一判决（裁定），提起上诉。现提出答辩如下：

二、正文

民事答辩状的回答和辩解必须针对起诉状、上诉状的事实和理由提出答辩。对原告和上诉人陈述的正确的部分要予以肯定，对有异议的部分，要作为重点问题进行答辩。一般先从事实上，再从理由上进行辩驳。在事实上，要注重举证，让真凭实据说话；在理由上，要讲理讲法，根据法律和政策说话。同时可以提出相反的事实和理由，证明自己的主张和意见是正确的。

三、尾部

写明下列内容：

（一）答辩状致送的人民法院单位名称。分两行写："此致""××人民法院"。

（二）左下角写明附项：本诉状副本×份。

（三）右下角由答辩人签名或盖章，并注明制作日期。

【写作要求】

答辩状的重点是写好答辩理由，被告或被上诉人在诉讼活动中的答辩成功或者失败，完全取决于答辩理由写得好坏，具体说，应遵循以下几点：

1. 写答辩理由要尊重客观事实。
2. 写答辩理由应富有针对性。
3. 答辩理由要充分、深刻，避免用空洞的话语代替具体的分析。
4. 语言要讲究文明，力求文风朴实、文字准确精练。

【典范文例】

民事答辩状

答辩人齐××，女，46岁，汉族，××省××市人，住××市××区××路×号。

因原告刘××诉我继承纠纷一案，提出答辩如下：

一、我对公婆尽了主要的赡养义务，依法有权继承遗产。

我于199×年嫁到刘家后，就承担了家中的主要家务。2000年和2001年丈夫、公公相继去世，使我精神受到严重打击。由于当时婆婆年老体弱，小姑刘××（即原告）尚在读书，需人照料，我便操持起繁重的家务，使一家和睦相处、生活美满。2004年原告刘××出嫁后，我与婆婆相依为命，对婆婆照顾周到。为使婆婆能安度晚年，我一个人承担了全部家务，包括房屋的修缮等重体力劳动。由于不忍心婆婆一人独自生活，我一直守寡未嫁。2005年年底，婆婆病逝，是我操办的丧事。这些都有××路居委会证明。原告在起诉状中诬告我虐待婆婆，对婆婆未尽赡养义务，与事实完全不符。根据《中华人民共和国继承法》第12条的规定，丧偶的儿媳对公婆尽了主要赡养义务的，应同样作为第一顺序继承人，有权继承公婆的财产。

二、我与原告应以平等的份额继承遗产。

在继承遗产的份额上，我与原告应继承平等的份额，因为我对公婆尽了主要的赡养义务，事实和理由已如上述。原告虽与我同为第一顺序继承人，但原告自出嫁后，虽然也有时来探望父母，但并未尽侍奉老人的责任，特别是我公公去世后，婆婆主要由我奉养，原告只是每周去看望一次老人。因此，根据事实和法律，我与原告在继承遗产份额上，应完全相等，这样对原告已是有所照顾了。原告无端否定我的继承权，实属非法，也有悖情理。

总之，第一，原告父、兄死后，我承担了养家的重担；第二，我对婆婆尽了主要赡养义务。请人民法院查明事实，并根据继承法上权利与义务一致的原则，对我的继承权予以确认和保护，驳回原告的无理请求。

此致

××市××区人民法院

附：本答辩状副本1份。

答辩人齐××

二〇〇×年×月×日

第六节 行政答辩状

【功能特性】

行政答辩状是在行政诉讼过程中，作为被告或被上诉人（以下统称“被告”）一方的行政机关，针对原告或上诉人（以下统称“原告”）《行政起诉状》（或《行政上诉状》）中提出的诉讼请求及其事实、理由进行答复、辩解和反驳的一种书状。其目的在于用确凿有力的事实和法律依据驳倒对方，从而证实自己，在整个行政诉讼活动中占据有利地位。

行政答辩状肩负着双重的任务。它一方面要提出原告文书中事实与理由上的错误或不当，为自己的具体行政行为辩护；另一方面又要以充分的事实根据和法律依据来证明原告被处罚行为的违法性和自己所做行政处罚决定的正确性。因此，写作时难度比较大。如不精心审慎，往往容易造成失误，从而不能有效地维护自己的观点或主张，严重者甚至可能导致败诉。从当前的行政诉讼实践来看，有些答辩状拟制得并不规范，随意性较强，以至于在一定程度上影响了文书的质量和效用。有鉴于此，国家行政机关必须充分重视这一文书的写作，以便更好地适应行政诉讼实践的需要。

【结构模式】

一份合乎规范的行政答辩状应当由首部、答辩理由、答辩意见和尾部四部分组成。具体写法如下：

一、首部

首部应当载明以下几项内容：

（一）标题。即书状名称。标题要明确表示出文书的性质，即写为“行政答辩状”，不能遗漏“行政”二字，以免与“刑事答辩状”和“民事答辩状”混淆。亦可在前面冠以具体的机关类别，如“治安行政案件答辩状”等。

（二）答辩人的身份概况。即答辩人（委托代理人）的基本身份情况，要写得准确、具体、完整。应先写出项目名称，后用冒号，接下去依次标明其身份要素，包括姓名，性别、年龄、工作单位、职务等项内容，其模式为：“答辩人：×××。”委托代理人如系二人，亦应分别逐项写明。

（三）案由。即进行答辩的缘由，要写得简练明快，精要概括。其模式一般表述为：“原告×××因不服×××（行政机关名称）×年×月×日×字〔××〕第×号行政处罚裁决（或‘决定’），向人民法院提起诉讼（或‘上诉’）一案，现根据原告起诉（或‘上诉’）理由，提出答辩如下”，后用冒号，引出答辩事项部分。从结构上讲，这部分系一过渡段，具有承上启下的重要功用。

二、答辩理由

答辩理由是行政答辩状写作的主体部分。它的提出，应当根据《起诉状》（或《上诉状》）的内容来确定。要紧紧围绕原告提出的诉讼请求及其所依据的事实和理由，抓住关键性和实质性的问题进行答对、辩解或反驳，重点是对矛盾双方的争执焦点即事实、适用法律和程序三方面问题进行答辩。就事实而言，应具体指出原告所提出的事实何处不准、不清或失之偏颇，或者主要证据不足，不能充分说明问题等。要紧扣原告文书中的事实内容来写，做到有的放矢，针对性强；同时，还要提供相应的、有充分说服力的证据材料。写作时要注意做到据实而论，言必有据，切忌随意藻饰或掩盖事实。否则，会使答辩理由的成立丧失基础，进而在行政诉讼中陷于被动地位。就适用法律而言，应具体指明原告在适用法律时，所引法律条文不当，不能与其所表述的事实情节相吻合；同时还应充分说明行政机关在实施行政处罚时所依据的法律条文是恰当的，量裁是适中的，没有违背法律规定。要对原告运用法律的不当之处做扼要分析，做到鞭辟入里，理据充分，令人信服。就程序而言，应当针对原告文书中提出的有关程序方面的问题，如实说明行政机关在实施行政处罚时是严格按照法律或法规的有关规定办事的，符合法律的规定要求。如果属于一般性的程序问题，还要明确指出其没有造成或者不可能造成原告利益的损害，等等。

在写法上，要注意讲求逻辑性，做到层次分明、条理清楚。不可主次不分，重点不清；还要注意做到合情、合理、合法，情依理生，情理相宜，于法有据。切忌强词夺理，抑或纠缠枝节问题或不相关问题，那样反倒令人感到理屈词穷，胜诉的可能性就会因此而丧失。用语要坚定有力，富于论辩性，做到字斟句酌，一丝不苟，令人无懈可击。

三、答辩意见

这部分是行政答辩状写作的精要之笔，表明进行答辩的目的和宗旨。要写得简明确切，合乎规范，一般应从这样两个方面进行阐述：一是揭示原告诉讼理由的谬误，要在上文事实叙述和精辟分析的基础上加以认定；二是说明答辩理由的正确性，要注意提供事实和法律依据，最后亮明自己的观点或主张，请求人民法院依法公正、合理地做出裁判。

四、尾部

尾部包括以下几项内容：

（一）致送机关名称。即行政答辩状致送的法定机关人民法院名称。应在答辩意见写完后，另起一行空两格书写“此致”，再在下行顶格书写“×××人民法院”（上诉答辩状则写“×××中级人民法院”）。

（二）具名。在上项内容的右下侧，由法定代表人和委托代理人签名或盖章，要上下顺次排列。委托代理人如系二人，均应具名。

（三）落款。即进行答辩的行政机关名称。要写机关全称，并加盖公章，以示庄重、严肃，其位置在上项内容的下侧。

（四）日期。即行政答辩状制作的具体时间，要写公元全称，用汉字数字书写。

【写作要求】

一、要如期制作和提交。行政答辩状的制作和提交具有法定的期限要求。《行政诉讼法》第四十三条第一款规定：“人民法院应当在立案之日起 5 日内将起诉状副本发送被告。被告应当在收到起诉状副本之日起 10 日内向人民法院提交做出具体行政行为的有关材料，并提出答辩状。”第二款又进一步规定：“被告不提出答辩状的，不影响人民法院审理。”可见，提交答辩状是行政诉讼的必经程序，也是被告方的一项法定权利。这里要特别注意提出答辩状的法定期限为

10 日（上诉答辩状亦应如此），不能疏忽。否则，超过这一法定的期限规定，就等于被告方自动放弃一项权利，从而使自身的合法权益得不到应有的维护。

二、要注意提供充分、确凿的证据。《行政诉讼法》第三十二条规定："被告对做出的具体行政行为负有举证责任，应当提供做出该具体行政行为的证据和所依据的规范性文件。"可见，撰写答辩状，仅仅指出原告诉讼理由不充分是不够的，还要列举足够的证据（举证）。要提供确凿、充分的事实根据与法律依据使法庭信服所做行政处罚决定的正确性，否则，必遭败诉。用以作为证据的，依照《行政诉讼法》第三十一条规定，主要有这样七种：书证；物证；视听资料；证人证言；当事人的陈述；鉴定结论；勘验笔记、现场笔录。它们在经法庭审查属实后，可以作为定案的依据。

三、要抄备充足的副本。副本也是行政答辩状的重要组成部分，不容忽视。《行政诉讼法》第四十三条第一款规定："……人民法院应当在收到答辩状之日起 5 日内，将答辩状副本发送原告。"因此，应当根据原告人数抄备相应的副本份数。

【典范文例】

行政答辩状

答辩人：××市××区城市建设环境保护局，驻××区×街×号。

法定代表人：赖××，局长。

委托代理人：王××，副局长。

因李××不服本局行政处罚向法院起诉一案，提出答辩：

我叫王××，现任××区城建局副局长。我受法定代表人赖××的委托，对李××在××区××村×街×号违章建新房不服从我局行政处罚决定而起诉一案进行答辩。

一、关于李××在私房建筑中的五处违章事实和对其处罚的法律依据。

1. 李××违章增建地下室。李××于××年×月 20 日写了一份《申请》，请求建南楼二层六间，还未获批准，就于××年×月初动工挖了地下室，深约一米，西端紧靠西邻吴××家的门洞。××年×月×日李××的西邻吴×来我局向建管科原科长袁××反映李×挖地下室，影响他家门洞，请城建局解决。而后，其爱人孙××又来反映此事，并请求尽快解决。当时建管科科长袁××和史××等人到李××家查验了现场，指出李挖地下室是违章施工。史说："挖地下室必须停工，立即采取防护措施，否则后果自负。"××年×月李××曾两次找主持建管工作的副局长鲁××，请他帮助把南楼批了。鲁批评他与邻居关系搞得不好，并告诉他先把邻居关系搞好，办证手续齐全后，才能批准。以后此事无进展，也就一直未批准他盖南楼的申请。后李于××年×月又提出盖东楼的申请。

在××年×月9日我局以［××］×建字×号《私房建筑许可证》批准其建东楼时，史××、袁××对其明确提出："把地下室填上，按许可证批准的事项和有关规定施工。"事实证明，李××建地下室是先斩后奏，没有经过任何人的同意，更没有任何批准手续，纯属违章建筑。其行为违反了《××市私房建筑管理实施细则》第11条："在距邻居地界一米内，不准挖坑、挖沟或形成积水"的规定。直到××年×月13日我局刘××、刘×、刘××、吴××四位同志到李××家，再次丈量所建房屋尺寸时，地下室还依然存在。

2. 李××的《私房建筑证可证》上批准的建筑面积为44.64平方米×2，但其实际建筑面积是45.99平方米×2，共超出2.7平方米。这是由于加宽、加长了各0.10米而造成的，是违章行为。

3. 李××的《私房建筑许可证》上批准楼房高度为6米。李××在××年×月9日办理许可证时，我局经办人员史××、校××等人向他明确交代了房高6米的起标点是以××村××街中心点加20厘米起标。随后，我局鲁局长又向他强调了这一点。建房户李××是清楚的。这一点，李××在诉状中已承认了。原告自称是："按照被告批准的（××）×建字第×号《私房建筑许可证》及建搂图纸和其他要求，于××年×月×日至×月×日在××村×号自家院内建成一座二层东楼。"但事实上李××又擅自提高房屋的高度，其所建的楼房高度是7.02米，超出批准的高度1.02米。所以认定其违反了《××市私房建筑管理规定实施细则》第三章第五条"房屋的层高一般应控制在3米至3.2米……临街房屋高度，高出街道中心15厘米至20厘米为宜，不允许任意提高房屋标高，影响四邻"的规定。

4. 擅自改变建筑立面。李××的申请图纸为东楼，正立面为西立面，主要的门窗向西开。按图，有两个向西开的门，并无申请向南开门。因其南临××村××街，东邻胡同、北邻自己的北房，而同意他在三面各开一个侧窗。但李在施工中，擅自将建筑正立面由西立面改成南立面，改变批准的建筑立面，将东楼变成了北楼，因而造成了西侧二层出现了侧窗；同时，由于其将东楼改变成北楼，违背了我局的批示，所以在实际上就等于我局所批的（××）×建字第×号《私房建筑许可证》由于李××的原因而作废。这是明显的违章行为。

5. 违章建挑檐。按照建筑管理的常规，一切建筑物应限定在平面位置图。即坐落图范围内施工。李××所建房屋应在本局批准的7.20米×6.20米内进行，超出此范围就是违章。为了防止李建房时违章，当时主管建筑的鲁局长在审批的李的图纸上明确限定西侧在1.15米距离内不能有任何建筑，李对此表示同意，并由李的儿子李××盖了章（见图纸）。但原告无视这一批示，擅自建西侧挑檐1.1米多。在李建挑檐过程中，我局工作人员史××听到反映后，找李指出其建筑是错误的，要打掉。××年×月×日，史××把李××叫到城建局建管科明确告诉李××："批准你建房宽6.20米，你违背批示，应改过来：出檐20厘米至30厘米，我们不能说你出了格，可是你出得太多。"后于×月×日，鲁局长和史××同去现场，当着李××和其子的面，明确指出挑檐要全部拆掉。李不接受。后来鲁决定去掉一半，最多留60厘米。但李××对这一点仍置之不理，至今还留1.1米的大檐。

从以上可以看出，李××在私房建筑中的错误事实是清楚的。对于李××的违章行为，我们进行多次批评教育，要求其改正违章行为。李非但不听，反而四处活动，托人讲情。根据《×××市城市建设规划管理办法》第二十三条之规定，李××在建房中违反了：①未领取建筑执照擅自兴建地下室。②未按批准图纸施工，擅自变更设计，增加建筑面积。根据市建〔1983〕号文，即《××市私房建筑管理实施细则》第15条第1款"无执照施工或未按执照批准事项施工，擅自改变位置、层数、面积、立面、结构者"视为违章行为之规定，确认李××的私房建筑有五处违章。我局根据《××市私房建筑管理实施细则》第17条第1款"责令停工、纠正、限期拆除；"第2款"处罚房主工程造价的10%以下罚款；"第3款"强行拆除"的规定，我局于××年×月×日对李××下达了《处罚决定书》，要求其：①去掉西侧挑檐1.1米；②去掉二层侧窗；③对擅自建地下室、改变方位、房高、面积罚款1000元。这是有理有据的，是完全合法的。以上是李××私房建筑的违章事实和对其处理的过程。

二、《起诉状》中说"法院看到××年×月×日诉状后，责成被告解决问题，纠正其错误"，这是李××的谎言。我们之所以撤回这个决定，并不是因为我们对李××处罚的错误，而是因为《处罚决定书》中两处不当：一是引用文不能只引用市建委规定；二是"限期三天"，法律文件上没有这个规定。撤回只是要重新修正罚款条文，而不是要撤销处罚决定。

三、《起诉状》中说："史××三天两日到施工现场查看，在竣工验收时也没有提出异议。"李的这种言论纯系捏造。我们城建局每次找建房户是按照程序规定，即报图纸证件、现场勘查、验灰线、发建筑许可证、竣工验收这五步进行。哪有那么多时间看着他这一家施工？李在施工中擅自挖地下室，当场就予以纠正，并责令其停工，让其填上。在李的楼房即将竣工时，我们才知道其违章造挑檐一事，又多次进行批评，责令其全部打掉，怎么能说没有提出过异议呢？事实上是李××企图把自己违反建筑规定的责任推给我们城建局罢了！

四、《起诉状》中原告说他没有违反规定。在我们处理李××违章的过程中，李曾四处活动，托人说情，已多次表示自己违章，要求象征性地罚点款。请看省政府办公厅××给××区长的信，其中写道："我的一个老战友李××同志退休后在原来的地基上盖了几间房，房檐突出了不到1米，按设计图纸不应突出那么多……本人也承认突出的地方是错误的，请你和有关部门说一下，一是叫本人做个检查或是酌情罚点款……”从这封信中看，第一，李××承认自己盖房檐是违章的；第二，要求罚款不要打掉房檐。可为什么在《起诉状》中，李××又说自己根本没有违章呢？这只能说明李××出尔反尔，搬起石头砸自己的脚。

以上我的答辩说明了我们对李××所做的处罚决定是完全正确的，是合乎法律规定的。在此，我们强烈要求法院：

一、请求法院维持××年×月31日本局做出的《处罚决定书》，并强制执行。

二、对李××的违章行为重新从严处理，即将其房屋超高，东、西、南三处挑檐等违章部分全部打掉。

三、由于李××违章，批准的东楼盖成了北楼，造成我局批的图纸、手续全部作废，待法院判决后，令其重新办理手续。

四、李××在起诉状中捏造事实，给我局的声誉和工作造成极坏影响，要求李××给我局赔礼道歉，恢复名誉，赔偿经济损失。

此致

××区人民法院

答辩人：××区城建局

（盖章）

法定代表人：赖××

委托代理人：王××

××年×月×日

附件：

1. 答辩状副本1份；

2. 书证2份。

第七节 刑事上诉状

【功能特性】

刑事上诉状，是刑事案件的当事人或者有权提出上诉的其他人，不服人民法院的第一审刑事判决、裁定，在法定上诉期限内向上一级人民法院提出上诉，请求撤销或者变更第一审刑事判决、裁定的书状。刑事上诉状分口头和书面两种形式。这里只讲书面形式。

我国《刑事诉讼法》第一百八十条规定：“被告人、自诉人和他们的法定代理人，不服地方各级人民法院第一审判决、裁定，有权用书状或者口头向上一级人民法院上诉。被告人的辩护人和近亲属，经被告人的同意，可以提出上诉。附带民事诉讼的当事人和他们的法定代理人，可以对地方各级人民法院第一审判决、裁定中的附带民事部分，提出上诉。”最高人民法院《若干问题的解释》第二百二十三条更详细地规定了上诉状的写作要求，这些都是制作刑事上诉状的法律依据。

刑事上诉状，是二审人民法院受理案件并进行审理的依据。上诉人通过上诉状阐述上诉理由，指出一审的不当之处，说明自己的意见和要求，便于二审人民法院正确地了解情况，即时纠正原判的错误，提高审判质量。同时，当事人的合法权益亦得到保护。

【结构模式】

刑事上诉状的内容结构一般由以下几部分组成：

一、首部

（一）标题。写“刑事上诉状”。

（二）上诉人的称谓及基本情况。其基本情况的写法与起诉状相同。上诉人是原审当事人的，写为“上诉人（原审被告人或原审自诉人）×××”；上诉人是原审当事人的法定代理人或近亲属的，注明上诉人与当事人之间的关系；是原审被告人的辩护人经被告人的同意提出上诉的，要注明“系被告人×××的辩护人”。注意，刑事上诉状只有上诉人，没有被上诉人，公诉机关不能充当被上诉人；如果是附带民事的原告人提出上诉，则先写明“上诉人（原审附带民事原告人）”，再写明“被上诉人（原审被告人）”。

（三）案由。这是一段程式化的语段。主要包括：案由、收到一审裁判的时间、一审法院的名称和裁判文书的编号等。表达为：“上诉人……（写明案由）一案，于××年×月×日收到××人民法院×　×年×月×日（××）×刑初字第×号刑事判决（或裁定），现因不服该判决（或裁定），提出上诉。”

二、正文

（一）上诉请求。其内容是请求二审法院撤销或变更原判决或裁定，或者要求重新审理。上诉请求要明确具体。比如，刑事被告人提出上诉的，或写明要求撤销原判，宣告无罪，或要求减轻刑罚；对附带民事部分提出上诉的，就民事责任部分提出上诉人的请求，写明是否承担赔偿责任及具体数额等。

（二）上诉理由。上诉理由是论证上诉请求的。上诉的理由能否成立，关系到上诉请求有无根据和根据是否充分。这里主要从四个方面提出：认定事实方面；定性方面；适用法律方面；审判程序方面。这四个方面，应当从实际出发，对哪些地方不服，就针对哪些地方反驳，并注意在反驳的过程中阐明自己的观点和所依据的法律条文。在层次安排上，可采用“分列法”表述，即将上诉人对一审裁判不服的各个方面分别表述。这样，就能条理清楚，便于二审人民法院了解上诉人的意图。在表达方法上，一般使用“反驳法”，这是写刑事上诉状的一种最有效的表达方法。在具体运用时，应分三步进行：第一步，抓准原裁判中的错误之处，列出需要反驳的论点；第二步，针对需要反驳的论点，摆出能证明原裁判错误的正确事实、确凿证据以及适用法律的依据，并讲出具体的理由；第三，经过分析归纳，得出上诉请求是正确的结论。

三、尾部

包括送达用语，上诉人署名，提出时间及附项。

【写作要求】

一、当事人提起上诉的时候，既可以向原审法院提出，也可以向上一级人民法院提出，在递交上诉状的同时，应一并提交所补充的新的证据。

二、刑事上诉状的法定上诉期限应明确。不服判决的上诉期限为十日；不服裁定的上诉期限为五日。并从接到裁判文书的第二日起计算。当事人在此期限内提出上诉方为有效。当事人由于不可抗拒的原因或者其他正当理由而延误了上诉期的，在障碍消除后五日内，可以向审判本案的人民法院提出申请。但申请是否被批准，由人民法院裁定。过了上诉期而无正当理由的，不允许再行提出上诉，但可以提出申诉。

【典范文例】

刑事上诉状

上诉人孟××，男，48岁，××省××市人，××省××有限责任公司副总经理，住××省××市××区××路×号。

上诉人就收受贿赂一案，于200×年×月×日收到××市××区人民法院200×年×月×日（200×）×刑初字第×号刑事判决书，现因不服该判决，提出上诉。

上诉请求

一、撤销××市××区人民法院（20××）×刑初字第×号刑事判决；

二、判决上诉人无罪。

上诉理由

一、原审判决书认定我“身为集体经济组织工作人员，利用职务之便推销商品，接受他人贿赂”，与事实不符，与法律规定相悖。我是应他人的请求帮助传递商品供销的信息，以中间人的身份介绍供、需双方见面，促成双方经济往来的。在此过程中，我一没有以“副总经理”的身份介入其中，二没有利用自己的权力强加于供、需任何一方，与自己的职务没有任何关系。事成之后，供方为感谢我帮助他们解决了产品积压问题，确实曾给付我部分“酬谢款”，但这与利用职务之便索取、收受财物有本质的区别，与刑法对受贿罪的规定根本不符。

二、上诉人为帮助解决供方产品积压问题，曾利用业余时间做了大量的工作，使流通渠道畅通起来，并使供方资金得以周转，经济利益得到提高。从客观上讲，我的行为是有利于市场经济的。我认为，在确定我的行为性质的时候，不应当违背是否有利于社会主义市场经济建立这个大前提，更不应当把业余劳动取得的酬金视为“非法所得”。

三、由于上诉人的行为根本没有构成犯罪，一审法院适用全国人大常委会《关于严惩严重破坏经济的罪犯的决定》而对上诉人定罪判刑，显属不当。

综上所述，一审人民法院在认定事实、适用法律等方面均存在错误，恳请贵院依法审理，撤销一审法院确有错误的判决，宣告上诉人无罪。

此致

××省××市中级人民法院

附：本上诉状副本×份

上诉人：孟××

200×年×月×日

第八节　民事上诉状

【功能特性】

民事上诉状，是民事案件的当事人，不服人民法院第一审的判决、裁定，在法定的期限内，向上一级人民法院提起上诉，要求撤销、变更原裁判或者重新审理的书状。

根据我国《民事诉讼法》的有关规定，有权提起上诉的主体，仅限于民事案件当事人，这与刑事案件的上诉主体有一定区别；上诉的期限，不服第一审判决的是在判决书送达之日起十五日内，不服第一审裁定的是在裁定书送达之日起十日内，逾期不提起上诉的，人民法院的第一审判决或裁定即发生法律效力。

民事上诉状，可以引起第二审民事诉讼程序的发生，使二审人民法院对上诉案件进行全面审查，正确处理；同时也有利于二审法院对下级的审判工作进行监督；而对当事人来讲，则有利于保护其自身的合法权益。

【结构模式】

民事上诉状的内容结构一般由以下几部分组成：

一、首部

（一）标题。即“民事上诉状”。

（二）当事人的称谓及基本情况。当事人的基本情况与起诉状相同，此处略。当事人的称谓写法是：提出上诉的一方称“上诉人”，对方称“被上诉人”，并用括号注明他们在原审中的诉讼地位。如“上诉人（原审被告）×××”“被上诉人（原审原告）×××”。上诉人或被上诉人是法人或组织的，应写明其单位名称、地址及法定代表人的姓名、职务。如果上诉人有法定代理人或委托代理人，则应写明代理人的基本情况。

（三）案由。这是一段程式化用语。一般可表达为：“上诉人因……（写明对方当事人的姓名或名称和案由）一案，不服××人民法院××年×月×日（××）×民初字第×号民事判决（或裁定），现提出上诉。”

二、正文

包括上诉请求和上诉理由。

（一）上诉请求。是对二审人民法院审理提出的要求，是针对第一审人民法院的判决或裁定，而不是针对被上诉人的。上诉请求的内容，应当概括地、准确地、有针对性地说明一审判决何处不当，请求二审人民法院撤销、变更原审的判决或裁定，或者要求重新审理。

在文字表述上，要求明确具体，简明扼要。如某离婚案当事人不服一审判决，上诉请求写为：

请求撤销原判，判决不准离婚。

（二）上诉理由。上诉理由，主要是写明不服原审裁判而提出上诉的依据。上诉理由的内容，可从三个方面提出，即认定事实方面、适用法律方面、运用程序方面。这三个方面都可以作为上诉理由提出。上诉理由阐明后，可接着写一段结束语：

为此，特向你院提出上诉，请求依法撤销原判（或裁定），予以改判（或重新审理）。

上诉状的主要表达方法是“反驳法”，可参见刑事上诉状的写法。

三、尾部

应写明受诉的上一级人民法院的名称；附件的名称和件数；上诉人签名或盖章，写明日期。

【写作要求】

一、阐述上诉理由要抓准主要的、关键性问题，无论是摆事实、讲道理还是援引法律依据，都要有的放矢，紧密围绕上诉人不服的原审裁判错误去写。避免不分主次地平行罗列材料，将无关紧要的细枝末节写入。

二、恰当地运用一定的反驳方法，从具体案件的实际需要出发，抓住一审裁判的错误，进行有理、有力、有据的驳斥。反驳充分，中肯有力，上诉请求才易于成立。

三、提出上诉请求，内容要明确，不可含糊其词，模棱两可。文字要概括、简练，不要拖泥带水，繁冗不堪。

四、严格掌握上诉期限，即刑事上诉状必须在一审判决次日起10日内，一审裁定次日起5日内提出。

【典范文例】

民事上诉状

上诉人：王×珍，女，35岁，××省××县人，××省××县××公司职员，住该县××街×号。

被上诉人：吴×诚，男，38岁，××省××县人，××省××县××工厂干部，住该县××街×号。

上诉人王×珍因离婚一案，不服××省××县人民法院（19××）×民初字第×号判决，现提出上诉。

上诉请求

撤销××省××县人民法院（19××）×民初字第×号判决。

上诉理由

上诉人与被上诉人于19××年结婚，婚后感情尚好。但被上诉人于19××年结识了本单位女职工李×，二人便开始了不正当交往，19××年×月，被上诉人向××县人民法院起诉，要求离婚。一审判决认为：上诉人与被上诉人的婚姻由父母包办，无感情基础，婚后常为家庭琐事吵架。近年来，女方无根据地怀疑男方另有新欢，现男方提出离婚，经调解无效，感情确已破裂，因此判决离婚。

上诉人认为，一审判决认定的事实和判决的理由，都是错误的。理由是，上诉人与被上诉人结婚，虽由双方父母商定，但事先也征求过个人意见，定亲后，双方经常约见，彼此印象都好，结婚双方都无异议，这些有亲友、邻居证明，怎能说无感情基础呢？双方结婚12年来，生有两个孩子，家庭一直和睦，虽有争吵，但不过是些生活琐事，并未影响双方感情。被上诉人在单位另寻新欢，上诉人已掌握他们来往的信件与合影，且有被上诉人单位刘×、李××提供的证言，这怎能说是毫无根据的怀疑呢？为了挽救被上诉人，利于子女的抚养教育，我坚决不同意离婚。因此，特向你院提出上诉，请依法审理，撤销一审判决，予以改判。

此致

××省××市中级人民法院

附：本上诉状副本1份

证据材料3份

上诉人：王×珍

××年×月×日

第九节　行政上诉状

【功能特性】

行政上诉状是行政诉讼当事人因不服人民法院对一审行政案件的判决或裁定，根据法律的有关规定向上一级人民法院上诉，请求撤销、变更原审裁判或者重新审理而制作并使用的一种文书。

行政上诉状是行政诉讼当事人行使上诉权一种书面形式，可以引起二审诉讼程序，对于纠正一审裁判的差错，维护当事人的合法权益，具有积极的竟义。

《中华人民共和国行政诉讼法》第 58 条规定："当事人不服人民法院一审判决的，有权在判决书送达之日起十五日内向上一级人民法院提起上诉。当事人不服第一审裁定的，有权在裁定书送达之日起十日内向上一级人民法院提起上诉。逾期不提起上诉的，人民法院的第一审判决或者裁定发生法律效力。"第 28 条规定："没有诉讼行为能力的公民，由其法定代理人代为诉讼。法定代理人互相推诿代理责任的，由人民法院指定其中一人代为诉讼。"据此，可以看出，行政诉讼中的上诉人是特定的，即只有当事人和法定代理人才有权提起上诉。当事人既可以是作为第一审当事人的公民、法人和其他组织，也可以是作为第一审当事人的有关行政机关。法定代理人在行政诉讼中，仅适用于代理未成年人、精神病人等无诉讼行为能力的原告或者第三人进行诉讼，不适用作为被告的行政机关。法定代理人有权提起上诉。上诉只能向原审人民法院的上一级人民法院提起，不得越级上诉。

需要注意的是，行政上诉状是针对原审判决、裁定认定事实、适用法律不当或者诉讼程序违法而提起上诉，而并非针对对方当事人，这是此种文书的特质。

【结构模式】

行政上诉状作为维护行政诉讼当事人特别是败诉方当事人合法权益的一种重要文书，其内容结构一般由首都、上诉请求、上诉理由和尾部四部分组成。现分述如下：

1. 首部

这部分应当载明以下五项内容：

（1）标题。即文书名称，要写全称"行政上诉状"，明确表示文书性质是不服人民法院的第一审判决或裁定，要求二审人民法院依法撤销、变更原审裁判或重新审判，不要只写"上诉状"，以免与"刑事上诉状"和"民事上诉状"混淆：也不要写为"行政诉状"，以免含糊笼统；更不能写为"行政复核申请书"。

《行政诉讼法》实施（1990 年 10 月 1 日）之后，行政案件上诉状的名称，应依法统一称作“行政上诉状”。如果上诉人系法人或者其他组织，则应分上下两行书写标题，即“××××××行政上诉状”，其中“××××”（法人或其他组织名称）在上，文种名称在下，以示鲜明、醒目。

（2）编号。上诉人如系公民，则此项内容需省略。如系法人或者其他组织，则应予以标明，即“×行上字（××）第×号”，即单位代字、年号（括号内）和顺序号，三者不可缺一。

（3）上诉人的基本情况。上诉人如系公民，则应写明其必要的个人身份情况包括姓名、性别、年龄、民族、籍贯、职业、住址、工作单位、邮政编码等项；如系法人或者其他组织，则应写明其单位名称、地址、邮政编码、法定代表人姓名及行政职务。这里，还要对上诉人在原审当中的地位予以标注，如“上诉人（原审被告）”。

（4）被上诉人的基本情况。被上诉人如系公民，则需写明与上诉人相同的八项身份要素，如系法人或者其他组织的基本情况的书写也是如此。对被上诉人在原审中的诉讼地位也要予以标明，如“被上诉人（原审原告）”。

（5）案由。案由即上诉人不服原审判决或裁定，要求二审人民法院重新审理的事由，它是行政上诉状撰写由首部向正文部分的过渡，因此，要写得简明扼要，精练概括。一般应按这样规定语表述：“上诉人×××（姓名或单位名称）因×××（事由）一案，不服×××人民法院（××）×字第×号行政判决（或裁定），现提出上诉。上诉的请求和理由如下”，后用冒号，接下去即转入主文部分的写作。

2. 上诉请求

这部分是表明上诉人提起上诉的宗旨。要明确表示不服原审行政判决或裁定，请求二审人民法院依法予以撤销、变更或重新审理的诉讼意向。

这里，应特别注意上诉请求的提出具有特定的对象和内容，即要对一审裁判不当提出请求，而不是对方当事人。在文字表达方面，要力求简洁凝练，例如“请求撤销原判，重新审理”，一言九鼎，坚实有力，既明确又具体。目前，不少行政上诉状在写作这部分内容时，往往失之繁冗，拐弯抹角，令人不得要领，在很大程度上影响了上诉目的的实现。

3. 上诉理由

这部分是行政上诉状写作的主体和核心，是对上诉请求从事实和法律上进行论证，表明为何提起上诉，上诉的法律依据是什么，使请求的事项有理有据，有法可依，令人信服。因此，这部分内容至关重要，它是上诉请求能否实现的根本。

要写好上诉理由部分，使之充分有力，坚实可靠，首先必须对一审判决或裁定文书进行认真、细致的研究和揣摩，“吃透”其要旨，发掘其存在的错误或不当，以便做有理有据的驳辩；其次，要分清主次，即要紧紧围绕那些对行政诉讼具有决定意义和影响的事实情节，决不能纠缠细枝末节或那些关系不大甚至毫不相干的问题。具体地讲，上诉理由的提出应从以下三方面着手。

（1）针对原审判决或裁定认定事实方面存在的错误或不当，提出纠正或否定的事实依据和证据。要具体指出原审判决或裁定对事实的认定何处不清、不准，或有失全面，与实际情节相悖，同时，还必须列摆相应的证据，做到据实而论，实事求是，切忌随意藻饰或掩盖。

（2）针对原审判决或裁定适用法律方面存在的错误或不当，提出纠正或否定的法律依据。要具体指出原审判决或裁定在适用法律上何处不当，是错引了法律，还是漏引了有关条款，均须明确写出。因适用法律错误，其判决或裁定自然就会出现偏差。这里，还应注意对适用法律的错误或不当进行扼要分析，指出应该援引何种法律才是正确的，其具体条款是什么。要严谨周密，切中要害。

（3）针对原审判决或裁定中程序方面存在的错误或不当，提出纠正或否定的法律依据。要具体指出原审人民法院在审理行政案件过程中，没有按照法律、法规明确规定的程序去做，要找准症结，并指出其结果足以影响案件审理的公正性，对上诉方合法权益造成损害。由于程序方面出现错误，如审理行政案件采用调解方式，依法应当回避的人没有回避，审判组织不合法等，就会使案件的裁判显失公正。

写完上述内容后，接着写：“据此，特向你院提起上诉，请求依法撤销原判决（或裁定），予以改判（或重新审理）。”

总之，上述三个方面问题，均可作为上诉理由提出。但是，究竟应从哪一方面进行反驳，应视案件的具体情况和实际需要而定；在写作手法上，主要采用驳论方式。一般是先摆不服原裁定或判决的论点，然后再进行反驳，具体有两种：一是对原审判决或裁定文书中存在的错误或不当加以综合概括，将其归纳为几点，然后集中力量进行反驳；一是边叙述边反驳，即将概括出来的几点分别摆出，摆一个驳一个。无论采用哪种方法，都必须注意做到论点和论据的统一。可以援引原审判决或裁定文书中的原话，也可以上诉人的语气转述；要注意摆事实、讲道理，有的放矢，破立结合，富于逻辑性和辩驳力，使自己的观点或主张融于辩论过程之中。切忌强词夺理，无理诡辩，那样只能事与愿违。

4. 尾部

尾部包括以下四项内容：

（1）致送机关名称。即行政上诉状致送的法定机关人民法院的名称，应在主文部分结束后另起一行低两格的位置书写“此致”，再在下行顶格书写“×××市人民法院”。

（2）上诉人具名或盖章。在致送机关右下方由上诉人签名盖章。上诉人如系法人或者其他组织，则应签具机关或单位名称，并加盖公章。法定代表人也要签名或盖章。

（3）日期。日期位于上诉人具名下侧，要写全称即×年×月×日。

（4）附项。附项内容包括：①上诉状副本×份；②书证×份；③物证×件。

【写作要求】

1. 要及时制作和提交。根据我国《行政诉讼法》第五十八条之规定："当事人不服人民法院第一审判决的，有权在判决书送达之日起15日内向上一级人民法院提起上诉。当事人不服人民法院第一审裁定的，有权在裁定书送达之日起10日内向上一级人民法院提起上诉。逾期不提起上诉的，人民法院的第一审判决或裁定发生法律效力。"这里，提交上诉状的法定期限分别为15日（判决）和10日（裁定），必须确切把握。要在行政诉讼发生后，一旦接到判决或裁定文书，即应认真审阅，如发现确有错误，就应及时制作上诉状并在法定期限内提交。否则，时过境迁，再行上诉，就会失去其应有的效用。

2. 要坚持"以事实为根据，以法律为准绳"的原则。行政上诉状是对原审人民法院所做的判决或裁定的否决及纠正，因此，在阐述上诉请求和理由时，一定要坚持实事求是的原则，忠实于事实发生的本来面目和客观过程，既不夸大也不缩小，恰如其分；同时，还要忠实于法律，严格依法上诉，使自己的观点或主张有理有据，有法可依。如果违背事实，偏离法律，不仅达不到上诉目的，还会给自身的声誉蒙受更为严重的损失。

【典范文例】

例文1

行政上诉状

上诉人（原审原告）：蒋×，男，30岁，××县人，个体肉摊，住××县东关4排3号。

被上诉人（原审被告）：××县标准计量所。地址：××县城关镇幸福路。

法定代表人：马××，男，所长。

上诉人因诉××县标准计量所器具失准行政处罚决定一案，不服××县人民法院20××年×月×日×第×号行政判决，现提出上诉。上诉的请求和理由如下：

要求撤销原判决，重新审判。

上诉人系××县城关镇东街农贸市场个体户（肉摊）。去年×月×日被顾客发现所售猪肉分量不足，并报告了城关工商所。该所在处理中认为系上诉人使用的20公斤杆秤失准所致，即到衡量器管理站进行鉴定。结论是杆秤定量砣失准，差少5.3克，定点钮亦松动，称量：每500克少10克，每20公斤少200克。19××年×月×日对上诉做出“计监罚字第×号行政处罚决定”，认定：“人为地改变定量砣质量，造成计量器具失准，严重损害消费者利益。”

而一审法院查明上诉人并未破坏计量器具准确度。被上诉人是基于上诉人人为地改变定量砣质量，造成计量器具失准，严重地损害消费者利益的违法事实，即应撤销被上诉人的行政处罚决定；维护上诉人的合法权益。上诉人认为一审法院未做出变更行政处罚决定的判决是不合理的。根据《中华人民共和国行政诉讼法》第五十八条之规定，向贵院提起上诉，请依法改判。

上诉人：蒋×

20××年×月×日

例文2

行政上诉状

上诉人（原审原告）：胡××，男，65岁，汉族，××市人，××市××厂退休工人，住本市××村×街×号。

被上诉人（原审被告）：××市××区城市建设环境保护局。

法定代表人：赖××，局长。

委托代理人：王××，副局长。

案由：上诉人因不服××区人民法院（××）×行初字第4号行政判决，现提出上诉。上诉的请求和理由如下：

上诉请求：

1. 撤销××区法院（××）×行初字第4号《行政判决书》，依法改判；

2. 因被上诉人的工作人员失职及在执行职务中给上诉人造成的建楼损失，应由被上诉人承担行政侵权责任，并赔偿一切经济损失。

上诉理由：

1. 上诉人于××年×月×日经被上诉人批准，在××村×街×号自己家院内建成一座二层东楼。上诉人是以审批的图纸和〔××〕×建字第×号《私房建筑许可证》为依据，并由被上诉人派工作人员到现场进行勘验、画线、打桩定位后，上诉人才进行建筑施工的。为了在施工中不和邻居发生矛盾，上诉人之子李××到被上诉人办公室，当面在批准的建楼图纸上加盖了自己的手章，并当场指明这1.15米（见图纸）是西侧房檐。被上诉人听后没做任何表示，也没有往图纸上做记录说明。在××××年×月4日，被上诉人要求上诉人去掉西房檐10

厘米，然后在房顶上修一个高檐，不要让雨水从西边流出就行。从被上诉人这一要求来看，足以证明原审法院《判决书》中的经查“……讲明不要有任何建筑物（指房檐）”的说法是不能成立的。原审法院片面地听取被上诉人没有任何根据和证明的说法来作为判决的依据，是不符合《行政诉讼法》第四条“人民法院审理行政案件，以事实为根据，以法律为准绳”的规定的。如果案件的事实、证据不清楚，应予调查核实，不能轻信一方自述。

2. 原审法院的《现场勘验笔录》大部分失实，但是造成这个失实的原因何在呢？原审法院不做深入的调查研究，甚至连上诉人提供的有关证明（书证、调查笔录）也未详细调查核实，就以《现场勘验笔录》为依据进行判决，是一种不负责任的失职行为。据上诉人所知，在建楼时，有被上诉人现场勘验、打桩定位；在建楼一米高时，有其工作人员到现场查看，当时及以后均没有提出异议。这方面的情况，为什么原审法院不给予考虑呢？上诉人建楼西侧留窗户，是原图纸就有的，只是门的位置安在南边，并不像原审法院《判决书》所说“原告申请图纸的西立面是向西开门，但楼房建筑向南开门。因此出现西侧窗”那样。原告楼门留在南面，被告及工作人员是知道的，是看过现场的，有关证据都证明了这一点。从《判决书》中提到“西侧窗”问题，也足以说明“西边1.15米处不要有任何建筑物”说法是荒谬的。如果把门安在西侧，二层没有走廊、房檐，又怎么进屋呢？再说为房檐发生纠纷时，被上诉人只说西房檐去掉10厘米即可，其他问题概不追究。这只能说明被上诉人允许或默认建楼的现状，不做任何处理。现在被上诉人又出尔反尔，对这种行为原审法院就不应给予保护，更不应该作为定案判决的依据。

3. 原审法院认为：“原告未按批准的《私房建筑许可证》施工，楼房确属违章建筑。”这是不能成立的。因《私房建筑许可证》是被上诉人根据上诉人的；《私房建筑申请书》审查批准后发给的。在发证前，被上诉人都严格审查建楼图纸，做了必要的调查，进行了核实，才发给《私房建筑许可证》。特别是划线、打桩、定位这些工作都在发证以前做了，《许可证》上并没有记载说明应遵守事项，这怎么能说我们是未按《许可证》施工呢？上诉人的建筑楼房是按《许可证》和现场画线、打桩、定位进行建筑，这怎么说是“确属违章建筑”呢？

4. 原审法院认为：“被告根据市人大通过的《××市城市建设规划管理办法（试行）》及××市《私房建筑管理办法》的有关规定，对原告的处罚并无不当。”这一认定违反了《××市建设规划管理办法（试行）》第二十九条和第六十九条的规定。再看一下被上诉人的《处罚决定书》吧，上诉人是××年×月×日找被上诉人的史××同志，史说“过两天就给你盖章，可以换房证”。结果××年×月9日被上诉人却做出了所谓的《处罚决定书》。上诉人接到后向原审法院提出起诉，被上诉人引用法规条文不当，另外还有其他错误，自动撤销了

《处罚决定书》，按被上诉人《关于办理私房建筑手续的规定》第六条，已超过时间，法律是不予保护的。在时隔近几个月的××年×月×日被上诉人又下达了所谓《处罚决定书》。上诉人又起诉到原审法院，而原审法院只听信被上诉人口述和《现场勘验笔录》，也没有落实有关证据就草率地做出了判决。《判决书》认为："被告根据1986年2月27日市六届人大常委会第23次会议通过的《××市城市建设规划管理办法（试行）》及××市《私房建筑管理办法》的有关规定，对原告的处罚并无不当。"而实际上，被上诉人在《处罚决定书》中所引用的法规是〔1983〕国函字121号文和冀政〔1983〕161号文及《××市城市建设规划管理办法（试行）》有关条款。可见，原审法院在审理此案中的工作是怎么做的？连被上诉人处罚依据的法律、法规都没弄清，这怎么能公正审理案件呢？

我国《宪法》第四十一条第三款规定："由于国家机关和国家工作人员侵犯公民权利而受到损失的人，有依照法律规定取得赔偿的权利。"《行政诉讼法》第六十七条第一款规定："公民、法人或其他组织的合法权益受到行政机关或行政机关工作人员做出的具体行政行为侵犯造成损害的，有权请求赔偿。"

综上所述，上诉人认为原审法院不以事实、证据为依据，而轻信被上诉人的口述做出判决，是违反法律、法规的。为了维护上诉人的合法权益，依法追究被上诉人及其工作人员的行政侵权赔偿责任，纠正其错误，特依《行政诉讼法》第五十八条之规定，向你院上诉，请求依法公正地审理此案，撤销原判决，并改判，责成被上诉人赔偿所造成的经济损失。

此致

××市中级人民法院

上诉人：李××

××年×月×日

附件：上诉状副本1份。

第十四章　仲裁文书的写作

第一节　仲裁协议书

【功能特性】

根据《中华人民共和国仲裁法》第四条的规定，平等主体的公民、法人和其他组织采用仲裁方式解决合同纠纷和其他财产权益纠纷，应当双方自愿，达成仲裁协议。没有仲裁协议，一方申请仲裁的，仲裁委员会不予受理。由此可见，有仲裁协议是当事人申请仲裁的必要条件之一。

仲裁协议书，是各方当事人自愿将他们之间可能发生或者已经发生的争议提交仲裁解决的书面协议。

我国《仲裁法》第二十二条规定，当事人申请仲裁，应当向仲裁委员会递交仲裁协议。这是制作仲裁协议书的法律依据。仲裁协议一旦生效即对当事人产生严格的约束力，排除了法院对争议事项的管辖权，成为仲裁委员会受理仲裁的依据。没有仲裁协议，仲裁委员会无权受理案件。协议范围内发生的争议，当事人只能向选定的仲裁委员会申请仲裁，任何一方当事人无权向法院起诉，法院也不能受理有仲裁协议的争议案件。

【结构模式】

仲裁协议书由首部、正文和尾部三部分组成。

一、首部

（一）标题：即“仲裁协议书”。

（二）当事人的称谓及基本情况：当事人一般称甲方和乙方。基本情况包括各方当事人的姓名、性别、年龄、职业、通信方式、工作单位和住所；申请人若为法人或者其他组织的，则应当写明法人或者其他组织的名称、住所和法定代表人或者主要负责人的姓名或者职务。

如果申请人委托律师或者他人代理进行仲裁活动的，还应写明委托代理人的上述情况。

二、正文

正文部分应写明协议的内容。仲裁协议的内容至关重要，它直接关系到争议能否通过仲裁方式予以解决，关系到当事人的切身利益。因此，制作仲裁协议应当详细、明确，订立仲裁条款更应谨慎，不可缺少某些关键性的内容或者要点，以便发生争议需要仲裁时，能有所遵循。

依据我国《仲裁法》的规定，不论何种形式的仲裁协议，都应当具有下列内容：

（一）请求仲裁的意思表示：各方当事人在订立合同或者签定其他形式的仲裁协议时，一致同意将他们之间已发生或者将来可能发生的争议，采取仲裁方式解决的共同而明确的意思表示。

（二）仲裁事项：仲裁事项是指各方当事人提请仲裁的争议范围，即当事人把何种争议采取仲裁方式予以解决。一方当事人提请仲裁的争议以及仲裁委员会受理的争议，都不得超过仲裁协议中所约定的提交仲裁的事项。

（三）选定的仲裁委员会：仲裁机构的选择是仲裁协议中极为重要的内容。当事人在签订仲裁协议时，必须约定有权解决争议事项的仲裁委员会。依据国务院办公厅1995年颁发的《重新组建仲裁机构方案》的规定，新组建的仲裁委员会名称应当规范，一律在仲裁委员会之前冠以仲裁委员会所在市的地名。如长沙仲裁委员会，北京仲裁委员会，因而当事人在仲裁协议中选定的仲裁委员会的名称一定要明确、具体。否则，有可能引起争议，拖延解决争议的时间。

三、尾部

由当事人或者委托代理人签字并加盖公章，写明仲裁协议书签订的日期和地点。

【写作要求】

一、仲裁事项必须明确

如果仲裁协议对仲裁事项没有约定或者约定不明确的，当事人可以补充约定；达不成补充协议的，则仲裁协议无效。同时要注意争议事项的可仲裁性，根据仲裁法的规定，平等主体的公民、法人和其他组织之间发生的合同纠纷和其他财产纠纷，可以仲裁；婚姻、收养、监护、扶养、继承纠纷以及依法应当由行政机关处理的行政争议，不能仲裁。

二、选定的仲裁委员会的名称要准确、清楚，并具有排他性

既不能同时并举选定两个仲裁委员会，也不能在选定仲裁委员会的同时又选定诉讼解决。还应注意选定的仲裁委员会必须是真实存在的仲裁机构。

三、要注意仲裁协议的有效要件

主要是：（1）它必须是处理当事人之间可能发生纠纷或者已经发生争议的协议；（2）这种纠纷必须是有关能够用仲裁方法加以解决的事项；（3）必须由合法的当事人双方签定；（4）必须出自当事人双方的自愿。因此，对于那些诸如无民事行为能力的人或者限制民事行为能力人订立的仲裁协议，以及当事人一方采取胁迫手段，迫使对方订立的仲裁协议，均属无效。

四、要注意把握时机

根据《仲裁法》第二十条的规定，当事人如果对仲裁协议的效力有异议，可以请求仲裁委员会做出决定，也可请求人民法院做出裁定。但要注意对仲裁协议效力所持的异议，应当在仲裁庭首次开庭之前提出，不能贻误时机。

【典范文例】

例文 1

仲裁协议书

转让方：××开发公司　法定代表人：王××，总经理

受转方：××仪器厂　法定代表人：马××，厂长

转让方××开发公司与受让方××仪器厂于×年×月×日订立×技术转让合同。合同履行过程中，因受让方对转让的××技术的先进性提出异议，致使双方发生争议，双方虽然多次协商解决，但均未成功。现根据《中华人民共和国仲裁法》第 2 条、第 3 条之规定，双方约定将此项争议交××仲裁委员会，依法组成合议仲裁庭，根据××仲裁委员会仲裁规则进行仲裁并做出裁决，该裁决对双方当事人均具有法律效力。

附：本协议书一式三份，送××仲裁委员会一份，立协议人双方各一份。

××开发公司（公章）
法定代表人：王××（签章）
××仪器厂（公章）
法定代表人：马××（签章）
××年×月××日

例文 2

××国进出口公司与××公司仲裁协议书

甲方：××国进出口公司

乙方：××公司

甲、乙双方在履行合同订立的进口货物经销合同的过程中，因对合同中所涉及的 B、C 两种规格商品的运输费用由何方承担产生争议，虽经协商，但无结果，经甲、乙双方协商约定，将此争议提交中国北京国际经济贸易仲裁委员会裁决，并订立以下条款共同遵守：

一、此案适用《中华人民共和国仲裁法》以及有关法律的规定裁决。

二、仲裁委员会的有关裁决为终局裁决，甲、乙双方必须无条件服从。

三、本案仲裁费用，由败诉方承担。

四、本协议一式四份，由甲、乙方各执两份。

甲方 ××国进出口公司　　　乙方 ××公司

代表人 刘×　　　代表人 李××

××年7月31日

第二节 仲裁申请书

【功能特性】

仲裁申请书，是指签订合同的一方当事人，就合同执行过程中产生的纠纷或其他财产权益纠纷，根据各方当事人之间达成的仲裁协议，向仲裁协议中所选定的仲裁委员会提出仲裁请求的文书。

根据我国《仲裁法》第二十一条的规定："当事人申请仲裁应当符合下列条件：（一）有仲裁协议；（二）有具体的仲裁请求和事实、理由；（三）属于仲裁委员会的受理范围。"第二十二条规定："当事人申请仲裁，应当向仲裁委员会递交仲裁申请书及副本。"可见，当事人申请仲裁必须采取书面方式。

仲裁申请人可以委托代理人代为办理仲裁事项，但应当向仲裁机构提交书面授权委托书。仲裁机构在收到仲裁申请书之日起五日内，做出受理或不受理的决定，并通知当事人。

提出仲裁申请是开始仲裁程序的最基础的法律步骤，是仲裁程序的必要环节，也是被诉方进行答辩的依据。

【结构模式】

关于仲裁申请书的写作，《仲裁法》第二十三条虽然列有应当载明的事项规定，但其具体的撰写模式尚待探究。一般说来，一份合乎规格的仲裁申请书应当由以下几部分组成：

一、首部

首部应当载明如下三项要素：

（一）标题。标题要写全称即"仲裁申请书"。视具体情况，亦可写为"经济合同仲裁申请书"等，以明确性质。但不要只写"申请书"，以免与其他文书混淆。如系法人或者其他组织提出的仲裁申请，则应标明单位或组织名称且宜与文种分行排列，单位或组织名称在上，文种名称在下。在字体设置上，后者宜大于前者。

（二）申请人概况。指申请仲裁人的基本身份情况，申请人如系公民，则应依次写明姓名、性别、年龄、职业、工作单位和住所六项要素；如系法人和其他组织，则应依次写明其名称、住所和法定代表人或者主要负责人的姓名、职务等项要素。视具体情况，亦可写明申请人的电话号码或通信办法，以便联系。如系委托律师或其他代理人代为仲裁活动，亦应将代理人的身份写清。

（三）被申请人概况。指被申请人的基本身份情况，与上述申请人身份情况的书写要求完全相同。

二、仲裁请求和所根据的事实、理由

这部分是仲裁申请书的主体和核心。要明确交代请求仲裁的争议事项，即要求仲裁的“标的”；同时还要提供充分有力的事实依据和法律依据（理由），用以说明“标的”的正确性和合理性，从而让仲裁委员会接受和认可，做出公正的裁决。必须认真研究这部分内容的写作规律和技巧，以极大地增加申请的成功系数。

关于仲裁请求。仲裁请求表明申请人申请仲裁的目的和宗旨。因此，要用精练概括的语言直接写明请求仲裁的争议事项，其模式一般为：“仲裁请求：请求对×××（争议事项）依法做出裁决。”这里，要特别注意对有关争议事项概括的准确性。因为它是申请书的“论点”所在，“论点”失准，下文据以提出的事实和理由便会无所依托。

关于事实和理由。撰写时必须严谨慎重，做到事实根据确凿有力，理由充分具体，通过条分缕析、逻辑缜密的论证，来表明仲裁请求的正确性和合理性，以便让仲裁委员会信服。主要应当把握这样三“性”：一是具体性。此点最为重要，因为“有具体的仲裁请求和事实、理由”，是申请人申请仲裁的必要条件之一（《仲裁法》第二十一条第二项）。如果事实和理由的表达不够具体，而是泛泛空谈，就会缺乏应有的说服力和论证性，“仲裁请求”也就不易实现。因此，撰写时必须具体阐明争议纠纷发生的来龙去脉，包括有关时间、地点、目的、经过、结果（或后果）等诸项要素。试以经济合同纠纷而论，即应写明当事人双方（或多方）系从事何种经济交往于何时何地而签订的合同；合同的名称、类别、编号；合同的履行过程和违约情况；合同的履行结果（后果），等等。二是准确性。即指对事实和理由的阐述，必须符合事件发生的本来面目和客观过程，必须符合有关法律、法规和政策规定，做到准确无误，令人不容置疑。特别是有关经济合同纠纷的仲裁申请，往往需要涉及原合同中有关条款内容的引用，更应注意其准确性。至于其他的财产权益纠纷，也要涉及有关的财产品名、规格、数量、金额等项内容，同样要做到准确，不容出现疏漏。三是一致性。即对事实和理由的阐述必须相互一致，做到理依事生，事理相宜。要使二者之间具有内在的必然联系，互为补充，相得益彰，而不能彼此割裂，相互游离。

在结构安排上，一般将“仲裁请求”独段写明；“事实和理由”既可分开写，亦可合并写，应视具体情况而定。

三、证据和证据来源、证人姓名和住所

根据《仲裁法》第四十三条的规定，当事人应对自己的主张提供证据，亦即“谁主张谁举证”。因此，应当在上述事实和理由部分之后，准确、具体地列出相关的证据。包括证据的名称、证据的来源以及证人姓名、住所等项要素，均应予以载明。如果证据不止一个，可以列成表格。这部分内容是整个申请书的“附项”，它对上文所述的事实和理由具有一种实体证明作用，两者相互印证，互为补充，构成一个有机的整体，共同说明和论证全文“论点”（仲裁请求）的正确性和合理合法性。

四、尾部

尾部应当载明以下四项内容：

（一）递交对象。即仲裁申请书致送的仲裁委员会名称。要写仲裁委员会全称或规范化简称。还要注意不能写“×××仲裁庭”，以保持其规范性。

（二）具名。在上项内容的右下侧，由申请人具名。其模式为：“申请人：×××。”如系委托他人代书，受委托人也应具名或签章。申请人如系法人和其他组织，还要有其法定代表人或者主要负责人具名，并加盖单位公章，以明责任。

（三）日期。即仲裁申请书制作的具体日期。要写公元全称，用汉字数字书写。

（四）附注。主要是指仲裁申请书的副本份数、证据的件数等。

【写作要求】

一、要备好仲裁协议和相应的副本份数。《仲裁法》第二十二条明确规定：“当事人申请仲裁，应当向仲裁委员会递交仲裁协议、仲裁申请书及副本。”据此可见，仲裁协议和申请书副本亦是申请仲裁不可缺少的实质要件。其中前者是指合同中订立的仲裁条款和以其他书面方式在纠纷发生前或者纠纷发生后达成的请求仲裁的协议，它是申请仲裁的必要条件之一；后者则由仲裁委员会送达被申请人。对于这两项内容，必须在申请仲裁时连同仲裁申请书一并递交。

二、要注意把握申请仲裁的适用范围。当事人申请仲裁，具有特定的适用范围。根据《仲裁法》第二条的规定，平等主体的公民、法人和其他组织之间所发生的合同纠纷和其他财产权益纠纷，可以仲裁。亦即凡属这一特定范围之内的纠纷和争议事项，当事人即可拟制《仲裁申请书》申请仲裁。又据第三条规定，下列纠纷不能仲裁：一是婚姻、收养、监护、抚养和继承纠纷；二是依法应当由行政机关处理的行政争议。

三、注意把握申请仲裁的条件。当事人申请仲裁具有特定的条件。根据《仲裁法》第二十一条的规定，申请人申请仲裁应当符合下列条件：（1）有仲裁协议；（2）有具体的仲裁请求和事实、理由；（3）属于仲裁委员会的受理范围。上述三条，是申请仲裁的条件，当然也是制作《仲裁申请书》的必备前提。

四、注意仲裁时效。仲裁申请书的递交必须在法定的仲裁时效届满前提出，即自当事人知道或者应当知道其权利被侵害之日起法律规定的时限内提出。根据我国法律的有关规定，经济合同的时效是两年，技术合同时效是1年，涉外买卖合同时效是4年，劳动争议合同时效仅为60天，逾期提出，即丧失了仲裁申请权，也就失去了拟制该文书的实际意义。

五、叙述事实要抓住关键，明确重点，逐层叙写，做到线索清晰，责任明确；阐述理由要依法论理，注重分析，避免空泛、说教式语言；请求事项要明确，简要，切实可行，此外还要注意语言通畅，格式规范。

【典范文例】

例文1

仲裁申请书

申请人：××××公司，地址：××市××路××号。

法定代表人：田××，总经理。

委托代理人：张××，××律师事务所律师。

被申请人：××厂，地址：××市××路××号。

法定代表人：刘××，厂长。

案由：购销合同货款纠纷。

仲裁请求：立即付清所欠货款并支付违约金××万元。

事实和理由：

××年×月×日，被申请人的业务员持单位授权委托书来我公司看样定货，双方签订一份羊毛购销合同，合同中对羊毛的规格、质量、品名、数量、价款等做了详细的约定，详见合同。

合同签订后，我公司按照合同约定的交货时间及方式分三次将羊毛发送被申请人，总货款××万元，并将发票一并交给被申请人。但被申请人接到羊毛及发票后，以单位资金周转不灵为借口迟迟不付款，经多次催要，至今仍未付款。由于被申请人拖欠货款不还，给我公司造成严重的经济损失。

为了维护我公司的合法权益，现根据双方购销合同中的仲裁条款向贵仲裁委员会申请仲裁。

此致

××仲裁委员会

附：1. 申请书副本一份；

2. 合同副本一份。

申请人：××公司（盖章）
法定代表人：田××
委托代理人：张××
××年××月××日

例文2

仲裁申请书

致中国国际经济贸易仲裁委员会
申请人：中国××进出口公司
法人代表：×××
地址：中国××市××路××号
被申请人：×地利发公司
法人代表：×××
地址：××地××路××号

申请人与×地利发公司于××年4月15日签署了一份产地交货合同，由于买方违约引起争议，为此向贵会提请仲裁，现将仲裁要求及所依据的事实和理由分述如下：

一、仲裁要求

被诉人赔偿因违约造成我方损失（货物折价）45000美元。

仲裁费由被诉人负担。

二、事实和理由

申请人与被申请人于××年4月15日签订了一份产地交货合同，出售鲜龙眼5吨，价值75000美元。按合同第8条规定，被申请人必须于7月15日至20日之间派冷藏集装箱车到指定地点接运货物，否则将取消合同。由此造成的一切损失由买方负责。申请人曾于××年7月14日和7月18日先后两次去电催促对方派车，但直至8月2日仍未见派车来。因而申请人被逼于8月4日把这批龙眼卖给另一买主，得价只有30000美元。按《联合国国际货物销售合同公约》第七十五条规定："如果合同宣告无效，而在宣告无效后一段候理时间内，买方已以合理方式购买替代物，或者卖方已以合理方式把货物转卖，则要求损害赔偿的一方可根据以合同价格和替代货物交易价格之间的差额以及按照第七十四条规定可能取得任何其他损害赔偿。"被申请人应赔偿原总值额与再售货款之差45000美元给卖方。但被申请人以我方再售为理由，拒不赔偿，因此，我方不得不向贵仲裁委员会提出申请。

仲裁员拟请仲裁委员会主任代为指定。

仲裁手续费预付人民币××元，另行汇上。

经上申请，谨请贵会早日开庭审理。

中国××进出口公司

××年×月×日

例文3

仲裁申请书

申诉方：× ×县×镇× ×村村委会。

法定代表人：牛× ×，村长。

被诉方：× ×县× ×综合厂，地址：× ×县城关镇东方红路13号。

法定代表人：南× ×，厂长。

案由：单方终止合同。

请求事项：

一、继续履行协议；

二、赔偿申诉方的经济损失。

事实与理由：

××年5月5日，申诉方与被诉方签订“联办淀粉厂协议书”，约定双方共同投资筹建。申诉方投资为三分之一，被诉方投资为三分之二，投产后利润也按投资比例分成。协议书第12条规定：“本协议签订后，双方信守协议，不得以任何理由单方终止。任何一方终止协议，一切后果由提出终止协议方负责。”（见附件二）

双方于2004年5月筹建施工。申诉方与被诉方各投资100万元，计划2005年元月底建成投产。不料被诉方××年8月突然提出：“经请示县经计委，不再给淀粉厂投资”（见附件三），为此，申诉方数次找被诉方协商，同时主动向县经计委申明情况，希望督促被诉方履约。但被诉方竟不予理会，公然单方终止协议，不但不承担任何经济损失，还无理要求申诉方承担被诉方全部投资款项。不仅如此，被诉方还背着申诉方函告县电力局，要求停止使用用电补贴，故意给筹建工作设置障碍。虽经申诉方多次规劝其继续履行协议，被诉方却根本听不进去，置经济合同法和双方签定的协议书于不顾，实属违法行为。申诉方在做出多方努力毫不见效的情况下，为了维护国家的法律尊严，保护自身的合法权益不受侵害，特向你会提出仲裁申请，请求依法裁决。

此致

× ×县工商行政管理局经济合同仲裁委员会

附：

一、本申请书副本一份；

二、协议书一份（复印件）；

三、被诉方擅自终止合同的函件一份。

申诉方：× ×镇× ×村民委员会（印）

× ×年4月1日

第三节 仲裁答辩书

【功能特性】

仲裁答辩书，是仲裁案件的被申请人针对申请人在仲裁申请书中提出的仲裁请求及所依据的事实、理由进行答复辩解的文书。

根据我国《仲裁法》第二十五条第二款规定：“被申请人收到仲裁申请书副本后，应当在仲裁规定的期限内向仲裁委员会提交答辩书……被申请人未提交答辩书的，不影响仲裁程序的进行。”这是制作答辩书的法律依据。

拟制并提交答辩书，是法律赋予被申请人的一项重要权利。通过此种文书，可以明确、充分阐述被申请方的观点和主张，反驳申请方错误或不当之处，使争执纠纷的主要焦点或实质性问题“曝光”，从而为在仲裁活动中获胜创造有利条件。同时，就申请人而论，在其看过答辩书（副本）后，如果认为被申请人所持观点和主张确实持之有故，言之成理，而自己多有偏颇和疏漏，则可以主动要求和解，或者撤回仲裁申请，从而解除不必要的争议，及时终止仲裁的进行。此外，对仲裁委员会而言，通过审理，如果认为被申请人所述事实清楚，证据确凿，理由充实，则将依法做出符合被申请人意愿的裁决。可见，答辩书的写作直接关系到被申请人在仲裁活动中的胜败。

【结构模式】

鉴于《仲裁法》中未对答辩书应当载明的事项做出规定，故对其内容结构的设置则需要借鉴其他答辩类文书的制作模式，并要显示出独具的特色。一般而言，这一文书应当由以下几部分内容组成：

1. 首部

首部包括如下两项要素：

（1）标题。即文书名称，全称是“仲裁答辩书”。视具体情况，亦可写为“经济合同仲裁答辩书”等，以明确性质。不要只写“答辩书”，以免与其他答辩类文书混淆；也不能写作“答辩状”，以保持其规范性。如系法人和其他组织做出的答辩，则应标明单位或组织名称，且宜与文种名称分行排列。其中单位或组织名称在上，文种名称在下。在字体设置上，后者宜大于前者，以示醒目、美观。

（2）答辩人概况。即指仲裁答辩人的基本身份情况，要求准确、具体、完整。应先写出项目名称，后用冒号，接下去依次列明其身份要素，即“答辩人：×××”。答辩人如系公民，则应载明其姓名、性别、年龄、职业、工作单位和住所六项要素；如委托他人代为仲裁活动，则应写明受委托人的身份情况（如是委托律师做代理人则只需写其姓名和律师事务所名称即可）；如系其他组织，则应列明其名称、驻地和法定代表人或者主要负责人的姓名、职务，以及委托代理人的身份情况。委托代理人如有两人以上，应分别列明身份要素。

这一部分应特别注意不要设列“被答辩人”一项，因为法律上既无这种称谓，也未做此规定。

2. 答辩缘起

这部分是仲裁答辩书的“序曲”，是答辩理由（正文）的前置内容。要写得简明扼要，为全文定准基调。其用语模式一般应表述为“申请人因×××（案由或事由）向仲裁委员会申请仲裁一案，现根据申请人的申请理由，提出答辩如下”，后用冒号，引出答辩理由部分。这里，要特别注意对案由或事由概括的准确性，不能出现疏漏。

从写作手法上讲，这部分实质系一过渡段，是将首部与下文答辩理由部分连缀起来，使行文结构趋于自然严谨，和谐顺畅。

3. 答辩理由

这部分是仲裁答辩书的重心，也是写作的重点和难点。它要运用具体、充分、有力的事实依据和理论依据（法律、法规和政策依据）来反驳申请人的仲裁请求及其依据的事实和理由，阐明自己的观点和主张，从而说服仲裁委员会接受和采纳，实现答辩的预期目的。这部分写得好与坏，直接关系到文书的质量及答辩的效果。因此，必须予以高度重视。

要写好答辩理由，首先必须精心研究申请人的《仲裁申请书》，弄清其所提出的仲裁请求及所依据的事实和理由，这是答辩的“标的”所在。以此为基础，根据争议纠纷的实际情况，准确确定答辩的侧重点和主攻方向。为此，应进一步明确：申请人所提仲裁请求的实质是什么？其错误或不当的症结何在？是属所述事实不准、不清或有失偏颇还是适用法律、法规和政策有误？应选择怎样的答辩角度才能击中对方要害？等等。弄清这些问题以后，答辩的主旨和基调也就确立了。其次，在答辩过程中，要注意讲究针对性，要紧扣申请人所提出来的问题，逐一进行辩驳。为此，可以援引申请书的原话作为批驳对象，通过条分缕析、逻辑缜密的论证，说明申请人所持观点的错误性。切忌无的放矢、漫无边际的答辩，也不可答非所问、旁骛枝节问题或者不相关的问题。再次，要注意提供相应的证据，以增强答辩的力度。对此，《仲裁法》第四十三条做了明确规定：“当事人应当对自己的主张提供证据。”事实上，证据比一般的叙述和辩理具有更为直接的证明力和说服力，证据既出，所阐述的答辩理由就会坚实有力，不容置疑和辩驳。此外，还要注意答辩类文书的语体特点和要求。用语要精练明快，坚定有力，富于逻辑性和辩论性，要符合被申请人的身份特征，抓住引起争议纠纷的关键性和实质性问题有理有据地进行答辩。决不能强词夺理，或者对申请人恶语中伤，那样反而显得自己理亏。用语狂傲、尖刻并不代表有理，只有确凿的事实以及充分的法律、法规和政策依据才是答辩获胜的唯一法宝。特别是法人和其他组织作为被申请人进行答辩时，更应注意把握用语的分寸，要通过答辩体现出自身的尊严、风度和水平，这对烘托答辩主旨，进而实现答辩目的，无疑是大有裨益的。

4. 答辩意见

这部分内容是仲裁答辩书的精髓所在，是在答辩理由的基础上做进一步的总结，表明被申请人进行答辩的目的和宗旨。一般要从这样两个方面进行阐述：一是揭示申请人仲裁请求及所依据的事实和理由的谬误性：二是说明答辩理由的正确性和合理合法性。通过这样一“破”一“立”，最后亮明自己的观点和主张，请求仲裁委员会依法合理裁决。

5. 尾部

尾部包括以下四项要素：

（1）提交对象。即仲裁答辩书提交的仲裁委员会名称，应在上述内容写完后另起一行空两格书写“此致”，然后再另起一行顶格书写“×××仲裁委员会”。要注意书写仲裁委员会的全称，但不要写成“×××仲裁庭”，以保持其规范性和庄重性。

（2）具名。在上项内容的右下侧，由答辩人具名或签章。答辩人如系法人或其他组织，则应写明单位或组织全称，并另行写明法定代表人或者主要负责人姓名，并加盖公章和私章，以明责任。

（3）日期。指仲裁答辩书制作的具体日期，要写公元全称×年×月×日，用汉字书写。

（4）附项。主要是指有关证据的名称和件数等，应用序号分别列于上项内容之左下侧。

【写作要求】

1. 要准备相应的副本。副本也是仲裁答辩书的重要组成部分。《仲裁法》第二十五条第二款明确规定：“仲裁委员会收到答辩书后，应当在仲裁规则规定的期限内将答辩书副本送达申请人。”据此，被申请人在拟制答辩书的同时，应当认真准备好副本。决不能有所疏漏，以免延误，造成被动。

2. 要适时拟制和提交。仲裁答辩书的拟制和提交具有很强的时效性。《仲裁法》第二十五条第二款规定："被申请人收到仲裁申请书副本后，应当在仲裁规则规定的期限内向仲裁委员会提交答辩书。""被申请人未提交答辩书的，不影响仲裁程序的进行。"可见，提交答辩书是被申请人的一项法定职责和应有的权利，必须严格把握，要在仲裁规则规定的时限内将答辩书拟就并及时递交。否则，时过境迁，就会失去应有的意义和价值。

【典范文例】

例文 1

仲裁答辩书

致中国国际经济贸易仲裁委员会：

答辩人：（被申请人）：香港乙有限公司

地址：香港中环××××商业大厦××楼 2012 室

法定代表人：××× 职务 董事长

电话：××××

电传：××××

传真：××××

对于香港甲有限公司（下称申请人）诉我公司（以下称被申请人）镀锌板供货质量与合同不符，我公司认为，这点不能成立，答辩理由如下：

一、关于合同规定的索赔期限与品质保证期条款问题

在本合同签字盖章前，被申请人对合同第 19 条做了修改，将索赔期限由 90 天改为 30 天，并取消合同第 21 条。这并非擅自修改，而是被申请人正式签名盖章后，交与申请人，申请人在收到被申请人修改的合同后并未提出异议，应视为接受和默认。

在订立合同后，被申请人按合同规定，分别于 20××年 1 月 16 日和 1 月 23 日将货物交付与申请人。但直到 20××年 2 月 25 日，申请人才来函提出货物存在品质问题，要求保留索赔权利，显然，已超过了合同中所规定的索赔期限。

关于合同中所规定的品质保证期 12 个月的规定不应予以确认。因为品质保证期指国际贸易中对机械、仪器、仪表、车辆机电产品，由于有些内在缺陷不能一时查出，双方在签订合同时规定品质保证的期限，而本期合同是申请人备有的许多贸易格式合同，其中关于品质保证条款是适用于如上所述之机械设备等用途的，根本不能适用于金属材料。按国际惯例，金属材料没有品质保证期的规定，更不能达 12 个月之久。

二、关于本案质量索赔纠纷未能及早解决的责任问题

在被申请人交付货物后，申请人于20××年2月25日来函提出质量问题，要求保留索赔权利。尽管当时已超过合同规定的索赔期限，被申请人还是本着友好协商的态度，即向申请人表示愿意向其厂家转达这一情况，并于20××年5月2日，被申请人和其厂家到××了解商检情况，同时对样品进行复检。20××年5月10日该厂家传真至被申请人认为：××商检局未能完全按照日本标准那样检验，不能接受××商检局检验结果，但为维护双方贸易关系，愿意接受合理的降价赔偿要求。被申请人在接到这一传真后，及时通知了申请人，并要求申请人提出一个合理的方案，以便被申请人向其厂家索赔，但申请人却于20××年5月25日提出要求降价50%的处理意见，造成被申请人的厂家改变了原来同意赔偿的承诺。在此种情况下，被申请人只好正式答复申请人，由于申请人未能在货物到达目的的港（香港）30天内提出索赔，故不接受申请人提出的索赔。后于20××年6月26日又在双方母公司领导下，申请人与被申请人进行了洽谈，一致认为降价50%实在太多，也不合理，应做合理降级削价处理，最多只可按冷轧板与镀锌板差价要求赔偿。根据这一会议精神，被申请人正在与其厂家协商索赔一事时，申请人却于20××年10月10日提请仲裁，根据以上事实，申请人应对纠纷未能协商解决负主要责任。

三、关于商检证书效力问题

合同第8条“目的口岸”中已明确写明目的口岸为香港，第17条第2款规定“货到目的口岸后买方可申请中国商品检验局进行有关品质、规格及数量、重量的检验。”但申请人并没有根据合同要求向被申请人提出有关目的口岸的商检报告，而是几经运转后由非目的口岸的××商检做出商检报告。因此，申请人以××商检局的商检报告作为索赔的依据是不符合合同规定的。

四、关于商检证书所列数字的代表性问题

即使以××商检局出具的商检证书作为索赔基础，也存在许多问题。因为合同规定按JISG3302标准检验。因此，按照JISG3302标准抽样，每1000张镀锌板抽取一张，被申请人共交货1000.86吨镀锌板，有镀锌板152421张，应对152421张镀锌板的千分之一检验，而××商检局只是抽了33张镀锌板进行检验，占应抽样的21.65%，是不符合日本标准的抽样要求的。由于抽样数量严重不足，样本的检验结果不能完全反映或不反映此批镀锌板的真实情况。因此，××商检局所出具的商检报告所列数字是没有代表性的。

综上所述，由于申请人并没有按合同规定在目的口岸进行商检，而且在索赔过程中，申请人提出的不合理索赔要求给被申请人造成严重经济损失，但被申请人还是本着实事求是的原则，经过现场行情的调查，被申请人同意赔偿申请人9016.23美元及利息，了结此案。

附件：合同一份

商检证书一份

被申请人：香港乙有限公司（章）

法定代表人：×××（签名）

20××年10月31日于香港

法定代表人：××××

委托代理人：×××（签章）

例文2

仲裁答辩书

答辩人：××公司

地址：××街××号

邮政编码：××××

电话：××××

传真：××××××

法定代表人：×××，总经理

委托代理人：××××，市××律师事务所律师

案由：因申请人××公司诉我公司××交货争议一案，现提出答辩。

答辩意见：申请人的索赔理由不能成立，请予以驳回。答辩理由如下：

1. 被申请人已按时履行了交货义务。在本案中，被申请人（卖方）无须亲自把货物装上船，在把货物交给承运人后，实际装载的责任由承运人承担，卖方交货的责任主要是按时将货物交给承运人装运和取得合格证并向银行交单，取得货款。判断被申请人是否按时交货，应考虑CIF合同的特点。根据CIF合同，只要卖方把合格的作为物权凭证的提单交给买方后，就可以认定卖方已履行了交货义务。

2. 提单日期不符的责任由船方承担。提单是作为卖方的托运人和承运人之间运输的证明，转移给作为买方的收货人后，提单即成了买方和承运人之间的运输合同，买方和承运人之间的权利义务关系应以提单为依据，货物没有按时装船并倒签提单是由船方造成的，作为提单持有人的买方有权而且应该直接向承运人追索，被申请人不应承担责任。

3. 申请人已接受合同项下的货物。申请人是在完全知道货物没有按时装船、提单日期不符的情况下接受单据、支付货款，并提取货物的。这种自愿的付款赎单和凭单提货的行为在法律上应当认为是有效的。

综上，申请人对属于自己所有的货物不及时处理，即使发生了损失，也只能由自己承担。因此，申请人的索赔请求不能成立，请予以驳回，以维护我公司的

合法权益。

此致

中国国际经济贸易仲裁委员会

附：1. 答辩书副本××份；

2. 证书××份。

答辩人：××公司（盖章）

法定代表人：××（签章）

委托代表人：××（签章）

××年××月××日

例文3

仲裁答辩书

答辩人：××市民政开源包装工业联营公司，地址：××市××街243号。

法定代表人：马××，经理。

被答辩人：××委员会工程设计研究院，地址：××市××街156号。

法定代表人：王××，院长。

××委员会工程设计研究院申请仲裁设计合同，追索设计费，并赔偿损失一案，我方答辩如下：

我公司与申请人于1998年4月25日签订了《(98)—设计合同》，根据合同条款即付申请人4万元定金（是设计费总额的20%）。后因工程建设投资较大，我公司只能是入股经营，与我公司合资的另一方要求从设计到施工完全由他们负责。因此我公司于1998年8月1日向申请人说明情况提出终止设计合同。事后双方经过多次磋商，由于申请人索取费用太高，双方未能达成协议，于是申请人向仲裁委员会申请仲裁，现就申请人提出的理由做出如下答辩：

一、申请人要求我公司支付方案设计费6万元是没有根据的。

根据国家计委编印的《工程设计收费标准》总说明中第十七条的规定："设计费按设计进度分期拨付，设计合同生效后，委托方应向设计单位预付设计费20%作为定金，初步设计完成后付30%，施工图完成后付50%。"申请人向我方提交的《方案意见书》，并不是初步设计书，这是我们双方之间的分歧意见之一，根据规定，初步设计书应具有初步设计说明书、初步设计概算书及设备、结构、电器三个专业的图纸。而申请人只交付方案意见书由我公司审批，没有初步设计说明书、概算书及三个专业图纸，我公司认为申请人没有完成初步设计，因此不能按规定支付设计费。

另外，就我公司与申请人签订的设计合同第八条第二款规定："方案设计完成后15天内，甲方即向乙方支付设计费6万元。”此合同之规定也是指初步设计书完成后付设计费6万元，并不是指“方案意见书”完成后即付6万元。作为申请人来说他们完全懂得“方案意见书”和“初步设计书”的不同概念和内容。而申请人却把两个概念及内容混为一谈，向我公司追索6万元，既不符合国家的有关规定，也不符合设计合同条款的规定。因此我公司拒绝申请人的请求是有道理的。据此，申请人请求我公司支付延期款0.3万元也是没有根据的。

二、申请人要求我公司赔偿经济损失2.7万元（施工图设计费2.4万元；逾期违约金0.3万元），这个请求是毫无根据的。

根据双方签订的设计合同中规定“写字商住楼的基础图，是在设计方案认可后两个月及收到勘探资料一个月后交付施工图”，而申请人在我公司对方案意见书尚未认可的情况下，违反双方签订的设计合同条款规定，这种不履行合同的行为属于无效行为，我公司不承担任何经济损失，因此我公司不能承担申请人提出的施工图设计费2.4万元及其他经济损失。

三、根据《建设工程勘察设计条例》第七条规定：“按规定收取费用的勘察设计合同生效后，委托方应向承包方付给定金。勘察设计合同履行后，定金抵作勘察、设计费。”又规定：“委托方不履行合同的，无权请求返还定金。”依据以上条款规定，我公司与申请人签订合同后，按规定支付4万元定金，并且申请人也提交“方案意见书”，双方均在履行合同，所以申请人毫无理由扣我公司的4万元定金，还另收取方案设计费6万元。我公司认为该定金应抵作申请人所提供的“方案意见书”的设计费用。

四、我公司与申请人在友好合作的基础上，接受申请人的要求，以设计赶工费的名义支付现金3千元，作为奖金使用，该款项在双方签订的合同中没有明文规定，我公司要求申请人如数返还。

以上意见，请求仲裁委员会公正裁决。

此致

××仲裁委员会

答辩人：××市民政开源包装工业联营公司

20××年10月5日

第四节　仲裁调解书

【功能特性】

仲裁调解书，是指仲裁机关通过调解方式解决仲裁纠纷，就当事人之间达成调解协议所制作的文书。但它必须是当事人双方自愿达成的协议。经仲裁庭调解达成的仲裁调解书还必须符合有关法律的规定，调解书既是当事人协商结果的记录，又是仲裁庭认可调解协议的证明。仲裁调解书自双方当事人签收之日起生效，其法律效力与仲裁裁决书相同，可以作为执行的依据。如果一方当事人不履行调解协议，另一方当事人可以据此向有关的人民法院申请强制执行。仲裁调解书一般只适用于国内仲裁，而不适用于涉外仲裁。

我国《仲裁法》第五十一条规定："仲裁庭在做出裁决前，可以先行调解。当事人自愿调解的，仲裁庭应当调解。调解不成的，应当及时做出裁决。调解达成协议的，仲裁庭应当制作调解书……"第五十二条规定："调解书应当写明仲裁请求和当事人协议的结果。调解书由仲裁员签名、加盖仲裁委员会印章，送达双方当事人。"这是制作仲裁调解书的法律依据。

【结构模式】

关于仲裁调解书的写作，《仲裁法》第五十二条虽然列有应当载明的内容事项的规定，但其具体的撰写模式有待探索。一般说来，一篇合乎规范的仲裁调解书应当由以下几部分构成：

1. 首部

（1）标题。由仲裁委员会全称和文书种类两项要素构成，即"×××仲裁委员会仲裁调解书"。要注意不能遗漏"仲裁"二字，以明确文书性质，并与其他类调解书如"民事调解书"（人民法院制作）和"治安调解书"（公安机关制作）等相区别。在排列形式上，应将仲裁委员会名称和文书种类分置两行，在字号使用上，后者宜大于前者，以示醒目、美观。

（2）案号。即文书编号，位于标题的右下侧。它相当于行政公文中的发文字号，表明文书制发的数量和次序。案号的拟制要做到准确、完整、规范，包括代字、年份和序号三项要素，不容疏漏。

（3）当事人概况。即指当事人的基本身份情况，应当先写申请人，后写被申请人。无论申请人还是被申请人，如系公民，则写明其姓名、性别、年龄、职业、工作单位和住所六项要素；如系法人和其他组织，则需写明其名称、住所和法定代表人或者主要负责人的姓名、职务四项要素。如系委托律师或其他代理人代理仲裁活动，则应将受委人的身份情况写清。

（4）案由。即争议纠纷的类别和性质，应写得简练精要，一语中的。直接写明系合同纠纷或其他财产权益纠纷等，以示明确。

2. 事实与理由

这部分是仲裁调解书写作的重要内容。既要写清当事人之间争议纠纷的主要事实，又要阐明进行调解解决的必要性。鉴于调解书的制作系以当事人双方自愿达成协议为基础，故这部分内容可尽量写得简括、精要一些，不必事无巨细，详加叙述。

关于事实，是指仲裁委员会所认定的事实，要写清争议纠纷发生的基本要素，包括时间、地点、缘由、主要经过、情节和结果等。具体情况亦可结合当事人双方的申请书和答辩书所列的事实进行叙述，以增强其针对性。试以经济合同纠纷而论，应当着重阐明当事人之间缘何目的、于何时何地签订的经济合同；其履行情况如何；当事人之间又是怎样产生了纠纷，导致了何种结果，等等。只有写清这些内容，才能使人了解争议纠纷发生的来龙去脉，为下文进一步提出调解理由和达成协议奠定必要的基础。

关于理由，应当以上述事实情况为前提，依据国家有关法律、法规和政策规定，对整个争议纠纷进行评判。要分清是非，明确臧否，对当事人双方应负的责任以及各自的态度等也要如实做出交代。用语要恰切公正，中肯适度，使当事人双方能够心悦诚服地接受调解，从而确保文书质量及其效用。否则，言辞欠妥，甚至过于偏颇，将有可能加重争议纠纷，进一步激化矛盾而不利于问题的处理和解决，给仲裁工作造成被动。

在结构安排上，事实和理由可以分开写，也可合并写，应灵活确定。

应当指出的是，民事调解书和治安调解书的制作多将事实和理由部分略而不写，有欠妥当。因为事实和理由是调解处理的基础和依据，如果省略，就会使协议结果架空，也难以令人信服。由是，仲裁调解书的写作不应省略这部分内容。

3. 协议结果

协议结果即当事人双方达成协议的具体内容，是仲裁调解书写作的精要之笔。这部分应当紧随上述事实和理由之后写出，使两者之间形成因果关系，即前文事实和理由为“因”，引出的调解结论（协议结果）是“果”，前后顺承，具有内在的必然联系。在写作模式上，一般先用一过渡语段：“根据上述情况，依照《中华人民共和国仲裁法》第五十一条规定，对双方进行调解，经协商，自愿达成如下协议”，然后用冒号引出具体协议内容。

协议内容必须明确具体，切忌含混隐讳，笼统粗疏。如果协议事项较为简单，则集中一段写明；如果不止一项，则应按其轻重程度分条载明。如此，才能给人以明晰之感，便于当事人双方依照协议内容认真履行。

4. 尾部

（1）结语。结语是标明调解书效力的固定性语句，应在上述内容结束后，另起一行写明：“本调解书与仲裁决定书具有同等法律效力，双方当事人必须认真遵守。”

（2）签名和盖章。《仲裁法》第五十二条第一款规定：“调解书由仲裁员签名，加盖仲裁委员会印章，送达双方当事人。”其位置应在上项内容的右下侧。

（3）日期。指调解成立的日期，要写公元全称，用小写汉字书写。

【写作要求】

1. 要写清纠纷事实。撰写仲裁调解书，要着重写明当事人之间发生的合同纠纷和其他财产权益纠纷的事实，这是调解成立的客观基础。之所以如此，主要是用以说明仲裁委员会是在查明事实，分清是非基础上做出的调解。实践中，有些仲裁调解书往往忽略对事实的叙写，而只写调解协议的内容，是不尽妥当的。在具体写法上，一般可采取归纳的方式进行概括叙述即可，不必过细陈述。

2. 要注意讲求针对性。撰写仲裁调解书，对于调解理由的叙写，必须紧紧围绕当事人争议的问题进行，讲明道理，分清是非曲直，做到有的放矢，针对性强。在此基础上做出公正、合理、恰切的评定，以便使当事人各方心悦诚服地接受调解，达成协议。切忌纠缠细枝末节，抑或旁骛其他，言不及义，否则就会有损整个调解书的质量。

3. 要力求简明、具体、完整。所谓简明，就是指无论对事实还是理由的表述，一定要做到清楚、明确，不能含混不清、似是而非、模棱两可；所谓具体，就是指调解协议必须是具体实在的，没有实际意义的语句不要写入；所谓完整，就是指经调解所达成的协议事项必须完备无遗，不能有所疏漏。

【典范文例】

例文 1

中华人民共和国海事仲裁委员会
调解书

〔×××〕字第×××号

申请人：中国，上海××公司

法定代表人：×××，男，54 岁，经理

住址：上海市××区××街××号

被申请人：×国“范雷特”轮

法定代表人：××××男 43 岁，船长

××年×月×日，申请人，即救助人中国上海×××公司向海事仲裁委员会提出的对被申请人，即船舶所有人××××，关于申请人致救助被申请人“范雷特”轮救助报酬问题的仲裁申请书。

“范雷特”轮载运小麦 5000 余吨，于××年×月×日在上海附近的铜沙地区搁浅。同年×月×日，申请人的代表同“范特雷”轮的船长签订了中国海事仲裁委员会符合标准格式的救助契约。申请人根据救助契约进行了有效的救助。

"范雷特"轮经申请人强卸减载后于同年×月×日被拖救出浅，并因其不能自航而于同年×月×日被拖带到上海码头。

双方当事人对于救助工作有成效、救助人应该获得报酬这一点上，并无争议，但是，对于报酬的数额未能达成协议。

海事仲裁委员会根据双方当事人所签订的救助契约中的仲裁协议和申请人的仲裁申请书，受理了这一案件，并按照仲裁程序规则的规定成立了仲裁庭，由谢××任首席仲裁员，和仲裁员王××、周××组成。

在仲裁庭准备审理的过程中，海事仲裁委员会根据仲裁程序规定，在双方当事人的同意下进行调解。双方当事人互相做了友好让步，并已澄清争议中的救助报酬数额不包括被申请人在契约签定以前雇用船只等所应支付的人民币36664.4元。

××年×月×日，在由海事仲裁委员会主持并由仲裁庭成员和双方当事人参加的会谈中，一致同意本案的解决方法如下：

1. 本案救助报酬总额确定为人民币27000元。由于申请人已经收到部分报酬人民币13000元，被申请人尚应支付人民币14000元。

2. 上述金额由申请人持海事仲裁委员会的调解书，并根据中国银行上海分行××年×月×日的担保向该行收取。被申请人应立即安排由中国银行上海分行凭中国海事仲裁委员会的调解书和救助人账单立即付款。

被申请人也可以向申请人直接支付上述金额。

如果申请人非由于自己原因而不能在××年×月×日以前收到上述金额时，应从即日起按年利率百分之五加计利息。

3. 海事仲裁委员会的仲裁费，由双方当事人各半分担。

4. 有关本案的其他一切费用由双方当事人各自分担。

双方当事人同时通过海事仲裁委员会交换了确认上述解决方法的函件。

本案的仲裁手续费决定为人民币×××元。根据上述解决办法第三点，申请人和被申请人各向海事仲裁委员会缴纳人民币×××元、×××元。

本调解书一式3份，发给双方当事人各1份，本会留存1份。

仲裁庭

首席仲裁员：谢××

仲裁员：王××

仲裁员：周××

××年×月×日

中国海事仲裁委员会（章）

例文 2

××仲裁委员会
仲裁调解书

〔××〕×仲调字第×号

申请人：××建筑工程公司，地址：××市××区××街×号。

法定代表人：陈××，总经理。

委托代理人：李××，××律师事务所律师。

被申请人：××大厦，地址：××市××区××街×号。

法定代表人：许××，经理。

委托代理人：杨××，××律师事务所律师。

××仲裁委员会（以下简称本会）根据申请人××建筑工程公司（以下简称申请人）于××年×月×日向本会提交的仲裁申请书和申请人与被申请人××大厦（以下简称被申请人）于××年×月×日签订的《建设工程施工合同》中的仲裁条款，受理了申请人与被申请人之间上述合同项下的争议仲裁案。

依照本会仲裁规则，本会主任指定的首席仲裁员：×××与申请人选定的仲裁员×××、被申请人选定的仲裁员×××于××年×月×日组成仲裁庭，对本案进行了审理。

本案仲裁庭于××年×月×日开庭进行了审理。申请人的法定代表人及委托代理人、被申请人的法定代表人及委托代理人均出庭。仲裁庭听取了双方当事人的陈述和辩论，对本案有关的事实进行了庭审调查、质证及核实工作。申请人的仲裁请求为：

1. 被申请人给付申请人工程款 350000 元，同时承担逾期付款的利息 103600 元。

2. 被申请人承担本案仲裁费用。

在仲裁庭的主持下，双方当事人本着互谅互让，协商解决的精神，达成了调解协议。调解结果如下：

一、被申请人给付申请人工程欠款 350000 元；

二、被申请人给付申请人欠款利息 50000 元；

三、本案仲裁费 23930 元（申请人已全额垫付），由被申请人承担。

上述款项共计 423930 元，被申请人于本调解书生效之日起 30 日内付给申请人。逾期支付的，按照中国人民银行逾期付款的有关规定办理。

本调解书与裁决书具有同等法律效力，自双方当事人签收之日起生效。

首席仲裁员：×××

仲 裁 员：×××
仲 裁 员：×××
（印章）
××年×月×日
书 记 员：×××

第五节 仲裁裁决书

【功能特性】

仲裁裁决书，是指仲裁机关根据当事人的申请，依照我国仲裁法规定的程序，对当事人之间的纠纷进行审理后，就案件的实体问题做出书面裁决。

我国《仲裁法》第五十四条规定："裁决书应当写明仲裁请求、争议事实、裁决理由、裁决结果、仲裁费用的负担和裁决日期。当事人协议不愿写明争议事项和理由的，可以不写。裁决书由仲裁员签名，加盖仲裁委员会印章。"这是制定仲裁裁决书的法律依据。

根据我国《仲裁法》的规定，仲裁实行一裁终局制度，这种裁决即为终局仲裁，裁决书自做出之日起发生法律效力，具有法定的执行意义。除依法由仲裁委员会所在地的中级人民法院撤销外，任何人不得随意变更或修改。

当事人就同一纠纷再申请仲裁或者向人民法院起诉的，仲裁委员会或者人民法院不予受理。

裁决书不同于裁定书。裁定书是人民法院在案件审理或者判决执行过程中就程序问题和部分实体问题所做的书面决定，包括刑事裁定、民事裁定和行政裁定三种情况，其无论在适用主体还是内容范围等方面都有显著的区别。

【结构模式】

一份完整、规范的仲裁裁决书应当由以下几部分组成：

1. 首部

首部包括如下两项要素：

（1）标题。即文书名称，由仲裁委员会全称加文书种类两要素构成。要分上下两行排列，其中仲裁委员会名称在上，文书种类在下。在字号使用上，后者宜大于前者，以示醒目、美观。要注意不能遗漏"仲裁"二字，以明确文书性质，并与其他裁决类文书如"治安管理处罚裁决书"（公安机关使用的治安文书之一）等相区别。

（2）案号。即裁决书的编号，位于标题的右下侧。它相当于行政公文中的发文字号，表明文书制发的数量和次序。一般应按仲裁委员会在该年内所制作的裁决书顺序统一编列。案号包括仲裁委员会代字、年份和序号三项要素，不得缺漏和疏误。

（3）当事人的称谓和自然状况。此项内容的书写要完整、准确、规范。应当先写申请人，后写被申请人。无论申请人还是被申请人，如系公民，则依次写明其姓名、性别、年龄、职业、工作单位和住所六项要素；如系法人和其他组织，则需要写明其名称、住所和法定代表人或者主要负责人的姓名、职务三项要素。其模式一般是先写出项目名称，然后依次列明其身份要素。

（4）委托代理人的称谓和自然状况。此项内容有则写明，无则从略。根据《仲裁法》第二十九条的规定："当事人、法定代理人可以委托律师和其他代理人进行仲裁活动。"因此，如系委托律师进行代理，则只需写明其姓名和律师事务所名称即可；如系委托其他代理人代为仲裁活动，则应写明与前述"公民"相同的六项身份要素。委托代理人的自然状况应当分别写于被代理的当事人的下一行，其模式为：

申请人：×××（自然状况）

委托代表人：×××（自然状况）

被申请人：×××（自然状况）

委托代理人：×××（自然状况）

2. 仲裁请求

这部分是仲裁裁决书写作的重要内容。所谓"仲裁请求"，就是当事人的主张，反映的是当事人请求仲裁的目的和宗旨。撰写这部分内容，一定要用简明精练的语句将当事人申请仲裁的争议事项如实做出交代，不要简单照搬申请人《仲裁申请书》中所提出的仲裁请求事项，而要结合当事人双方争议纠纷的实际情况以及仲裁协议中所设立的仲裁事项来写。

3. 争议事实

这部分是仲裁裁决书写作的重点之一，也是正确解决当事人之间争议纠纷的基础。它要准、具体、完整地将当事人之间发生的合同纠纷或其他财产权益纠纷的来龙去脉表述清楚，以便为下文进一步做出裁决结果提供基本的事实依据。要写好这部分，应当着重把握以下各点：

第一，要反映出争议纠纷发生的诸项要素。具体包括：纠纷发生的时间、地点、原因、过程、结果；争执的焦点或实质性分歧；认定事实的证据。试以经济合同纠纷而论，应准确写明当事人之间系为从事何种经济交往于何时何地而签定的合同；其履行过程如何；缘何发生争议纠纷；结果又怎样，等等。写清这些要素，事情的来龙去脉也就昭然若揭。

第二，要突出重点，抓住争议纠纷的要害而写。一纸裁决书，其篇幅容量是有限的，而当事人之间的争议事实往往较为复杂，要将其事无巨细地全部写入文中，显然是不可能的，也没有必要。为此，必须抓住重点内容，突出争议纠纷的实质性要素。仍以经济合同纠纷为例，对其事实的叙写则应以合同的履行情况特别是导致争执纠纷的缘由及其结果为重点进行详述，其他要素则可略述。如果不分主次轻重，平均用墨，势必令人不得要领，影响裁决书的质量和效力。

第三，要准确客观，实事求是。这主要是指对仲裁委员会根据调查所认定的事实的叙写，必须如实反映事件发生的本来面目，不能有所疏漏。因为仲裁委员会认定的事实具有“一锤定音”的作用，如有不真、不准或有失偏颇之处，势必影响对争议纠纷的正确处理和解决。此外，对于当事人所提供的事实和意见，亦应与其申请书和答辩书中的内容保持一致，以求准确。

对于“争议事实”这部分内容的结构安排，一般应先约略转述当事人各方所提供的事实，然后写明仲裁委员会认定的事实。这样，能给人以条理明晰之感。视具体情况，有时亦可省略当事人的陈述，而直接叙写仲裁委员会的认定事实。

4. 裁决理由

这部分内容的重要程度可以与上述事实部分相提并论。如果说“争议事实”的叙述是摆事实，则裁决理由就是讲道理，它要为下文所做的裁决结果提供道理上和法律上的依据。

要写好这部分内容，首先应当讲求针对性。要在上述事实认定的基础上，紧紧围绕争执纠纷的焦点或实质性问题做出进一步的分析和评价，明辨是非，分清臧否，阐明仲裁委员会的观点和主张。切忌撇开争议纠纷的实际情况而空泛议论，以致失去其应有的说服力。其次要注意讲求论证性。由于仲裁委员会的裁决结果是在当事人双方意见相悖的基础上做出的，故应特别注意做到“以理服人”。要注意援引有关法律、法规和政策规定，对当事人双方所应负的责任做出恰切评断，使其具有论证性，令人不容置疑和辩驳。再次，要注意与下文的“裁决结果”保持一致，要使二者之间形成因果关系，前后顺承，具有内在的必然联系。如果理由和裁决结果相互割裂，就难免导致裁决的错误。

应当注意的是，根据《仲裁法》第五十四条的规定：“当事人协议不愿写明争议事实和裁决理由的，可以不写。”如属此种情况，亦应妥善处理。

5. 裁决结果

这部分内容是仲裁裁决书的精髓所在，是全文的结论。它要依据上述事实和理由，对当事人双方的权利义务关系进行确认，使争议纠纷得到妥善、有效的处理和解决。由于裁决结果所涉及的内容通常很多，故应按其轻重程度分条（项）列明，以清眉目，便于履行和执行。用语要准确、具体、实在，对于当事人之间何方享有权利，何方承担义务，均要写得明晰可鉴，切忌模棱两可，笼统粗疏，令人费解甚至误解。特别在涉及有关财产的品名、规格、数量、金额时，更应做到确切无误，不允差错。此外，对于所涉及的数字，应当依照有关规定采用汉字数字书写；对于仲裁庭已经做出裁决的事项必须完整地予以载明，不能有所遗漏。

6. 尾部

尾部应当载明以下几项要素：

（1）仲裁费用的负担。这是仲裁裁决书中不可缺少的一项内容。应在上述裁决结果写完后，另起一行写明“仲裁费×××元（大写），由×××负担”或“仲裁费×××元（大写），由申请人负担×××元，被申请人负担×××元”。要注意不能将这项内容写入结论（裁决结果）部分，因为它并不体现当事人之间的权利义务关系。

（2）签名和用印。《仲裁法》第五十四条规定：“裁决书应由仲裁员签名，加盖仲裁委员会印章。”其位置应在上项内容的右下侧依次列明。仍据该条规定：“对裁决持不同意见的仲裁员，可以签名，也可以不签名。”对此，亦应予以注意。

（3）裁决日期。即仲裁庭正式做出裁决的具体日期，要写公元全称，用汉字数字书写。

【写作要求】

1. 要注意事实和理由的一致性。撰写仲裁裁决书，对有关纠纷事实和裁决理由的叙写必须符合一致性的要求，事实是基础和前提，理由是对事实所做的进一步分析和论证。理由的阐述必须紧紧围绕纠纷事实进行，切不可游离案件事实去唱“信天游”。

2. 表态要明确。即在仲裁裁决书的写作中，对当事人双方争议的主要事实和论据的认定以及对其所进行的分析，必须抓住问题的实质，有理有据地做出表述，做到是非分明，责任清楚，结论明确，切不可模糊不清，似是而非，否则将不利于问题的处理和解决，有损通篇文书的质量和价值。

3. 措辞要准确得体。撰写仲裁裁决书，要用准确、精练的语言详尽、具体地陈述与案件有关的实体问题和程序事项，在对事实与理由进行恰切表述的基础上写明仲裁庭对案件的处理决定。措辞要得体，做到言必有据，以理服人，令当事人双方心悦诚服。切忌流于简单和生硬，既不要有偏袒一方之词，也不要有压制一方之意，认定要有据，否定要在理，从而使行文具有一种强大的说服力，令人不容置疑和辩驳。

【典范文例】

例文 1

中国国际经济贸易仲裁委员会
裁决书

〔×××〕贸仲字第×××号

申请人：北京×××实业公司

地址：北京市×××大街×××号

被申请人：××××公司（×国）

地址：×××. RUNDE LA PART—DIEU LYON（×国）

中国国际经济贸易仲裁委员会（原名中国国际贸易促进委员会对外贸易仲裁委员会）根据申请人（买方）和被申请人×国×××公司（卖方）于××年×月×日在北京签订的 85NAPY—4022 号合同的仲裁条款和申请人于××年×月×日提出的书面仲裁申请，受理了上述合同项下关于果汁生产线质量争议案。

申请人指定×××为仲裁委员，被申请人指定×××为仲裁员，×××和×××共同推选×××为首席仲裁员，组成仲裁庭，审查本案。

仲裁庭审阅了申请人、被申请人分别提出的申诉、答辩以及有关证明材料，并于××年×月×日在北京开庭审理。被申请人及其代理人收到了开庭通知，但未到庭。仲裁庭应申请人的申请，根据仲裁规则第 28 条规定，进行了缺席审理，并做出裁决。

本案案情，仲裁庭的意见和裁决如下：

一、案情

申请人北京××实业公司（买方）与被申请人×国××公司（卖方）于××年×月×日在北京签订了 85NAPY—4022 号合同。合同规定：买方向卖方购买柑橘浓缩果汁生产线及技术，价格条件为 CIF 湛江，价值总额为 5250000 法郎，后双方修改为 5040000 法郎，装运日期为××年×月中旬前，到货日期为××年×月底前，后双方修改为×月×日前货到湛江，允许转运但不允许分批装货。双方约定货款由买方分三次支付，第一次为合同总金额的 15%，应在收到卖方开出的等值银行保函后 15 天内电汇卖方；第二次为合同总金额的 80%，应在装运货物的 20 天后由买方向卖方开立不可撤销的信用证。第三次为合同总金额的 5%，应在中国银行北京分行收到经双方签字的货物验收证明后 15 天内支付……

双方合同附件中还规定，设备到达买方厂里后，卖方须派三位工程技术人员负责该生产线的设备安装指导及调试工作，调试后在双方监督下进行 100 小时连续生产试验，如运转正常，达到技术要求，产品质量经检验合格，该生产线设备才算合格，双方才签订验收证书。其质量保证期为12个月。

……

买方按合同规定预付了15%的货款，即756000法郎，又于××年×月×日开出了相当于合同总金额的80%即4032000法郎的不可撤销的信用证。××年×月×日，卖方将设备装船发送。设备分别于××年×月×日和×日分两批到达中国港口湛江。××年×月×日到达的设备全部装在一个集装箱内，××年×月×日到达的设备装在13个本箱内。

设备到达买方工厂后，卖方派两位工程技术人员于××年×月×日至×月×日到买方工厂安装调试……

××年×月×日，卖方工程技术人员到达广西××县××罐头厂（用户），对设备进行多次调试，均未达到合同和备忘录规定的技术指标和要求，对此，双方的技术人员均在调试记录上写明并签字。买方于××年×月×日向仲裁委员会提出书面仲裁申请。

买方在仲裁申请书中要求：

1. 由于卖方违约，设备不能达到合同和备忘录规定的技术标准，即使是在设备调试到最佳状态时，浓缩汁的维生素损失率仍高达30%，温洲蜜橘出汁率仅达64.14%，比规定少30.81%，出油率仅达33.4%……设备无法投入生产，损失严重，要求设备降价三分之一，即降价1680000法郎……

2. 卖方应按合同第18条的规定，向买方赔付合同总值5%的延期交货罚款，即252000法朗。

3. 卖方赔偿买方下列各项损失：

……

卖方在答辩书中提出：

1. 卖方所有提供的设备是完全符合事先阐明的性能和规格的优良设备，设备是多功能的标准生产线，符合国际通用标准，完全能用于柑和橘的生产线，而且这些设备销往众多国家及众多企业，充分证明能满足使用者的要求。

……

4. 买方的无理要求使卖方在中国和国际上的形象受到损害，因而遭受重大商业损失，卖方估算其所受损失为人民币800000元，要求得到买方的损害赔偿。

二、仲裁庭的意见

仲裁庭认为：

1. 在买方和卖方订立的合同和备忘录中，对设备使用的柑橘原料和应达到的去皮、出汁、出油率等指标，均有具体明确的规定，可双方技术人员签署的调试生产技术记录说明，设备的性能比合同和备忘录规定的生产技术要求确实约低三分之一。卖方自己的技术人员都确认了这一些事实，卖方要求国际或中国的其他检验人员进行检验，就没有必要了。根据这一事实，买方要求卖方的设备降低三分之一，是合理的。

2. 卖方设备的确未按买卖双方约定的日期抵达中国港口，但由于卖方是按合同规定在买方开出信用证后20天装船发货的，而且货到后，买方一直未能对货物迟延到港向卖方正式提出异议和罚款要求，只是在一年之后申请仲裁时才提出向卖方索取罚款的要求。因此买方的这一要求不能成立。

3. 卖方技术人员迟4天抵达用户工厂进行调试生产，因为路程遥远，客观上是可以允许的。4天之间，买方备妥的鲜橘500吨，竟霉烂了167吨，如果确实新鲜的橘子储藏适当的话，是不能产生这种现象的，而且买方未能对此提出充分的证据，故买方的索赔要求不能成立。

4. 买方提出要求卖方赔付其向银行借款购买全套设备而产生的全部利息不合理，只能要求卖方由于设备不合格而降价的那一部分货款退回时加计利息。

5. 买方向卖方提出赔偿进口海关税的要求不能成立。因为，买方可以向海关提出退税的请求。

6. 买方在桂林、北京等地的旅差费属其正常业务费用，应自行承担，但根据仲裁法规则第34条的规定，由于仲裁而支出的费用可由卖方合理补偿一部分。

7. 卖方提出向其他买主供应的设备都是合格的，因而其向本案买方供应的设备也必然是合格的，这二者没有必然的关系，因此其主张不能成立。上述事实证明卖方的设备是不符合买卖双方约定的技术标准和要求的，卖方如果在中国和国际上的形象受到损害而遭受重大商业损失，应由卖方自己负责。

三、仲裁庭的裁决

仲裁庭裁决：

1. 被申请人×国××××公司（卖方）应将果汁生产钱的总价格降低三分之一，即1679832法国法郎，并将此款减去申请人尚未支付给卖方的货款252000法郎后尚余的1427832法郎，加计自××年×月×日起至汇付之日年利7%的款项一并立即汇付给申请人北京××实业公司。

2. 申请人向被申请人索取迟交罚款的要求，索取鲜果霉烂损失赔偿的要求，索取合同总金额的银行贷款利息的要求，索取进口海关税补偿的要求等，均不予考虑。

3. 被申请人应补偿申请人因办理本仲裁案所支出的一部分费用人民币11350元。

4. 被申请人向申请人索取名誉损失赔偿的要求，不予考虑。

5. 本案仲裁费用为人民币20000元，应由被申请人承担80%，即人民币

16000 元；应由申请人承担 20%，即人民币 4000 元。被申请人应承担的仲裁费用由其已预付的 420518 美元（折合人民币 1565168 元）冲抵后，尚欠人民币 348. 32 元，应由被申请人立即汇付仲裁委员会。申请人应承担的仲裁费用由其已预付的人民币 9000 元冲抵后，尚余人民币 5000 元，由仲裁委员会退还申请人。

本裁决为终局裁决。

首席仲裁员：谢××
仲裁员：王××
仲裁员：周××
××年×月×日
中国国际经济贸易仲裁委员会（章）

例文 2

××仲裁委员会
裁决书

〔××〕×仲裁字第×号

申请人：××省××市茶叶公司（供方），地址：××省××市××路×号。

法定代表人：王××，经理。

委托代理人：陈××，××律师事务所律师。

被申请人：××省××市前进食品店（需方），地址：××省××市××大街×号。

法定代表人：宋××，经理。

委托代理人：汪××，××律师事务所律师。

××仲裁委员会（以下简称本会）根据申请人××省××市茶叶公司（以下简称申请人）于××年×月×日向本会提交的仲裁申请书和申请人与被申请人××省××市前进食品店（以下简称被申请人）于××年×月×日签订的“湖北一级茉莉花茶购销合同”中的仲裁条款，受理了申请人与被申请人之间上述合同项下的争议仲裁案。

依照本会仲裁规则，本会主任指定的首席仲裁员赵××与申请人选定的仲裁员李××、被申请人选定的仲裁员王××于××年×月×日组成仲裁庭，对本案进行了审理。申请人的法定代表人及委托代理人、被申请人的法定代表人及委托代理人均出庭。仲裁庭听取了双方当事人的陈述和辩论，对本案有关的事实进行了庭审调查、质证及核实工作。现查明：

上列双方于××年 5 月 18 日签订“湖北一级茉莉花茶购销合同”一份，数量为5000公斤，每公斤价格60元，共30万元。双方按封存样品交货和验收。供方于××年6月15日将货发送到需方后，经需方验收发现，申请方交付的茶叶与双方封存样品质量不符。由于部分包装不合规格，在运输过程中出现散包，损失茶叶180公斤，责任完全在供方。经本会主持调解，双方争执较大，未达成协议，特裁决如下：

一、供方交付的茶叶不符合合同规定的质量，按茶叶实际质量计价，将原价每公斤60元降为每公斤40元；

二、供方未按合同规定包装，在运输中损失茶叶180公斤，由供方负责；

三、需方按供方实际交付茶叶数量4820公斤折价付款，共计192800元。自裁决生效之日起十日内一次付清。

四、仲裁费按争议金额的0.5%征收，计1000元，由供方负担。

本裁决为终局裁决，自做出之日起生效。

首席仲裁员：赵××
仲　裁　员：李××
仲　裁　员：王××
（印章）
××年8月20日
书　记　员：周××

第十五章 新闻体文书的写作

第一节 通 稿

【功能特性】

新闻通稿是新闻机构在采访到一些重要新闻以后，以统一的稿件方式发给需要稿件的各有关媒体。这就叫作通稿。随着公务活动领域的不断扩大，信息传播速度的加快和渠道的增多，越来越多的党政机关和企事业单位在对外发布新闻的时候，为了统一宣传口径，也会组织新闻通稿，以提供给需要的新闻媒体。

【结构模式】

新闻通稿一般由以下几部分组成：

1. 标题。是新闻通稿的“窗口”，全文的“眉目”，要写得准确、显豁、突出、传神。

2. 导语。类似于消息，简要叙述发布的新闻事实、新闻亮点和重要意义。通常是用一句话或一段文字，将所要发布的新闻最重要的事实和事件的结果做出交代，起到提纲挈领的作用，引领人们继续读下去。

3. 主体：由两部分组成，即新闻事实的详细介绍和相关背景材料。在写作时要注意运用充分、典型、有力的事实材料和背景材料对导语部分所揭示的主题做进一步阐释，可以采用纵式结构（按时间顺序来写）、横式结构（按事物的内部联系和逻辑顺序来写）、纵横式结构、断裂式结构（段落之间跳跃性较大）等多种结构形式，把所要表达的问题交代清楚即可。

4. 结尾。是对全文内容的收束，可以是一句话，也可以是一段话；可以是全文内容的总括，也可以是对发展前景的展望；要能够加深读者印象，升华主题，发挥更好的宣传教育作用。

【写作要求】

一、要把握好报道时机。新闻通稿具有很强的时效性，要求报道得越快越好，它直接关系到宣传的效果。因此，在写作时要注意配合党和政府以及上级主管部门新的指示精神、新的方针政策和新的工作部署；要注意密切配合当前的中心工作和热点问题，及时加以反映。否则，时过境迁，就失去了新闻的意义和价值。

二、要准备充分。一般来说，对于所要发布的新闻通稿，应该准备两篇以上，至少保证一篇消息，一篇通讯。消息中应该包括整个事件的过程。通讯则是对消息内容的补充。既可以是整个事件组织的背景情况介绍、也可以是一些花絮或者是参与事件的人物故事等。

三、要处理好相关的要素交代。由于是新闻类稿件，就离不开新闻文体构成的诸要素，包括时间、地点、任务、事件、起因、结果等，要根据实际情况做出恰当的处理，做到完整得体，能够切实反映问题。文字要严谨，内容要充实，数字要准确，确保稿件的全面性、真实性和时效性。

四、要力求活泼新颖。要在切实掌握充分可靠材料的基础上，运用鲜活流畅的语言增强行文的可读性，力避干瘪陈旧的叙述或者泛泛而论，这是新闻通稿写作极为重要的一环。

【典范文例】

全国第十四届公文学术年会在成都召开

【本网讯】由中国公文写作研究会主办的，党的十八大以来，国内首次以党政机关公文写作研究的新文风、新规范、新趋势为主题的全国第十四届公文学术研讨会近日在成都召开。这次年会对于进一步贯彻习近平总书记倡导的“短”“实”“新”公文文风，进一步推动党政机关公文处理工作统一化、制度化、规范化和科学化建设，进一步规范公文运转程序和提高公文处理水平起到了重要的推动作用。

新中国成立以来，我国党、政两大系统的公文长期处于文种、格式和管理体系两条线并行状态，公文文种称谓不一，公文格式各行其是，公文管理各自为政，对于党政机关和企事业单位公文管理部门造成诸多不便。2012年4月，中共中央办公厅和国务院办公厅联合印发的《党政机关公文处理工作条例》结束了长期以来党政公文管理两条线状态，首次将我国党政两大系统的公文处理法规合二为一，是我国当代公文法规建设进程中一次具有划时代意义的重大变革。

新条例自2012年7月1日正式实施三年多来，各级党政机关办公室系统反响强烈，认真落实，效果明显，极大地加快了公文管理工作统一化、规范化步伐；国内公文写作与研究领域的专家学者也就贯彻我国公文新法规从理论到实践等各个方面进行了广泛探索。这次公文学术年会筹备历时半年，中国公文写作研究会参与会员近千人，采用拟定不同侧面选题、动员不同领域专家、探讨不同层面效果等方式，共收到研究机构、大专院校、企事业单位上百名专家学者提交的学术论文近百篇，遴选出50篇富有真知灼见的深度论文送会参评。这些论文对于新条例中规定的公文文种、公文格式、行文规则以及拟制、流转、管理和催办等各个方面提出了许多有益的见解；一些来自公文写作一线以及实践经验丰富的文秘工作者，在提交的论文中对于新条例实施三年多来的感受、经验以及新格式中存在的有待商榷之处进行了翔实的理论阐述；还有些资深学者就新条例和新格式中的新规定，对于党政机关公文写作中必然呈现的新文风、公文管理实践中必然出现的新效果进行了前瞻性探讨。

中国公文写作研究会会长桂维民在会上做了主旨演讲。他说，当前公文写作和研究要“拓宽视野”，跳出公文看公文，注重适应、更好地服务于新常态下的新要求，适应主体、客体、受体、载体诸多方面的新变化；要“注重结合”，坚持问题导向，教学研究与公文工作实际紧密结合，使“短”“实”“新”的公文更好地贴近“四个全面”的工作大局；要“改进方法”，吃透上情，接通地气，使公文写作和研究在体式、表达、文风上跟进新时代；要“顺应趋势”，发挥研究会和团队的作用，在网络时代和新常态下，善于运用互联网+的模式，全面提升公文写作和研究的水平。

中国公文写作研究会是国内唯一专事公文写作与研究的学术团体，自国家主管部门批准成立20多年来共编辑出版公文写作与研究专著880部，在专业期刊发表论文16600余篇，已经连续举办十四届相关学术研讨年会。这次公文学术年会是新条例实施三年多来国内首次开展的专题性学术会议，对于推进党政机关公文管理工作将产生深远的影响，同时必将对中国公文写作研究会的公文学科发展和建设奠定更加坚实的基础。

本次年会对上百名专家学者提交的学术论文经四次匿名评选，最终有25篇荣获“火凤凰杯”优秀论文奖。

会上增补栾照钧同志为研究会顾问，陕西省人大常委会研究室副主任王希峰同志为常务理事，另有5人增补为理事。

本次会议得到了四川职业技术学院、四川省秘书协会以及陕西火凤凰艺术陶瓷有限责任公司等单位的大力支持，并特别授予陕西火凤凰艺术陶瓷有限责任公司“中国文化公益事业践行者”的奖牌。（中国公文写作研究会秘书处）

第二节　通　讯

【功能特性】

通讯是运用叙述、议论、描写等多种写作手法，详尽、形象地对典型人物、事件或问题进行报道的新闻文体。与消息相比，二者均具有新闻报道的真实性、指导性、时效性、典型性等特点，但也有不同之处。主要表现为消息一般是告诉人们发生了什么事，大都不展开情节；通讯则要详细地报道事件，还要展开情节，较为具体地描绘有意义的场面。同时，消息的写作一般不过多追求使用文学手法，通讯则要写得具体形象、生动感人；可以抒情，可以描写，也可以议论，带有较强的文艺性。另外，通讯所反映的必须是现实生活中的真人真事，不允许虚构，这也是它与文学作品之间的明显区别。人们一般将通讯称为“较详细的新闻”“展开了的新闻”“形象化的新闻”。

【结构模式】

通讯的结构模式一般由标题、正文两个部分组成。

一、标题

通讯标题的拟制要求言简意赅，力求形象生动，具有强烈的感染力。一般以单行标题居多，有时也用双标题，即正副标题，例如，《“东宇”在崛起——一个民营企业集团的成功之路》。

二、正文

通讯正文部分的写法比较灵活，一般应根据具体的报道对象而定，就总体来讲，大体需要经历如下几道程序：

一是深入采访，充分占有材料，精心选材。这是通讯写作极为重要的环节。通讯容量大，材料多，必须经过深入细致的调查采访才能够占有大量的素材，在此基础上，对所收集的素材进行整理加工，紧紧围绕行文的主体进行，让材料为全文的中心服务。

二是选好典型，提炼主题。这里所说的典型应当包括两方面的含义：首先是典型人物和典型事件；其次是表现人物思想品德、人物性格特征和表现事件性质的事实材料即典型材料。要对所选定的材料进行认真组织，反复进行比较分析，从中升华出深刻的主题，然后在主题统帅下再合理编排材料，进而挖掘出典型人物和事件。

三是精心结构，合理布局。通讯的结构布局通常较为灵活，没有固定的模式，但常见的布局方法主要有：首先是纵贯式，即按照人物活动时间和事件发展先后顺序来安排结构，采用此种方式要注意剪裁得当，突出重点，力避平铺直叙；其次是横列式，即围绕全篇主题将材料按照性质分组归类，采用这种方式要注意做到层次清楚，重点突出；再次是纵横结合式，这是上述两种结构方式的综合运用。

四是综合运用各种表达方式，努力写出人物的思想和事件的本质意义，要根据具体内容充分运用叙述、描写、抒情、议论等各种手段，把人物和事件放到矛盾冲突中加以表达，这样才能使所写的通讯生动感人。叙述要简洁明快，描写要生动活泼，抒情要恰到好处，议论要实事求是。

【写作要求】

一、要注意叙述的直接性。直接叙述人物经历或事件发展变化过程是通讯写作最主要的表现手法。对于有关的时间、地点、人物、事件、因果等要素要直接加以交代；同时为了增强作品的真实性和现场感，往往也要将作者的采访过程直接写进去；此外通讯中故事与故事之间、场面与场面之间以及开头与结尾等上下文之间也一定要采用直接叙述的方式连缀起来，以便给人以圆润连贯之感。

二、议论和抒情要实在。在通讯的写作中，议论和抒情是紧密结合在一起的，有不少文字，既是议论，又是抒情，议论是在叙述事实的基础上做画龙点睛般的发挥，抒情也是紧密集合事实，要言不烦地抒发作者的观感。无论叙述还是抒情，都要做到实实在在，不能虚情假意，泛泛空谈。

三、要注意与消息之间的区别。通讯由消息发展而来，但二者之间具有较大差异。消息大多以事件为主，一事一报。虽然也有写人物的，但往往数量很少且大都只反映人物的一个重要片段，而且仅是粗线条的勾勒，通讯则以写人为主，人物的活动过程、思想感情、性格面貌、矛盾冲突等，在通讯中都要有所表现。涉及事件的，消息一般只做概略的报道，而通讯则在此基础上加以延伸，其对于事件始末的记述要比消息详尽得多。从结构上看，消息通常是采用“导语—主体—背景—结尾”的模式，而通讯则要灵活得多，而且题材各异。从篇幅上看，消息往往较为简短，而通讯则往往比较长。从表现手法上看，消息不如通讯那样可以运用描写、议论、抒情等多种方法，作者的风格也不像通讯那样容易得到发挥和体现。

【典范文例】

全面建小康　扬帆再起航

——《中共中央关于制定国民经济和社会发展第十三个五年规划的建议》诞生记

新华社北京11月4日电（新华社记者秦杰　韩洁　华春雨）这是中国发展的行动纲领！

这是一场关系中国发展全局的深刻变革！

2015年10月29日，中国共产党第十八届中央委员会第五次全体会议在北京胜利闭幕。经过出席全会的中央委员表决，一致通过了《中共中央关于制定国民经济和社会发展第十三个五年规划的建议》。

雄壮的国歌伴着掌声久久回荡，唤起13亿人昂扬前行的磅礴力量。

这是奋进的号角，是时代的呼唤——

到2020年全面建成小康社会，是我们党对人民、对历史做出的庄严承诺，是“两个一百年”奋斗目标的第一个百年奋斗目标。

全会通过的《建议》，这一凝聚着全党全军全国各族人民智慧的宏伟蓝图，将引领中国发展航船向着全面小康破浪前进！

肩负伟大使命　回应人民期待

——《建议》吹响了全面建成小康社会决胜阶段的冲锋号，发出了开拓中国发展新境界的动员令

小康，中华民族梦萦千年的梦想，在中国共产党领导的改革开放壮阔进程中，成为几代中国人的奋斗目标。

从提出小康目标到基本实现小康，从全面建设小康社会到全面建成小康社会，中国创造了一个又一个发展奇迹，迈上了一级又一级发展阶梯。

五年规划是丈量中国进步的时空标尺。

“十二五”期间尤其是党的十八大以来，党中央面对错综复杂的国际环境和艰巨繁重的国内改革发展任务，团结带领13亿人民实现了我国现代化建设的新跨越。

当历史的指针指向又一个5年开局，全面建成小康社会即将打响决胜之役。中国将面临怎样的发展环境，要破解怎样的发展难题？

以习近平同志为总书记的党中央，对此有着科学准确的分析判断——

重大战略机遇期仍在，中国仍然大有可为，同时必须准确把握战略机遇期内涵的深刻变化，更加有效地应对各种风险和挑战，确保经济行稳致远，成功跨越“中等收入陷阱”。

经济发展新常态下，全面建成小康社会决胜阶段，也是转变经济发展方式、调整经济结构的窗口期，必须提出发展新思路、增添发展新动力、开拓发展新境界。

全面小康重在全面，必须补齐扶贫开发、生态环境保护等最大短板，重点解决发展方式粗放、创新能力不强、基本公共服务供给不足、收入差距较大等突出问题，实现全体人民共同迈入全面小康社会。

今天的中国与世界比以往任何时候都更加紧密地联系在一起，必须坚持打开国门搞建设，将中国发展置于世界大背景下，并积极承担国际责任和义务，为世界发展做出更大贡献。

肩负历史重任，回应人民期待。科学描绘未来发展蓝图，关系中华民族前途命运。

今年1月，中央政治局决定，党的十八届五中全会重点研究关于制定国民经济和社会发展第十三个五年规划的建议。

1月28日，中央向各地区各部门发出对党的十八届五中全会研究“十三五”规划建议征求意见的通知。

中央决定成立文件起草组，由习近平总书记担任组长，李克强、张高丽同志担任副组长。

2月10日，中南海怀仁堂。习近平总书记主持召开党的十八届五中全会文

件起草组第一次全体会议，要求建议起草工作要坚持解放思想、开拓创新，搞出一个“耳目一新、实用管用”的规划建议。

——这是起草好建议稿必须承担的历史使命：

到2020年全面建成小康社会，是“十三五”时期必须完成的任务。“十三五”规划建议是全面建成小康社会决胜阶段的路线图，要进一步明确全面建成小康社会目标的基本内涵，从思想上、战略上、重点上、布局上、举措上、指标上进行细化，确保这一目标如期实现。

“十三五”规划建议是引领经济发展新常态的行动纲领。适应新常态，把握新常态，引领新常态，是“十三五”时期经济发展的大逻辑。谋划“十三五”时期经济社会发展，必须充分考虑这些内在特征和要求，高度重视提高发展质量和效益，加快转变经济发展方式，推动经济持续健康发展。

“十三五”规划建议是坚持全面建成小康社会的施工蓝图。发展是目的，改革是动力，法治是保障。明确了发展重点，就要围绕目标推进改革，用改革助力发展目标实现。社会主义市场经济本质上是法治经济，必须弘扬社会主义法治精神，依法调控和治理经济。

——这是起草建议必须重点考虑的问题：

坚持党的十一届三中全会以来形成的行之有效的重大方针政策不动摇，坚持社会主义市场经济发展方向不动摇，坚持发展是第一要务的战略思想不动摇，坚持中国特色社会主义事业总体布局不动摇。

——这是起草建议必须遵循的原则：

坚持目标导向和问题导向相统一，既从实现全面建成小康社会目标倒推，厘清到时间节点必须完成的任务，又从迫切需要解决的问题顺推，明确破解难题的途径和方法。

坚持立足国内和全球视野相统筹，既以新理念新思路新举措主动适应和积极引领经济发展新常态，又从全球经济联系中进行谋划。

坚持全面规划和突出重点相协调，既着眼于全面推进经济建设、政治建设、文化建设、社会建设、生态文明建设和党的建设，又突出薄弱环节和滞后领域。

坚持战略性和操作性相结合，既强调规划的宏观性、战略性、指导性，又突出规划的约束力和可操作、能检查、易评估。

规划建议要突出前瞻性和指导性，准确把握我国基本国情和发展现状，科学预判未来5年乃至更长时期我国经济社会发展的趋势和变量，确保提出的目标和举措能够顺应发展趋势、引领发展方向。

文件起草过程中，李克强、张德江、俞正声、刘云山、王岐山、张高丽等中央领导同志也提出了重要意见，进行了具体指导。

锐始者必图其终，成功者先计于始。

在中央政治局常委会领导下，建议起草工作紧张有序展开，旨在为未来5年中国发展做出符合时代要求、顺应人民愿望、符合发展规律的科学回答。

充分发扬民主　凝聚全党智慧

——《建议》起草工作始终在习近平总书记和中央政治局常委会领导下进行，以亿万人民的伟大实践为力量源泉

被之僮僮，夙夜在公。近260个日日夜夜、从严冬到金秋，自文件起草组召开第一次全体会议到党的十八届五中全会开幕，近9个月的时间里，习近平总书记高度重视文件起草工作，对文件起草组上报的每一稿认真审阅，多次做出重要指示。

其间，习近平总书记先后4次主持召开中央政治局常委会会议、2次主持召开中央政治局会议审议建议稿，提出一系列重要指导意见。

重视调查研究，是我们党的优良传统，是谋划工作、科学决策的重要依据。

同开办农家乐的村民一起算客流账、收入账，阐释“绿水青山就是金山银山”的道理；为农村贫困人口脱困树立信心，叮嘱“贫困并不可怕”“好日子是干出来的”；为装备制造企业鼓劲，嘱托“奋力抢占世界制高点、掌控技术话语权”……

为了做好建议起草工作，习近平总书记等中央领导同志深入经济发达的华东地区、扶贫攻坚任务繁重的中西部地区、加快振兴发展的东北地区等老工业基地，访农家、看学校、进企业、走园区，察民情、问良策。

今年5月25日，习近平总书记来到浙江舟山市定海区干磯镇一个新建社区。看到这里环境优美、庭院错落，村民发展乡村旅游日子越过越好，他表示，这里是一个天然大氧吧，是“美丽经济”，印证了绿水青山就是金山银山的道理。

7月16日，习近平总书记来到吉林延边州和龙市东城镇光东村。了解到村民收入和生活水平不断提高后，他表示，检验农村工作成效的一个重要尺度，就是看农民的钱袋子鼓起来没有。要通过多种途径着力构建农民持续较快增收的长效机制。

习近平总书记还先后在浙江、贵州、吉林主持召开座谈会，听取18个省区市主要领导同志对“十三五”时期经济社会发展的意见和建议，就抓好经济社会发展、做好“十三五”规划编制工作进行指导。

如何开拓发展新境界，秉持什么样的发展理念，遵循怎样的新路径等，一系列具有前瞻性、导向性、针对性的重大战略问题，正是在深入扎实的调研中找到了答案。

全会文件稿针对未来5年乃至更长时期我国发展，提出了一系列新的发展指标和重要举措，这些指标和举措能否立得住，必须经过科学严谨的评估和论证。

习近平总书记高度重视前期重大课题研究工作，亲自批准课题题目，中央委

托42家单位组织力量完成了31项重大课题研究，形成了117份专题研究报告。

从“十三五”时期消费、投资、出口等需求结构分析，到“一带一路”战略实施；从全面提高党领导发展能力和水平研究，到全面建成小康社会新的目标谋划；从促进区域协调发展的方向和主要举措，到提高居民收入和调整国民收入分配格局的方向和重大政策；从人口发展战略和积极应对人口老龄化政策，到农业农村发展的重大任务和主要措施……

4月中下旬，文件起草组用6个半天的时间，陆续听取了18个部委关于31项重大课题成果的汇报，认真研究吸纳其中的观点和建议。

海纳百川，气象万千。从最初的框架提纲，到框架方案稿，再到送审稿，建议稿在讨论、起草、修改，再讨论、再修改、再完善的过程中，重点更加突出，脉络更加清晰，逻辑更加严密，措施更加切实。

8月12日，天津港发生爆炸事故。习近平总书记对安全生产中暴露出的问题高度重视，积极回应人民群众的关注与呼声，要求建议稿增加完善和落实安全生产责任和管理制度、切实维护人民生命财产安全方面的内容。

按照要求，建议稿充实增加了牢固树立安全发展理念，完善和落实安全生产责任制和管理制度，增加了安全评审制度、预警应急机制等举措，强化了危险化学品和化工企业生产、仓储安全环保搬迁等方面的具体要求，要求及时排查化解安全隐患，坚决遏制重特大安全事故频发势头。

不拒众流，方为江海。起草过程中，习近平总书记始终强调，必须充分发扬民主，广泛听取意见。

7月底，中央办公厅向各省区市、中央和国家机关、解放军总政治部和各人民团体印发了建议征求意见稿。

8月21日，习近平总书记主持召开座谈会，听取各民主党派、全国工商联领导人和无党派人士对建议征求意见稿的意见。

据统计，建议稿实际征求意见3176人。经汇总，文件起草组收到意见和建议共2588条，其中党外人士提出的意见和建议92条，扣除重复意见和建议后总计2292条。

根据反馈的意见和建议，建议稿共增写、改写、精简文字754处，覆盖116个单位和党外人士的844条意见和建议，其中覆盖党外人士意见和建议18条。反馈意见和建议吸收率为32.6%。

10月12日，经过中央政治局会议第二次审议，建议稿进一步修改完善，准备提交党的十八届五中全会审议。

全会期间，文件起草组根据10个小组审议讨论意见，对建议稿又进行60多处修改，提交中央政治局常委会会议审议。

10月29日下午3时，凝聚着全党全国各族人民智慧的建议草案摆放在出席会议的每一位中央委员、候补中央委员座席前，在全会上获得一致通过。

与会代表一致认为，《建议》反映了人民意愿和社会期盼，凝聚了全社会推动经济社会发展的共识，是指引全党全国各族人民夺取全面建成小康社会决胜阶段伟大胜利的纲领性文件。

以人民为中心，用新的发展理念引领发展行动

——《建议》坚持以人民为中心的发展思想，以鲜明的理念和创新举措，绘就指引中国发展航船向梦想前行的路线图

人民是推动发展的根本力量，实现好、维护好、发展好最广大人民的根本利益是发展的根本目的，必须把增进人民福祉、促进人的全面发展作为发展的出发点和落脚点。这是贯穿建议全篇的一条红线！

理念是行动的先导。

建议起草工作一开始，习近平总书记就明确指出："谋划'十三五'规划建议，首先要把应该坚持什么样的发展理念搞清楚。"

习近平总书记说："发展理念是战略性、纲领性、引领性的东西，发展理念搞对了，目标任务就好定了，政策举措也就跟着好定了。"

正是按照习近平总书记的要求，《建议》突出理念先行、理念引领，以新的发展理念为核心，突破以往规划建议的篇章结构，成为一份具有鲜明特点、让人耳目一新、写下许多"第一"的发展蓝图。

《建议》从党和国家战略全局出发，顺应经济发展新常态的内在要求，贯彻"四个全面"战略布局，明确了全面建成小康社会决胜阶段经济社会发展的指导思想、目标任务、发展理念、重大举措。

——新的发展理念引领未来发展。

理念先行是《建议》最鲜明的特点和突出亮点。

3 月 23 日，习近平总书记在主持召开文件起草组第二次全体会议时明确提出，"十三五"规划建议要把发展理念梳理好、讲清楚，为"十三五"时期我国经济社会发展指好道、领好航。

创新、协调、绿色、开放、共享的发展理念，正是习近平总书记针对中国发展面临的新情况新问题做出的时代回答，是党中央治国理政思想的重大理论创新，是马克思主义中国化最新成果。

在新的发展理念牵引下，《建议》在谋篇布局上突破了既往。

《建议》全篇以新的理念为主线，突出了战略性、客观性、思想性，独特新颖，引人入胜，让人有耳目为之一新的感觉，主题更突出、逻辑关系更清晰，实现了内容和形式的有机统一。

——突出问题导向、破解全面建成小康社会进程中的短板。

问题是实践的引导，抓住了主要问题，就找准了工作聚焦点和着力点。

全面建成小康社会已到冲刺登顶的关键阶段，未来5年能否解决短板问题至关重要。

要深入研究全面建成小康社会的难点；要坚持问题导向，围绕破解经济社会发展突出问题的体制机制障碍，提出需要推进的改革任务——在文件起草组第一次全体会议上，习近平总书记提出了明确要求。

针对发展中的突出问题，《建议》将新的发展理念与解决短板问题紧密结合在一起。

扶贫开发始终是习近平总书记心头最为牵挂的事。全面小康是全体中国人民的小康，要求将“我国现行标准下农村贫困人口实现脱贫，贫困县全部摘帽，解决区域性整体贫困”写入新的目标要求。

6月16日，习近平总书记来到贵州遵义县枫香镇花茂村考察。看到昔日贫困村脱贫致富后，他对村民们说，党中央十分关心广大农民特别是农村贫困人口，制定了一系列方针政策促进农村发展。“好日子是干出来的，贫困并不可怕，只要有信心、有决心，就没有克服不了的困难。”

两天后，他在贵州省贵阳市主持召开部分省区市扶贫攻坚与“十三五”时期经济社会发展座谈会时强调，消除贫困、改善民生、逐步实现共同富裕，是社会主义的本质要求，是我们党的重要使命。“十三五”时期经济社会发展，必须补好扶贫开发“短板”。

——措施更实、更具可操作性。

破解难题，最终要落实到一项项具体行动上。《建议》坚持战略性和操作性相结合，确定300项重要举措，从中提炼出50项新的重大战略、工程、计划、制度、行动清单。

发展分享经济，实施国家大数据战略，实施《中国制造2025》，实施工业强基工程，开展加快发展现代服务业行动，实施近零碳排放区示范工程，实行省以下环保机构监测监察执法垂直管理制度，开展大规模国土绿化行动……

一项项务实的部署，让指引中国未来发展的规划路线图更清晰、更充实。

建议稿起草过程中，习近平总书记做出指示。“有些举措要一看就可以操作”，不需要再制定细化的方案。如建议中具体提出了要“实施降低企业成本的行动”，就为解决当前企业成本高的问题有针对性地指明方法和路径。

——多项“第一”凸显时代特点。

“十三五”规划是实现第一个百年奋斗目标、全面建成小康社会收官的5年规划，是我国经济发展进入新常态后的第一个5年规划，是我们党对全面深化改革、全面推进依法治国做出部署后的第一个5年规划，是党的十八大后明确“四个全面”战略布局后的第一个5年规划。

独特的历史方位，决定了《建议》中包含众多“首次”：

——《建议》首次将生态文明建设在5年规划中单列一章，将“生态环境质量总体改善”列入全面建成小康社会新的目标要求，关于“绿色发展”部分所占篇幅也是历次规划建议中最长的。

“绿色发展就是要建设生态文明，推进绿色发展、循环发展、低碳发展，实现人与自然和谐发展。”习近平总书记在谈及新的发展理念时做了这样的阐述。

——《建议》首次将坚持开放发展单列一章。中国发展与世界发展的联系和互动前所未有。放眼全世界，开放成为一个国家在世界上竞争力的重要标志。

习近平总书记指出，把握国内外发展大势，是制定好规划的前提。要顺应经济发展进入新常态的大逻辑，顺应我国经济深度融入世界经济的大趋势。正是在这一理念指导下，《建议》全篇贯穿着全球视野。

——协调推进“四个全面”战略布局的大背景下，《建议》首次把党的建设内容列入新的目标要求；

——更加重视落实规划建议的指导作用，《建议》首次单列一条强调规划落实，要求各级各类规划要增加反映创新、协调、绿色、开放、共享发展理念的指标。

……

诸多“第一”“首次”背后，彰显的是以习近平同志为总书记的党中央总揽全局的宽广视野和锐意进取的创新精神。

蓝图彰显品格　信心汇聚力量

——《建议》彰显党中央治国理政的鲜明品格，世界对中国未来发展充满信心

一个小小的细节，往往能显示出本质。

“节约资源要全社会行动起来才行，要从消费者就做起来。”

正是根据习近平总书记的指示精神，《建议》中写上了“倡导合理消费，力戒奢侈消费，制止奢靡之风。深入开展反过度包装、反食品浪费、反过度消费行动，推动形成勤俭节约的社会风尚”等内容。

人们不会忘记，正是在习近平总书记的批示要求指引下，提倡“光盘”、反对浪费在全社会蔚然成风；正是在群众路线教育实践活动推动下，“四风”大为收敛。

一个小小的故事，往往能透露出品格。

《建议》在坚持绿色发展章节特别写上了“维护生物多样性，实施濒危野生动植物抢救性保护工程”“严厉打击象牙等野生动植物制品非法交易”等举措。这些内容，是习近平总书记在讨论时指出的。

人们不会忘记，今年全国两会上，习近平总书记在参加吉林代表团讨论时详细了解野生东北虎种群繁衍和长白山生态建设情况。人们更不会忘记，习近平总

书记一次次对美丽中国的深情描述和不能让生态环境“在我们手里变得越来越坏”的铮铮誓言。

一件件小事、一个个细节，贯穿在《建议》的字里行间，彰显出以习近平同志为总书记的党中央治国理政的鲜明品格。

党的十八大以来，以习近平同志为总书记的党中央毫不动摇坚持和发展中国特色社会主义，勇于实践、善于创新，形成一系列治国理政新理念新思想新战略，为在新的历史条件下深化改革开放，加快推进社会主义现代化提供了科学理论指导和行动指南。

《建议》源于党中央治国理政的成功实践，是党中央一系列理论创新、实践创新绘就的发展篇章。

——这是关于发展理论的重大创新。

创新、协调、绿色、开放、共享——十个字集合在一起。每一个理念背后都蕴含着新的内涵，包含着实践基础上中国共产党人对共产党执政规律、社会主义建设规律、人类社会发展规律认识的不断深化。

——这是富有改革和法治精神的发展篇章。

“打铁还需自身硬。”规划建议以超越以往的篇幅关注未来5年如何加强党的领导，坚定表明，党有能力驾驭好世界第二大经济体，能够领导我国发展航船沿着正确航道破浪前进。

——这是筑梦圆梦的行动指南。

实施脱贫攻坚工程，建立健全农村留守儿童和妇女、老人关爱服务体系，普及高中阶段教育，实现职工基础养老金全国统筹，推进健康中国建设，全面实施一对夫妇可生育两个孩子政策……

新的5年，党中央把“坚持人民主体地位”作为如期实现全面建成小康社会奋斗目标、推动经济社会持续健康发展必须遵循的第一条原则。坚持从解决人民最关心最直接最现实的利益问题谋划发展，展示了共享发展的施政理念，体现了中国共产党全心全意为人民服务的根本宗旨。

“人民对美好生活的向往，就是我们的奋斗目标。”

习近平总书记的誓言言犹在耳。实现全面小康，就意味着不断增加人民群众的获得感，为每个中国人创造更多实现梦想的机会。

——这是中国梦与世界梦的深度互动。

今天的中国在世界舞台上扮演着更为重要的角色。《建议》指明的中国发展路径，给艰难复苏中的世界经济增添了信心。

今天的中国，一举一动都牵动着世界的目光。世界的聚光灯下，“十三五”的中国画卷即将展开。

“牢固树立和切实贯彻创新、协调、绿色、开放、共享的发展理念，是关系我国发展全局的一场深刻变革。全党同志要充分认识这场变革的重大现实意义和深远历史意义……”

党的十八届五中全会向全党发出了向全面建成小康社会目标冲刺的新的动员令。

鲲鹏展翅凌万里，逐梦扬帆再起航。

从穿越千年的小康梦想，到决胜的关键5年，向着第一个百年奋斗目标进军的号角已经吹响。13亿多中国人民正紧密团结在以习近平同志为总书记的党中央周围，按照党的十八届五中全会指引的方向坚定前行。

第十六章　涉外文书的写作

第一节　国　书

【功能特性】

国书，是国家元首为派遣或召回大使（或公使）而向接受国发出的正式文书。它是一种重要的外交公文，在外交活动中起着非常重要的作用。

国书分为两种：一是派遣国书，一是召回国书（又称辞任国书）。派遣国书由大使或公使在到达驻在国（接受国）时即将副本交给驻在国外交部，正本则亲自向国家元首呈递。按照国际惯例，外交使节在递交国书后才被认为开始履行职责。同级使节按递交国书的时间先后确定排列次序（“在先权”）；召回国书一般在新任大使或公使递交派遣国书时一并递交。我国在不久前礼宾改革中将召回国书与派遣国书合并为一，由新任大使递交。此外，代办到任后向驻在国外交部长递交由本国外交部长签署的介绍信，也称为“国书”。

【结构模式】

国书在结构上通常采用书信体，这与国家内部使用的公文格式显然是不一样的。一般先写明表示问候或致意性的语句，并陈述发出国书的目的及派遣或召回的对象；接下去对所派遣或召回的大使（或公使）的有关情况做出交代并给予评价，最后向接受国提出期望或请求。

【写作要求】

1. 平等行文

这与国家内部各级政府机关之间使用的公文不同。国书作为一种重要的外交公文，其最大的特点在于它在国与国之间使用，属于平行文。因此，必须遵循国家无论大小、一律平等的原则，文书发出以后，能够产生联系作用、礼仪作用、凭证作用和互相制约作用，而不具有指导与指挥作用。

在写作上，国书除了一般公文必须具备的庄重性、条理性、规范性之外，尤其注重特定之格式、表达之准确和措辞之得体，即通常所说的“外交辞令”。

2. 讲究敬语

外交上使用的国书，除非处于某种严重的敌对状态，在一般情况下，都应讲究礼仪，注明敬语的使用，以促进国与国友好关系的发展。比如，开头通常写

“尊敬的××总统（或主席、国王等）阁下”，正文结尾处也通常写有“顺致最崇高的敬意”，正文也多采用“贵”“请”“望”等敬词。使用敬语与坚持正确的原则、立场并不矛盾，敬语不可无，原则不能丢，该说的要说，该坚持的要坚持，使二者做到有机的统一。

【典范文例】

来自尼罗河畔的问候

卡扎人民帝国苏丹致贝西尔国王、首相：

卡扎早在北兰时期就与贵国建立了友好的外交关系，后来北兰及耶路撒冷迁至贝西尔，另创新世，卡扎也专于内政建设，与友国的联络就少了些。如今贵国在各国拓展商业，本人也曾仔细观察，发现贵国的商业模式有可借鉴之处，于是此次夜访贝西尔，希望能与贵国建立更进一步的合作伙伴关系，将贝西尔良好的商业与文化氛围带到遥远的非洲大陆，使更多的人民感受到欣欣向荣的“贝西尔模式”。

第二节 照 会

【功能特性】

照会，是国与国之间通知某些事项，或就重要问题进行交涉，表明本国立场、态度时使用的文书，在外交场合比较常用。照会分为两种：

一是正式照会。由外交部长、外交使节出面，用第一人称写成并签名发出。通常用于这样几种情况：

（一）重大事项通知。如国际承认、建交、断交、复交，国家领导人的变更，大使、领事的更换等事项的正式通知。

（二）重要问题交涉或商洽。如有关政治、军事、经济等方面重要问题的交涉，国家领导人访问或互设领事馆等事项的商洽，建议缔结或修改某个条约等。

（三）隆重的礼仪表示。如重大庆贺、吊唁等。

（四）对其他事件给予特别重视的表示。

二是普通照会。由外交部或外交使馆出面，用第三人称写成，加盖机关印章发出，用以提出问题，一般事项通知，或提醒对方就以前的照会或口头接洽予以答复等。不仅如此，还应注意的是正式照会与普通照会、面交的备忘录与送交的备忘录在格式上还有许多不同的地方。

【结构模式】

与国书一样，照会在结构上也通常采用书信体。

正式照会的称呼，分两行，均顶格。首行写受照人国名、职衔、姓名的全称，不加标点；次行写“阁下”或“先生”之类尊称，后加冒号。普通照会则只写受照机关全称。

正式照会是人对人，它的正文以第一人称直接书写内容，如通知的事项，交涉的问题，洽商的方法、步骤，向对方提示或要求等；普通照会是机关对机关，故用第三人称写，先表示敬意，尔后即涉及照会内容。正式照会的落款写两行，上行写发照人国名、职衔的全称，并签名，下行写发照时间、地点。普通照会只写发照时间、地点，加盖机关公章，一般不签名。

例文是一份普通照会，写法采用书信体。台头写受照机关全称，后加冒号。正文按惯例用一个礼节性句子开头，紧接着用一句“并谨通知如下”，礼貌地转入正题。第二段用一个严密的长句，说明我方对在什么时间、什么地点签订的什么协定，已完成了什么手续。紧接着一句推断，根据什么规定，说明对方应做些什么事情。仅用两句话写清了这份照会的主要内容。第三段又按惯例用一句敬语作结。最后是落款：发照机关全称、加盖公章，并标明时间、地点。

本文的内容单一，语言表达完整、精确。该用的词语决不能省略，应合并的语句也决不分割。如“必要的法律手续”一句，“必要的”三字不能省略，省去了可能横生枝节，法律手续没完没了。而协定生效的两个条件“美方完成必要的法律手续”如“通知中方之日”，则合并在一个句子内，既科学完整，又显出这两个条件，联系之紧密，让对方有紧迫感，不致拖延。

【写作要求】

1. 内容要完整、准确、具体。要将需要照会的事项完整、准确、具体地陈述清楚，以利于理解和执行。

2. 态度要明朗。由于照会是一国政府或外交使馆致另一国政府或外交机构的正式文件，用于表明立场、态度、意见或有关事项等，因此，在撰写时必须注意做到表态明确清晰，旗帜鲜明，切忌含混笼统，让人不得要领。

3. 照会是外交文书中最常用的形式。照会分为正式照会和普通照会两种。正式照会是外交通信中最正式的形式，一般用于处理重要事务或履行重要的外交礼节。正式照会用第一人称书写，用于外长之间，外长与大使之间以及大使之间的通信。国家元首或政府首脑之间也可使用正式照会，但不常用。正式照会的正本必须由发文人亲自签字。如今在外交通信中必须使用正式照会的时候不多，而每当使用必有其重要性。

普通照会同正式照会的最大区别在于普通照会是用第三人称书写的文书。它是机构与机构之间，一般是两国外交部之间、使馆与驻在国外交部等官方机构之间以及使馆与使馆之间使用的通信方式。普通照会不用签署，而是由发文机构在正本上盖公章。普通照会处理的事务非常广泛，大到边界纠纷，小到申请签证都可以使用普通照会。随着外交礼节的简化，以往要使用正式照会的现在也可用普通照会取代。普通照会虽然不如正式照会正式，但其内容却不一定都不如正式照会重要。

另外，由于普通照会使用第三人称，不像正式照会那样面对面，总担心直接刺激对方。所以，凡抗议性质的照会一般都用普通照会。但也有例外，1999 年，时任中国外长的唐家璇代表中国政府正式照会美驻华大使，就美军轰炸我驻南联盟使馆事件正式向美方提出严正交涉，表示我方的强烈愤慨。

【典范文例】

美利坚合众国驻华大使馆：

中华人民共和国外交部向美利坚合众国驻华大使馆致意，并谨通知如下：

中华人民共和国政府对 1979 年 7 月 7 日在北京签订的《中华人民共和国和美利坚合众国贸易关系协定》已完成了必要的法律手续。根据协定第十条第一款的规定，该协定应自美方完成必要的法律手续并通知中方之日起生效。

顺致最崇高的敬意

中华人民共和国外交部（印）

××××年 2 月 1 日于北京

第三节 备忘录

【功能特性】

备忘录，是不同国家政府及其外交代表机关之间经常使用的一种外交文书，用以把某些事项的概况告知对方，并表明己方的立场或决定。可以是某一问题的具体事实说明、政策依据的交代，或法律上的解释、论证；也可以是外交会谈后，为避免误解而提供的书面纪要。

备忘录一般是在外交代表会晤后面交，或附于一份简短的照会递交。

【结构模式】

备忘录的内容结构通常由标题、正文和结尾三个部分组成：

1. 标题

一般采用正式公文标题的构成形式，写为“××（国名）与××（国名）关于××（内容事项）的备忘录”。应当注意国名要写全称，以示庄重、严肃。

2. 正文

备忘录正文部分的主要内容通常包括事实的叙述和观点的说明两个部分。一般首先交代达成备忘录的基本背景，以此作为行文的引言，并提领具体的内容事项。要根据内容的主次轻重顺序做出恰当的表述，可采用撮要表达的形式，以清眉目。

3. **结尾**

由签署备忘录的双方代表签字，写明国名全称，注明日期。

【写作要求】

1. 要讲求规范的格式。备忘录，凡由外交官直接面交的备忘录，不编号，不写抬头，落款处注明成文时间、地点，但不盖章；而派人送递的备忘录，则要编号，写明抬头，在成文时间、地点处加盖机关印章。

2. 用语要准确、精当、得体。作为一种重要的外交公文，备忘录的用语必须做到准确、精练，力避含混空泛的语言表述，同时还要切合外交文书的特定用语要求。

【典范文例】

备忘录例一：对外表态

×××总理致××国总理×××的备忘录

一、中国政府欢迎并且支持一九××年×月×日至×日在××举行的××××会议为促进中×两国解决××问题所做的努力。

二、×××××××××××××××××××××××××。

以上两点只在中×双方官员会晤以前和会晤期间有效，不影响双方官员会晤中提出的其他建议和做出的最后决定。

××××年×月×日于××

注：此件是作为照会附件发出的备忘录。

备忘录例二：陈述意见

备忘录

根据××国政府关于××××协定的建议，中国政府表示同意进行签订该协定的谈判。

中国政府的意见，在××××协定中应包括下列各款：

……

……

当然，上述各款可按双方愿望补充或变更。

请将上述事宜转达贵国政府。

××××年×月×日于××

注：此件为面交备忘录。